KB215264

중국 문화 속의 사랑과 성

중국인들에게 성이란 무엇이었을까?

중국인들은 '성'이라는 길 위에서
어떤 '마음'의 역정을 겪었을까?
성에 관한 이미지와 성의식은
어떻게 만들어졌을까?

중국 문화 속의 사랑과 성

왕이쟈 지음
이기흥 옮김

愛
性

인간사랑

제3장 방종과 억압 – 중국인의 두 가지 성 문화 • 79

제4장 기울어진 침대—성별과 권력의 색깔 합성 • 131

제7장 발이 작아야 열녀각이 크다 – 여성에 대한 육체적 · 정신적 착취 • **275**

제13장 아무리 반복해도 질리지 않는 레퍼토리 • 481

성性이란 무엇인가?

성性은 생물체의 행위일 뿐만 아니라 일종의 심리 현상이고 사회적 사건이며 문화의 산물인 동시에 역사적 자취이기도 하다. 명나라와 청나라 때 필기소설 속에 성과 관계된 이야기를 훑어보면 언제나 이런 느낌을 갖게 된다.

성은 인류와 동물이 모두 가지고 있지만 이제 막 동물과는 경계를 분명하게 하려는 인간의 본능이라고 볼 수 있다. 동물과의 경계를 분명하게 하기 위하여, 거의 모든 민족은 성에 대하여 갖가지 문명화된 교육을 시도했지만 생명력이 마구 넘치는 성은 오히려 이런 교육에 줄곧 맞서 왔다. 모든 민족은, 아니 모든 인류의 성 발전사는 본능과 문명 사이에서 접전을 벌인 갈등과 충돌, 타협의 역사라고 할 수 있다.

명·청 시대의 필기소설 속의 성이나 색정적인 이야기는 갈등과 충돌 가운데 이리 뒤척이고 저리 뒤척이는 중국 남녀가 일찍이 겪었던 쾌락과 고통, 호기심과 흥분, 부끄러움과 분노, 순결함과 비열함, 함성과 신음,

잔인함과 자비로움, 그리고 탐닉과 해탈에 대하여 기록했다. 이것들은 중국인이 '성性'이라는 길 위에서 어떤 '마음'의 길을 걸으며 어떤 '삶'의 역정을 겪었는지를 이해하는 귀한 자료이다.

이 책은 이런 해석을 진행하면서 모두들 귀에 익어 잘 알고 있는 '색의 합성과 분해 방법'을 응용한다. 다시 말하면, 인간의 성행위는 비록 다양하고 다채롭지만 남성, 여성, 생식, 쾌락, 경쟁, 이익, 건강, 도덕, 법률, 권력, 그리고 예술 등 몇 가지 원색을 서로 다른 비율로 합성하고 배합해서 이루어졌다는 것이다. 본능과 문명의 갈등, 충돌, 그리고 타협은 가장 기본적인 영역에서 원색과 원색 사이의 복잡한 상생과 상극 관계가 불러일으킨 것이다. 게다가 성이 가진 '명확하게 가리기 힘든 갖가지 맛'은 그것의 '명확하게 가리기 힘든 갖가지 색'에 달려 있다.

이런 이야기들을 '색 분해'하면 원색의 영역에서 인류는 동물과 사실별로 다르지 않음을 알 수 있다. 차이가 있다면 인류는 더욱 정교하고 교활한 방법으로 후손을 퍼뜨리고, 쾌락을 추구하면서 건강을 유지하고, 이익을 획득할 뿐만 아니라 경쟁적으로 일을 처리하고, 남녀를 분화하고, 성생활을 미화하고, 권력을 운용하고, 도덕을 추구하며, 법률을 제정할 뿐이다. 중국인이나 세상의 여러 민족도 거의 비슷비슷하지만 차이가 있다면 민족마다 역사적 우연이나 사회 문화 조건의 특수성 때문에 서로 같은 원색 배합으로 다른 성의 화면을 내놓는다는 것이다.

이런 '색의 합성과 분해 방법'으로 인간의 성행위를 이해하는데 비교적 큰 힘이 들긴 하지만 더욱 확실하게 성의 동적인 면을 파악할 수 있다. 예컨대, 쾌락이 앞장서서 연출한 성에 관한 방종의 문화와 도덕이 앞장서서 연출한 성에 관한 억압의 문화는 역사 속에서 어떻게 흥망성쇠를 거쳤는지, 더 나아가서 서로 물들이고 스며들며 오늘날의 복잡하고 이리저리 얽혀서 입장이 확고하지 않은 성의 모습이 되었는지, 또 남성과 과도한 권력이 결합된 부권사회에서 사회학적으로 강자가 된 남성은 어떻게 자기가 가진 권력으로 성을 '색 배합'했으며 생물학적인 약점을 극복했는지 알 수 있고, 아내가 출산한 아이가 자기 혈육일 가능성에 대한 의문이나 자신의 건강에 대한 우려, 여성의 성 능력에 대한 두려움 등 중국이나 기타 부권사회의 성도덕에 대한 이중 잣대의 근원 및 미래에 대한 방향을 더욱 정확하게 이해할 수 있게 한다.

당연히 더 중요한 것은, 중국인이 길고 긴 역사 속에서 이러한 원색으로 어떻게 문화적 특색을 두루 깊이 갖춘, 예를 들어 남성의 방중술이나 여성의 삼촌금련과 정절을 기리는 패방 등의 성에 관한 이미지를 만들어냈는가에 있다. 게다가 중국인이 생명의 강인함으로 어떻게 갈등과 충돌 속에서도 상황을 잘 파악하며 자신의 행복에 가장 잘 맞는 '품성 수양 방법'을 찾았는가가 중요하다. 어쨌든 전 세계 인구의 1/4을 차지한다는 사실로 보면, 중국인은 성을 실천하는 면에서 거둔 성과가 상당히 크다고 할 수 있다. 그러나 이런 사실 뒤에 숨어 있는 것은 도대체 어떤 모습의 성의식性意識이며 심령일까, 이야말로 참으로 곰곰 생각할 만한 가치가 있다.

왕이쟈王溢嘉
2006년 5월

제 1 장

뚜껑 열린 성(性)—만감이 교차하는 블랙홀

"문명사회에서, 성性은 갖가지 장막을 필요로 한다. 어쩌면 감출 필요가 있지만 이런 성을 숨기는 장막은 그렇게 든든하지 못하여 결국은 부주의해서 자기도 모르게 벗겨지거나 갑자기 열리는 순간이 있다. 장막이 벗겨지는 순간, 보기만 해도 충격적인 세계가 새로이 모습을 드러낸다."

*

"매우 극단적인 장면을 볼 때 인류의 성性 존재의 참 본질에 대한 비교적 실질적인 경험과 깊은 인식을 가질 수 있다. 성을 한 마디로 말하면, 본능과 문명의 갈등이며 충돌과 타협이다."

*

"성의 장막이 열린 뒤, 마치 하나의 블랙홀을 본 듯하다. 그것은 갖가지 비뚤어짐과 꼴사나운 행동이 분출하며 온갖 것들이 뒤섞여 만감이 교차하게 만드는 블랙홀이다. 성性처럼 복잡한 반응을 일으키는 행위는 없다."

커튼 안과 밖

중주中州 지방[1] 어느 큰 부잣집에 머슴으로 일하던 젊은이가 아무런 이유도 없이 자리를 물러나 집으로 돌아갔다. 그러자 사람들이 그에게 물었다.

"새경이 너무 적었소, 아니면 주인이 너무 사나웠소?"

하지만 그는 이렇게 말했다.

"새경은 결코 적지 않았습니다. 한 달에 삼십 냥 남짓이었으니까요. 게다가 주인 어르신께서도 온화하고 자상하셔서 이제껏 저를 호되게 꾸짖거나 나무란 적이 없었습니다. 제가 더 이상 참지 못하고 나온 건 바로 어떤 일을 도저히 감당할 수 없었기 때문입니다."

---

1 오늘날 후난성湖南城의 옛 이름.

이 말에 모두들 입을 모아 물었다.

"그래, 무슨 일이오?"

이 젊은이는 이렇게 대답했다.

"날마다 밤이 되면 나이 든 아주머니 한 분이 나를 안채로 데리고 들어갑니다. 방안 침대에는 커튼이 아래로 드리워져 있는데, 한 여인이 이 커튼 안에 누워 있습니다. 알몸으로 드러난 하반신만 커튼 밖으로 보일 뿐인데, 나이 든 아주머니는 내게 이 여인과 교합을 하라고 합니다. 날마다 밤이 되면 두세 곳을 이렇게 다녀야 하는데, 장소는 일정하지 않지만 상황은 모두 같았습니다. 여인의 몸뚱이를 보면 늙은이도 젊은이도 있었습니다. 일이 끝나면 내게 무거운 돈꿰미를 주었지만, 나는 이 여인들의 얼굴을 한 번도 볼 수 없었습니다. 날마다 밤이면 이 짓을 해야 했으니, 난 정말 버틸 수가 없었습니다. 그래서 어쩔 수 없이 내 발로 자리를 물러났습니다."

(청淸, 채형자采蘅子 「충명만록蟲鳴漫錄」)

어두운 밤에 벌인 수작

어떤 후선관候選官[2]이 서울의 동향회관에 묵고 있었다. 어느 날, 그는 회관을 둘러싼 담장의 뚫린 틈으로 가슴을 울렁이게 하는 자색이 고운

---

2   관리가 될 자격을 가지고 있다고 해서 모두 관리로 임명되지는 않았다. 관리직은 정해져 있기 때문에 자격을 얻은 후에도 임명될 때까지 몇 년을 기다릴 수도 있었다. 자격을 가진 사람을 대상으로 이부에서 추첨을 하는데, 추첨 순번을 기다리는 사람을 '후선관'이라고 했다.

여인을 보게 되었다. 이 여인의 입성은 비록 낡고 허름했지만 꾸밈새는 정말로 정갈했다. 그는 한 번 보자마자 그만 가슴이 마구 두근거렸다.

회관 주인의 모친은 나이 오십이 좀 넘었는데, 예전에 벼슬아치 집안에서 하녀 노릇을 했기에 언행과 처신이 상당히 분수에 맞았다. 이 때문에 언제나 아들을 대신하여 집안을 돌보며 손님들의 시중을 들었다. 후선관은 그녀가 자못 능력이 있다고 생각하여 뇌물을 듬뿍 안기며 자기와 그 여인을 만나게 해 달라고 부탁했다. 그러자 회관 주인의 모친은 이렇게 일렀다.

"예전에 본 적이 없었으니 아마 요즘 이사를 온 모양입니다. 내가 잠시 가서 알아보겠소만, 뭐 그리 너무 기대하지는 마시오."

열흘 뒤, 회관 주인의 모친이 이렇게 보고했다.

"일이 제대로 되었소! 그녀는 원래 양갓집 아낙이었지만 이제 가난 때문에 부끄러운 마음 뒤로 하고 그대와 만나기로 가까스로 승낙했소. 하지만 다른 사람이 알세라 몹시 두려워하고 있으니, 반드시 깊은 밤 인적이 없고, 게다가 달빛도 없을 때라야 하오. 만약 그녀가 오면 그대는 어떤 일이 있어도 촛불을 밝혀서도, 웃으면서 이야기를 나누어도 안 되오. 그리고 동복童僕이나 회관에 머물고 있는 다른 손님에게 어떤 기척도 있어서는 안 되오. 이튿날 새벽, 종소리가 들리면 그녀는 떠나오. 그래도 그대는 붙들어선 안 되오. 또 하나, 밤마다 그녀에게 은화 두 닢은 꼭 건네시오!"

과연 깊은 밤 달도 없는 캄캄한 때에 아름다운 여인이 찾아왔다. 후선관도 약속에 따라 일을 치렀다. 이렇게 남몰래 오가기 벌써 한 달, 그러던 어느 날 밤, 이웃에 머물던 손님이 부주의로 등불을 엎지르는 바람에 불을 내고 말았다. 후선관은 허둥허둥 침대를 기어 내려왔지만 동복은 잽싸게 그의 방으로 뛰어들며 귀중품을 서둘러 구해냈다. 이때, 어떤 하인이 침대 휘장을 걷으며 이불을 당기자 쿵하는 소리와 함께 알몸의 여인이 침대 아래로 굴러 떨어졌다. 자세히 살펴보니, 바로 회관 주인의 모친이었다.

소문이 번지며 귀 있는 자 배꼽을 쥐고 웃지 않는 이가 없었다.

(청淸, 기효람 紀曉嵐「열미초당필기閱微草堂筆記」)

뗄 수 없는 몸뚱이

산동山東 내군萊郡 지방 어느 집안에 시동생과 형수 두 사람이 평소 집안에서 다른 사람의 눈을 피하며 남몰래 사사로이 정을 통해 왔다. 어느 날, 집안 식구들이 모두 태산泰山의 동악묘東岳廟에 참배하러 가게 되었다. 그런데 이들 두 사람은 사람 눈이 그렇게 많아 마음대로 즐거움을 나눌 수 없으니, 태산에 오르는 날, 짐짓 아픈 체하며 여러 사람의 눈을 피해 일을 멋지게 치르자고 남몰래 의논했다.

태산을 오르는 날, 산중턱에 이르렀을 때, 형수는 과연 두 손으로 아랫배를 움켜쥐고 아픔을 호소했다. 그러자 모두들 진실로 믿으며 시동생에게 그녀를 데리고 산 아래 마을 객잔으로 호송하도록 했다. 시동생과 형수는 여러 사람들과 멀리 떨어지자 바위굴 깊숙한 곳으로 몸을 숨긴 뒤 마음대로 즐거움에 빠졌다.

모두들 참배를 마친 뒤 산 아래 마을 객잔으로 돌아왔으나 두 사람의 그림자는 보이지 않았다. 이들은 어쩔 수 없이 처음 헤어졌던 산중턱으로 가서 이곳저곳 빠짐없이 찾았지만 흔적 하나 발견할 수 없었다. 모두들 고개를 갸웃거리며 의아해 할 때, 문득 산속 바위굴 깊숙한 곳에서 헐떡거리는 괴이한 소리가 들려왔다. 이들은 소리가 나는 곳으로 들어갔다. 그런데 거기에 시동생과 형수의 엉덩이가 한데 겹쳐진 모습이 보이지 않는가! 둘은 바닥에 한데 겹쳐 있었는데 끝내 두 몸뚱이를 떼지 못한 채 헐떡거리고 있었다. 여러 사람들이 우르르 달라붙어 온힘을 다해 두 사람을 흔들며 잡아당겼지만 도무지 뗄 수 없었다.

어쩔 도리 없이 둘을 한 침상에 묶은 채 이불을 덮어 추한 모습을 가리고 집으로 운반했다. 집으로 돌아오는 길에 이 더러운 소문을 들은 마을 사람들이 길가에 나와 빙 둘러싸고 구경을 했다. 이불에 덮여진 두 사람은 부끄러움으로 그저 죽고 싶을 뿐이었지만 아무리 해도 서로의 몸을 뗄 수 없었다. 집으로 돌아온 뒤, 가족과 친척들은 두 사람의 추태에 부끄러워 어쩔 줄 몰랐다. 이리하여 가족과 친척들은 이 둘을 산 채로 묻어 버렸다.

(청淸, 왕함王械「추등총화秋燈叢話」)

위패함에서 나온 모조 남근

서생 위모장衛慕庄은 언행이 조심성 없이 가벼운데다 시시덕거리기까지 했다. 향리의 불량한 젊은이들은 모두 그와 사귀며 오고가기를 좋아했지만 올곧은 선비들은 그를 뱀 보듯 하며 멀리 피했다. 그에게는 최근에 남편을 여의고 홀로 사는 처제 조씨ㅋ氏가 있었다. 이 처제는 용모도 뛰어나게 청순하고 아름다웠지만 태도도 매우 장중하고 엄숙하였다. 그런데도 위모장은 친척 관계를 이용하여 그녀와 가까이하려고 했다. 하지만 그녀는 이 사람의 언행을 얕잡아보며 사정없이 차갑게 대했다. 이 때문에 위씨는 속으로 원한을 품게 되었다.

어느 날, 위씨는 처제 집안에서 일을 보는 하녀가 전당포에서 나오는 것을 보았다. 그 하녀는 손에 전당잡혔던 물건을 싼 보따리를 들고 있었다. 위씨는 뻔뻔스럽게도 이 하녀와 인사를 나누며 가만히 물건 하나를 보따리 속으로 집어넣었다. 이 물건은 다름 아니라 바로 기생어미가 남몰래 가지고 있던 모조 남근이었다.

집으로 돌아온 하녀는 보따리를 처제에게 전하며 조금 전에 길에서 우연히 만난 위씨가 길을 막아서며 자기를 귀찮게 굴며 흰소리를 늘어놓은 일을 그대로 보고했다. 하녀가 물러선 뒤, 처제는 보따리를 풀면서 튀어나온 모조 남근을 보자 대경실색하며 분노로 눈물을 쏟았다. 하지만 그녀는 꾹 참고 입을 다물었다.

얼마 후, 위씨의 부친이 세상을 떠났다. 집안 친척들이 모두 달려와 죽은 이의 집안일을 도왔다. 처제도 위씨 집으로 달려와 언니에게 이렇게 말했다.

"상사에 정말 힘들 텐데 무슨 일이든 제게 시키셔요."

위씨는 상주의 몸이었지만 처제의 동정을 줄곧 지키며 마음속으로는 그녀가 제 발로 왔으니 자기를 싫어하는 것은 아니라고 생각하며 남몰래 즐거워했다.

출관할 때가 되자 처제는 온힘을 다하여 일을 도우면서도 언니가 미처 돌보지 못하는 곳을 찾아 보살피며 챙겼다. 날이 밝으며 닭이 울자 출관 행렬이 출발하기에 앞서서 호상을 맡은 집안 어른은 특별히 방씨方氏 성을 가진 효렴孝廉에게 위패에 글을 써줄 것을 청하였다.

위패는 검은 천으로 싸인 상자 속에 마련되어 있었다. 방씨 성을 가진 이 효렴은 자리에 앉아 분향한 뒤 시신의 유상이 그려진 종이돈을 불사르며 가볍게 진혼곡을 읊었다. 그러자 위씨는 검은 천으로 싸인 위패 상자를 두 손으로 받쳐 들고 무릎걸음으로 다가가 효렴에게 몇 자 써줄 것을 청하였다. 효렴이 붓을 들어 골똘히 생각을 가다듬을 때 시중을 드는 이가 검은 상자를 열었다. 그런데 상자 속에 우뚝 선 것은 놀랍게도 바로 모조 남근이 아닌가!

주위 사람들은 이 모습을 보며 자신도 모르게 울음을 멈추고 와락 웃음을 터뜨렸다. 그리고 위패 모양이 바뀌었다면서 왈가왈부 의견이 분분했다. 방씨 성을 가진 효렴은 이 모습을 보자 그만 붓을 팽개치며 분노했다.

"그래, 자네는 부친을 짐승으로 만들 생각인가, 아니면 어른들을 더럽게 만들 작정인가?"

위씨는 아무리 억울해도 변명조차 하지 못했다. 그러자 사람들은 더욱 분노하며 그를 마구 나무랐다. 이렇게 되자 어쩔 수 없이 다른 날을 택하여 안장할 수밖에 없었다. 장례가 끝난 뒤, 가족들은 사라진 위패를 찾아 집안을 뒤졌다. 그 위패는 위씨 아내의 낡은 바지 속에 감추어져 있었다.

(청淸, 도신屠紳 「육합내외쇄언六合內外瑣言」)

서당 훈장의 연애 이야기

어느 서당 훈장이 성질이 괴팍한데다 학생들을 엄격한 잣대로 가르치며 단속하기를 좋아했다. 이 때문에 학생들은 참으로 괴로웠다. 하지만 서당 훈장은 그래도 이 지방에서는 정인군자로 명성이 높았으며 다른 사람들도 그의 결점을 찾아낼 수 없었다.

서당 뒤뜰엔 화원이 있었다. 어느 달 밝은 밤, 훈장은 화원을 천천히 거닐고 있었다. 이때, 얼핏 꽃들 사이에 어렴풋하게 사람의 그림자가 보였다. 오랜 비 끝에 흙으로 쌓은 담이 좀 허물어진 곳이 있었기에 그 틈으로 도둑이 들었나 의심하며 가까이 다가가 살피던 훈장은 나무 뒤편에서 미녀 하나를 찾아냈다. 그런데 이 미녀는 무릎을 꿇더니 훈장에게 이렇게 말했다.

"저는 여우입니다. 선생님의 올곧음을 진즉부터 공경하였으나 두려움으로 감히 가까이 다가갈 수 없었습니다. 오늘밤엔 어둠을 이용하여 꽃구경을 나왔다가 이렇게 생각지도 못하게 선생님께 들키고 말았으니 소녀를 너그러이 용서하소서."

부드럽고 아름다운 목소리에 깜짝이는 눈길하며 사람의 마음을 흔드는 애교가 넘쳤다. 훈장은 이 모습에 그만 정신을 차리지 못할 만큼 홀리며 집적집적 희롱을 시작했다. 이 미녀도 못 이기는 체하며 은근한 모습으로 그를 따라 안방으로 들어가더니 이렇게 말했다.

"저는 투명 인간이 될 수 있습니다. 아무런 자취도 없이 오갈 수 있기에 설령 사람이 곁에 있어도 제 모습을 볼 수 없습니다. 오직 훈장님 눈에만 보일 수 있기 때문에 장난꾸러기 제자들을 걱정할 필요는 없습니다."

이리하여 두 사람은 침대에 올라 이리저리 뒹굴며 한바탕 더할 수 없는 즐거움을 나누었다.

날이 밝아오자 훈장은 그녀에게 빨리 떠나라고 재촉했다. 하지만 그녀는 이렇게 말했다.

"밖에 사람이 있다면 저는 창틈으로 빠져나갈 수 있으니 훈장님께서는 너무 걱정할 필요가 없습니다."

금세 날이 밝았다. 햇빛은 창문을 환하게 비추었다. 학생들은 벌써 서당 안으로 잇달아 들어오고 있었다. 하지만 그녀는 아직도 침대 위에서 휘장을 드리운 채 아무 걱정 없이 누워 있었다. 훈장은 안절부절 어쩔 줄 모르며 다른 사람들이 정말로 그녀를 보지 못하기를 간절히 바랐다.

잠시 뒤, 서당 바깥에서는 어떤 기생어미가 자기 딸을 데리러 왔다는 소리가 들려왔다. 그러자 그녀는 즉시 겉옷을 걸치고 안방을 나오더니 그대로 철퍼덕 서당 바닥에 주저앉아서 머리카락을 손질하기 시작했다. 머리카락 손질이 끝나자 옷깃을 살짝 여미며 훈장에게 절을 올리더니 이렇게 말했다.

"화장품을 가지고 오지 않아서 집으로 가서 머리 빗고 세수한 뒤 다시 훈장님을 찾아뵙겠습니다."

이렇게 말하면서 그녀는 손을 내밀었다. 지난밤의 해웃돈을 요구한 것이다.

원래 그녀는 이 지방에 새로 온 기녀였다. 학생들은 이 기녀를 돈으로 매수하여 여우처럼 자기네 훈장을 홀리며 망신을 주기로 작전을 짰던 것이다. 사건의 진상을 알고 난 훈장은 잔뜩 풀이 죽고 말았다. 이른 아침 수업이 끝나고 학생들이 집으로 돌아가 아침밥을 먹을 때, 훈장은 짐을 챙긴 뒤 아무런 말도 남기지 않고 길을 떠났다.

(청淸, 기효람紀曉嵐 「열미초당필기閱微草堂筆記」)

개와 그 짓을 벌인 젊은 부인

장산蔣山에 용모가 수려한 젊은 부인이 살고 있었다. 그녀의 남편은 멀리 밖으로 장사를 나간 지 자못 오래 되었지만 아직 돌아오지 않고 있었다. 그녀는 남편을 끝내 기다리며 정조를 굳게 지켰기에 주위에 사는 이웃들은 하나같이 그녀를 칭송했다.

그녀는 집안에서 개를 한 마리 길렀다. 이 개의 몸집은 우람했고 터력에 윤기가 흘렀으며 기질은 정말로 온순했다. 그녀는 이 개를 참 좋아하여 끼니마다 손수 먹을 것을 장만하곤 했다. 그녀는 살림에 사뭇 지쳤을 때에는 언제나 이 개와 장난을 치며 즐겼다. 이 개도 사람의 마음을 안다는 듯 젊은 부인의 몸에 다정히 기대어 잠시라도 떠나지 않으려고 했다.

몹시 추운 어느 날 밤, 젊은 부인은 잠 속에서 뭔가 끙끙거리는 소리에 깜짝 놀라 잠을 깨었다. 촛불을 밝혀보니 이 개가 추위를 도저히 못견디겠다는 듯이 꼬리를 흔들며 덜덜 떨면서 그녀의 침대 앞에 웅크리고 있었다. 그녀는 차마 물리치지 못하고 이 개를 침대로 끌어올린 뒤 이불을 덮어주며 두 팔로 껴안고 눈을 감았다. 그런데 두 몸뚱이가 서로 닿자 그녀는 금세 예사롭지 않은 따스함을 느끼며 애틋한 마음에 가슴이 마구 뛰며 흔들렸다. 개도 성정이 지극히 음란한지라 돌연 남자처럼 불뚝 솟았다. 젊은 부인은 그만 정신이 혼미해지며 자기를 다스릴 수 없었다. 이리하여 젊은 부인은 개와 관계를 가지게 되었다. 그런데 그 시원하고 멋진 기분은 남자보다 몇 백 배나 더 나았다. 그 뒤, 젊은 부인은 밤이면 밤마다 이 개와 즐거움을 나누었다.

한 해 뒤, 젊은 부인의 남편이 돌아왔다. 개는 이 남자를 보자 뼈에 사무치는 원한이 맺힌 듯 매섭게 쏘아보며 미친 듯이 짖었다. 어느 날, 남편은 친척집에서 술을 마시며 밤이 깊어서도 집으로 돌아오지 않았다. 젊은 부인은 이 틈을 이용하여 또 이 개와 옛날처럼 즐거움에 빠졌다. 아직도 즐거움에 빠져 있을 때, 남편이 갑자기 문을 두드렸다. 그녀는 일어나 문을 열고 남편이 들어오도록 하였다. 그런데 이 개가 남편을 보자 성난 목소리로 미친 듯 짖었다. 남편은 그만 화가 치솟아 발을 들어 이 개를 걷어찼다. 하지만 뜻밖에도 이 개는 앞으로 달려들어 남편의 아랫도리를 그대로 물어뜯었다. 얼마나 큰 상처를 입었던지 남편은 그 자리에서 바닥으로 꼬꾸라지며 죽고 말았다.

젊은 부인은 공포에 떨며 울부짖었다. 이 소리에 이웃 사람들이 달려왔다. 이들은 바닥에 여기저기 떨어진 핏자국을 보았다. 하지만 개는 사람들이 발로 걷어차도 젊은 부인의 치맛자락 곁에 웅크리고 앉아서 아예 떠나려고 하지 않았다. 게다가 놀랍게도 긴 코를 젊은 부인의 사타구니 쪽으로 내밀며 킁킁 냄새를 맡고 있었다. 이런 모습을 보며 이웃 사람들은 고개를 갸웃거리다가 관아에 신고했다.

젊은 부인을 관아로 구인하여 이제 막 심문을 할 때, 이 개가 거시기를 불끈 일으킨 채 갑자기 그녀의 품으로 뛰어들며 그 짓을 하려고 했다. 젊은 부인은 그 모습을 보자 당혹스러운 나머지 정신을 잃고 바닥에 쓰러졌다가 한참이 지난 뒤에야 비로소 깨어났다. 관아의 장관은 여기에 분명 말 못할 사정이 있다는 것을 알고 젊은 부인을 별당으로 들여보낸 뒤 나이든 다모茶母에게 비공개로 조용히 캐묻도록 했다. 그제야 젊은 부인은 속사정을 그대로 밝혔다. 관아의 장관은 '간통한 남자와 공모하여 남편을 죽인 자를 처벌하는 법률'에 의하여 젊은 부인과 개에게 사형을 선고했다.

사형을 집행하는 날, 장산 지방에 사는 사람들은 하나도 빠짐없이 달려와서 형장을 에워싸고 구경하며 하나같이 탄식했다.

"업보로다, 업보!"

(민국초기民國初期, 시악柴萼 「범천려총록梵天廬叢錄」)

이야기 뒤의 이야기

숨기기의 필요성과 엿보기의 필요성

"식욕과 성욕은 인간의 가장 근본적인 욕망이다."[3]

식욕과 성욕은 비록 하늘이 인류에게 내린 본능이지만 예부터 인류는 이 두 가지 본능에 대하여 전혀 다른 견해와 태도를 보이고 있다. 가장 두드러진 차이점은 문명화의 과정에서 음식물을 먹거나 씹는 데에 관여하는 기관을 감추려고 한 적이 없었으며, 더욱이 식욕을 만족시키려는 욕망에 대하여 말하기를 꺼려하지 않았지만, 성기나 성욕의 만족에 대해서는 온갖 방법으로 가리고 숨기려고 했을 뿐만 아니라 꼭꼭 감추고 누설하지 않으려 했다는 것이다.

왜 문명인은 기필코 성을 감추려고 할까? 이야기하자면 끝이 없겠지

---

3   飮食男女, 人之大欲存焉. 『예기禮記』「예운禮運」에 나오는 구절이다.

만 그래도 비교적 '간단하면서도 이해하기 쉬운' 원인은 영국의 소설가 로렌스가 말한 대로 성이란 '하느님이 인류에게 처방한 가장 큰 장난'이기 때문이라는 것이다. 혈통을 잇고 대를 물리는 신성한 임무와 자신을 잃을 만큼 황홀한 체험을 안기는 성과 이에 따르는 장치는 고귀한 체면과 마음으로부터 멀리 떨어져 있지만 더럽고 불결한 배설 기관과는 놀랍게도 가까이 있다. 다시 말하자면, '소변을 배설하는 곳과 대변을 배설하는 곳 사이에 위치한', 이런 난처한 처지 때문에 인간은 어쩔 수 없이 그들의 성을 감출 수밖에 없다.

하지만 비교적 '심오한' 원인은 구조주의자들이 말한 대로, 동물과의 경계를 분명히 구별하기 위해서라는 것이다. 음식을 보더라도 '야만적'인 동물은 '생식生食'을 하지만 '문명적'인 인류는 '화식火食'을 한다. 그와 마찬가지로 성관계를 보더라도 동물은 '야만적'이기에 '공개적'이지만, 인류는 '문명적'이기에 '감추기'를 한다.

요컨대, 인류가 성을 감추기 시작한 것은 상당히 길고 오랜 역사를 가지고 있다. 그러나 솔직히 말하면, 이런 '감추기' 자체는 오히려 패러독스로 가득하다. 왜냐하면 감추면 감출수록 사람들은 오히려 그것을 더욱 엿보려고 하며 자세히 알려고 간절히 바라기 때문이다. 이는 마치 단정하고 깔끔한 옷차림을 추구하는 사회일수록 많은 사람들이 '온갖 어려움을 무릅쓰고' 스트립쇼를 보려고 하는 것과 같다. 감추기는 사실 엿보기의 온상이다. 따라서 이런 의문을 가질 수밖에 없다.

감추기는 그저 '문명의 속임수'가 아닐까? 성을 '다시 발견하는' 기쁨을 증가시키기 위해 존재하는 것이 아닐까?

대다수 문명인의 경우, 그들의 성에 대한 진정한 상황은 한편으로는 자기의 성을 숨기면서 다른 한편으로는 애매한 눈빛으로 사방을 엿보며 타인의 성을 알아내려고 한다. 엿보려는 간절한 바람은 흔히 감추려는 마음보다 훨씬 강렬하여 수많은 상황 속에서 엿보기는 성을 '인식'하는 주요한 통로가 되기도 한다. 사실상 사회 안에도 이런 통로가 적잖이 존재해 왔다. 예컨대, 고대의 춘화도春畵圖나 현대의 선정적인 비디오테이프는 일종의 통로이다. 이들이 제공하는 주요한 내용은 육체적인 엿보기와 인식이다. 게다가 고대의 필기소설筆記小說⁴ 및 신문이나 잡지에 실린 오늘날의 성에 대한 기사도 또 다른 일종의 통로이다. 이들이 제공하는 주요한 내용은 정신적인 엿보기와 인식이다.

성에 대한 논술은 문명사회라도 엿보기의 색채를 함유한다. 왜냐하면 엿보기는 감추어진 성을 까발리는 것이기 때문이다. 이 책에는 성에 대한 논술이 나온다. 게다가 명·청明淸 시대에 나온 필기소설 속의 사랑과 성에 대한 이야기를 재료로 삼는다. 이것이야말로 바로 엿보기이다. 당연히 이런 엿보기를 통하여 중국인의 성에 대한 깊숙한 정신이 무엇인지 인식할 수 있다. 앞에 나온 여러 이야기는 바로 엿보기의 첫 번째 재료이다.

다시 '거듭 발견된' 세계

문명사회에서, 성性은 갖가지 장막을 필요로 한다. 「커튼 안과 밖」에

---

4   문어문으로 쓰인 지괴소설志怪小說(신선, 귀신, 요귀에 관한 소설), 전기傳奇, 잡록雜錄, 자질구레한 소문을 모은 쇄문瑣聞, 전기傳記, 수필 따위의 글들.

서 드리워진 커튼은 이야기 속의 부녀자를 하나지만 둘로 만든다. 커튼 밖의 알몸은 머슴으로 일하는 젊은이의 서비스를 마음껏 즐기는 아랫도리이다. 이는 바로 형이하의 세계이다. 그러나 커튼 안에 숨겨진 것은 신분을 대표하는 교양과 존엄의 모습이다. 이는 바로 형이상의 세계이다.

여기 나오는 이야기는 비록 지나치긴 하지만 오히려 인류가 처한 성의 모습을 생동감 있게 드러낸다. 교양과 존엄이 있는 절대다수의 문명인은 반드시 이와 같은 종류의 갖가지 커튼으로 자신의 형이하와 형이상의 세계를 구분 지으며 아무런 근심 걱정 없이 점잖게 이 복잡하고 어수선한 세상에서 그럭저럭 삶을 살고 있다. 어떤 면에서 보면, 성을 가리는 커튼은 자기의 성기와 성행위를 감추는 것 같다. 하지만 또 다른 면에서 보면 문명인으로서의 신분과 존엄을 지키도록 자신을 보호한다.

이런 성을 가리는 커튼은 어디에나 존재한다. 「어두운 밤에 벌인 수작」에서 회관 주인의 모친은 후선관에게 '남몰래 정을 통하면서 지켜야 할 세 가지 계율'을 알려준다. 즉, '반드시 깊은 밤 인적이 없을 때까지 기다릴 것', '어떤 일이 있어도 촛불을 밝히지 말 것', '다른 손님에게는 어떤 기척도 없어야 할 것' 등이다. 하지만 이는 사실 대다수의 문명인이 '부부 사이의 성관계'를 가질 때에 '지켜야 할 세 가지 계율'로 동서고금을 통하여 신기할 것 하나 없는 성을 가리는 커튼이다. 즉 성은 반드시 다른 사람들의 이목을 가리고 오로지 캄캄한 어둠 속에서 침묵하면서 진행할 수 있다. 설령 욕정이 불길처럼 타올라도 망설이며 꺼리지 않을 수 없다. 예컨대, 「뗄 수 없는 몸뚱이」 속의 인륜을 저버리고 근친상간을 하는 시동생과 형수도 뭇사람의 눈을 피해 바위틈 깊숙한 곳에 숨어 그 짓을 벌인다. 이런 감추기는 일종의 본능 아닌 '본능'이 되어 절대다수의 사람들이 동물처럼 사람들이 두 눈 뻔히 뜨고 보는 앞에서 그 일을 할 수 없도록 만들기에 이르렀다.

감추기는 어쩌면 꼭 필요하다. 왜냐하면 인간을 '동물과 차별화'해서 수없이 많은 불필요한 어려움으로부터 벗어날 수 있도록 하기 때문이다. 하지만 이런 성을 가리는 커튼은 대체로 그렇게 튼튼하지 않다. 이 커튼은 항상 조심하지 않으면 떨어뜨리거나 갑자기 젖혀지는 때가 있다. 회관에 불이 나자, 구출하려고 들어온 하인이 이불을 걷어버리자 실오라기 하나 걸치지 않은 회관 주인의 모친이 침대에서 굴러 떨어졌을 때, 엉덩이가 한데 겹쳐진 채 떨어지지 못하는 시동생과 형수가 헐떡거리는 괴이한 소리를 따라 찾아온 집안 식구들에게 수색되었을 때, 보기만 해도 끔찍한 세계가 또 다시 '거듭 발견'되었다.

제1장 뒤에 나오는 다섯 가지 이야기는 기본적으로 감출 수 없었기에 까발려진 성이다. 이 이야기들은 아래와 같은 구경거리를 제공한다.

시와 서를 두루 읽고 공부한 후선관이 놀랍게도 회관 주인의 모친에게 자색을 겸비한 이웃 여인과의 밀회를 주선해 줄 것을 요구하자 회관 주인의 모친은 돈 때문인지 아니면 자신이 즐기기 위해서인지는 모르지만 예상치 않게 직접 나서며 비전문가이지만 프로처럼 행동하며 뛰어든다.

인륜을 저버리고 근친상간을 하는 시동생과 형수는 사통의 뜨거움으로 놀랍게도 동악묘에 참배하러 가는 신성한 날에도 참지 못하고 바위 틈 굴속으로 들어가서 그 짓을 하며 제멋대로 놀아난다.

서생 위모장은 놀랍게도 홀로된 처제에게 모조 남근을 보냈지만, 처제는 모조 남근을 뜻밖에도 세상을 떠난 서생의 아버지 위패와 살짝 바꿔치기 하고, 그 위패를 서생 아내의 낡은 바지 속에 넣어둔다.

학생들을 가르치는 훈장은 자칭 여우라는 미녀를 보자 그만 놀랍게도 희롱을 하며 당장 성관계를 갖는다. 하지만 이것은 그들의 훈장을 함정에 빠뜨리려는 학생들이 미인을 이용한 교묘한 계책의 결과였다.

어질고 총명하기로 이름난 부인이 놀랍게도 개를 정부로 삼아 밤마다 성관계를 가진다. 하지만 이 개는 뜻밖에도 이 부인의 남편 아랫도리를 사납게 물어뜯으며 죽음에 이르게 만든다.

놀랍고, 정말 놀랍게도……, 그런데 인간은 놀랍게도 이런 일을 하고 있으니!

성의 장막이 열렸을 때, 원래는 단정하고 깔끔한 인류의 지극히 꼴사납고 비뚤어져서 차마 보기 힘든 장면을 보게 된다.

성의 본질

또 다시 발견된 성은 하나같이 모두 '성추문性醜聞'이다. 비교적 '깔끔한' 독자라면 이런 이야기에 얼굴이 붉어지며 인상을 찡그릴 것이다. 마치 '더럽고 비린내 나는 것'들을 발산하며 이런 것들이 '영혼에 스며든 지린내'라도 되듯이.

어떤 이는 이런 이야기가 극히 얼마 되지 않는 특별한 경우라고 말한다. 사람들의 성은 대부분 그렇지 않다는 것이다. 이 말은 물론 맞지만, 중국인들이 좋아하는 '어려움에 처한 절박한 순간에 그 사람의 정조가 분명하게 드러난다.'는 속담처럼, 상황이 지극히 모진 때라야 '성'의 궁극적인 본질에 대한 비교적 실질적인 체험과 깊이 있는 인식을 얻게 된다. 앞에 나온 이야기들은 확대경이나 요술 거울처럼 더욱 분명하게 성의 궁극적인 본질을 보여준다. 한 마디로 말하자면, 성은 본능과 문명의 갈등이며 충돌과 타협이다.

이들을 이해하려면 하나의 구조를 필요로 한다. 정신분석의 대가 프로이드는 일찍이 인류의 정신을 관찰해서 원자아原自我, 초자아超自我, 자아自我의 정신구조를 제시했다. 흔히 말하는 '원자아'란 맹목적인 생물학적 성 에너지를 말한다. 이것은 제약을 받지 않는 순수한 '쾌락'을 통해 본능의 요구를 만족한다. 이른바 '초자아'란 바로 사람의 마음은 문명으로 교화되고 형성된 고상한 부분이기에 양심과 자제를 대표하며, '도덕'에 의해 양심과 자존을 유지하고 보호한다. 소위 '자아'란 인간이 사회에서 드러내는 모든 모습을 가리킨다. 이것은 이성과 신중한 태도로 사리를 따지고 형편을 헤아린다. 또한 '현실'을 바탕으로 '원자아'의 쾌락적 요구와 '초자아'의 도덕적 압력을 조화시킨다.

이런 구조는 본능의 지휘를 받는 '원자아'와 문명으로 교화된 '초자아'는 언제나 갈등과 충돌 상태에 처하지만 '자아'는 그 사이에서 절충과 조화의 역할을 한다는 사실을 말해 준다. 앞에서 나온 여러 이야기에는 바로 이런 구조가 은연중에 포함되고 있다. 여기서 사람들은 원자아의 부추김을 받으며 유혹, 사통, 간통, 근친상간, 수간獸姦 등의 행위를 벌인다. 하지만 초자아는 이런 행위를 모두 허용하지 않는다. 결국 본능과 문명의 갈등과 충돌 속에서 자아는 타협의 전략을 선택한다. 이것이 바로 감추기이다.

그러나 감추기가 실패해 성을 가리는 커튼이 벗겨지면 또 다시 원자아와 초자아, 본능과 문명 사이에 일으키는 갈등과 충돌을 보게 된다.

우리를 부끄럽게 하지만 한편 우리를 흥분시키는

참으로 흥미로운 것은 본능과 문명의 갈등과 충돌 속에서 빚어지는 보통 사람의 정서적 반응이다.

모든 이야기의 주인공은 정말 멋지게 감추기를 하며 아직 발견되기

전에는 모두 원자아의 흥분과 유쾌함에 도취되지만, 발견된 뒤에는 초자아가 즉시 마음속에서 뒤척거리며 튀어나와 흥분과 쾌락 속에서 부끄러움과 고통의 심연으로 빠뜨린다. 당사자들은 모두 부끄러움으로 어쩔 줄 모르며 쥐구멍이라도 들어가고 싶을 정도이다. 「위패함에서 나온 모조 남근」 속의 위씨와 「서당 훈장의 연애 이야기」 속의 훈장도, 「뗄 수 없는 몸뚱이」 속의 시동생과 형수, 그리고 「개와 그 짓을 벌인 젊은 부인」 속의 젊은 부인도 이와 같다. 개가 관아에서 그때처럼 '친밀하고 다정한' 몸짓을 보였을 때, 젊은 부인은 고통과 부끄러움으로 그 자리에서 그대로 졸도하고 말았다. 이런 고통과 부끄러움은 온전히 문명적인 반응이다. 하지만 젊은 부인과 '간통'한 개는 이런 반응이 전혀 없다. 개의 격렬한 정도는 본능에서 온 흥분과 유쾌함보다 결코 못하지 않다.

성을 가리는 커튼이 벗겨진 뒤, '발견한 자'도 얼마간의 격렬한 반응을 보인다. 「위패함에서 나온 모조 남근」에서 원래 위패 위에 글을 쓰려던 효렴은 위패가 위씨가 조씨에게 보낸 모조 남근으로 변한 것을 발견한 뒤, 문득 밀려오는 지극한 분노를 어쩌지 못하여 붓을 내던지며 위씨에게 심하게 욕을 퍼붓는다. 또 「뗄 수 없는 몸뚱이」에서 가족들이 샴쌍둥이처럼 붙어있는 시동생과 형수의 추태를 발견했을 때에도 분노로 미칠 듯이 이들 '개 같은 연놈들'을 끌고, 흔들고, 때리고, 차며 집으로 온 뒤 생매장하고 만다. 이런 격렬한 분노는 문명인이 자기와 상관있는 자가 제멋대로 벌이는 본능을 눈으로 보았을 때 일으키는 초자아의 반응이다.

그러나 더욱 주목할 만한 것은 어쩌면 '무고한 방관자'의 반응이다. 「어두운 밤에 벌인 수작」에서 후선관과 회관 주인 모친이 벌인 추한 사건이 널리 소문으로 퍼지자 이를 들은 이들은 모두 '귀 있는 자 배꼽을 쥐고 웃지 않는 이 없었다.' 그리고 「위패함에서 나온 모조 남근」에서 위패가 모조 남근으로 바뀐 뒤 슬퍼하던 조문객들은 아예 참지 못하고 '울음을 멈추고 와락 웃음을 터뜨렸다.' 이런 폭소는 많은 이들이 음란한 우스갯소리를 들으며 보이는 반응을 연상케 한다. 그러나 이 이야기는 음란한 우스갯소리보다 더욱 복잡한 함의를 가지고 있으며, 나아가 문명의 제약으로 생긴 경멸과 조소를 의미하는 동시에 문명의 헛된 제약을 벗어나면서 오는 홀가분함과 쾌감도 있다.

이 밖에도 「뗄 수 없는 몸뚱이」에서 집안사람들이 한 몸으로 엉킨 시동생과 형수를 이불로 덮어 집으로 옮길 때, 이 소문을 들은 큰길 근처의 백성들은 일손을 놓고 몰려와서 구경한다. 마찬가지로 「개와 그 짓을 벌인 젊은 부인」에서 젊은 부인과 개가 '간통한 남자와 공모하여 남편을 죽인 자를 처벌하는 법률'에 의해 사형될 때, 장산 부근 온 동네 사람들은 빠짐없이 형장으로 와서 구경한다. 이렇게 '구경하는 행동'은 분명 호기심과 깊은 관계가 있지만 호기심보다 더욱 복잡한 의미가 있다. 우리가 짐작할 수 있는 사실은, 이들 구경꾼들은 시동생과 형수 그리고 젊은 부인과 개를 비난하며 소리를 낮추어 한 마디씩 한 뒤, 이해는 하지만 여전히 애매한 눈빛을 주고받는다. 이는 마치 마음속으로 이렇게 말하는 듯하다.

'정말 놀랍고 쪽팔리고…… 하지만 또 자극적이고 흥분시키는 추태로다!'

그들의 얼굴에는 원자아와 초자아, 본능과 문명이 마음속에서 이리저리 뒤척이며 어지럽힌 술렁거림이 쓰여 있다.

사실상 이런 방관자들의 반응은 오늘날 엿보는 자가 된 우리들이 이런 이야기는 물론 신문이나 잡지에서 수많은 추문을 볼 때 가장 많이 보이는 반응이다. 한편으로는 '문명'의 모습으로 이 사람들이 정말로 짐승처럼 뻔뻔스럽다며 자신을 일깨우고 있지만, 다른 한편으로는 '본능'의 모습으로 흥미진진하게 보면서 나아가 '더 많은 것을 알려고' 한다.

문명의 가르침에 항거해온 성

성의 장막이 열린 뒤, 마치 하나의 블랙홀을 본 듯하다. 그것은 갖가지 비뚤어짐과 꼴사나운 행동이 분출하는, 그리고 온갖 것들이 뒤섞여 만감이 교차하게 만드는 블랙홀이다. 성性처럼 복잡한 반응을 일으키는 행위는 없다.

사실상 사람들은 모두 성장과정에서 감추기와 엿보기, 발견하고 발견되는 사이에 정도의 차이는 있을지라도 호기심, 흥분, 부끄러움, 분노, 즐거움, 고통과 고통에서의 해방 따위를 이미 경험한 바 있다. 단지 평소에는 자아의 방어로 이런 것들이 그렇게 확연하게 드러나지 않을 뿐이다. 그런데 이들 이야기들은 성을 가리는 커튼을 걷어내고 자아의 울타리를 없애며 본능과 문명을 하나로 뒤섞어 고속으로 충돌시키며 본능과 문명의 갈등과 충돌을 직시하고, 이들이 야기하는 온갖 것들을 맛보라고 채근하고 있다.

시각을 달리해서 보면, 인류의 '식욕'과 '성욕'이란 두 가지 본능은 문명화 과정에서 서로 다른 운명을 가지고 있다. '생식/화식', '공개/감추기'라는 두 가지 쌍을 표준으로 판단한다면, 인류의 식욕에 대한 '문명적 가르침'은 비교적 낮은 표준을 취했지만 오히려 비교적 큰 성과를 얻었다. 모든 먹거리를 반드시 '화식'해야만 '문명'이라고 생각하지는 않는다. 사실상 사람들은 모두 적지 않은 먹거리를 '생식'했을 때 오히려 '본능'의 감각기관을 그런대로 만족시킬 수 있음을 알고 있다. 이건 먹을 수 있고, 저건 먹을 수 없고, 또 어떻게 먹어야 하는지 따위가 비록 거대한 가치와 지식 체계로 형성되어 있지만, 무슨 명문화된 규범으로 구속할 필요는 없는 것 같다. 왜냐하면 문명화된 인류는 '먹을 수 없는 것'(예컨대 사람의 고기)과 '생식할 수 없는 것'(예컨대 돼지고기)은 벌써부터 목구멍으로 넘기기 힘들어 했다. 인류의 식욕은 문명의 가르침으로 사실 아주 커다란 질적인 변화를 가져왔다.

하지만 다른 입장에서 보면, 성욕은 그렇지 않으니, 인류의 이에 대한 '문명의 가르침'은 비교적 높은 정도의 표준을 취했지만 얻어진 성과는 오히려 비교적 낮았다. 절대다수의 문명화된 사회는 성이란 반드시 '감추어져야' 한다고 생각했으며, 어떤 '공개'된 시도도 각계 인사들의 우려와 저주를 받을 수 있었다. 인류는 어떤 대상과는 성관계를 가질 수 있는지, 또 어떤 대상과는 성관계를 가질 수 없는지, 그리고 어떤 성관계여야 하는지 등에 대하여 방대한 가치와 지식체계를 가지고 있었을 뿐만 아니라 엄격한 명문 규정까지 있었다. 그러나 앞에서 본 이야기가 말해주는 것처럼 문명으로 규범화하기에 부합하지 않는 성은 밝고 환한 곳에서 부주의로 모습을 보이며 무례하고 건방진 생명력을 드러낸다. 그리고 이런 점은 문명의 가르침이 헛수고임을 일깨워준다.

성에 대한 본능은 분명 식食에 대한 본능보다는 가르치기가 훨씬 쉽지 않다. 적지 않은 사람들이 이제껏 의식적이든 무의식적이든 문명의 가르침에 항거해 왔건 것도 사실이다. 본능과 문명의 갈등과 충돌은 줄곧 존재해 왔다. 우리들이 할 수 있는 것은 어떻게 이 둘 사이에서 타협의 길을 찾느냐에 놓여 있다. 앞에서 본 몇 가지 이야기는 시간과 공간을 뛰어넘으며 중국인들의 성의 블랙홀 바로 입구까지 이끌었다. 그 블랙홀은 거대하면서도 참으로 깊숙하여 안개 자욱한 그 입구에 서면 마치 어떤 모호한 소리가 들려오는 것 같다. 그 소리는 본능과 문명, 이 두 마리 괴상하게 생긴 야수가 컴컴한 동굴 깊숙한 곳에서 '성교'할 때 지르는 함성과 신음이다.

이 소리가 지금 우리를 부르고 있다. 중국인들이 '성性'이라는 글자가 가리키는 길 위에서 어떤 '삶'의 길과 어떤 '마음'의 과정을 겪었는지 자세히 알아볼 생각이라면, 수많은 남녀의 육체와 정신을 빨아들이고 녹인 블랙홀로 한 걸음 더 깊이 들어가서 엿보기를 해야 할 것이다.

제2장
색정의 구조 분석 ─ 사람이 짐승과 다른 점은 거의 없다

"인간 세상의 여러 가지 성행위는 비록 복잡하고 다양하지만 결국은 모두 남자, 여자, 생식, 쾌락, 경쟁, 이익, 도덕, 법률, 권력, 건강, 예술 등 열한 가지의 원색이 서로 다른 비율로 짝지어지며 만들어진 것이다."

*

"성의 원색으로 회귀하는 곳에서, 이런 원색의 절대다수도 오직 '본능'만 있을 뿐 '문명'이라고는 없는 동물도 공유하고 있음을 발견한다. 인류와 그의 동물 친척은 성이라는 테두리 안에서는 서로 같은 본능이나 원색을 가지고 있다. 이는 그리 이상한 것이 아니다. 이를 맹목적으로 부인하거나 멸시하면 오히려 사람들이 기괴하다고 느낄 것이다."

*

"본능의 변천은 바로 문명 심리 메커니즘의 변천이다. 진화하는 과정에 서로 다른 시대와 서로 다른 민족은 서로 다른 성 의식, 그리고 성 문명과 성 문화를 만들어 냈다. 이리하여 인류의 성에 대한 이미지는 시대와 민족, 의식과 문화의 차이에 따라 더욱 다양한 모습을 드러낸다."

이야기

벽을 뚫었다가 입은 재앙

어느 장교에게 꽃다운 나이 열아홉에 아직 출가하지 않은, 정말 아름다운 자태를 가진 딸이 하나 있었다. 이웃에 살고 있는 또 다른 장교에게 제멋대로 놀아나며 허풍이나 떠는 아들이 하나 있었다. 이 집 아들 녀석이 가까운 이웃에 사는 이 아름다운 처녀에게 마음을 두며 기회만 있으면 집적거렸지만 그녀는 눈도 깜짝하지 않았을 뿐만 아니라 그와 마주치면 몸을 피하기까지 했다.

아들이 사는 이 집의 바깥 대청과 처녀의 침실 사이에는 널빤지 한 장만이 막고 있을 뿐이었다. 어느 날, 처녀의 아버지는 남쪽 지방 싸움터로 나아가고 어머니는 친정 나들이를 가게 되어 집에는 나이든 하녀와 처녀만이 남게 되었다. 이웃집 아들 녀석은 이 기회를 놓치지 않고 일부러 널빤지로 된 벽을 두드리며 이렇게 말했다.

"담뱃대 좀 빌려 주오."

제2장 색정의 구조 분석 - 사람이 짐승과 다른 점은 거의 없다

처녀는 아예 무시하고 들은 척도 하지 않았다. 그러자 이 녀석은 주머니칼로 널빤지에 동전만한 구멍을 뚫더니 자기 눈을 그 구멍에 붙이고 웃으면서 그녀에게 말했다.

"담뱃대 좀 빌려 달라는데 뭐 그리 인색하게 화까지 내오?"

처녀는 이 녀석이 방자하게 구는 모습을 보자 솟구치는 화로 얼굴이 파랗게 질렸지만 재빨리 마음을 진정시키며 웃음 띤 얼굴로 이렇게 말했다.

"내 그대를 이전에 전혀 만난 적이 없거늘 어떻게 물건을 빌려줄 수 있단 말이오?"

이 녀석은 그녀의 대답을 듣자 놀랍기도 하고 기쁘기도 하여 어쩔 줄 몰라 또 희롱을 했다.

"너무 그러지 마시오. 내가 이렇게 구멍까지 뚫은 이상 담장을 넘어 그대와 만날 수도 있소."

처녀는 이 말에 이렇게 대꾸했다.

"그대가 뚫은 이 구멍으로도 우리들이 마음을 나누며 노닐기에 충분하거늘 어찌 또 모험을 한단 말이오?"

그녀는 이 말을 하며 짐짓 눈웃음을 치니 더욱 애교가 넘쳤다. 그러자 이 녀석은 두근거리는 심장을 어쩌지 못하고 손가락 하나를 이 구멍 속으로 집어넣었다. 옆집 처녀도 손을 내밀어 그 손가락을 어루만졌다.

이 녀석은 상대방이 자기를 좋아한다고 여기며 한껏 도취되어 나지막한 목소리로 가만히 속삭였다.

"내게 뭐 한 가지가 있는데, 그대가 본 적이 있는지 모르겠소."

소녀가 물었다.

"무슨 희한한 물건이오?"

이 녀석은 이렇게 대답했다.

"보면 알 것이오."

그러더니 이 녀석은 얼른 바지를 내리더니 자기 물건을 그 구멍 속으로 집어넣었다.

옆집 처녀는 손으로 이 녀석의 물건을 잡고 짐짓 어루만지며 다른 한 손으로는 가만히 머리핀을 뽑아서 얼른 가로로 꿰뚫어 버렸다. 갑작스런 변고에 이 녀석은 아픔을 참지 못하고 소리 높여 울부짖었지만 뒤로 물러날 수는 없었다. 그저 제자리에 뻣뻣이 선 채 울부짖을 뿐이었다. 하지만 그녀는 얼른 방을 나와 문을 닫고 밖으로 나와 아무것도 듣도 보도 못한 체했다.

이 녀석의 여동생이 오라비가 울부짖는 소리를 듣고 대청으로 달려와 보곤 그만 놀람과 두려움으로 얼굴이 새파랗게 질려 급히 제 어머니에게 알렸다. 이 녀석의 어머니가 아들의 망측한 꼴을 보고 온갖 방법을 다 썼지만 곤경에서 건져낼 수 없었다. 어쩔 수 없이 처녀의 집으로 달려가 무릎을 꿇고 그녀에게 너그러운 마음으로 용서해 달라고 빌었다. 하지만 그녀는 이렇게 말했다.

"어머니께서 오시면 그때 이야기해요!"

이 녀석의 어머니는 부끄러움으로 난감하기 짝이 없었다. 하지만 얼른 처녀의 모친 친정으로 달려가 빨리 집으로 돌아가서 사람 하나 살려달라고 간절히 빌었다. 처녀의 어머니는 집에서 무슨 일이 일어났는지도 모르고 자기 동생과 함께 집으로 돌아왔다. 대문 앞에 이르자 그녀는 어머니를 안고 소리 내어 울며 이렇게 말했다.

"이제는 살 수 없어요!"

어머니가 거듭 위로하자 그제야 그녀는 마음을 가라앉혔다.

처녀의 외삼촌이 침실을 열자 널빤지 구멍으로 가로로 꿰뚫린 이웃집 녀석의 물건이 보였다. 그녀의 외삼촌은 화가 났지만 웃음도 참을 수 없었다.

"이야말로 자그마한 머리핀으로 내린 큰 징벌이로다!"

처녀의 외삼촌은 이렇게 꾸짖으며 머리핀을 뽑았다.

이웃집 녀석은 곤경에서 벗어나자 그만 의식을 잃고 바닥에 쓰러졌다. 집안 식구들이 그를 부축해 방안으로 옮기고 치료한 지 한 달이 지나서야 비로소 건강을 회복했다.

(청淸, 제원주인霽園主人「야담수록夜譚隨錄」)

하룻밤만 허락한 부인

동촌에 사는 어떤 젊은이가 한 아가씨를 아내로 맞았다. 첫날밤, 이 젊은이는 새색시가 입은 상하의가 몽땅 실로 촘촘하게 봉합되었음을 알았다. 게다가 새색시는 그와 한 이불을 덮고 잠을 자려고도 하지 않았다. 조금만 손을 대려고 해도 훌쩍훌쩍 눈물을 흘리며 한사코 가까이 오지 못하게 했다. 이렇게 몇 달이 지나도 마음을 돌리거나 태도를 바꾸지 않았다.

젊은이의 아버지와 어머니도 이 사실을 알고 걱정이 태산이었지만 마음속 말을 내놓기가 참으로 거북하였다. 어쩔 수 없이 며느리의 친정 어머니에게 중재를 부탁했지만 효과는 전혀 없었다. 젊은이의 어머니는 이제는 어쩔 수 없이 며느리에게 사람으로서 마땅히 지켜야 할 큰 도리를 말했다.

"며느리는 남편 집안의 대를 이어야만 효도를 다하는 거란다. 우리 두 내외가 이렇게 나이도 들어 아직 손자를 못 봤는데 며늘아기가 지금 이렇게 하면 집안 제사는 누가 모시고 가업은 누가 잇겠니? 게다가 며늘

아기도 만약 아기를 낳아 기르지 않는다면, 장차 나이 들면 누구에게 의지하며 살겠니?"

새색시는 시어머니의 말에 아무런 대꾸도 하지 않았지만 마음은 좀 움직이는 것 같았다.

그 날 밤, 젊은이가 아내에게 다시 접근했을 때 이제는 거절하지 않았다. 두 사람은 몸을 섞으며 즐거움을 나누었다. 하지만 이튿날 밤이 되자 전과 마찬가지로 거절했다. 그런데 그녀는 하룻밤 깊은 사랑으로 이미 수태를 하여 그 이듬해 아들을 낳았다. 뒷날, 남편인 젊은이가 세상을 떠나자 그녀는 아들을 정성들여 키우며 시부모를 극진히 모셨다. 그녀는 평생 아무런 원망도 후회도 없이 그렇게 살았다.

(청淸, 왕함王椷 「추등총화 秋燈叢話」)

밤배

항주의 밤배는 하룻밤에 백 리를 갈 수 있었다. 이 배는 어지럽고 어수선했지만 중간에는 오직 널빤지로 남녀 승객을 갈라놓았을 뿐이었다.

인화진仁和鎭에 사는 젊은이 장 거시기는 말과 행동이 경박했지만 스스로 멋이 있다고 생각했다. 그가 어느 날 부양富陽으로 가기 위하여 이 밤배에 올랐다. 배에 오른 그는 널빤지의 터진 틈으로 여자들 객실을 엿보기 시작했다. 그런데 어떤 아름다운 소녀가 자기에게 웃을 듯 말 듯 예쁜 모습을 보였다. 그만 그는 이 소녀가 자기를 마음으로 좋아하는 것으로 생각하며 즐거움에 빠졌다. 삼경이 되자 승객들은 벌써 깊이 잠들었다. 그런데 젊은이 곁의 칸막이가 갑자기 열렸다. 동시에 어떤 이가 손을 내밀더니 그의 물건을 쓰다듬었다. 그는 기뻐서 어쩔 줄 모르며 자기의 물건을 꼿꼿이 세우고 상대방이 쓰다듬도록 하였다. 동시에 자기도 손을 내밀어 상대방의 몸뚱이를 어루만졌다. 분명 여인의 몸뚱이였다. 이렇게 되자 젊은이는 대담하게도 여인의 몸 위로 기어올랐다. 그리고 서로 아무 말도 하지 않고 운우의 즐거움을 누렸다.

새벽을 알리는 닭이 울자 젊은이는 일어나 남자 객실로 돌아가려고 했다. 그러나 상대방은 그를 꼭 끌어안은 채 놓아주질 않았다. 그는 상대방이 남색을 탐하는 줄로 여기며 이제는 온힘을 다하여 그녀와 운우의 정을 더 나누었다. 날이 점점 밝아올 즈음 그는 품에 안은 여인이 뜻밖에도 호호백발임을 알았다. 그는 깜짝 놀라며 급히 몸을 피하려고 했지만 상대방은 그를 꼭 붙들고 이렇게 말했다.

"난 올해 예순이 넘은 비렁뱅이외다. 남편도 아들딸도 친척도 없어요. 그러니 어디 기댈 곳도 잠시 머물 곳도 없어서 늘 걱정이었소. 그런데 생각지도 않게 어젯밤 공자의 넘치는 사랑을 받고 보니, 그래, 하룻밤에도 만리장성을 쌓는다는 말이 그르지 않소. 이제 공자는 바로 내 남편이외다. 난 이제 죽을 때까지 당신께 의탁하기를 간절히 바라오. 예물 같은 건 한 푼어치도 원치 않으니, 이제부터는 당신이 밥 먹으면 나도 밥 먹고 당신이 죽 먹으면 나도 죽 먹으면 될 것이오!"

그는 궁지에 빠지자 그만 여러 사람을 향해 살려 달라고 소리를 질렀다. 배 안에 타고 있던 승객들이 그의 외침에 잠자리에서 일어나 사건의 내막을 알아차리곤 모두 웃음을 터뜨렸다. 누군가 그에게 은전 열 몇 닢을 이 노파에게 얼른 주어 사례하라고 일렀다. 은전 열 몇 닢을 건네자 비렁뱅이 노파는 그제야 손을 풀었다.

곤궁에 빠졌던 그가 남자 쪽 객실로 돌아와 여자 쪽 객실을 돌아보니 어젯밤 보았던 아름다운 그 소녀가 자기를 보며 뱅긋이 웃고 있었다.

(청淸, 원매袁枚 「속자불어續子不語」)

뜨거운 유방 차가운 엉덩이

어느 마을에 이웃하여 사는 농민 갑甲과 을乙은 평소에도 늘 서로 농담을 주고받으며 아무런 기탄없이 지냈다.

어느 날, 갑은 밭에서 풀을 베고 있었다. 그런데 을이 그를 찾으러 갑의 집에 갔다가 갑은 보지 못하고 부엌에서 불을 지피며 부엌동자를 하고 있는 갑의 아내와 마당에서 돌 위에 앉아 옷을 손질하는 첩을 보기만 했을 뿐이었다.

을은 이 집을 나온 뒤 길에서 갑을 만났다. 그는 농담으로 한 마디 했다.

"내 방금 자네 집에 가서 자네 처첩과 시시덕거리며 장난을 좀 쳤네."

갑이 못 믿는다는 표정을 짓자 을은 이제는 아주 점잖은 얼굴로 말했다.

"못 믿겠다면 가서 확인해 보게. 자네 아내의 유방은 불처럼 뜨겁지만 자네 첩의 엉덩이는 얼음처럼 차데."

갑은 웃으면서 집으로 돌아갔다. 하지만 손을 내밀어 아내의 가슴을 한번 어루만지니 과연 불처럼 뜨거웠다. 그리고 손을 내밀어 첩의 엉덩이를 만지니 정말로 차디찼다. 화도 나고 원망스러웠던 그는 당장 을에게 달려가 손을 잡고 따져 물었다.

을은 그제야 그가 방금 한 말이 그저 농담이었다고 일렀다. 하지만 갑은 믿을 수 없었다.

"자네가 양심에 부끄러운 짓을 하지 않았다면 이 냉수를 한 잔 마셔봐."

을은 어쩔 수 없이 냉수 한 잔을 마셨다. 하지만 얼마 되지 않아 뜻밖에도 창자가 꼬이는 것 같은 복통으로 일순간 황천길로 가고 말았다.

이렇게 되자, 갑은 관아에 자수하여 사건의 시말을 고하고 아내와 첩을 떠나보내려고 했다. 처첩은 하나같이 억울함을 호소했지만 이 사건은 몇 사람이나 바뀐 관아의 장관도 그녀들의 결백을 증명할 수 없었다. 그 뒤 예리한 판단력으로 세세한 것까지 놓치지 않는 것으로 이름난 신임 장관이 부임했다. 그는 갑의 아내에게 이렇게 물었다.

"당시 을이 찾아왔을 때, 그대들은 무엇을 하고 있었소?"

갑의 아내가 대답했다.

"저는 주방에서 요리를 위해 불을 지피고 있었고, 저 사람은 돌 위에 앉아서 옷을 손질하고 있었습니다."

새로 온 관아의 장관은 이제 갑의 첩에게도 똑같은 질문을 던졌지만 대답은 같았다. 이에 문득 크게 깨달은 관아의 장관은 갑에게 이렇게 밝혀 말했다.

"이것이야말로 그대 처의 유방은 불처럼 뜨거웠으나 그대 첩의 엉덩이는 얼음처럼 차가웠던 원인이었소! 을은 자기가 본 것을 바탕으로 추측하여 그대에게 농담을 건넸지만 그대가 참말로 믿을 줄은 미처 생각지도 못했던 거요. 을이 죽은 건 아마 다른 까닭 때문일 터, 어찌 그대 처첩의 잘못이겠소?"

이리하여 이 사건은 비로소 해결되었다.

(청淸, 정원程晼 「경희집驚喜集」)

봉음루縫陰樓

박주亳州에 사는 책깨나 읽었다는 갑甲이라는 사내는 집안의 여종과 밀접한 관계를 가지고 있었다. 그의 아내는 솟구치는 강샘을 견디지 못하고 결국 마늘을 잘게 빻아서 이 여종의 음부에 집어넣고 노끈으로 음문을 꿰매 버렸다. 이 사실을 알게 된 이웃사람들이 모두 분노하며 관아에 일러바쳤다.

관아의 장관은 크게 화를 내며 사람을 보내 갑의 아내를 관아로 불러들였다. 게다가 몇 명의 삯꾼을 시켜 송곳과 노끈으로 이 여자의 음문을 꿰매려고 했다. 갑은 이렇게 되면 가문에 큰 수치가 될 것이라 걱정하며 관아의 장관에게 너그러이 용서해 달라고 간절히 빌었다.

"이 고을의 성루城樓가 수리를 하지 않은 지 오래 되었소. 만약 그대가 이 누각을 다시 세운다면, 그대 아내가 저지른 잘못에 대한 처벌을 면해 주겠소."

결국 갑은 온 가산을 다 쓰며 성루를 다시 지어 완성했다.

이곳 어르신들은 지금도 이 성루를 '봉음루縫陰樓'라고 부른다.

(청清, 저인획褚人獲 「견호비집堅瓠秘集」)

한몫 볼 기회

각진角鎭에 사는 갑甲이라는 사내는 집안이 부유했지만 천생으로 여색을 탐하여 이웃에 사는 을乙이라는 사내의 아내와 사통하며 지낸 지 이미 여러 해였다.

어느 날, 갑은 을의 아내와 한바탕 즐길 작정이었지만 공교롭게도 그녀의 달거리가 아직 끝나지 않았기에 뜻을 이룰 수 없었다. 며칠 후, 갑은 다시 을의 집으로 기어들어 꾹 눌러 참았던 욕망의 불길을 후련하게 발산한 뒤 그녀의 배 위에 그대로 엎드린 채 양기 과다 손상으로 죽고 말았다. 을의 부인은 크게 놀라 더 이상 미련을 둘 것도 없이 그의 주검을 재빨리 밀어젖힌 뒤 눈물을 흘리며 남편에게 사실을 그대로 말했다.

을은 아내의 말을 듣자 뜻밖에도 이렇게 말했다.

"이야말로 한밑천 잡을 수 있는 기회요! 이제 큰돈 쥐게 되었소!"

이리하여 을은 남몰래 사람을 갑의 아버지에게 보내 이 사실을 알렸다. 갑의 아버지는 이 사실을 안 뒤 황급히 사람을 보내 아들의 주검을 옮겨 가려고 했지만 을은 일부러 내놓으려고 하지 않았다. 게다가 을의 몇몇 이웃들도 앞으로 나서서 저지하며 을의 집을 지켰다.

소문이 퍼지며 이웃들은 이제 모두 이 사실을 알게 되었다. 그리고 모두들 이 사건에 끼어들어 조그마한 이익이라도 얻으려고 했다. 갑의 아버지는 어쩔 수 없이 친구에게 앞장서서 중재해 줄 것을 요청했다. 결국 갑의 아버지는 집안에 모아둔 돈을 여러 사람에게 입막음으로 내준 뒤에야 순조롭게 아들의 주검을 옮겨올 수 있었다.

(청淸, 제련諸聯「명재소지明齋小識」)

모기장 안에서 함께 잠을 자게 하다

진군소秦君昭가 젊었던 시절, 서울로 유람을 떠날 때였다. 그의 친구 등鄧 군이 그를 위해 송별연을 베풀었다. 이때, 친구는 용모가 수려한 소녀를 하나 데리고 왔다. 이 소녀가 진군소에게 인사를 올리자 친구는 이렇게 말했다.

"이 소녀는 내가 어느 기관의 담당자를 모시게 할 희첩으로 사들였다네. 자네가 배를 타고 서울로 가는 김에 좀 데리고 갔으면 좋겠네."

진군소는 좀 난처하여 고개를 끄덕이지 않았다. 그러자 이 친구는 얼굴빛이 변했다.

"설령 자네가 두었다가 그대로 차지한들 비단 2천 5백 필이면 될 것을 어찌 이렇게 거절한단 말인가?"

진군소는 마지못해 그렇게 하기로 했다.

배가 임청臨淸을 지나자 날씨가 점점 찌는 듯 더워지더니 밤에는 모기도 정말 많았다. 진군소는 어느 기관의 담당자를 모실 희첩을 배 안에 하나밖에 없는 모기장 안으로 들어와 함께 자도록 하였다.

서울에 도착하자 그는 이 희첩을 동향회관의 안주인이 있는 곳에 모셔두고 자신은 고향 친구가 준 편지를 들고 어느 기관의 담당자를 방문했다. 담당자는 그에게 이렇게 물었다.

"그대는 가솔과 함께 서울에 왔소?"

진군소는 이렇게 대답했다.

"아닙니다."

이 양반은 이 말에 불쾌한 표정을 지었다. 그리고 아랫사람을 시켜 자그마한 수레로 희첩을 데려오게 했다.

사흘 뒤, 이 기관의 담당자는 진군소를 찾더니 이렇게 말했다.

"그대는 정말로 정인군자입니다. 내 어제 등 군에게 편지를 보내며 그대야말로 당신 뜻을 저버리지 않았다고 일렀소이다."

이리하여 두 사람은 신나게 술을 마셨다. 그리고 거나하게 취해서야 자리를 파했다. 뒷날, 진군소의 자손들은 모두 높은 벼슬자리에 올랐다.

(청淸, 조길사趙吉士 「기원기소기寄園寄所寄」)

아랫도리를 따스하게

함풍咸豊 말년, 문종황제는 나라 안의 혼란이 이제는 돌이킬 수 없다고 여기며 절제 없이 성욕에 탐닉했다. 이로써 스스로 목숨을 끝내고 곤궁에서 헤어나기를 바랐다. 그의 곁에서 시중들던 궁녀들은 모두 보통 바지가 아니라 개구멍바지를 입었다. 이 바지가 바로 '사배당梭背襠'으로, 그가 때를 가리지 않고 언제나 그 짓을 할 수 있도록 만든 것이다.

뒷날, 문종황제의 몸은 극도로 허약해졌다. 그래도 날마다 처방에 따른 약을 복용하며 성욕을 일떠세웠다. 하지만 그의 아랫도리는 이제 추위에 몹시 약해져 겨울이 되면 더욱 극심했다. 추위를 견디기 위하여 특별히 제작한 물건을 바지 안에 두어서 아랫도리를 따스하게 했다. 이 물건이란 담비의 가죽을 덧대어 깁고 겉에는 노란 융으로 입혔으며 띠까지 달아서 속잠방이에 연결하도록 되어 있었다.

이것은 내무부에서 발주하여 만들었다.

그 당시 석원정錫元庭이라는 만주인이 있었다. 그는 동치同治 초기에 북방의 농민봉기군을 토벌할 책임을 진 참장參將이었다. 그런데 그 이전에 그가 내무부에서 근무할 때, 바로 이 일을 책임졌었다. 그가 입을 열었기 때문에 다른 이들도 모두 이 일을 알게 되었다.

(민국초기民國初期, 시악柴萼 「범천려총록梵天廬叢錄」)

거리낌 없이 음탕한 짓을 벌인 자희태후慈禧太后

자희태후는 늘그막에 무측천武則天에 조금도 뒤지지 않을 만큼 무절제하게 성욕에 탐닉하면서도 전혀 거리낌이 없었다. 하지만 덕종德宗(광서 황제光緖皇帝)에 개혁을 추진하려는 선비들도 있었기에, 그녀는 조금은 어렵게 여기며 꺼렸다. 스캔들 때문에 다른 사람들에게 자기를 공격할 빌미를 주기 싫었던 것이다. 그러나 그녀의 고약한 행적은 천천히 퍼져나가며 이제는 모르는 사람이 없을 정도였다.

자희태후는 애초에 안덕해安德海를 총애하는 것으로 시작했다. 그러나 안덕해가 정보정丁寶楨에게 제거된 뒤에는 이연영李蓮英과 소덕장小德張을 총애했다. 그녀가 머물던 서궁西宮에는 이른바 '신휼교愼恤膠'라고 알려진 성욕 촉진제가 한 말 넘게 언제나 준비되었다. 그 밖에도 음욕을 일으키는 향료까지 비치되어 남자가 이 향기를 맡기만 해도 마음이 동하며 성행위를 하고 싶은 생각을 들게 했다. 이것들은 모두 그녀가 양광兩廣(광동廣東과 광서廣西 지방) 총독에게 남몰래 자기를 위해 마련하도록 명령했던 것이었다. 이것들은 그녀의 성욕을 북돋우는 데 쓰이도록 준비되었다.

(민국초기民國初期, 시악柴萼 「범천려총록梵天廬叢錄」)

찻잔 속의 춘화春畫

내 친구 주周 아무개는 소주蘇州에 살고 있다. 그의 이웃에는 왕년에 큰 권력을 쥐었던 인사로 수십 명의 희첩을 거느리고 있지만 안타깝게도 이제는 늘그막에 기력이 쇠하여 마음껏 여인을 즐겁게 할 수 없는 인물이 있었다. 내 친구 주 아무개는 재덕을 겸비한데가 품위까지 갖춘 훌륭한 인물이었기에 이웃집 권세가의 시첩 하나가 그를 좋아하고 사모한 지 벌써 오래 되었다.

어느 날, 주 아무개가 이웃집에 가서 한가하게 앉아 있었다. 그가 좌정하자 차를 들여온 시첩이 곁에 와서 앉으며 그와 한담을 나누기 시작했다. 주 아무개가 찻잔의 뚜껑을 얼핏 보니 천연색 도안이 있었다. 자세히 살펴보니 뜻밖에도 남녀가 끌어안고 교합하는 한 폭의 춘화였다. 그러나 선명하지 않고 흐릿하였다. 그저 양쪽으로 나누어진 모습일 뿐이었다. 온힘을 다하여 눈에 힘을 주어야만 분별할 수 있었다.

주 아무개는 자기도 모르게 얼굴이 달아올랐지만 시첩은 부끄러워하기는커녕 오히려 이렇게 말했다.

"당신은 정말 정직하고 온후하군요. 이게 뭐 그리 이상하나요? 이걸 한번 햇빛 쪽으로 비춰 보셔요, 더욱 분명하게 보일 테니까."

주 아무개는 시첩의 말대로 찻잔 뚜껑을 똑바로 들어 빛에 비춰보니 오목한 안쪽 도처에 열두 폭의 춘화가 보였다. 그 자태도 모두 같지 않아서 뚜껑 안의 곳곳에 인간의 음란한 모습이 그대로 보였다.

주 아무개는 이제 더 이상 자제하지 못하고 마음을 열어젖히고 크게 웃었다. 곁에 있던 시첩도 매력적으로 눈빛을 반짝이며 그에게 눈길을 보냈다. 그러나 주 아무개는 오히려 그녀의 뜻을 헤아리지 못하는 듯 차를 마셨다. 차를 다 마시자 찻잔 바닥에도 한 폭의 춘화가 있었다. 그런데 찻잎 하나가 가리자 그 모습을 감추었다. 다시 찻잔을 기울자 그 모습이 드러났다.

그러자 주 아무개는 시첩에게 이렇게 말했다.

"오늘 진기하고 멋진 모습을 마음껏 볼 수 있었던 건 정말 꿈에도 생각지 못했던 일이외다!"

그러나 그는 여전히 춘추시대 노나라 사람 안숙자顔叔子처럼 아름다운 여인과 함께 있으면서도 마음이 변하지 않은 채 그 자리에서 일어나 집으로 돌아왔다. 그 뒤로 다시는 그 집에 놀러가지 않았다.

(민국초기民國初期, 시악柴萼 「범천려총록梵天廬叢錄」)

이야기 뒤의 이야기

색정의 찬람함을 이해하는 색채 구조

중국인의 성이라는 블랙홀로 들어가서 겹겹이 싸인 어두침침하고 흐릿한 안개를 밀어젖히면, 더욱 놀랄 만큼 아름답고 화려한 색정의 세계와 만나게 된다. 앞에서 본 이야기는 단지 그 가운데 보잘 것 없는 일부분에 지나지 않는다. 이런 화려한 색정을 이해하려면 프로이드의 '심령삼아心靈三我'만으로는 부족하고 더욱 복잡하면서도 훨씬 적절한 구조를 필요로 한다. 색채에 대하여 조금이라도 아는 사람이라면 이 세상의 갖가지 색은 비록 변화무쌍할지라도 사실은 몇 가지 원색을 서로 다른 비율로 조합하여 만들었음을 잘 안다. 가게에 내걸린 '색상표'에는 빨강, 노랑, 파랑, 검정, 이 네 가지 원색이 서로 다른 비율(0에서부터 100%까지)로 혼합하여 만들어낸 다양한 색이 나열되어 눈을 온통 아름다움으로 가득 채운다. 표를 자세히 조사해 보면 알겠지만, 60%의 빨강, 5%의 노랑, 70%의 파랑과 0%의 검정이 함께 서로 섞여서 겹치면 잘 알다시피 자주

중국 문화 속의 사랑과 성

색이 된다. 그런데 천연색 사진을 인쇄할 때에는 반드시 먼저 '컬러 분해'를 해야 한다. 그리고 이 천연색 도안을 위에서 말한 네 가지 원색으로 분해하여 네 조각의 색판으로 만든 뒤에야 비로소 원래와 모양이 같은 천연색 사진을 대량 복제할 수 있다.

이런 '색의 합성법'과 '색의 분해법'이야말로 빌려 쓸 수 있는 모형이다. 인간 세상에서 이루어지는 갖가지 성행위는 아무리 복잡하고 다양해도 결국은 갖가지 서로 다른 '성의 원색'을 다른 비율로 배합해 이룬 것이다. 이런 색정의 화려함을 이해하기 위해 필요한 첫 번째 주요한 임무는 '컬러 분해'이다. 다시 말하면, 이들을 분해하여 어떤 '성의 원색'을 조합하여 이루어졌는지 살펴봐야 한다.

만약 앞에서 나온 몇 가지 이야기를 '컬러 분해'의 대상으로 삼는다면, 잠시 이들을 분해한 뒤 인류의 성이 적어도 아래의 열한 가지 '원색'을 가지고 있음을 알게 될 것이다. 다시 말하면 열한 가지 서로 다른 '함의含意'가 있다고 말할 수 있다.

인간의 성행위를 구성하는 열한 가지 원색

첫째, 성은 한 남성의 문제이다. 모든 이야기 속에는 남성이 있다. 남성은 여성의 '또 다른 반쪽'이다. 그러나 이 '또 다른 반쪽'은 생식기가 다르다는 것 외에도 성에 대한 심리적 태도나 성행위의 책략이 다른 것 같다. 예컨대, 「벽을 뚫었다가 입은 재앙」에서 이웃집 아들 녀석은 구멍을 뚫어 '자기의 물건을 과시하는' 방식으로 이웃 소녀를 유혹한다. 비교적 능동적인 것 같지만 거칠고 우악스러운데다 제멋대로이다.

둘째, 성은 한 여성의 문제이다. 모든 이야기 속에는 여성이 있다. 여성은 남성과는 다르다. 「벽을 뚫었다가 입은 재앙」에서 소녀는 이웃집 아들 녀석이 무례하게도 거칠고 우악스럽게 희롱하자 부끄러움과 분노로 이 젊은이를 한 차례 '훈계'한다. 일반적으로 여성은 성에 대한 심리적 태도 및 성행위의 책략에서 대부분 피동적이고 신중하며 보수적인 경향을 가지고 있다.

셋째, 성은 자기와 같은 종류의 개체를 새로이 만들어내는 생식의 문제이다. 「하룻밤만 허락한 부인」에서 남편이 가까이 오는 것마저 아예 거절하던 새색시가 '대를 이어 효도를 하는 것이 사람으로서 마땅한 도리'라고 가르친 시어머니의 말을 들은 뒤에야 비로소 남편과 잠자리를 같이한다. 조물주가 사람을 남녀로 나눈 뒤, 다시 그들을 결합하도록 한 것은 바로 후손의 번성 때문이다. 이는 성의 가장 원초적인 목적임은 물론 가장 신성한 성의 원색이다.

넷째, 성은 쾌락의 문제이다. 「밤배」에서 인화진에 사는 장 거시기라는 젊은이는 대담하게도 여자들만 타는 객실에 잠입하여 여자 승객과 농간을 부린다. 이는 결국 감각적인 쾌락을 추구하기 위함이었다. 많은 이야기에서 이렇게 쾌락을 추구하는 모습을 볼 수 있다. 이것이 성행위를 하는 가장 중요하고 자주 만나는 목적일 뿐만 아니라 가장 환영받는 성의 원색이다.

다섯째, 성은 경쟁의 문제이다. 「뜨거운 유방 차가운 엉덩이」에서 을은 갑의 처첩의 호감을 얻을 생각이었지만 갑은 분노하며 상대방의 잘못을 엄격하게 질책한다. 「봉음루」에서 갑의 아내는 남편이 여종과 사이좋게 지내는 것에 큰 불만을 품고 잘 찧은 마늘을 여종의 음부에 집어넣는다. 사람들은 언제나 더 많은 성행위의 대상을 얻으려하거나 성행위의 대상을 독점함으로써 서로 경쟁하고 질투한다. 이것은 가장 격렬한 성의 원색이다.

여섯째, 성은 이익의 문제이다. 「밤배」에서 예순이 넘은 비렁뱅이 노 파는 장씨 성을 가진 젊은이에게 공공연하게 하룻밤 '사랑'에 대한 금전 을 요구한다. 그리고 「한몫 볼 기회」에서 을은 자기 아내가 갑과 간통한 사실을 이용하여 갑의 아버지에게 재물을 갈취한다. 이것은 모두 이익의 색채로 가득하다.

일곱째, 성은 도덕의 문제이다. 「모기장 안에서 함께 잠을 자게 하다」 에서 진군소는 어느 기관 담당자의 예쁜 시첩과 함께 같은 침상에서 잠 을 자면서도 난잡한 행동을 할 수 없다. 이는 도덕적 태도이다. 도덕은 사람을 자숙시킨다. 이와 달리 부도덕한 행위는 사람을 부끄럽게 만든다. 예컨대, 「벽을 뚫었다가 입은 재앙」에서 이웃집 젊은이는 자기 몸이 어쩌 지 못하고 이웃에게 발견된 뒤, 얼굴을 들지 못했음은 물론 어머니까지 부끄러워 어쩔 줄 모르게 만든다.

여덟째, 성은 법률의 문제이다. 「뜨거운 유방 차가운 엉덩이」에서 갑 은 자기 처첩이 을과 부정한 관계를 가졌다고 의심하며 처첩을 멀리 떠 나보내려고 했지만, 범법 행위를 잘 다스리며 조그마한 일도 지나침 없이 처리하는 관아의 장관은 갑의 처첩이 결백함을 밝혀낸다. 하지만 앞 장 에서 보인 「개와 그 짓을 벌인 젊은 부인」에서 장산의 젊은 부인과 개는 '간통한 남자와 공모하여 남편을 죽인 자를 처벌하는 법률'에 따라 함께 사형당하는 판정을 받는다.

아홉째, 성은 권력의 문제이다. 「아랫도리를 따스하게」에서 함풍황제 는 아름다운 후궁에게 둘러싸여 살았다. 게다가 궁녀들에게 개구멍바지 를 입도록 명령하여 시도 때도 없이 그 짓을 벌일 수 있었다. 그리고 「거 리낌 없이 음탕한 짓을 벌인 자희태후」에서 자희태후는 지방의 최고 관 리에게 자기를 위하여 성욕촉진제를 마련하도록 명령한다. 이것은 모두 권력의 표현이다.

열째, 성은 건강의 문제이다. 「한몫 볼 기회」에서 갑은 한바탕 신나게 그 짓을 벌인 뒤 양기 과다 손상으로 여인의 배 위에서 목숨을 잃는다. 그리고 「아랫도리를 따스하게」에서 함풍황제는 지나치게 탐닉한 성욕 때문에 아랫도리가 얼음처럼 차가워지며 추위를 걱정하게 되었다. 이는 모두 성도 건강의 문제임을 여실히 보여주고 있다.

열한째, 성은 예술의 문제이다. 「찻잔 속의 춘화」에서는 손님을 대접하는 찻잔 속과 뚜껑이 온통 춘화로 가득하다. 인류의 상상력과 좋은 생각을 발휘한 이런 작품은 성이란 예술임을 잘 드러내고 있다.

서로 다른 원색 사이의 생극生剋 관계

성에 관한 열한 가지 원색을 분석한 뒤 앞의 이야기로 다시 돌아가면 이야기마다 몇 가지 서로 다른 원색이 다른 비율로 조합하여 이루어졌음을 발견할 수 있다. 예컨대, 「하룻밤만 허락한 부인」은 생식이라는 원색 외에도 남성, 여성, 쾌락, 도덕, 권력 등의 색채가 있다. 즉, 신랑이 거듭 신부와 살갗을 맞대려는 것은 분명 쾌락을 추구하기 위해서였다. 그리고 신부가 거듭 맵짜게 그를 거절한 것은 어쩌면 도덕의 가르침을 받아 그녀가 성이란 불결하다는 생각을 가졌는지도 모른다. 게다가 시어미가 며느리에게 인간의 큰 도리를 가르친 것은 권력의 운용을 은연 중 내포하고 있다. 물론, 모든 원색 가운데 생식이 점하는 비중이 가장 크다. 그러기에 '생식 색조'가 자못 짙은 이야기를 만들어낸다.

'색의 합성'이 이루어질 때, 어떤 원색은 '대비對比'가 되거나 '상극相剋'을 이루기도 한다. 예컨대, 「벽을 뚫었다가 입은 재앙」에서 남성의 거칠고 우악스러움과 여성의 신중하고 절제된 모습, 「아랫도리를 따스하게」에서 함풍황제의 쾌락과 그의 건강, 「밤배」에서 장씨 성을 가진 젊은이의 쾌락과 늙은 비렁뱅이 노파의 이익이 그렇다. 어떤 원색은 서로 '보완補完'하거나 '상생相生'을 이루기도 한다. 예컨대, 「하룻밤만 허락한 부인」에서 신랑의 쾌락과 그의 생식, 「아랫도리를 따스하게」에서 함풍황제의 권력과 그의 쾌락, 「모기장 안에서 함께 잠을 자게 하다」에서 진군소의 도덕과 그의 이익(명성)이 그렇다.

하나의 이야기가 아주 많은 원색을 함유하고 있을 때, 원색과 원색 사이에는 서로 같지 않은 생극관계生剋關係가 생길 수 있다. 예컨대, 「한 몫 볼 기회」를 '색의 분해법'에 의하여 분석하면, 아래와 같은 모습으로 이루어져 있다.

한 '남성' 갑과 한 '여성' 을의 처는 '쾌락'을 위하여 '도덕'과는 먼 사통 행위를 벌인다. 그러나 즐거움이 극에 이르면 슬픔과 서러움이 찾아오게 마련이라는 말처럼 갑은 '건강'에 심각한 손실을 입으며 양기 과다 손상으로 을의 처의 배 위에서 목숨을 잃는다. 그러면서 이제 '법률'의 문제로 변화, 발전한다. 을의 처는 남편에게 사실을 눈물로써 실토한다. '경쟁' 중에 낙오하며 오쟁이까지 지게 된 남편은 타오르는 질투의 불길을 억지로 누른다. 왜냐하면 그는 눈앞의 '이익'을 보았기 때문이다. 그리하여 남편의 '권리'를 앞세우며 갑의 아버지에게 손을 내밀어 돈을 요구한다. 아들이 남의 여자 배 위에서 죽은 것은 '법률'의 문제이지만 '도덕'과는 거리가 먼 행위이기 때문에 갑의 아버지는 어쩔 수 없이 돈을 건네며 부끄러움을 감추려고 한다. 그런데 이 사건을 안 이웃도 이익 일부를 차지하려고 한다. 결국 이들도 입막음의 대가를 챙긴다. '도덕'과는 먼 행위로 '이익'을 챙긴 것이다.

이런 서로 다른 비율로 이루어진 다른 원색이 겹치며 만들어진 복잡한 생극 관계야말로 바로 앞장에서 제기된 성이 사람들에게 '온갖 맛이 뒤섞여 만감이 교차하게 만드는' 진정한 원인이다. '온갖 것이 뒤섞인 맛'은 바로 '온갖 것이 뒤섞인 색'에서 온 것이다.

성별, 생식, 쾌락과 경쟁

'색의 합성법'에 따라 인간의 성행위를 분석할 때, 본능과 문명의 갈등, 충돌, 그리고 타협은 바로 열한 가지 성에 관한 원색 사이의 생극 관계로 바뀐다. 그러나 만약 이 열한 가지 원색 중 어느 것이 본능에 속하고 또 어느 것이 문명에 속하는지 묻는다면 대답을 망설일 수밖에 없다. 왜냐하면 이런 원색은 절대다수가 '본능'만 있을 뿐 '문명'의 동물에게는 볼 수 없기 때문이다.

먼저 남성과 여성이란 양성의 차이를 알아보자. 조물주는 사람과 동물을 남녀, 자웅의 두 가지 성별로 나눈 다음, 임신, 출산, 수유 등 복잡하고 힘든 일을 여성(암컷)에게 맡겼다. 사회생물학자들은 이 때문에 책임이 비교적 큰 여성(암컷)이 성행위 대상의 선택이나 성행위를 하는 데 비교적 조심스럽고 보수적인 반면에, 책임이 비교적 가벼운 남성(수컷)이 비교적 능동적이면서 거칠고 우악스러우며 제멋대로라고 본다.

이것은 비록 일률적으로 모두 그렇게 볼 수는 없어도 어느 정도 일리가 있다. 캘리포니아 대학의 영장류 학자 패리쉬A. Parish는 일찍이 산티아고의 야생동물원에서 피그미침팬지가 구애하는 장면을 촬영했다.

비노우라는 이름을 가진 수컷 피그미침팬지가 암컷 피그미침팬지 두 마리를 유인하려고 이들 앞에서 몇 차례나 거듭하여 허리를 곧추세우고 발기한 성기를 내보이지만 암컷 피그미침팬지들은 달가워하기는커녕 오히려 재빨리 나무 뒤편으로 몸을 숨긴다. 「벽을 뚫었다 입은 재앙」에서 젊은이가 벽에 뚫은 구멍 앞에서 허리를 곧추 세운 채 소녀 앞에서 발기한 성기를 내보이지만 소녀는 달가워하기는커녕 오히려 그 물건을 머리핀으로 꿰뚫어 버리고 말았으니, 암수 피그미침팬지의 성행위 책략을 다시 보는 듯하다.

생식도 절대다수의 동물이 공유하고 있는 원색이다. 주목할 점은 조물주의 설계는 수많은 동물이 단지 암컷이 배란하여 임신할 때에만 비로소 성행위를 할 수 있거나 하도록 되어 있다는 것이다. 아프리카에 사는 갈라고galago는 암컷의 발정기(곧 배란기)가 한 번에 약 닷새 지속된다. 이 기간이 지나면 이들의 음부에는 자동적으로 한 겹 피막이 생기며 음부의 입구를 막아버린다. 수컷의 관심 자체를 거절하는 것이다. 「하룻밤만 허락한 부인」에서 새색시는 단지 대를 잇기 위하여 남편에게 단 한 차례 '개방'했을 뿐, 다른 때에는 속곳을 단단히 봉합한 채 남편의 관심 자체를 거절한다. '과도한 문명'처럼 보이는 이런 조치는 사실 갈라고라는 '동물'과 매우 흡사하다.

고등동물에게서는 보다 많은 쾌락을 위한 성행위의 흔적을 발견할 수 있다. 예컨대 아프리카 콩고 민주공화국 안에서 인류와는 5백만 년 전에 같은 집안이던 피그미침팬지는 암컷의 발정기 외에도 성행위를 할 뿐만 아니라 그 횟수도 상당히 잦다. 이들이 즐거움의 절정을 맛보기 위하여 성행위를 하는지 확실히 알 수는 없지만, 이들의 '열중'한 성행위를 보면, 수컷 피그미침팬지가 그만두려고 해도 그만둘 수 없을 만큼 온힘을 다하여 내달을 때면, 암컷 피그미침팬지도 수컷을 향해 매력적인 눈빛을 보이며 수컷의 손을 잡으며 응하는데, 이는 '쾌락' 이외에는 어떤 적절한 낱말도 찾을 수 없는 것 같다.

경쟁과 점유의 문제로 티격태격 다투는 모습도 동물의 세계에서 흔히 볼 수 있는 일이다. 특별히 사람과 같은 '혼인제도'를 가진 동물에게

제2장 색정의 구조 분석 – 사람이 짐승과 다른 점은 거의 없다

는 더욱 그렇다. 인류학자 바래시$^{D. Barash}$는 다음과 같은 흥미 넘치는 현장 실험을 했다.

한 쌍의 유럽울새가 둥지를 지으며 알을 낳으려고 할 때, 그는 새둥지 부근에 천으로 만든 가짜 수컷 유럽울새를 설치했다. 진짜 수컷 유럽울새가 밖으로 나가 먹을거리를 찾아 돌아오며 진짜처럼 만들어진 '연적'과 부딪치자 즉시 미친 듯 격노하며 이 '연적'을 향해 공격을 퍼부었다. 그리고 이제는 방향을 돌려 '애처'에게 공격을 퍼부으며 암컷 유럽울새의 깃털을 잡아 뜯어 바닥으로 팽개쳤다. 「뜨거운 유방 차가운 엉덩이」에서 을은 갑에게 그의 처첩을 어떻게 집적거리며 심심풀이를 했는지 자랑한다. 이는 물론 '거짓'이지만 이 때문에 갑은 질투와 미움이 마구 겹치며 을에게 잘못을 따지면서 사납게 질책했을 뿐만 아니라 처첩을 멀리 내치려고 한다. 그가 보인 반응은 바래시가 현장 실험에서 본 수컷 유럽울새와 너무도 비슷하다.

이익 교환과 건강의 색채

성으로 이익을 교환하는 일은 동물의 세계에서 그 역사가 오래 되었다고 할 수 있다. 당연히 동물은 먹을거리를 주로 교환한다. 북아메리카 수컷 밑들이는 곤충을 포획하면 결코 그 자리에서 맛보는 법이 없이 잡은 채로 수컷 밑들이를 유인한다. 그리고 암컷은 이제 이것을 먹으면서 수컷에게 자기와 교미를 하도록 한다. 만약 교미가 아직 끝나지 않았는데 먹을거리를 이미 다 먹어버렸다면 암컷은 즉시 수컷의 '품'에서 벗어나 교미를 중단한다. 이와 반대로 교미는 끝났지만 먹을거리를 아직 다 삼키지 못했다면 수컷도 즉시 남은 먹을거리를 낚아채며 다른 암컷을 유인하기 위하여 몸을 옮긴다.

인류와의 혈연관계가 비교적 가까운 피그미침팬지는 이런 이익 교환의 운용을 더욱 자유자재로 한다. 일본 교토대학 자연인류학 연구실의 구로다黑田 교수는 일찍이 이런 보고를 했다.

어린 암컷 피그미침팬지는 수컷 피그미침팬지의 손에 사탕수수 두 개가 들린 것을 보았다. '그녀'는 얼른 '그'에게 건너가더니 온갖 아양을 부리며 추파를 던졌다. 한바탕 신나게 몸을 합친 뒤, '그녀'는 '그'의 손에서 사탕수수 한 개를 낚아채더니 자리를 떴다. 하지만 '그'는 항의는커녕 응당 그래야 한다고 생각하는 것 같았다.

인류가 성의 교환을 통해 얻으려는 이익이 아무리 많다 해도 중요한 것은 풍족한 의식이거나 그 토대가 되는 금전이다. 「밤배」에서 비렁뱅이 노파는 앞에서 이야기한 암컷 피그미침팬지의 연기보다 훨씬 문제 분석이 예리하고 뛰어나다.

건강 항목에서 교배는 많은 경우, 특히 하등동물로 말하자면, 일반적으로 '사망을 진행시키는 의식'이다. 왜냐하면 그들은 한 번의 행위에 대량의, 심한 경우에는 정액의 전부를 내쏟은 뒤 그 자리에서 과다 사정으로 죽는다. 예컨대, 수벌이 암벌과 교배한 뒤에는 수벌의 성기는 끊어져 갈라지며 암벌의 생식기 입구를 막아버린다. 이는 비록 다른 벌의 집적거림을 방지하려는 의미도 있지만 자신은 곧바로 '장렬한 희생'을 맞이한다. 그런데 어떤 수컷 사마귀가 암컷 사마귀와 교배해 막 '클라이맥스'에 진입했을 때, 암컷 사마귀는 수컷의 목을 '싹둑' 자를 수 있다. 상상력이 풍부한 사람은 이렇게 말할 수도 있다.

"이건 암컷 사마귀가 수컷 사마귀에게 고통스런 경련 속에서 더 깊이 그의 성기를 진입시켜 더 큰 만족을 주려는 걸 거야."

하지만 사실 암컷 사마귀는 수컷 사마귀를 '임신' 중의 먹을거리로 삼을 생각을 하고 있다. 조물주가 성이란 것을 설계할 때 임신과 양육 임무를 짊어질 암컷의 성기는 비교적 커다란 '인성靭性'을 가지도록 했다. 하지만 '손상'은 수컷에 미루었으니, 참으로 공정하고 합리적이다. 그러니까, 「한몫 볼 기회」에서 양기 과다 손실로 죽음에 이른 이야기나 「아랫도리를 따스하게」에서 아랫도리가 얼음처럼 차게 된 이야기는 비록 과장과 상상의 요소가 있긴 하지만 그래도 얼마만큼은 생물학적인 근거가 있다.

권력, 도덕, 법률과 예술

동물의 성행위에서 권력도 중요한 역할을 한다. 1천9백만 년 전 인류와 한 가족이었던 개코원숭이는 일반적으로 수십 마리가 무리를 지어 살 뿐만 아니라 인류와 비슷한 계급제도를 유지해, 덩치가 가장 크면서도 가장 용맹스런 수컷을 왕으로 모신다. 오직 싸우면서 권력을 움켜쥔 개코원숭이 왕은 같은 집단에서 발정기에 진입한 암컷 개코원숭이를 독점물로 여기며 기분이 내키면 언제라도 때를 가리지 않고 암컷 가운데 누구에게나 올라탈 수 있다. 「아랫도리를 따스하게」에서 함풍황제는 어떤 면에서 본다면 개코원숭이 왕과 다를 바 없다. 아름다운 후궁 3천 명 모두 그에게는 독점물이다. 그가 개코원숭이 왕과 유일하게 다른 점이라면 그 권력이 싸움으로 얻은 것이 아니라 세습으로 물려받았다는 것이다.

동물에게는 도덕과 거기서 확장된 법률이 부족한 듯하다. 그러나 만약 도덕을 구속하는 힘으로, 그리고 법률을 제재하는 힘으로 보면서 깊은 근원을 캐 보면, 권력은 동물의 세계에 이미 있던 구속과 제재의 메커니즘에서 파생되었을 가능성이 크다. 예컨대, 개코원숭이 왕국에서 개코원숭이 왕이 만약 그가 독점물로 삼은 암컷 개코원숭이와 다른 수컷 개코원숭이가 투덜거리며 불평하는 것을 발견했다면, 암컷 개코원숭이와 다른 수컷 개코원숭이는 매서운 징벌을 당할 것이다. 왜냐하면 개코원숭이 왕은 이처럼 용맹하고 잔인하기에 그의 밑에 있는 암수 개코원숭이는 모두 자숙할 줄 알아서 감히 함부로 거스를 수 없기 때문이다. 개코원숭이 왕국의 이런 자숙과 왕이 된 자의 제재는 권력과 성별의 색채를 짙게 나타낸다. 인류 사회의 성도덕과 법률은 비록 복잡하지만 많은 것들을 '고귀'하게 만든다. 그러나 권력과 성별의 색채도 짙게 가지고 있다. 예컨대, 「모기장 안에서 함께 잠을 자게 하다」에서의 진군소가 그렇다. 그는 어느 부서의 담당자의 시첩을 서울로 모셔 가면서, 모기장 안에서 함께 잠을 자지만 난잡한 일을 저지르지는 않는다. 이것은 일종의 도덕적인 행동인 동시에 자숙의 표현이기도 하다. 그런데 상대방이 자기보다 더 큰 '권력'을 가진 자의 시첩이기에 많은 사람들은 이런 경우 자연스레 더욱 자숙하며 도덕적인 행동을 하게 마련이다.

이 경우 권력과 도덕은 분명히 어느 정도의 관계가 있다. 또한 「뜨거운 유방 차가운 엉덩이」에서 남편은 처첩의 부정을 의심하면서 곧바로 간단하게 이들을 떠나보내려고 한다. 그러나 처첩은 오히려 남편의 외도를 이유로 이혼을 신청할 수 없다. 여기서 성별과 법률의 관계는 더욱 확연히 드러난다. 인류의 성도덕과 법률, 그리고 개코원숭이의 성에 대한 규제와 제재, 이 두 가지가 보이는 구조의 유사성이 '순수한 우연의 일치'라고 말하면 곤란하다. 이들 사이에는 인류에 의하여 잊혀진 '생물학적인 연관성'이 존재할 수 있기 때문이다.

예술은 동물에게는 결여된 것처럼 보인다. 그러나 만약 예술을 진실에 대한 모방이나 상징이나 과장으로 본다면, 어떤 동물에게서 이런 예술의 모형을 볼 수 있다. 예컨대, 원숭이의 일종인 맨드릴의 코는 빨강, 양쪽 뺨은 파랑으로 빨강과 파랑이 떨어진 사이는 정말 눈이 부시다. 그러나 이 '예술화'된 얼굴은 사실은 일종의 '성 모방'이다. 왜냐하면 맨드릴의 배 아래쪽에는 빨간 색깔도 선명한 성기가 파란 색깔의 불알 두 개 사이로 늘어졌기 때문이다. 물론 이런 모방이나 상징, 과장은 '자연적 걸작'이지만, 인류의 성 예술은 '인위적'이다.

더욱 복잡한 방식으로 본능을 표현하게 만드는 문명

"사람이 짐승과 다른 점은 거의 없다."

성의 원색으로 회귀하는 곳에서, 다른 동물과 비교하면서 이런 탄식이 나온다.

사실, 분자생물학으로 되돌아가면 인류의 유전인자 DNA와 피그미 침팬지, 침팬지, 그리고 고릴라의 유사성은 99%에 달한다. 개코원숭이와의 유사성도 95.4%에 이른다. 이는 인류와 이런 동물의 친족성은 성이라는 테두리 안에서 서로 같은 본능이나 원색 때문임을 부각시킨다. 이것은 그리 기이한 일도 아니다. 이런 유사성을 맹목적으로 부인하거나 무시한다면 오히려 다른 이들이 기괴하다고 여길 것이다.

그렇다면 문명은 어디에 있는가? 사실상 문명은 존재하지 않는 곳이 없다. 왜냐하면 앞에서 이야기한 열한 가지 원색 가운데 포함된 '인위'적인 성분은 모두 문명이 덧붙여진 색채이기 때문이다. 예컨대, 「하룻밤만 허락한 부인」에서 새색시가 상하의를 모두 단단하게 봉합한 것은 바로 문명의 방식으로 남편의 관심을 거절한 것이다. 다른 예로, 「거리낌없이 음탕한 짓을 벌인 자희태후」에서 자희태후가 성욕을 돋우기 위하여 사용한 성욕촉진제도 인류가 쾌락을 증가시키기 위하여 만들어내고 발전시킨 문명의 산물이다.

　문명은 언제나 오로지 '문명'의 방식으로 본능을 표현하도록 한다. 예컨대, 앞 장의 「위패함에서 나온 모조 남근」에서 위모장은 홀로 수절하는 과부 조씨에게 모조 남근을 보내는데, 이 모조 남근은 더도 덜도 아닌 문명의 산물로서 결국 발기한 모양을 빚어 만든 것이다. 만약 이것을 위 아무개의 발기한 남근의 상징으로 여긴다면, 그의 이런 행위는 본질적으로 「벽을 뚫었다 입은 재앙」에서 이웃 소녀에게 '보물을 바친' 젊은이나 캘리포니아 야생동물원의 비노우라는 수컷 피그미침팬지가 허리를 곧추세우고 발기한 거시기를 내보이는 등의 이야기와 전혀 다르지 않다고 할 수 있다.

　침팬지와 다른 1%의 DNA가 인류에게 문명을 만들게 했다. 이 1%의 DNA로 인간은 자아의식을 갖추고, 문화를 창조하고, 기물을 발명하는 등 만물의 영장이 되었다. 그러나 확실한 사실은 성의식이나 성 문명, 그리고 성 문화는 인류의 성을 결코 근본적으로 바꾸지는 않았다. 그것들은 단지 인류에게 옷을 입히고 감추기와 부끄러움을 가르쳤을 따름이다. 그리고 더욱 정교하고 교활한 방식으로 도덕을 중시하고, 법률을 제정하고, 성행위를 미화하고, 자손을 번영시키고, 쾌락을 추구하고, 건강을 지키고, 이익을 획득하고, 경쟁적으로 일하고, 성별을 나누고, 권력을 운용할' 뿐이다. 결과적으로 인류의 성을 더욱 복잡한 갈등과 충돌 속으로 빠뜨리며 더 많은 타협을 요구하게 되었다.

본능의 변천은 문명 심리 메커니즘의 변천

어떤 면에서 성의 진화는 위에서 기술한 열한 가지 원색을 날줄로, 본능과 문명을 씨줄로 만들어낸 '색의 합성' 관계이다.

마르쿠제H. Marcuse의 말처럼 본능의 변천은 바로 문명 심리 메커니즘의 변천이다. 의식과 문명과 문화를 가진 이후, 인류의 성은 실로 커다란 변천을 가져왔다. 앞 장의 「위패함에서 나온 모조 남근」에서 검은 천으로 싸인 상자 속에서 모조 남근이 나왔을 때, 많은 문상객들이 이것은 바로 위패가 '변형'된 것이라고 말한다. 이런 상황은 바로 성이 중국에서 한 단계 특별한 변천을 이루었음을 암시한다.

고증에 의하면, 중국의 '조祖'라는 글자 속의 '조且'가 나타내는 바는 위패이다. 그러나 동시에 흥분하여 발기된 남성의 성기를 형상화하고 있다. 선조들은 참으로 거만하게도 남성의 '거시기'를 장엄하고 신성한 무대에 올려놓고 많은 사람에게 큰절을 올리도록 하였다. 이는 아마도 중국 부권 문화의 독특한 산물일지도 모르지만 일정 부분은 옛 사람들이 성에 대한 태연함으로 어떤 장애도 받지 않았음을 드러냈다고 볼 수 있다. 하지만 무수히 많은 세월에 걸친 문명의 향불이 피어오르는 가운데, 중국인은 이 방면에서 갈수록 점점 더 거짓으로 자신을 감추는 듯하다. 그리하여 다시 원시적인 모습, 다시 말해 위패가 다시 모조 남근으로 변했을 때, 많은 사람들에게 부끄러움과 분노, 떠들썩한 웃음의 대상이 되었으니, 이런 변천은 정말 크다고 할 수 있다.

1994년 5월 20일, 《중시만보中時晩報》'라이프 핫라인 판'에 이런 소식이 실렸다.

"오월은 학교마다 졸업생들이 상급 학교 시험이나 교문을 나설 준비로 바쁜 시기이다. 게다가 이별의 아쉬움이 가득한 계절이기도 하다. 그런데 모 대학 모 과에서는 학생들이 '모조 남근'을 아직 결혼하지 않은 여교수에게 기념품으로 올렸다는 소식이다. 까닭을 모른 여교수는 순식간에 얼굴이 새빨개졌지만 학생들은 이렇게 말했다고 한다.

'선생님께서 앞으로 다자자손하기를 바라는 마음이 담겼습니다.'

이 말에 여교수는 울지도 웃지도 못했다고 한다."

이 박스 기사는 「위패함에서 나온 모조 남근」의 전반부와 비슷하지만, 이야기의 심각함에서 변화가 매우 크다는 느낌을 갖게 된다. 오늘날, 모조 남근은 이미 공공연하게 가게에서 진열해 팔고 있는 '성인용품'이다. 이제는 이런 것을 보고도 별것 아니라며 크게 놀라지도 않는다. 하지만 아직 결혼하지 않은 여교수의 반응은 '얼굴이 새빨개졌으며' '울지도 웃지도 못했으니', '대경실색하며 분노로 눈물을 쏟은' 조씨에 비하면 상당히 완화되었으니, 이런 변천도 크다고 할 수 있다.

인류 전체에 대하여 말하면, 그들의 성본능, 더 나아가 열한 가지 성의 원색은 똑같다고 볼 수 있다. 그러나 진화 과정 중 시대와 민족이 달라지면서 오히려 서로 다른 성의식과 성 문명, 성 문화를 갖게 되었다. 그 결과 성에 대한 인류의 이미지는 시대와 민족, 의식과 문화의 차이에 따라 더욱 다양한 모습을 드러낸다.

그래서 인간의 성행위를 구성하는 열한 가지 원색을 안 다음에 엿볼 것은 중국인의 성에 대한 독특한 의식과 성 문화에 따라 만들어지는 에로 이미지의 모습이다.

제3장
방종과 억압 ─ 중국인의 두 가지 성문화

"서로 다른 원색은 다른 비율로 한데 모여 시비와 선악 구분이 명확한 두 가지 성 문화를 만들어낸다. 이들은 '각자 자기 나팔을 들고 제 곡조로 연주하듯이' 얼음과 숯처럼, 아니면 물과 불처럼 서로 대립한다. 그러나 옛날부터 중국사회에서는 동시에 존재했으니, 서로 다른 것은 그저 증감을 보이는 모습일 뿐이다."

*

"역사에 어두운 사람만이 '중국인은 성 방면에서 지금까지 서양인보다 더 억압적이고 보수적이다.'라고 말할 수 있다. 중국의 유가儒家가 비록 보수적이지만 서양의 교회보다는 훨씬 더 진보적이다. 전 세계에서 가장 이른 시기에 성교육을 학교 교육 과정에 넣어야 한다고 주장한 것이 바로 중국의 유가였다."

*
,

"오늘날 서양에서 성 개방의 지표, 곧 태연한 모습으로 성의 처리를 표현하는 것은 어쩌면 과거의 보수적인 성의 질곡으로부터 온 것인지도 모른다. 교회는 신도들에게 고해실에서 자기가 범한 더러운 죄악을 있는 그대로 말하도록 윽박질렀지만, 중국인은 이런 역사적 전통과 역사적 훈련이 결핍되어 있다."

이야기

한 내에서 목욕하기

광동 지방에 괴상한 벌레가 많은 것은 바로 남녀가 함께 내에서 목욕을 하기에 음기가 성숙되었기 때문이라고 말한다. 남녀가 같은 내에서 목욕한다는 이 이야기를 나는 이제껏 믿지 않았다. 그런데 어느 날 사마司馬 심계산沈繼山과 이야기를 나눌 기회가 있었다. 이때, 심계산은 이렇게 말했다.

"내가 번우番禺에서 현령으로 근무할 때, 처음에는 이런 일이 있는지도 몰랐네. 아마 내가 늘 관아 안에 있었기에 직접 볼 수 없었기 때문일 거야. 뒷날, 내가 신전위神電衛로 벼슬이 낮아져 변방을 지키며 무료하게 한거할 때, 날마다 점심 뒤에 노복들이 하나하나 밖으로 나가더니 저녁 무렵에야 돌아오는 것을 알았네. 나는 이들에게 조정의 간악한 관리들을 흉내 낼 작정이냐며 호되게 나무랐지만 내 눈치를 보지도 않고 여전히 밖으로 나가며 전혀 잘못을 뉘우칠 줄 몰랐네. 어느 날, 점심을 먹은 뒤,

몰래 이들을 지켜보기 시작했네. 이들이 떼를 지어 성을 빠져나갈 때 살금살금 뒤를 따라갔네. 이들은 성 밖 냇가에 이르더니 남녀, 늙은이, 젊은이 모두 옷을 몽땅 벗더니 내에 뛰어들어 서로 물장난을 치는데 그 모습이 유쾌하기 그지없었어. 물가에서 구경하는 이들도 참 많았지만, 이들 남녀는 전혀 부끄러워하는 기색이 없었네. 이때야 나는 이들 노복들이 야단을 맞으면서도 집안에 있기를 원치 않은 이유를 알았네."

나는 그에게 이렇게 물었다.

"그렇다는 그걸 안 뒤에, 자넨 어떻게 했는가?"

그는 웃으면서 대답했다.

"그 뒤, 나는 노복들을 다시는 나무라지 않았을 뿐만 아니라 날마다 점심을 먹은 뒤에는 이들보다 한 발자국 앞서 냇가에 가서 보고 즐겼지!"

이 말에 두 사람은 손뼉을 치며 껄껄 웃었다.

(명明, 심덕부沈德符 「만력야획편萬曆野獲編」)

청량노인淸凉老人

오대산五臺山에 고승이 한 명 있었다. 그의 법명은 청량노인이었다. 불교 교의에 조예가 자못 깊었기에 악상국鄂相國과 가장 친한 친구가 되었다. 옹정擁正 4년, 청량노인은 세상을 떠났다. 그때, 서장西藏에서 어떤 이가 아들을 낳았다. 그는 여덟 살이 되어도 말을 하지 못했다. 어느 날, 삭발하고 출가하여 라마교의 승려가 되었을 때, 갑자기 입을 열고 이렇게 외쳤다.

"나는 오대산의 청량노인이오. 빨리 악상국에게 알려 주시오."

이리하여 악상국은 이 아이를 서울로 불러들여 이야기를 나누었다. 이 아이는 대답도 막힘이 없었을 뿐만 아니라 청량노인의 전세 경력에 대해서도 시원시원 조금도 틀림이 없었다. 또 상국 집안의 하인이나 노복들을 손으로 가리키며 하나하나 그들의 이름을 부르는 것이 친구처럼 친숙했다. 악상국은 시험 삼아 염주를 꺼내 그에게 상으로 내렸다. 그러자 아이는 염주를 손에 쥐고 머리를 숙여 경의를 표하며 이렇게 말했다.

"아닙니다, 아닙니다. 이건 제가 전세에 상국께 드린 선물입니다!"

깜짝 놀란 악상국은 이 아이를 오대산으로 보내 사원을 주관하는 주지가 되도록 하였다.

그가 오대산에 온 지 몇 년이 되자 이제는 그 모습이 미녀처럼 섬세하고 곱기가 자못 빼어났다. 어느 날, 그는 북경의 유리창琉璃廠을 지나며 가게에서 파는 춘화를 보고 마음속으로 크게 기뻐하며 이 그림을 뚫어져라 바라보았다. 돌아오는 길에 백향柏鄉을 지날 때는 도저히 참지 못하고 기녀를 불러 육욕을 한껏 풀었다.

오대산으로 돌아온 뒤, 그는 뜻밖에도 산 아래 마을에 사는 음탕한 부인과 함께 나이 젊고 잘 생긴데다 거시기가 큰 남성을 산으로 불러 그들에게 온종일 성행위를 벌이게 하고 자기는 곁에서 보고 즐겼다. 그래도 흥이 덜 찼던지 신도들이 바친 불전으로 소주蘇州의 광대들을 불러다 노래와 춤 연기를 시켰다. 결국 다른 이들이 그를 탄핵하게 되었다. 하지만 천자에게 올리는 문서가 아직 하늘에 닿기도 전에 청량노인이 먼저 알게 되자 그는 탄식하며 이렇게 말했다.

"하늘과 햇볕 가리는 곡궁수曲躬樹도 없이 이렇게 갑자기 태어나 색계천色界天으로 들어왔으니, 잘못된 일이로다, 잘못된 일!"

이리하여 부들방석에 단정히 앉아 눈을 감고 이 세상을 떠났으니, 이때 그의 나이 이제 막 스물넷이었다.

내 친구 이죽계李竹溪는 청량노인과 오랫동안 서로 오간 친구인지라 일찍이 오대산으로 그를 찾아간 적이 있었다. 이죽계는 절집으로 들어간 뒤, 청량노인이 여인의 모습으로 단장하고 몸에는 붉은 색 앞치마를 두른 채 아랫도리를 완전히 드러내고 어떤 남자를 그의 뒤에서 비역질하게 만들고 자기는 또 다른 여자와 그 짓을 하는 것을 보게 되었다. 청량노인 곁에는 그와 똑같은 짓을 하는 무리들이 여러 쌍이었다. 이죽계는 이 모습을 보자 대뜸 따지듯이 꾸짖었다.

"전생활불轉生活佛이 어찌 이럴 수 있소?"

하지만 청량노인은 외려 평안하고 온화한 태도로 가타伽陀를 읊었다.

"남녀 서로 사이좋게 사랑하니 가릴 일, 거리낄 일 모두 없도다. 조그마한 생기가 이 세계를 만들도다. 세속의 선비는 별것 아닌 일에 크게 놀라기만 하더라."

(청淸, 원매 袁枚 「자불어子不語」)

어느 복진福晋5

어느 복진福晋은 경친왕慶親王의 근친이었다. 그녀는 남편이 세상을 떠나자 홀로 과부로 살게 되었다. 하지만 마음에 쌓인 고민을 어쩌지 못하고 그만 단정치 못한 행실을 제멋대로 했다. 여자 차림새가 자못 불편하다고 생각한 그녀는 남자 의복을 걸치고 머리는 변발을 했다. 속사정을 잘 모르는 이들은 모두 그녀가 멋이 넘치는 젊은이라고 여겼다.

---

5 청나라 때 만주족의 친왕親王, 군왕郡王, 친왕세자의 정실正室.

얼마만큼의 시간이 흐르자 그녀가 밖에서 저지른 나쁜 소문이 궁 안에까지 전해졌다. 당시 대권을 오로지하던 경친왕은 그녀를 황실의 종 족을 관리하던 관아인 종인부宗人府의 높은 담장 안으로 끌어들이라고 명령했다. 그러나 복진은 온종일 깊은 궁궐의 황족 종실과 농지거리를 하며 숙질 조손을 가리지 않고 그들 모두와 그 짓을 벌였다. 경친왕은 이 사실을 알고 크게 화를 내며 그녀를 황족의 족보에서 제명한 뒤 밖으 로 쫓아냈다.

복진은 밖으로 쫓겨난 뒤 더욱 제멋대로 굴며 온종일 불량한 젊은이 들과 난잡하게 뒤엉켰다. 서른 명이 넘는 이들이 번갈아가며 그녀와 그 짓을 벌였던 것이다. 하지만 그녀는 아직도 만족하지 못하고 서양에서 들여온 큰 개를 길러 자기의 음부를 핥도록 하였다. 그것도 아니면 자기 는 바닥에 반듯이 드러누워서 손으로 이 큰 개의 배 아래를 어루만지고 쓰다듬어 개가 발정을 하면 개와 그 짓을 벌였다. 복진과 사사로이 정을 통한 어떤 젊은이가 그녀의 아랫도리에서 개의 털을 발견했음은 물론 그 녀의 양쪽 넓적다리에서도 개가 할퀸 자국을 보았던 것이다. 이 젊은이 가 본 바를 다른 사람에게 말하면서 비로소 사건이 폭로되었다.

경친왕은 이 사실을 알고 보군통령아문步軍統領衙門에 명령하여 그녀 를 잡아 조사해 처벌하도록 했다. 하지만 복진은 이 소문을 듣자 먼저 천진으로 몸을 피했다. 게다가 그녀는 그 커다란 개까지 데리고 몸을 피 했으니, 참으로 뉘우침이라고는 몰랐다.

(민국초기民國初期, 시악柴萼 「범천려총록梵天廬叢錄」)

스와핑

갑과 을 두 사람은 오래 전부터 친구 사이였다. 을의 처는 자못 자색이 넘쳤다. 갑은 그녀와 사사로이 정을 통하고 있었다. 나중에 을은 이 사실을 알았지만 감정을 드러내지 않았음은 물론 그 짓을 못하도록 막지도 않았다.

그러던 어느 날, 외출에서 돌아온 을은 갑이 자기 처와 침대에 함께 있는 것을 발견했다. 을이 화를 참을 수 없다는 표정을 짓자 갑은 자신도 뭔가 잘못되었다는 것을 알고 을을 향해 머리를 조아리며 말했다.

"쏟아진 물 다시 담을 수는 없는 일, 자네가 만약 깊이 따지지 않는다면 내 처도 자네와 잠자리를 같이 하길 바라네. 친구들끼리 마누라를 바꾸며 지내는 일이야 옛날부터 있었던 일이네."

을은 기꺼이 동의하며 갑과 적당한 시간을 약속한 뒤 돌려보냈다.

갑은 집으로 돌아간 뒤, 앞에서 이야기한 정황을 자기 처에게 말하며 동의를 바랐다. 하지만 갑의 처는 끝내 동의하지 않았다. 갑은 이렇게 되면 을에게 면목이 서지 않는다고 생각하며 거듭 아내의 동의를 요구했다. 당시 갑의 형이 병으로 외지에서 요양 중이었는데, 갑의 형수는 경박한데다 지조마저 없어서 남몰래 다른 남자와 몸을 섞으며 산 지 오래였다. 갑의 처는 이를 알고 있었던지라 자기 남편에게 이렇게 말했다.

"꼭 그래야 된다면 당신 형수를 꼬드겨서 나를 대신하면 되겠구려."

약속한 그 날이 되자, 갑의 처는 갑의 형수에게 이렇게 말했다.

"형님, 오늘 제 남편이 밖으로 나갔는데, 저 혼자 잘 수가 없으니 우리 집으로 와서 같이 잡시다."

침대에 나란히 누운 뒤, 갑의 처는 일부러 남녀 사이의 사랑 이야기를 늘어놓으며 갑의 형수의 마음을 싱숭생숭하게 만들고서 화장실에 볼

일 보기 위하여 자리를 비키면 갑이 을을 침실로 들여보내기로 미리 약속했던 것이다. 그리고 그녀는 갑의 형수의 방으로 가서 잠을 자기로 했다.

을은 갑의 처의 침실로 들어간 뒤, 침대에 누워 있던 갑의 형수가 이미 춘정을 못 이기며 꿈틀대고 있었던지라, 그대로 몸을 섞었다. 하지만 갑은 바로 이 틈을 이용하여 을의 집으로 달려가서 을의 처와 다시 즐거움에 빠졌다.

그런데 바로 이날 밤, 갑의 형이 갑자기 요양지에서 돌아와 자기 방의 문을 열고 그대로 침대에 올랐다. 이때, 침대에 누워 있던 갑의 처는 이미 깊이 잠든 뒤였다. 갑의 형은 그녀가 바로 자기 처라고 여기며 이불 속으로 파고들어 그녀와 부부의 정을 깊이 나누었다. 한바탕 뜨겁게 사랑을 나눈 뒤, 두 사람은 그제야 잘못되었다는 것을 알았지만, 일은 벌써 여기까지 이른지라, 비밀을 굳게 지키기로 약속할 수밖에 없었다.

훗날, 갑과 을은 조그마한 일로 사이가 틀어지며 상대방의 허물을 서로 들추기 시작했다. 아내를 서로 바꾼 일도 이렇게 하여 동네 사람들에게 알려지게 되었다.

(청清, 악균樂鈞 「이식록耳食錄」)

구멍동서 부자

정덕正德 초년, 광서廣西 전주田州에 사는 토관土官[6] 잠준岑浚에게는 애첩이 하나 있었다. 그녀는 반역죄를 저지른 자의 가솔이기에 법에 따라 관아로 몰수되었다. 당시 재상 초방焦芳은 그녀가 정말 아름답게 생겼다는 말을 듣고 일을 처리하는 관원을 매수하여 그녀를 자신의 소유로 만들어버렸다.

하지만 이 여자는 초방이 늙은이라고 멀리하며 초방의 아들 및 편수編修 황중黃中과 내통했다. 초방은 이 사실을 알자 아들과 집안에서 다투었으나 서로 물러서지 않았다. 이 더럽고 좋지 못한 소문은 널리 퍼지며 여러 사람의 웃음거리가 되었다.

(명明, 심덕부沈德符「만력야획편萬曆野獲編」)

아내의 정부

우산虞山에 사는 어떤 한림翰林이 벼슬이 대사성大司成에 이르렀다. 그의 아들이 마을에서 아내를 얻었다. 그런데 이 아내는 절색인데다 재주까지 있었지만 한 젊은이와 남몰래 정을 통하고 있었다. 간통 사건이 발각되자 대사성은 젊은이를 죽음으로 내몰려고 했다. 그러나 그의 아들은 오히려 아내의 정부 편을 들며 두둔했다. 대사성은 이 때문에 생긴 노기로 몸져누웠다. 대사성의 며느리는 그림에 매우 능하였다. 인물화에 특히 뛰어났지만 그 중에서도 춘화春畵에 더욱 절묘한 재주를 발휘했다.

(명明, 서수비徐樹조「지소록識小錄」)

---

6 옛날, 묘족苗族이나 요족瑤族 따위의 소수민족이 모여 사는 지구에 임명되었던 그 민족 출신 관리.

매음굴 이야기

　　요즈음은 풍속이 음란하고 퇴폐적이어서 남녀가 뻔뻔스러운 행동을 예사로 한다. 북경의 내성內城 바깥에는 기생집이 즐비하여 노랫소리가 그칠 때가 없다. 그런데 외성에서 힘든 나날을 보내고 있는 백성들이 종종 밥 빌어먹는 여자들을 호려다가 흔히 '요자窯子'라고 불리는 매음굴을 만들었다. 요자 안의 천정에는 구멍을 파서 지붕창을 만들어 밝은 빛을 받아들였다. 게다가 길 쪽으로 난 벽에는 아예 두세 개의 작은 구멍을 뚫었다. 매음굴의 아가씨가 된 비렁뱅이 여자들은 이제 짙게 화장을 하고 옷을 훌훌 벗어버린 채 집안에 앉아서 콧노래 흥얼거리며 사람을 꾀기 위해 갖가지 외설적인 자태를 보였다.

　　방탕한 생활을 일삼는 젊은이들은 이 길을 지나다가 벽에 뚫린 자그마한 구멍으로 안을 엿보다가 그만 끓어오르는 욕정을 어쩌지 못하고 문을 열고 안으로 들어갔다. 이때, 여자들이 벌거벗은 채로 한 줄로 죽 늘어서면, 고객은 마음에 드는 이를 골라 일곱 냥의 돈을 던지면 함께 침실로 가서 교합을 할 수 있었다. 함께 있을 수 있는 시간은 대체로 한 시간 안팎, 이를 일러 '타정打釘'이라 했다.

(명明, 음태산陰太山 「매포여담 梅圃餘談」)

포도나무 시렁 아래

　　내가 잘 아는 태수太守는 집안에 수많은 미녀를 데리고 있었다. 그는 이 중에 재능과 기예가 뛰어난 열두 명을 뽑아서 '십이금차十二金釵'라고 이름을 붙였다. 그는 『금병매金瓶梅』에 나오는 '포도나무 시렁', 이 고운 이름을 선망한 나머지 사람을 불러 금실로 포도나무 줄기를 만들고 벽옥과 비취로 포도나무 잎을 만들어 입히도록 하였다. 게다가 자색 수정과 녹색 수정을 깎아 하나하나 꿰어서 포도송이로 만들었다. 그리고 집뜰에 포도나무 시렁을 세웠다. 시렁 아래에는 비단으로 만든 요를 깔고, 그 요 위에 붉은 실로 수놓은 방석을 몇 점 깔아놓았다. 또 옆으로는 갖가지 진귀한 골동품과 서적들을 진열했다.

그는 날마다 미녀들과 포도나무 시렁 아래에서 거문고를 타고 바둑을 두거나 시를 읊으며 술을 마셨다. 그것도 아니면 당육여唐六如[7]나 구십주仇十洲[8]의 춘화를 보면서 시시덕거리며 즐겼다. 참으로 말로 다할 수 없는 멋진 풍류였다.

하지만 안타깝게도 화무십일홍이라, 몇 년도 되지 않아 태수는 세상을 버렸고 미녀들도 뿔뿔이 흩어지니 집안에는 쓸쓸함만이 가득했다. 모든 것이 눈앞에서 흩날리는 구름이나 연기처럼 덧없는 일이었다.

(청淸, 전영錢泳 「이원총화履園叢話」)

장거정張居正과 해구신海狗腎

정력제의 하나인 올눌제膃肭臍를 세상에서는 흔히 해구신이라고 부르는데, 산동 등주의 바다에 사는 물개의 몸에서 나온다. 그 효력은 춘흘교春恤膠에 뒤지지 않지만 가짜가 너무 많아서 백 개 가운데 진짜 하나

---

7 명나라 때의 화가 당인唐寅.
8 명나라 때의 화가 구영仇英.

를 찾기가 힘들다. 진짜를 가려내는 방법은 암캐를 해구신 위에 엎드리게 한 뒤, 원래는 바짝 마른 밀랍 껍질에 싸인 이놈의 거시기가 빳빳하게 일어나면 진짜라고 한다.

전에 장거정張居正이 재상의 자리에 있을 때, 늘그막에 수많은 희첩을 거느리고 있었다. 하지만 이 희첩들을 하나하나 모두 만족시킬 수는 없었다. 그래서 그는 이것을 양기를 돋우는 약제로 삼았다. 이 해구신은 모두 계주薊州 지방의 원수 척계광戚繼光이 바쳤다. 척계광은 원래 등주登州 문등현文等縣 사람이었다.

장거정은 해구신을 복용하면서 뛰어난 효과를 보았지만 이 때문에 훗날 열병을 얻어 한겨울에도 열 때문에 담비 가죽으로 만든 모자를 쓸 수 없었다. 문무백관은 겨울날 조정에 들면서 황제께서 내리신 모자가 있었지만 감히 쓸 수 없었다. 장거정이 쓰지 않았기 때문이다.

훗날, 장거정은 결국 이 병 때문에 세상을 떠났다.

(명明, 심덕부沈德符 「만력야획편萬曆野獲編」)

거시기로 촛불 끄고 술을 들이켜고

부헌副憲 요廖 아무개는 일 없이 한가로이 집에서 지낼 때는 도술을 좋아했다. 방사 공복孔復이 소련燒煉[9]을 할 수 있는 기술을 갖고 있어서 요 아무개의 신임을 받으며 그의 집에 머물렀다. 어느 날, 그는 요 아무개에게 이렇게 말했다.

---

9 단약을 불에 태워 제련하는 술법.

"제가 이제 접보법接補法을 단련하고자 하오니 어른께서는 은전을 좀 찬조하시어 제가 며칠 동안 청루에서 지낼 수 있도록 해 주십시오."

공복은 청루에 왔다. 기녀는 그와 함께 침대에 올랐다. 처음에는 기녀도 이 양반이 오랫동안 하면서도 사정을 하지 않는구나 생각했지만 나중에는 음란함을 견딜 수 없어서 울부짖으며 몸을 피했다. 공복은 잡으려고 했지만 잡을 수 없었다. 마흔 살이 다 된 청루의 여주인은 평소에도 남자와 몸을 섞으며 상대방을 즐겁게 하는 데 능했다. 그녀가 직접 나서서 공복과 침대에 올랐지만 그녀 역시 견디지 못하고 물러났다. 하지만 공복은 아직도 뻣뻣하기가 그대로 쇠 절굿공이였다. 게다가 그의 표정은 매우 차분하였다. 그 뒤, 그 기녀는 한 달 남짓 아픔으로 시달렸고 여주인도 몇 날 며칠이나 침상에 누워 있어야만 했다.

들리는 소문으로 공복의 거시기는 세기가 등불을 불어서 끌 수 있고 한 됫박이나 되는 소주를 들이킬 수 있다고 한다. 흡입한 소주는 두 팔과 두 다리에 피처럼 붉게 흩뿌린 뒤에도 또 소주를 거시기에서 내쏟았다고 한다.

(명明, 고기원顧起元「객좌췌어客坐贅語」)

언니의 비밀

고우현高郵縣 어느 마을 농삿집 부부가 두 딸을 길렀다. 언니는 시집 간 지 오래지 않아 세상을 버리고 말았다. 그러자 사위가 장인 장모에게 처제에게 다시 장가를 들 테니 두 번째 부인으로 삼게 해 달라고 요청했다. 이 요청을 받은 부부는 매우 기뻤지만 처세는 결코 승낙하지 않았다. 부모가 어떤 압력을 넣어도 그녀는 자기 마음을 움직이지 않았다.

어머니는 가만히 딸에게 그 까닭을 묻자 그녀는 이렇게 대답했다.

"부부가 침실 안에서 은밀히 한 행위는, 다행히 다른 사람이 알 리 없지만, 이 세상에서 제일 부끄러운 일입니다. 지금 저와 언니가 같은 남자에게 시집을 간다면, 저는 언니가 침실 안에서 한 은밀한 행위를 알게 될 터, 이는 언니의 부끄러움을 더욱 심하게 하는 일이지요!"

결국 부모도 억지로 권할 수 없다고 생각해 이 혼사는 없던 일이 되었다.

(청淸, 유월兪樾「우대선관필기右臺仙館筆記」)

눈 먼 이를 아내로 맞은 유원석劉元錫

내 고향 문등현文登縣의 현령은 산서山西 출신의 유원석劉元錫이다. 그는 어렸을 적에 벌써 아무개의 딸과 혼인하기로 약속이 되었다. 그런데 아직 아내로 맞아 결혼하기도 전에 그녀가 돌연 눈이 멀었다. 유원석의 부모는 혼약을 깨버릴 작정이었지만 그는 단호히 반대했다.

"아내 될 사람이 눈이 멀었다고 제가 버린다면, 반대로 제가 눈이 멀었을 때 어쩔 작정이었습니까?"

부모는 이제 참한 여종을 찾아 아들의 첩으로 들일 생각이었지만 아들은 그것도 거절했다.

"장가를 드는 건 제사 올릴 자식을 보기 위함인데, 아내가 아들 낳아 키울 수 있으면 되었지, 인물의 좋고 나쁨은 결코 중요하지 않습니다."

훗날, 유원석은 온전히 예법을 그대로 좇으며 아내를 맞아 결혼을 했다. 결혼 뒤, 그는 즉시 명의를 모시고 아내의 안질을 치료했다. 그 결과, 아내의 한쪽 눈은 시력을 원래대로 되찾았다. 이들 부부는 말할 수 없을 정도로 금실이 좋았다. 유원석은 죽을 때까지 첩을 들이지 않았다. 그의 벼슬도 제남濟南 태수에 이르렀다. 또 그의 아내는 그에게 아들 셋을 안겼으며, 아들도 모두 업적을 남기며 이름을 떨쳤다.

(청淸, 왕함王椷 「추등총화秋燈叢話」)

욕망을 절제하여 몸을 보양하다

위魏 장군은 나이 칠십이 넘었지만 아직도 갑옷을 걸치고 입궐하여 정사를 의논했다. 게다가 황제의 수레를 모시고 출입을 하고 있으니, 젊은 이에 비해 손색이 없었다. 어떤 이가 그에게 평생의 성생활에 대하여 물었다. 그는 마흔다섯이 되던 해에 여자에 대한 욕망을 끊었다고 대답했다.

또 내가 아는 주周 아무개 스님은 원래 노릉盧陵 출신으로 이리저리 유력하다가 서울에 왔을 때에는 벌써 아흔 몇 살이 되었다. 하지만 그는 먼 길에도 여전히 걷기를 마다하지 않았다. 게다가 머리카락이나 수염이나 모두 젊었을 때처럼 칠흑과 같았다. 나는 일찍이 그에게 물었다.

"무슨 양생 비결이라도 있습니까?"

그의 대답은 간결했다.

"비결이라고는 없네. 그저 막 장년기에 접어들 때부터 욕망을 절제했을 뿐이야."

그리고는 이렇게 덧붙였다.

"남자의 정액을 여인에게 주면 아이를 능히 낳을 수 있네. 이것을 절제하고 내놓지 않으니 어찌 자신을 보양하지 않을 수 있겠는가?"

(명明, 육용陸容 「숙원잡기菽園雜記」)

春宮曲, 云雨
方翼(明代)

아름다운 여인 앞에서도 흔들리지 않은 왕민王敏

왕민王敏의 자는 진덕進德으로 정해현定海縣 사람이다. 그는 일찍이 친구와 함께 빈집에서 공부를 하고 있었다. 어느 날, 깊은 밤에 부근에 사는 젊은 여성이 찾아와 문을 두드리며 하룻밤 투숙을 요청했다. 친구는 물을 열어 맞아들이려고 했지만 왕민은 오히려 문 열기를 거절하며 사납게 꾸짖었다.

"내가 여기 있거늘, 감히 누가 이 문으로 들어오려고 하는가!"

그는 큰 목소리로 말했기에 밖에서도 분명하게 들을 수 있었다. 여성은 부끄러움으로 감히 말 한 마디 하지 못하고 자리를 뜰 수밖에 없었다.

정해현에 주둔하며 적을 방어하던 어느 장군은 왕민이 청렴하고 공정한데다 솔직담백하기로 이름을 날린다는 점을 인정하면서 한번 시험해 보기로 하였다. 장군은 왕민을 식사에 초대하였다. 그리고 식사에 앞서 조용한 방을 마련하여 침대에 여인 한 명을 숨겨 두었다. 술이 불콰하니 취한 뒤에 장군은 왕민을 바로 그 방에서 하룻밤을 지내도록 안내하고 얼른 방문을 잠그고 말았다. 방으로 들어간 왕민은 침대에 둘러쳐진 휘장을 열었다. 하지만 그 안에 한 여인이 있는 것을 보자 그는 그만 문을 부수고 나왔다. 그리고 마구간으로 가서 말 한 필에 몸을 싣고 밤새 도망을 쳤다.

홍무洪武 연간에 왕민은 태학생의 신분으로 감찰어사의 자리에 올랐다.

(청淸, 조길사趙吉士 「기원기소기寄園寄所寄」)

흩뿌린 동전 줍기

슬기롭고 정조가 곧은 여인이 있었다. 그녀는 젊은 나이에 남편과 사별한 뒤 지조와 절개를 굳게 지켰다. 그녀는 날마다 밤이 되면 잠자리에 들면서 방문을 잠갔다. 집안 식구들은 그녀의 방에서 바닥에 동전을 흩뿌리는 소리를 듣곤 했지만 이튿날 아침에 방문을 연 다음에 보면 바닥에는 동전 한 닢 보이지 않았다.

그 뒤, 그녀는 큰 병이 들어 더 버틸 수 없을 때가 되자 베갯머리에서 거울처럼 반짝거리는 동전 1백 개를 꺼내놓았다. 그리고 그녀는 며느리들을 불러 앉힌 뒤 이렇게 말했다.

"이게 바로 내가 수절하도록 만든 것이니라. 남편을 여읜 뒤, 나는 홀로 지내며 밤이면 침대 위에서 엎치락뒤치락 잠을 이룰 수 없었어. 그 뒤, 노경강魯敬姜 선생의 '수고로우면 선하게 되고 편안하면 음탕하게 된다.'는 말을 생각하면서 날마다 밤이 깊어 사람들이 모두 깊은 잠에 들면 등불을 끄고 동전 1백 개를 바닥에 흩뿌린 뒤 허리를 굽혀 어둠을 더듬으며 이것들을 하나하나 주웠단다. 만약 하나라도 줍지 못하면 아예 잠자리에 들지 않았지. 이렇게 하나도 빠짐없이 주워서 정리하고 나면 이제 몸이 늘어지게 피곤하기 마련이지. 그러면 베개에 머리를 얹는 순간 편안하게 바로 잠들 수 있었단다. 이러기를 예순 해 넘게 하다 보니 이젠 아무런 부끄러움이 없어. 그래서 이 일을 너희들에게 말하는 거란다."

(청淸, 청성자靑城子 「지이속편志異續篇」)

남녀는 가까이하지 않는다

내가 어렸을 때 시랑侍郞 자리에 있던 아무개는 일을 처리함에 공명정대하고 지조를 자부하여 중시했다는 말을 들었다. 그는 집안에서 아직 성년이 안 된 어느 여종을 미성년인 어느 남자 노복과 앞으로 혼인할 수 있도록 허락하였다. 한두 해가 지나자 여종과 남자 노복은 여전히 출입 왕래를 하며 서로 피하는 일이 없었다. 그러던 어느 날, 두 사람이 정원에서 만나고 있는데 시랑 자리에 있던 이 양반이 마침 지나다가 두 사람의 얼굴에 웃음기가 아직도 남아있는 것을 보고는 그만 화를 내며 이렇게 말했다.

"너희들의 이런 행동은 눈 맞은 이와 몰래 사랑의 도피행각을 벌인 것과 다르지 않다. 법률에 따르면 약혼녀를 유인하여 농락한 자는 장杖으로 다스림을 받아야 하느니라."

이리하여 곤장으로 벌을 내리려고 하였다.

사람들이 타이르며 이렇게 말했다.

"어린애들의 장난으로 못할 짓을 한 것은 아니외다. 그 여종의 눈썹과 유방을 보면 아직 처녀인지 아닌지 알 수 있습니다."

하지만 그 양반은 여전히 자기 뜻을 굽히지 않았다.

"법률 규정은 마음으로 획책했지만 아직 실행에 옮기지 않은 자는 단지 한 등급 죄를 감할 수 있다고 했을 뿐이오. 죄를 감할 수는 있지만 죄를 면하는 것은 절대로 안 되오!"

결국 이들 둘을 한 차례 호되게 곤장을 쳤다. 이들은 엄청난 피해를 입고 하마터면 목숨까지 버릴 뻔하였다. 하지만 이 양반은 자기네 가법이 하동 유씨와 견줄 수 있다고 여겼다. 더구나 이 일에 대하여 아무런 잘못이 없다고 생각했다.

이 양반은 어린 여종과 어린 남자 노복의 무례함을 몹시 미워했기에 이들의 혼기를 고의로 지연시켰다. 이 일이 있은 뒤, 두 사람은 집안일을 하면서도 일거수일투족 조심했다. 아무런 일이 없을 때에도 멀리 상대방의 그림자라도 보이면 얼른 몸을 피하며 조심스럽고 신중하게 처신했다. 이렇게 매일 긴장 속에서 아무런 재미도 없이 지냈다. 그 결과 두 사람은 모두 울적함으로 병이 들어 반년도 못 가서 그만 잇달아 세상을 버리고 말았다. 어린 여종과 어린 남자 노복의 부모들은 자식을 가련하게 여기며 이들을 합장해 달라고 간청했지만 이 양반은 외려 이렇게 내질렀다.

"죽은 이에게 시집가는 습속은 법에 어긋난다는 사실을 어떻게 모른단 말이오?"

그러면서 끝내 허락하지 않았다.

(청淸, 기효람 紀曉嵐 「열미초당필기閱微草堂筆記」)

천한 여자와는 잠자리를 할 수 없다

강서江西 지방의 거인擧人 용부례龍復禮는 길게 자란 수염이 참으로 보기에 멋졌다. 그는 평생 기녀와는 잠자리를 하지 않았던 이유를 덧붙였다.

"내막을 모르고 잠자리를 같이 했다가 기녀가 임신할 게 두려웠기 때문이오. 태어나는 아이가 사내라면 장차 악공樂工이 될 게 뻔하고, 딸이라면 필경 창부가 되어 부모의 유해를 더럽고 천한 세계로 떨어뜨릴 게 뻔해서 그리 했소."

이런 생각은 케케묵고 낡아빠진 것 같지만 실제로는 자못 일리가 있다.

뒷날, 그는 어느 사대부 집안의 술잔치에 간 적이 있다. 이 자리에서 악공들은 두 줄로 서서 음악을 연주하며 손님들을 즐겁게 하고 있었다. 그 가운데 소년 악공이 하나 있었는데, 생김새나 몸매가 주인과 빼다 박은 듯하였다. 너무도 기이하게 생각한 그는 나이든 악공에게 가만히 물었다.

"저 아이는 뉘 집 아들이오?"

나이든 악공은 이렇게 대답했다.

"기녀 소생이지요, 어미는 있지만 아비는 없소."

그는 주인에게 다시 물은 뒤에야 사정을 알게 되었다.

"내가 악공의 어미와 사사로이 정을 통하긴 했지요. 하지만 저 녀석을 내 아들로 인정할 수는 없는 일이지요."

(청淸, 저인획褚人獲 「견호여집堅瓠餘集」)

가보옥賈寶玉을 불살라 죽이다니

음란서적 가운데 『홍루몽紅樓夢』의 해악이 가장 크다. 치정에 빠진 남녀의 온갖 모습을 깊이 헤아리며 묘사하면서도 글자 그대로 한 마디도 음란한 글자를 쓰지 않고 사람들을 환상 가운데 떠돌아다니게 만든다. 그런데 사람들의 의지를 흔들고 있으니, 이것이야말로 이른바 '큰 도둑은 칼을 잡지 않는다.'는 말 그대로 음란서적 가운데 가장 음락한 서적이다.

중승中丞 정우생丁雨生은 강소江蘇 지방의 순무巡撫로 있을 때, 더욱 엄격하게 이 서적을 살피며 금했지만 근절할 수가 없었다. 적지 않은 문인과 학자들이 좋아했기 때문이다.

나는 젊은 시절 항주杭州에서 글을 읽고 있을 때, 어떤 장사꾼의 딸이 사람을 혹하게 할 만큼 예쁜데다 시와 사에 능했지만 『홍루몽紅樓夢』에 빠진 다음 결국 정신이 망가졌다는 이야기를 들은 적이 있다. 그녀 부모는 자기 딸이 『홍루몽紅樓夢』 때문에 화를 입었다고 생각하며 홧김에 이 서적을 불길 속으로 집어던졌다. 침상에서 이 모습을 직접 눈으로 본 딸은 울음을 터뜨리며 소리 질렀다.

"나의 가보옥을 왜 불살라 죽입니까?"

이 때문에 슬픔을 건디지 못한 그녀는 결국 세상을 떠났다.

(청淸, 진기원陳其元 「용한재필기庸閑齋筆記」)

널빤지에 묶여 떠내려 온 여자

광서光緖 6년 5월 어느 날, 호북湖北 한구漢口의 어떤 이가 강 한가운데에 떠내려오는 널빤지를 발견했다. 몇 겹으로 된 널빤지는 커다란 밧줄로 한 묶음으로 묶여 있었다. 널빤지 위에는 용모가 준수한 여자가 사지를 쇠고리로 묶인 채 누워 있었다. 널빤지 위에 몸이 뒤집히지 않을 만큼 단단히 묶여 있었던 것이다. 여자 곁엔 3천 냥의 동전이 놓여 있었으며 오른손엔 요기에 충분한 떡이 단지에 하나 가득 있었다. 그런데 그녀의 사타구니 밑에는 놀랍게도 잘려진 머리가 하나 있었다. 자세히 보니 벌써 썩은 냄새가 자못 고약한 스님의 머리였다. 널빤지 위에는 이렇게 쓰인 푯대가 하나 서 있었다.

이 여자는 금구金口 사람으로 올해 열아홉 살. 중놈은 올해 마흔두 살. 여자가 죽었다면 덕행이 높은 이가 여기 있는 돈으로 관을 마련하여 장사를 지내주시기 바람. 만약 죽지 않았다면 이 떡으로 며칠은 더 연명

할 수 있을 것임. 이를 본 자는 여자를 구할 필요가 없음. 여자를 구하여 거두는 자는 남자라면 도둑놈, 여자라면 창녀.

이 때문에 이를 본 사람이 비록 많았지만 여자를 구하려고 나서는 이가 하나도 없었으며, 그저 강물 따라 흘러내려가는 모습을 멍하니 보고만 있을 뿐이었다. 금구는 한구에서 거의 6십 리 물길인데도 그녀가 도대체 뉘 집의 딸인지 아니면 며느리인지 아는 이가 하나도 없었다. 다음날 갈점葛店에 널빤지가 흘러왔을 때, 어떤 이가 여자를 구하였다고 하는데, 상세한 정황이 어땠는지 밝히 아는 이가 하나도 없었다.

(청淸, 유월兪樾「우대선관필기右臺仙館筆記」)

손발로 때리는 것보다 더 심한 희롱

형부의 법률 판례에 따르면, 무릇 부녀자를 희롱하며 강간하려다 미수에 그쳤지만 이들을 부끄러움과 분노로 자진하게 한 자는 교수형으로 죄를 다스렸다. 하지만 그 죄는 실정에 따라 처결을 낮추는 경우도 있었다. 여성을 집적거리다 못해 손발로 때리며 유인했다면 비교적 중하게 죄를 다스렸다. 하지만 단지 말로 희롱했다면 비교적 경하게 처결을 낮추었다. 하지만 이 둘은 때에 따라서 구분하기가 참 힘들기에 요즘에는 어떤 이가 아래의 사례를 제기했다는 이야기를 들었다.

어떤 사내가 길가에서 소변을 보고 있었다. 마침 길을 지나던 부인과 마주하게 되었다. 그런데 이 사내는 부인을 향해 자기 물건을 손가락으로 가리키며 허옇게 이빨을 드러내고 웃었다. 부인은 집으로 돌아간 뒤 부끄러움과 분노를 이기지 못하고 그대로 자진했다. 관아에서는 이 사건을 판결하면서, 이 사내가 말로 희롱하지 않았으며 손과 발로 때리면서 유인하지 않았기 때문에 처결을 늦추는 판결로 죄를 다스렸다. 하지만 형부 관원은 이를 비판하며 이렇게 말했다.

"희롱하는 데 비록 말은 없었지만 손발로 때리면서 유인한 것보다 더 심했소."

이리하여 죄를 더 중하게 물어 교수형에 처했다. 모든 논자는 이 판결이야말로 공평하고 타당하다고 여겼다.

(청淸, 설복성薛福成「용암필기庸庵筆記」)

이야기 뒤의 이야기

가장 큰 분량의 두 가지 원색

비록 성을 열한 가지 원색으로 나누었지만, 본능의 테두리 안이든 문명의 테두리 안이든 그것이 차지한 분량은 모두 서로 같지 않으며 또한 주된 부분과 보조 부분이 있다. 이들 사이의 복잡한 상호 관계를 이해하면서도 문제를 복잡하게 만들지 않고 요령 있게 해결하기 위해서는 먼저 비교적 중요한 원색에서부터 시작해 이들을 중심 또는 주체로 삼아서 '조리 있고 분명하게' 기타 원색을 움직인 후 그 사이 색의 합성관계를 관찰하는 것이 제일 좋다.

쾌락과 도덕은 가장 먼저 선택한 두 가지 원색이다. 왜냐하면 그것들은 인류의 성 의식이나 성 문화의 발전 과정에서 줄곧 상당히 높은 비중을 차지해 왔으며 가장 강렬한 대비를 이루는 두 가지 원색이기 때문이다. 이들이 선도한 연출 아래 인류는 두 가지 서로 다른 성 문화를 출현시켰다.

철학자 니체는 희랍 문화는 두 가지 성분을 함유하고 있다고 말한 바 있다. 그 하나는 디오니소스 정신 혹은 주신酒神 문화이다. 이것은 방종, 충동, 격정, 광란 그리고 비이성이다. 다른 하나는 아폴로 정신 또는 태양신 문화이다. 이것은 억압, 자제, 엄숙, 질서 그리고 이성이다. 이 두 가지 문화는 인류의 천성에서 비롯되었으며 각각 옹호자가 있다. 그의 이런 관점은 성 문화 영역에 특별히 적용된 듯하다. 성이 드러내는 원색 속의 쾌락이나 정신분석에서 말하는 원자아가 앞장서서 연출하는 것들은 모두 성에 대한 방종의 문화이다. 그러나 도덕이나 초자아가 앞장서서 연출하는 것들은 모두 성에 대한 억압의 문화이다.

중국 문화 및 성 문화도 당연히 이 두 가지 성분을 함유하고 있다. 앞에서 나온 스무 가지 이야기는 명·청 시대 필기소설에서 골라온 것이다. 이것들은 모두 쾌락이나 도덕의 색채를 짙게 가지고 있다. 또한 중국의 성에 대한 방종 문화와 억압 문화의 축소판이라고 할 만하다. 이제 이들이 각자 어떤 의미를 가지는지 살펴보기로 하자.

쾌락이 앞장서서 연출한 성의 이미지

「한 내에서 목욕하기」부터 「거시기로 촛불 끄고 술을 들이켜고」까지 열 가지 이야기는 쾌락이 앞장서서 연출한 것이다. 이는 중국의 성에 대한 방종 문화의 한 모습이다. 이 이야기는 아래와 같은 이미지를 보여준다.

첫째, 성은 자연 그대로 아름다워 마음과 눈을 즐겁게 한다. 「한 내에서 목욕하기」에서 심계산은 내에서 남녀가 옷을 벗은 채로 함께 목욕하는 아름다운 모습을 안 뒤 다시는 노복을 나무라지 않았을 뿐만 아니라 날마다 이들보다 한 발 먼저 냇가에 이르러 '눈요기'를 한다. 또 「청량노인」에서 이죽계가 청량노인의 갖가지 황당한 행위를 질책했을 때, 그는 오히려 그럴 듯하게 이렇게 늘어놓는다.

"남녀 서로 사이좋게 사랑하니 가릴 일, 거리낄 일 하나도 없다. 조그마한 생기가 이 세계를 만든다. 세속의 선비는 별것 아닌 일에 크게 놀라기만 한다."

이 가타伽陀는 모든 이야기 속에 나오는 공통된 마음의 소리라고 할 수 있다. 성행위는 '하늘이 허락한 즐거움인데 어찌 죄가 되는가?'라는.

둘째, 성의 쾌락을 추구하는 모든 방식이 허락된다. 이야기에 나오는 사람은 성행위 및 성의 대상 면에서 모두 새로움을 추구하면서 변화까지 바라고 있다. 「스와핑」에서 짝 교환하기, 「어느 복진」에서 근친상간과 집단 섹스와 신분이 다른 이와 벌이는 섹스, 「청량노인」에서 상대방 훔쳐보기와 성별이 다른 인물로 분장하기와 애널 섹스는 도덕이나 법률의 구속을 받지 않았다. 「어느 복진」에서 복진은 비록 경친왕에게 여러 차례 처벌을 받았을지라도 온전히 뉘우칠 줄 모른다. 그리고 「아내의 정부」에서 남편은 아내가 다른 남자와 사통하는 것을 발견하고도 거침없이 관용을 베푼다.

셋째, 갖가지 수단으로 성의 대상을 얻는다. 「구멍동서 부자」에서 초방은 관리를 돈으로 매수하면서까지 죄를 범한 자의 애첩을 자기 소유로 만들며 욕망을 채우려고 한다. 「매음굴 이야기」에서는 벌거벗은 모습으로 실오라기 하나 걸치지 않은 사창가의 기녀가 음탕한 노래를 흥얼거리며 오입쟁이들의 피를 솟구치게 만든다. 그리고 일곱 냥의 화대를 받으며 일시적인 즐거움을 제공한다.

넷째, 색정소설 및 춘화 등으로 성욕을 돋우고 흥까지 일으킨다. 「포도나무 시렁 아래」에서 태수는 색정소설 『금병매』에서 향락의 영감을 얻었고, 여러 미녀들과 함께 춘화첩을 감상하며 즐거워한다. 또 「아내의 정부」 속의 아내는 자기가 손수 춘화를 그려 자기도 즐기고 다른 사람도 즐겁게 만든다.

다섯째, 단약이나 방중술로 성적 능력을 강화시키고 성적 쾌락을 더욱 높였다. 「장거정과 해구신」에서 척계광은 상대방의 마음을 잘 읽으며 늘그막에 체력이 쇠락했지만 수많은 시첩을 둔 장거정을 위하여 양기를 돋우는 보약을 마련하여 그가 다시 위풍을 떨치며 그 많은 시첩들을 고루 즐겁게 만들도록 돕는다. 그리고 「거시기로 촛불 끄고 술을 들이켜고」에서 공복은 자기 거시기로 촛불을 불어 끄고, 한 됫박이나 되는 소주까지 들이켰으며, 어떤 여인과의 관계에서도 쇠 절굿공이처럼 모든 공격에서 성공해 사람들에게 자랑거리가 되었다.

도덕이 앞장서서 연출한 성 이미지

이와 달리 「언니의 비밀」부터 「손발로 때리는 것보다 더 심한 희롱」까지 열 가지 이야기는 도덕이 앞장서서 연출한 것이다. 또한 중국의 성에 대한 억압 문화를 대표한다. 이 이야기들은 아래 이미지를 보여주고 있다.

첫째, 성은 부끄럽고 위험한 것이다. 「언니의 비밀」에서 동생은 형부에게 다시 시집가기를 원하지 않는다. 왜냐하면 그녀는 "부부가 침실 안에서 은밀히 한 행위는, 다행히 다른 사람이 알 리는 없지만, 이 세상에서 제일 부끄러운 일"이라고 생각하기 때문이다. 게다가 그녀는 '언니가 부끄러워하는 일면'을 알기가 두려웠다. 이보다 더 심한 것은 「손발로 때리는 것보다 더 심한 희롱」의 부인이다. 이 부인은 길가에서 소변을 보던 남자가 보인 거시기를 본 뒤 집으로 돌아와 '부끄러움과 분노'로 자진한다. 그리고 「욕망을 절제하여 몸을 보양하다」, 「가보옥을 불살라 죽이다니」는 각각 성이 신체와 정신을 해칠 수 있으므로 성이란 위험한 것임을 강조한다.

둘째, 성을 엄격한 규범 속으로 끌어들인다. 자식을 낳아 대를 잇게 하는 혼인은 성에 대한 가장 기본적인 규범이다. 「눈 먼 이를 아내로 맞은 유원석」에서 유원석은 이런 규범을 엄격히 지킬 뿐만 아니라 첩을 맞을 생각조차 하지 않는다. 「천한 여자와는 잠자리를 할 수 없다」에 나오는 용부례는 평생 창기를 찾지 않는다. 이는 예법이 정한 규범에 맞지 않았기 때문이다.

셋째, 행위를 할 때 억제와 억압, 도피 경향을 드러낸다. 「아름다운 여인 앞에서도 흔들리지 않은 왕민」에서 왕민은 밤에 찾아온 이웃 여인을 꾸짖으며 물리쳤으며, 어느 장군이 그를 위해 제공한 미녀를 매우 싫어하며 멀리한다. 이는 외적 환경이 주는 성의 유혹에 대한 억제요 도피이다. 또 「흩뿌린 동전 줍기」에 나오는 과부는 밤이면 밤마다 바닥에 흩뿌린 동전을 더듬어 찾으면서 젊은 여인을 둘러싼 적막을 해결한다. 이는 바로 속에서 꿈틀대는 성욕에 대한 억제인 동시에 승화이다.

넷째, 검사와 금지로 성 규범을 엄격하게 지킨다. 사람들은 색정을 매개로 한 것들은 풍속을 해치고 도덕을 문란케 한다고 생각했다. 「가보옥을 불살라 죽이다니」에서 강소 지방 순무는 『홍루몽』을 음란서적이라며 조사해 유통 금지를 명령했다. 이것이 관청에서 취한 행동이었다. 딸의 부모는 『홍루몽』을 화덕에 던져 불살라버렸다. 이것은 개인이 취한 행동이었다.

다섯째, 성 규범을 위반한 자에게는 엄중한 징벌을 내렸다. 「남녀는 가까이하지 않는다」에서는 이미 혼인하기로 허락받은 노비가 '아직 결혼

하지 않은 남녀가 함께 말하며 웃는 행위는 허락하지 않는다.'는 규범을 위반했기에 시랑에게 혹독하게 장형을 당하며 혼기를 연기하도록 강요받는다. 「널빤지에 묶여 떠내려 온 여자」에서는 간통한 스님은 목이 잘리고 여자는 널빤지에 몸이 묶인 채 강에 버려져 표류한다. 둘이 받은 형벌은 모두 잔혹한 사형私刑에 속한다. 그리고 「손발로 때리는 것보다 더 심한 희롱」은 길을 지나는 여인에게 자기의 소변보는 모습을 보임으로써 교수형을 당한 남자 이야기이다. 이 형벌은 엄격한 국법을 적용한 예이다.

각자가 자기 나팔 들고 제 곡조로 연주하기

명과 청, 두 왕조의 성에 대한 방종 문화와 더불어 성에 대한 억압 문화가 보인 대체적인 맥락을 훑어보면, 이들이 서로 다른 '색채 구조'를 갖고 있음을 명확하게 알 수 있다. 성에 대한 방종 문화라는 도감圖鑑 속에는 쾌락이라는 주요 색 외에 경쟁, 이익, 권력, 예술 등의 원색도 비교적 많은 부분을 차지하고 있다. 이는 경쟁을 북돋우며, 이익으로 쾌락을 교환하고, 권력으로 쾌락을 얻기도 하며, 예술로 쾌락을 증가시키기도 한다. 이와 달리, 성에 대한 억압 문화라는 도감 속에는 도덕으로 통제하는 색 외에 법률, 생식, 건강, 권력 등의 원색이 특별히 강조된다. 이는 법률과 권력으로 도덕을 지탱하고 생식 질서를 확보함으로써 개인과 사회의 건강을 유지한다.

서로 다른 원색은 다른 비율로 한데 모여 시비와 선악 구분이 명확한 두 가지 성 문화를 만들어낸다. 이들은 '각자 자기 나팔을 들고 제 곡조로 연주하듯이' 얼음과 숯처럼, 아니 물과 불처럼 서로 대립한다. 그러나 옛날부터 중국사회에서는 이들이 동시에 존재했으니, 서로 다른 것은 그저 서로 증감을 보이는 모습일 뿐이다.

성에 대한 방종이든 억압이든 모든 문화에는 원인이 있다. 만약 이 두 가지 성 문화를 무수한 점과 색으로 조합하여 만든 '방종과 억압'이라는 제목을 가진 한 폭의 커다란 신인상파 회화라고 한다면, 이들은 분명 수많은 선인들이 한 점 한 점, 한 방울 한 방울 찍고 뿌리며 집단적으로 창작한 것이 된다. 그중에서 어떤 점이나 색은 상당히 산뜻하고 선명한 것이다. 그렇다면 이것은 현대를 사는 어떤 이가 새로 덧붙인 것이리라. 어떤 점이나 색이 대단히 낡았다면, 이것은 옛 사람의 솜씨리라. 어떤 점이나 색이 층층이 겹쳐지며 또 다른 빛깔을 만들어냈다면, 이것은 뒷사람이 앞사람의 솜씨에 치례하고 덧붙이기를 한 것이리라.

누가 먼저 빈 화폭에 처음으로 붓을 대었는지, 더 나아가 각각의 점과 색의 유래는 어떠한지, 이것들을 알아내는 일은 필자의 능력과 인내를 넘어선다. 그러나 여러 가지 이야기들을 두루 갖춘 점과 색에서 출발하여 실마리를 하나씩 찾으면 역사적 근원이나 전승, 그리고 중국의 두 가지 성 문화에 대한 깊이 있는 이해에 이를 수 있을 것이다.

성에 대한 방종의 관념과 행위의 역사 돌아보기

먼저 성에 대한 방종이란 테두리에서 시작해 보자.

방종 행위를 표현한 모든 이야기 속의 사람들은 성행위를 '하늘이 허락한 즐거움인데 어찌 죄가 되는가?'라고 생각하며 성이란 자연이요 아름다움이란 관점을 갖고 있는 듯하다. 이런 생각은 중국에서도 그 연원이 아득하고 오래되었다고 할 수 있다. 『역경易經』에서는 '남녀가 서로 얽혀 정을 통하니 만물이 생성된다.[10]'고 함으로써 성행위는 자연의 행위라고 일렀다. 또 『백호통白虎通』에서는 '사랑의 크기로 말하자면 남녀만한 게 없다…… 사람이 하늘과 땅 사이에 살면서 남녀의 구분이 있으니.'[11]라고 했다. 더구나 남녀 교합을 '이 세상의 대의'라고 보았다. 당나라 때의 백행간白行簡은 「천지음양교환대악부天地陰陽交歡大樂賦」에서 '천지가 교접하여 생태계 균형을 유지하고, 남녀가 교접하여 음양 기혈이 순조롭다.'[12]고 말한 이외에도 '우리가 아는 바 사랑이란 부부 사이의 성행위만한 게 없다. 관직과 작위, 그리고 이익과 관록도 이에 비하면 정말 보잘 것 없다.'[13]고 솔직하게 말했다. 덧붙여 '사람에게 이만한 즐거움이 없기에 대악부로 이름을 붙였다.'[14]고 했다. 이 말들은 청량노인의 가타와 앞뒤가 호응될 뿐만 아니라 남녀가 서로 사랑하는 것은 사람 사는 세상에서 '쾌락의 원형'이요, 공명과 관록에 대한 추구는 단지 성적인 쾌락에 대한 '대리성 만족'임을 명확히 밝혔다. 이는 프로이트의 '성 원천설'보다 1천여 년 빠르다.

성행위에서 갖가지 신기한 모습을 시도하려는 흐름은 어느 시대나 마찬가지였다. 『광명홍집廣明弘集』의 기록에 따르자면 '남편이 부인 바꾸기를 허용하고, 오로지 색을 앞세우며, 부모 형제 앞에서도 수치를 모르는' 스와핑, 근친상간, 집단 섹스 따위는 동한 말기 봉기한 황건적의 성행위 모습이다. 또 정사 속에는 황실에서도 '새로움을 추구하고 변화를 요구했다.'는 기록이 적지 않게 보인다. 예컨대, 서한 때 강도왕江都王은 궁

---

10 男女構精, 萬物化生.

11 情性之大莫若男女……人承天地, 施陰陽,

12 天地交接而覆載均, 男女交接而陰陽順.

13 情所知, 莫甚交接, 其餘官爵利祿, 實人情之衰也.

14 人之所樂, 莫樂如此, 故名大樂賦.

녀에게 수캐나 숫양 등과 성교를 하도록 명령하고 자신은 곁에서 보며 즐겼다 한다. 또 오대五代 때 남한왕南漢王은 벌건 대낮에 남녀를 벌거벗긴 채 후원에 모아 서로 바라보며 즐겼다 한다. 이렇게 현대인이 상상할 수 있는 갖가지 모습을 옛사람들도 이미 만들어냈다.

「매음굴 이야기」에서 기녀가 벌거벗은 채로 고객을 유인하는 기루의 경영 방법은 아마 명나라 말기에 출현한 것으로 보인다. 하지만 기업 경영화된 매음 사업으로, 『중국창기사中國娼妓史』를 쓴 왕슈누王書奴의 고증에 의하면, 최초의 '국가기원國家妓院'은 춘추시대 제齊 나라에서 세운 '여려女閭'이다. 여려의 창시자는 공자가 '그가 없었다면 나도 머리를 풀어헤치고 옷깃을 왼편으로 여미는 오랑캐가 되었을 것이다.'라고 칭찬한 관중管仲이다.

기루도 고급과 저급으로 구분했었다. 「매음굴 이야기」 속의 기루는 성적 욕망만을 해결하는 장소로 아마 최하급이었던 것 같다. 고급 기루는 당나라 이후 차츰차츰 발전하며 사교나 놀이의 공간으로 발전했지만 여전히 매음의 모습을 벗어나긴 힘들었다. 중국의 기루는 고급이든 저급이든 계속 늘어났다. 명나라 때 사조제謝肇淛의 「오잡조五雜組」에는 '지금 창기가 천하에 가득 널려 있어서 사람이 많이 사는 도시에 무수하게 많으며 외진 두메에도 더러 창기가 있다.'는 기록이 있다. 성을 파는 여자 이외에 남창男娼도 있었다. 「오잡조」에는 당시 서울의 '남북소창南北小唱'에는 언제나 남창도 있었으며 이들은 계간鷄姦으로 손님의 비위를 맞추었다는 기록이 있다.

역사도 유구한 방중술과 색정 매체

더욱 눈길을 끄는 것은 아마 방중술과 색정 매체일 것이다. 이들은 중국의 성에 대한 방종이나 원자아 문화 가운데 비교적 특색이 두드러진 두 가지 항목이다.

『한서漢書』「예문지藝文志」속의 「황제삼왕양양방皇帝三王養陽方」과 「요순음도堯舜陰道」(여기서 말하는 음도陰道가 바로 성교 방법을 가리킨다.) 등 여덟 책의 방중술은 비록 실전되었지만, 중요한 것은 그 내용이 아니라 이 책들이 '예술' 서적이었다는 사실이다. 1973년, 후난성湖南省 창사長沙의 마왕퇴馬王堆 한묘漢墓에서 나온 백서帛書와 죽간竹簡 중에도 「십문十問」, 「합음양合陰陽」, 「천하지도담天下至道談」, 「양생방養生方」 등의 방중술이 있다. 이로써 중국인이 매우 오래 전부터 성교를 '학문'이나 '예술'로 연구하고, 어떻게 해야 성에 대한 능력을 보강하고, 성행위의 쾌락을 높일 것인지에 대하여 더할 수 없는 흥미와 열정을 드러냈음을 미루어 알 수 있다. 뒷날, 이런 흥미와 열정을 도가의 한 유파와 전통 한의가 받아들였다. 도가는 성행위의 기교를 위한 수련을 비교적 중시했으며 양생과 장수를 희망했다. 하지만 한의는 약제사용을 비교적 중시했으며, 성 능력을 증가시키고, 갖가지 고치기 힘든 질병의 치료를 희망했다. 이 두 가지 유파는 시대마다 전문적인 서적을 세상에 내놓았고, 사람들은 이 책에 있는 내용을 몸소 체험하고 힘써 실천했다. 그러나 전체적으로 볼 때 남북조 및 수당 시대가 바로 '황금기'였다.

춘화 및 색정소설 등 색정 매체는 명나라 중엽부터 청나라 초기까지 '전성기'였지만, 이것들도 갑자기 생긴 것은 아니었다. 동한 때 장형張衡의 「동성부同聲賦」는 신혼부부가 침대에서 벌이는 행위를 묘사하고 있다. '옷을 벗고 밤 화장을 하고, 침대머리에 그림을 벌여 놓으렵니다. 소녀素女는 제 스승이오니, 갖가지 아름다운 자태를 보이렵니다.'[15] 이 시에서 가리키는 그림[圖]에는 바로 성행위를 벌이는 모습이 담겨 있다. 분명한 것은 동한 이전에도 중국에는 갖가지 자태를 그린 춘화가 있었다는 사실이다. 기록에 의하면, 당나라 때의 주방周昉이나 원나라 때의 조맹부趙孟頫 같은 대화가도 일찍이 '춘소비희도春宵秘戲圖'라는 춘화를 그렸다. 이들 작품은 오랜 세월이 지나면서 자취도 없이 사라지고 전해지지 않았을 뿐이다. 색정소설로는 「당인전기소설唐人傳奇小說」에 골라서 수록된 「유선굴游仙窟」이 있다. 이 작품은 어쩌면 현존하는 중국의 가장 오래된 단편 색정소설일지 모른다. 이 작품 속에서 남녀 주인공은 은유의 방식으로 성기 및 성행위의 즐거움을 서로 노래하며 찬양함으로써 사람들을 끝없는 상상의 세계로 끌어들인다.

말할 필요도 없이, 춘화나 색정소설은 명·청 왕조 때 그 이전에 비해 더욱 왕성하게 발전했다. 춘화를 그리기 위해 당인唐寅이나 구영仇英 등 대화가가 잇달아 '뛰어들며' 붓을 들었을 뿐만 아니라 여러 색으로 인쇄되어 책으로 꾸며진 뒤 대량 발행되었다. 또 「여의군전如意君傳」, 「금병매金瓶梅」, 「육포단肉蒲團」, 「수탑야사繡榻野史」 그리고 「호춘야사呼春野史」 같은 색정소설도 우후죽순처럼 잇달아 나왔다. 이들 한 권 한 권이 더욱 미친 듯이 '즐거움과 흥겨움'을 연달아 외쳤다. 명나라 정부는 색정 매체의 민간 유통에는 거의 관심을 두지 않았다. 청나라 건륭 연간에 이르러 어떤 이가 황제께 글을 올리며 이런 '음란하고 더러운 시와 소설이 가게의 시렁에 쌓여 있고 상자에 가득해 돈을 받고 빌려주고 있다.'고 소리 높였을 뿐이다.

---

15 衣解巾粉卸, 列圖陳枕張, 素女爲我師, 儀態盈萬方.

성에 대한 보수주의를 대표하는 유가儒家

성에 대한 억압이라는 테두리 안에서, 그 역사도 유구한 전통이 있었다.

유가의 경전인 『예기禮記』는 성에 대해 엄격한 규범을 만들었다. 이 경전은 혼인 안에서의 성은 유일하게 '예에 맞는' 성 활동이며, 혼인의 목적은 '후손을 널리 이으며', '방탕과 음란을 방지하고', '금수처럼 겪어야 하는 부끄러움을 멀리하기' 위해서라고 했다. 세상 남녀가 만약 '부모의 명령이나 중매쟁이의 말을 멀리하고 구멍의 틈을 통하여 서로 엿보며 담장을 넘어 서로 좇으며 친하게 지낸다면' 맹자孟子가 말한 대로 '부모와 온 나라 사람들이 모두 이를 천하게 여긴다.'고 하였다. 게다가 '방탕과 음란을 방지하기 위하여' 『예기』는 '남자는 밖에 있고, 여자는 안에 있어야 하며', '남자는 안의 일을 말하지 않고, 여자는 밖의 일을 말하지 않으며, 제사나 상을 당했을 경우가 아니면 서로 그릇을 주고받지 않으며', 나아가 '일곱 살이 되면 남녀가 한 자리에 있거나 함께 음식을 먹어서도 안 된다.'고 규정했다. 이런 규범은 모두 뒷날 중국의 성에 대한 보수주의자들이 자신이나 다른 이들에게 요구하는 영감의 근원이 되었다. 왕망王莽은 한漢 나라 황제 자리를 찬탈한 뒤 『예기』 속의 규범 일부를 법률로 제정하여 온 국민에게 이것을 좇아 지키도록 하였다. 「남녀는 가까이하지 않는다」에서 시랑의 어린 여종과 어린 남자 노복에 대한 요구도 바로 이런 길을 좇고 있다.

앞에서 이야기한 도덕 도감 가운데 성에 대한 갖가지 억압, 억제, 그리고 도피 행위는 기본적으로 공자의 '예가 아니면 보지 말고, 예가 아니면 듣지 말고, 예가 아니면 말하지 말고, 예가 아니면 행동하지 말라.'는 말과 '자기의 욕심을 버리고 사람이 지켜야 할 예로 돌아가라.', '어진 이를 높이며 여색을 가볍게 여기라.'는 말, 또한 맹자의 '마음을 수양하는 방법으로 욕망을 줄이는 것보다 더 좋은 게 없다.'는 말 따위의 유가의 성에 대한 가르침과 자아에 대한 요구를 실천하는 데 있다.

'예가 아니면 보지도 말라'는 가르침을 충실히 지킨 북송의 정인군자 양방의楊邦義는 상군上郡에서 공부할 때 친구에게 속아 기루에 간 적이 있었다. 그는 짙은 화장을 한 요염한 차림의 기녀가 자리에 나타나자 몹시 놀라 얼굴빛이 변하며 즉시 분연히 자리를 떴다. 집으로 돌아온 그는 입었던 옷을 모두 벗어 불사르고 눈물을 흘리며 자책했다. 이런 모습은 「아름다운 여인 앞에서도 흔들리지 않은 왕민」 속의 주인공 왕민과 「천한 여자와는 잠자리를 할 수 없다」에 나오는 용부례에 비하면 그 모습이 더욱 대단하다.

「흩뿌린 동전 줍기」 속의 과부는 힘들고 어려운 조건 속에서도 꿋꿋하게 참으며 수절한다. 이는 북송의 이학자 정이程頤의 '굶어서 죽는 것은 작은 일이지만 정절을 잃는 것은 큰일이다.'라는 말처럼 엄격한 정조 관념을 반영한 것이다. 정주程朱 이학의 '사람의 욕망을 완전히 없애고 천리를 온전히 회복해야 한다.', '천리로써 욕망을 없애야 한다.'는 성에 대한 도덕관은 공맹의 '예로써 욕망을 절제한다.'는 말에 비해 훨씬 엄격하게 보인다. 그러나 자세히 살피면 그들은 '복고復古'를 생각했을 뿐이다. 왜냐하면 『예기』에서는 벌써 '일단 시집을 가서 다른 이의 아내가 된 자는 (남편이 죽어도) 평생 개가하지 않는다.'라고 하면서 '천리天理'와 '인욕人慾'의 대립 논리를 펼쳤기 때문이다. 또 여자의 곧은 정절도 정주의 이학이 흥성한 뒤에 출현한 것이 아니다. 예컨대, 당나라 때의 유명한 재상 방현령房玄齡은 젊은 시절 언젠가 큰 병으로 사경을 헤맬 때, 그는 아내 노盧씨에게, '당신은 아직 젊었으니 내가 죽은 뒤에 수절할 필요 없소.'라고 일렀다. 노씨는 이 말을 듣자 소리 내어 울면서 제 방으로 가더니 자기 한 쪽 눈을 파내며 절대로 재가하지 않겠다는 뜻을 드러냈다. 노씨의 이런 '굳은 절개'는 분명 정주가 칭송한 '고풍古風'이다. 사실, 중국에서는 각 시대마다 성에 대해 극단적이고 엄격한 보수주의자들이 존재했다.

통제, 금지, 그리고 징벌

성 규범에 대한 엄격한 심사 및 성 규범을 위반한 자에 대한 엄벌은 중국에서 각 시대마다 '걸출한' 방법이 있었다.

「한시외전韓詩外傳」에는 유가의 대표적인 인물인 맹자가 어느 날 외출해서 돌아와 보니 안방에서 아내가 '쪼그려 앉은 모습'을 보고 당장 자기 어머니에게 보고하며 아내의 이런 막된 모습을 도저히 참을 수 없어서 '이혼'해야겠다고 말하는 장면이 있다. 다행히 맹자의 어머니는 아들이 안방으로 들어가기 전에 먼저 소리 내어 알리지 않은 것이 바로 '실례失禮'라고 일러주면서 '이혼'으로 아내를 징벌하려는 생각을 버리도록 만든다.

한漢 나라 선제宣帝 때 경조윤京兆尹의 자리에 있던 장창張敞은 집안에서 아내를 위해 눈썹을 그려주었다는 이유로 다른 사람이 그를 황제에게 '고발'하는 일이 있었다. 바로 장창이 예법을 어겼다는 것이다. 다행히 장창은 '신이 듣잡기로는 규방은 부부의 은밀한 곳이라고 했습니다. 그러하오니 눈썹을 그린 것보다 이를 본 것이 더 심한 줄 아옵니다.'라고 말해 화를 면했다고 한다.

이렇듯 걸핏하면 '규방의 일까지 예의라는 이름으로 들추어 조사하며' 자그마한 일을 크게 떠벌인 것처럼 보이는 일들은 시대마다 늘 있었으며 자칫 잘못하여 고발이라도 당하면 이 때문에 신세를 망치기도 했다.

당시 사회에서 온갖 '예의에 어긋나거나' '불법적인' 성적 활동이나 직업에 대하여 중국 역대 정부는 갖가지 통제나 금지 조치를 취했다. 예컨대, 상당히 개방적인 당나라 때에도 기녀를 불러 술을 권하는 일은 '가제조서행첩假諸曹署行牒'이라고 하여 반드시 사전에 관아의 허가를 받아야 했다. 명나라 초기에는 문관과 무관 및 사인舍人[16]의 기루 출입을 금지했을 뿐만 아니라 문무 벼슬아치가 기녀와 놀아나면 80대의 장형에 처했다. 청나라 때에는 관기官妓를 없애고 사창가를 조사하여 몰수했으며, 순치順治에서부터 동치同治 때까지는 십여 차례나 앞뒤로 법령을 반포해 전국 각지에서 각종 음란 서적을 조사, 금지하고 불태워 없애기까지 하였다. 예컨대 기록에 의하면, 「가보옥을 불살라 죽이다니」에서 강소 지방 순무 정우생은 그가 조사하여 금지한 음란 소설이 모두 268종이나 되었다고 한다. 그 가운데는 『홍루몽』도 있었다. 단호하고 신속한 조사와 금지가 수없이 이루어진 뒤에 적지 않은 중국의 고전 색정소설 및 춘화는 중국 본토에서 흔적도 없이 사라졌다. 오늘날 볼 수 있는 것들은 대부분 일본이나 서방에서 돌아와 다시 조국의 품에 안긴 것이다.

법률 측면에서 『위서魏書』「형벌지刑罰志」의 '남녀가 예로써 오가지 않으면 모두 사형에 처한다.'는 기록은 가장 단호하다고 할 수 있다. 또 「당률唐律」가운데 '간음한 자는 모두 징역 1년 반에 처하고 남편이 있는 자는 징역 2년에 처한다.'는 구절과 「대명률大明律」및 「청률淸律」가운데 '무릇 화간한 자는 80대의 장형에 처하고, 남편이 있는 자는 90대의 장형에 처하며, 유혹하여 농락한 자는 100대의 장형에 처한다.'는 구절은

---

16 귀족의 측근이나 시종에 대한 통칭.

비교적 관대한 것처럼 보인다. 그러나 법률 조문을 엄격하게 적용하여 죄를 부풀려 덮어씌우는 경우도 있었다. 예컨대, 「손발로 때리는 것보다 더 심한 희롱」에서 길가에서 소변을 보던 남자는 '무릇 부녀자를 희롱하며 강간하려다 미수에 그쳤지만 부끄러움과 분노로 부녀자를 자진하게 한 자는 교수형으로 죄를 다스린다.'는 법률 조항으로 목숨을 앗기고 말았다. 또 「널빤지에 묶여 떠내려 온 여자」에서 간통한 사내와 음란한 여자에 대한 사형私刑은 분명 국법에 비해 가혹하다. 그러나 민간에서는 오히려 크게 유행했으니 이것 또한 국법이 암묵적으로 동의했거나 심지어는 그렇게 하도록 북돋운 것이다.

끊임없이 흔들거리는 천칭저울

중국인의 성에 대한 방종과 억압 문화에 대한 간단한 역사를 돌이켜 보면, 이것들이 벌써 아주 이른 시기부터 전조가 있었음을 알 수 있다.

객관적으로 보면, 방종이나 억압, 쾌락이나 도덕, 개방이나 보수 등은 모두 사람마다 각자의 견해가 있지만 폐단도 있다. 사람이 '긴장의 끈'을 좀 늦추며 억압과 불공평과 가장의 늪에서 해방되어 성의 잠재능력을 마음껏 발휘하여 하늘이 부여한 가장 멋진 체험을 충분히 향유해야 한다는 인식은 말할 것도 없이 일리가 있다. 그러나 이런 개방과 쾌락에 대한 추구가 도에 지나쳐 방종으로 빠졌을 때, 「구멍동서 부자」나 「스와핑」처럼 인간관계에 갖가지 손상을 가져올 수 있다. 어쩌면 「매음굴 이야기」나 「거시기로 촛불 끄고 술을 들이켜고」처럼 다른 이의 고통 위에서 자신의 쾌락을 누릴 수도 있다. 또 사람은 성에 대한 규범을 반드시 준수하고, 공공질서와 미풍양속, 인간의 존엄성을 유지하고 보호함으로써 많은 사람들이 합리적이며 조화로운 생활을 해야 한다는 인식은 참으로 설득력이 있다. 그러나 이런 보수적이고 도덕적인 요구가 너무 가혹하여 억지에 빠졌을 경우, 「흩뿌린 동전 줍기」나 「남녀는 가까이하지 않는다」처럼 인간 본성의 왜곡은 물론 심지어는 「손발로 때리는 것보다 더 심한 희롱」처럼 '사람 잡아먹는 예법과 도덕'이 되기 십상이다.

바로 이런 '진퇴양난'이 인류를 곤경에 빠뜨린다. 그러나 중국인 전체의 성에 대한 이미지는 개방과 보수, 그리고 방종과 억압 사이에서 '서로 대치하며 양보하지 않는 관계'라기보다는 둘 사이에서 '끊임없이 흔들거리는 상태'라고 말하는 게 옳다. 만약 방종과 억압을 중국의 성을 드러내는 천칭저울의 좌우 두 팔로 본다면, 앞에서 이야기한 방종과 억압을 대표하는 갖가지 관념이나 행동은 성에 대한 저울추와 같다. 또 중국인의 욕정 세계의 발전과 변화는 천칭저울의 균형을 유지하기 위하여 끊임없이 좌우 두 팔에 걸린 저울추를 더하고 빼는 과정과 유사하다. 왼쪽 저울추가 너무 많을 때에는 성에 대한 천칭저울은 즉시 방종으로 기울었다. 그러면 사람들은 오른쪽의 저울추를 증가시키기 시작한다. 그러나 때로는 너무 많이 얹는 바람에 성에 대한 천칭저울이 억압으로 기울기도 했다. 그러면 사람들은 너무 무거운 오른쪽에서 저울추를 덜어냈다. 그렇지 않으면 왼쪽에 또 다른 저울추를 더했다. 이렇게 끊임없이 순환했지만 균형을 이루기란 참으로 어려워서 두 번 다시 기울거나 흔들리지 않는 균형점을 만들지는 못했다.

큰 역사의 흐름에서 보면 이렇게 말할 수 있을지도 모른다.

"춘추시대의 공자부터 서한 중엽에 이르기까지 중국의 성에 대한 천칭저울은 오른쪽으로 점점 기울었다. 다시 말해, 더욱 억압적이고 보수적인 면으로 흘렀다. 그러나 위진남북조부터 수나라와 당나라를 거쳐 북송 초기에 이르기까지는 오히려 왼쪽으로 기울었다. 다시 말해, 갈수록 방종해지고 자유로워지는 추세였다. 그러나 북송 중기에서 남송 말기를 거쳐 명나라 초기에 이르기까지는 다시 추가 오른쪽으로 기울며 또 다른 보수화의 물결이 일었다. 그런데 명나라 중기부터 청나라 초기까지는 반대 물결이 일어나 점점 개방적이고 관대해졌다. 그 뒤, 청나라 초기 이후에는 이제 갖가지 도덕으로 다시 정돈되면서 단정해졌다.

이런 '좌우로의 흔들거림'에 대한 기술은 당연히 세밀한 측정이 아니다. 커다란 흔들거림 속에서도 무수히 많은 소폭의 흔들거림이 있었던 것이다. 여기서 진정으로 말하고자 하는 바는 방종과 억압, 그리고 개방과 보수는 중국의 긴 역사 속에서 서로 증감 관계였으며, 새것과 헌것이 뒤섞여 있었다는 점이다.

타산지석他山之石

우리 흥미를 끄는 것은 방종과 억압이 역사 속에서 '어떻게' 증감했는가가 아니라 이것들이 역사 속에서 '어떤 종류'의 특색을 축적해 왔을까 하는 점이다. 이점을 이해하기 위해서는 옥돌을 가릴 수 있는 타산지석이 필요하다.

오늘날, 적지 않은 중국인이 서방의 성 문화를 접촉한 뒤 이렇게 감탄하곤 한다.

"서양 사람들은 이런 점에서 우리보다 훨씬 개방적이네."

오늘날 중국 사회의 실상들을 두루 살펴보면 확실히 보수적인 면이 있다. 그러나 17세기, 서양인이 중국의 성 문화를 접한 뒤에는 오히려 많은 이들이 이렇게 감탄했다.

"중국 사람들이 우리보다 훨씬 개방적이네."

그들은 당시 서방이 보수적이라고 생각했던 것이다.

이런 감탄은 두 가지 문제와 관련된다.

하나는 역사, 다른 하나는 내용이다.

역사적으로 보면, 중국인은 일찍부터 서양인들보다 방종했고 자유로웠다. 그러나 서양인은 일찍부터 중국인에 비하여 억압적이고 보수적이었다. 사실상, 서양인의 성도 방종과 억압의 두 가지 서로 다른 문화를 가지고 있다. 이것들도 역사 속에서 서로 증감하며 순환했다. 서로 다른 시기에 중국과 서방의 성에 대한 천칭저울이 서로 다른 기울기를 가졌을 뿐이다. 만약 '한때'라는 표현으로 거의 절대적인 평가를 내리며 '중국인은 비교적 보수적이다.', '서양인은 비교적 개방적이다.'라고 말한다면 이는 '역사에 대한 근시안'이라고 할 수 있다.

내용적으로 보면, 오늘날 중국인이 서방의 개방을 부러워하는 것은 대부분 그들이 태연하고도 공개적으로 성을 처리하는 방법을 표현할 수 있다는 데 있다. 그런데 17세기 서양인들이 중국의 개방을 부러워한 것은 대부분 성을 자연적인 활동으로 여기며 섬세한 생활예술로 발전시켰다는 데 있다. 만약 '그들이 부러워하는 것은 바로 그들에게 부족한 것이다.'라고 말한다면, 이런 차이는 정말로 깊이 생각해볼만 하다. 이런 차이를 가능하게 한 연원이나 함의를 이해하려면, 먼저 서양인의 성에 대한 방종과 억압 문화에 대한 요점을 알고 나서 중국인과 비교해야 할 것이다.

서방의 성에 대한 억압 문화

서방의 성에 대한 억압 문화는 교회가 대표한다. 전반적으로 과거 서방 교회의 성에 대한 관념은 중국의 유가보다 훨씬 가혹했다.

예전부터 기독교 신도는 성 어거스틴 같은 이들처럼 성과 성욕을 '원죄' 중의 두 가지 커다란 요소로 여기며 더럽고 역겨운 것으로 생각했다. 인생의 가장 높은 경지는 완전히 금욕적인 생활이며 혼인은 단지 인류의 연약함에 대한 일종의 양보일 뿐이었다. 종교 개혁 시기에도 마르틴 루터는 성이란 아주 건전한 것이 아니라고 여기며 혼인을 '성욕'이라는 질병을 치료하는 '병원'에 비유했다.

혼인은 어쩔 수 없는 조치이기에 교회 신도들은 일부일처제를 엄수하고 이혼을 할 수 없을 뿐만 아니라, 교회는 부부에게 언제 성관계를 할 것이며 성관계를 할 때에는 어떤 자세를 취할 것인가 등의 적지 않은 규정을 준수할 것을 요구했다. 예컨대, 중세의 일부 엄격한 신학자들은 일주일 중에 닷새를 예수의 체포, 예수의 수난, 예수의 부활, 성모 마리아 및 죽은 이 등을 기념하기 위하여 금욕할 것을 건의했다. 이밖에 부활절, 성령강림절, 성탄절 40일 전부터 금욕을 요구했다. 게다가 육체적인 욕망의 성분이 포함되지 않은 성행위 자세는 오로지 남상여하의 '선교사 체위'(missionary position)였으며, 그 밖의 다른 자세는 모두 금지되었다. 더구나 교회 안에 고해실을 설치하여 신도들에게 참회를 강요했다. 성직자는 이곳에서 신도들에게 성생활에서 다른 이에게 말 못할 '죄'를 범하지 않았는지 물어보았다. 또한 중세 교회는 '생활 지침'을 작은 책자로 만들었다. 그 가운데는 갖가지 '죄악'이 되는 성행위의 자세를 열거하여 신도들에게 '사실대로 고백하도록' 요구하였다. 만약 교회에서 정한 성에 대한 규범을 위반했다면 호된 징벌을 받아야 했다. 심지어 자신도 어쩔 수 없는 '몽정夢精'까지도 벌을 받아야 했다.

이런 몇 가지 측면에서 쉽게 알 수 있는 것은 중국의 유가는 비록 '보수적'이긴 하지만 서방의 교회에 비해 훨씬 '진보적'이라는 점이다. 북송과 남송 시대 정주程朱의 이학이 비록 '사람의 욕망을 없애고 천리를 보존해야 한다.'고 내세웠지만 이는 대체로 '도덕적인 문장'일 뿐 서방의 교회처럼 사회에 물샐틈없는 경계망을 친 것은 결코 아니었다. 공자는 '나는 색을 좋아하듯 덕을 좋아하는 자를 보지 못했다.'고 말했다. 또 맹자는 여색을 밝히는 제齊의 선왕宣王에게 '왕께서 여색을 좋아하신다면 백성과 더불어 함께하시고'라고 말한다. 기본적으로 유가는 성을 결코 배척하지 않는다. 오히려 총각과 처녀는 허용하는 예의 범위 안에서 성욕의 만족을 얻을 수 있기를 원했다. 더구나 부부가 잠자리에서 무엇을 해야 하며 어떻게 해야 하는지에 대해 유가는 그렇게 대단한 의견이 없다. 다만『예기禮記』「내칙內則」에 '아내가 비록 늙었지만 아직 오십에 이르지 않았다면 닷새에 한 번은 잠자리를 해야 한다.'고 규정했다. 남편으로써 아직 만 오십 세가 되지 않은 처첩에게 닷새에 한 차례는 잠자리를 함께할 의무를 따라야 '예에 어긋나지 않다'는 것이다.

역사에 어두운 사람만이 '중국인은 성에 관해 서양인보다 억압적이고 보수적이다.'라고 말한다.

서방의 성에 대한 방종 문화

이처럼 교회가 가혹했지만 서방의 성에 대한 방종 문화는 전반적으로 중국에 뒤지지 않는다. 대표적인 예를 몇 가지 들겠다.

음란한 성행위 측면에서, 카차도리안H. A. Kachadourian이 『성의 원리』에 기록한 바에 의하면, 문예부흥기의 교황 알렉산더 6세는 '황음무도'하여 일찍이 저녁 연회에 오십 명의 벌거벗은 여인을 손님들에게 선보이며 누가 가장 많은 여인과 성행위를 벌일 수 있는지 지켜보았다. 또 보카치오

C. Boccaccio의 『데카메론』은 바로 중세 서방사회의 세속적인 남녀 및 신부 수녀들의 '황당한 성생활'에 대해 지극히 사실적이고 풍자적인 묘사를 하고 있다. 사실 서방사회에서 '남녀 사통'의 광경은 줄곧 보편적이었다. 사학자들은 15세기를 '사생아의 세기'라고 부를 정도였다. 그리고 18세기는 더욱 대단하였으니, 1772년 파리에서 출생한 신생아의 40%를 부모가 버렸는데, 그중 대부분은 미혼 남녀의 사생아였다.

색정매체를 보면, 영국인 하이드M. Hyde는 그의 『서방의 성문학 연구』에서 18~19세기 서방의 색정소설 목록을 열거하고 있으니, 가령 「사랑의 샘에서 마음껏 즐기다」, 「모조 남근 이야기」, 「두 여인의 매춘의 역사와 비밀 편지 모음」, 「수도원의 비너스」, 「동정녀의 열다섯 번째 몸살」, 「유행 세계의 프라이버시」, 「애욕 걸작선」 등이 대표적이다. 그 가운데 춘화까지 삽화로 넣은 것이 있으니, 그 '대단함'은 명·청 시대의 색정소설에 결코 뒤지지 않는다. 1874년에는 어떤 이가 옥스퍼드 알소브 대학의 인쇄기를 이용하여 성행위 체위를 삽화로 한 색정시를 몰래 인쇄했지만 불행히도 발각되어 사건이 폭로되었다.

매춘 사업을 보면, 타나힐R. Tannahill의 『인류 성애의 역사』는 15~16세기 유럽에 이미 교회에서 설립한 '기루'가 있었음을 알려주고 있다. 물론 이 기루에는 기독교인들만 초대되었을 뿐 유태인이나 이교도는 출입이 금지되었다. 19세기에 유럽과 미국 몇몇 대도시에는 우르르 몰려다니는 오리 떼처럼 기녀들이 많았다. 1839년, 런던 경찰은 런던에는 기녀가 7천 명뿐이라고 말했지만, '악습 타파 위원회'의 보고에 따르면 8만 명에 이르렀다고 한다. 1866년, 뉴욕에서 근본주의파 주교는 '거리의 기녀가 근본주의파 신도와 마찬가지로 많다.'고 원망했다. 하지만 경찰은 당시 뉴욕에 있던 621개에 달하는 기루를 승인할 수밖에 없었다.

이런 점에서, 과거 서양인들이 쾌락과 도덕, 원자아와 초자아 사이

에서 중국인보다 더욱 격렬한 갈등과 충돌에 직면했음을 미루어 짐작할 수 있다. 이런 갈등과 충돌은 19세기 말에서 20세기 초의 빅토리아 시대에 거짓으로 위장된 위선적인 성 도덕관으로 간신히 지탱했지만 끝까지 가지 못하고 마침내 60년대에 일어난 성 혁명으로 폭발하고 말았다.

역사에 어두운 사람만이 '중국인은 성에 관한한 서양인보다 허위적이다.'라고 말할 수 있다.

서양인은 어떻게 성을 처리하는 방법을 태연하게 표현할 수 있을까?

중국과 서양의 성 문화의 기본적인 공통점과 차이를 대략적으로 비교한 뒤, 앞에서 말한 첫 번째 내용의 차이를 다시 살펴보자. 서양인이 중국인보다 훨씬 태연하고 공개적으로 성을 처리하는 방법을 표현할 수 있는 까닭은 무엇일까? 이런 차이는 20세기에 와서야 출현한 것은 아닌 듯하다. 전반적으로 중국인은 지금까지 이런 일로 입을 열기가 힘들다는 인상을 주었다. 그렇다면 이런 차이는 왜 생겼을까? 그 원인 가운데 하나는 어쩌면 앞에서 이야기한 역사적 맥락 속에 숨어 있을 수 있다.

사상가 푸코M. Foucault는 일찍이 이렇게 말한 바 있다.

"지난 날 교회는 신도들에게 그들이 범한 '더러운 죄'를 사실 그대로, 크든 작든 하나도 빠짐없이, 그리고 조금도 남겨두지 않고 고해실에서 '고백'하도록 요구했다. 이는 서양인들에게 두 가지 영향을 끼쳤는데, 그 결과 자기반성을 위해 참회하는 소설이 발전하기 시작했다. 예컨대, 루소의 『참회록』이나 도스토예프스키의 『지하실의 수기』 등이 그렇다. 또한 정신분석이 발전하기 시작했다. 정신 분석가는 조용하면서 어두컴

컴한 방 안에 있는 침대 의자에 병자를 눕힌 뒤 전혀 억압하지 않고 아주 자유로운 상태에서 그들이 지난날 겪은 정신적 상처, 환상, 추잡하고 비열한 소망 등을 '고백'하도록 했다. 이는 사실상 '현대판 고해'라고 할 수 있다."

만약 푸코의 관점을 좀 더 확장하면 또 다른 두 가지 영향을 알 수 있다. 그 하나는 성에 대한 고백체가 서방 색정소설의 주류를 이루고 있다는 사실이다. 서방 고전이 된 색정소설, 예컨대, 『내 인생의 비밀』, 『행복한 여인의 추억』, 『독신 남성의 자서전』, 『방탕한 여인의 참회』, 『조세핀 회고록』 등은 제목만 보아도 '성의 자유'를 다룬 1인칭의 글임을 알 수 있다. 필자가 '때마침' 읽은 『조세핀 회고록』 여주인공인 조세핀이 고해실에서 신부에게 고해한 뒤 신부와 함께 그 자리에서 뒹굴며 두 사람이 몇 번이나 '엄청난 죄를What a sin!'이라고 말하는 장면이 나온다. 또 하나는 오늘날 서양인은 성을 처리하는 방법을 표현할 때, 매우 태연하고 세세하게 느낌을 '고백'한다.

중국인에게는 이런 역사 전통과 '역사 훈련'이 결핍되어 있다. 유가의 '예가 아니면 말하지 말라.'는 사고방식을 보면 중국인의 성은 언제나 '열심히 하되 적게 말하라.'는 것이었다. 또 중국의 고전 색정소설에도 '성에 대한 고백'의 형식은 극히 적다. 필자가 읽어본 바로는 '바람난 여인 이야기(痴婆子傳)' 한 권뿐이다. 이와 달리 이들 색정소설 속엔 정력제나 방중술 등 중국 전통의 것들이 가득하다.

중국인은 어떻게 성을 생활예술로 발전시켰을까

두 번째 내용의 차이는, 서양인이 성을 일종의 정교한 생활예술로 발전시킬 수 있었던 중국인을 부러워하는 이유이다. 이른바 '생활예술'이란 주로 '방중술'(단약丹藥도 포함)을 가리킨다. 그리고 이런 서양인의 부러움은 17세기에 국한된 것이 아닌 것 같다. 서방에서 성 혁명 뒤에 출판된 『성의 즐거움The Joy of Sex』에서 성행위 자세를 말할 때 중국인이 성행위에 대해 '환락의 이름'을 부여하고 '억압이 없는 성'을 가지고 있다고 했으니, 이 말 속에 이미 서양인의 부러움이 가득하다. 필자의 고찰에 의하면 이 책에서 열거한 두 가지 성행위의 자세는 바로 수나라 시기의 방중술 서적 『동현자洞玄子』의 "사원포수砂猿抱樹"와 "배비부背飛鳧"에서 나온 것이다. 지난날, 중국의 방중술은 분명 서방에 비해 훨씬 발달했으니, 그 원인은 이미 이야기한 역사적 맥락 속에서 살피고 찾을 수 있다.

　어떤 면에서 성 능력 강화를 위한 단약이나 방중술은 성적 쾌락을 증가시키기 위한 방종 행위라고 말할 수 있다. 그러나 다른 면에서 그것은 지난날 중국 사회에서 있었던 일정 부분의 현실적인 요구 때문이기도 했다. '널리 자손을 잇거나' 쾌락을 위해서든, 아니면 이른바 '남성의 위풍'이나 처첩에게 성적 만족(또는 남성 자신의 성적 만족)을 위해서든, 이 모두와 상관없이 『예기』에서 말한 '제가齊家'의 길이 더욱 중요했다. 이 때문에 성 능력 강화 방법이나 성행위에서의 기교를 중시하여 '골고루 은혜를 베푸는 것'은 물론 잦은 성행위에도 사정하지 않는 방법까지도 모두 필요한 지식이 되었다.

　동한 때 나온 『백호통白虎通』이라는 유가의 교리 문답 서적에는 당시 유학자들이 이상으로 여기는 학교, 바로 벽옹辟雍에 대하여 특별히 토론하는 대목이 있다. 서방의 귀족 기숙학교와 비슷한 '벽옹'에서 귀족자제들은 예禮, 악樂, 사射, 어御, 서書, 수數 등의 과정 외에도 '성교육'을 받아야 했다. 이는 어쩌면 세계 전체를 통틀어 가장 이른 시기에 성교육을 학교 교육 과정에 끌어들이는 주장일 것이다. 그리고 여기서 가르치는 내용 중엔 '음양과 부부가 변화를 일으키는 일'이 있었으니, 방중술이 분명히 포함되었을 것이다.

이런 학교와 교육과정이 실제로 실현되었는지 여부와 상관없이 이를 통하여 단약이나 방중술이 성적 능력을 강화하고 성적 쾌락을 증가시키거나 '널리 자손을 잇고', '제가'를 한다는 주제에 유가와 도가는 아주 커다란 교집交集이 있다. 게다가 이 양자가 손을 맞잡으니 중국인에게 끼친 영향은 당연히 깊고도 컸다(물론 중국인이 방중술에 흥미를 갖고 좋아한 것은 다른 문화적인 원인이 있다. 이 문제는 제6장 '임상공학臨床工學'에서 다시 상술한다.)

이런 분석을 통해 한 가지 재미있는 현상을 알 수 있다. 서로 다른 민족은 다른 성에 대한 방종과 성에 대한 억압 문화, 그리고 다른 증감의 모습을 가지고 있을 뿐만 아니라 쾌락과 도덕의 원색도 증감이 반복하는 중에 서로 스며들어 다른 색과 광채를 만들어낸다는 점이다.

제 4 장

기울어진 침대―성별과 권력의 색깔 합성

"남성에게는 정결 문제 따위가 없다. 그러나 여성에게는 엄청나게 큰 문제이다. 여성은 결혼 전이나 결혼 후에 모두 정절을 지켜야 할 뿐만 아니라 남편이 죽은 뒤에도 수절을 요구받는다. 아니 죽어서 귀신이 되어도 반드시 정결을 유지해야 한다. 중국 남성의 여성에 대한 정결 요구는 전방위적이다."

*

"아내가 외간 남자와 바람피우는 것을 방비하기 위한 모습을 보면 지난날 서양인들은 중국인들보다 훨씬 더 행적이 악명 높았다. 다시 말하면 정조대로 아내의 그곳을 잠갔다. 20세기 초까지도 유럽과 미국에서는 여성들이 정조대 때문에 열상을 입으며 출혈을 일으킨 사례가 보고되었다."

*

"남권男權으로 만들어진 침대는 분명 상당히 기울어졌다. 하지만 이 기울어짐은 언제나 상대적이다. 사회학의 시각에서 보면 분명 기울어진 것이다. 하지만 생물학의 시각에서 보면 오히려 기본적인 기울어짐을 바로잡기 위하여 만들어진 균형 맞추기일 수도 있다."

이야기

하루 다섯 번

사람마다 자질이 모두 다르다. 기효람紀曉嵐은 일찍이 이렇게 말했다.

"난 야수였다가 사람으로 태어났소. 고기로 밥을 삼으니 그렇소. 평소에도 고기만 먹지 밥은 먹지 않소. 게다가 날마다 몇 명의 여인과 잠자리를 해야 하오. 오경에 입궐하기 전에 한 번, 퇴궐하여 집에 온 뒤 한 번, 정오에 한 번, 해질 무렵에 또 한 번, 그리고 밤에 잠들기 전에 다시 한 번, 이렇게 하루에 다섯 번은 필수적이요. 그 밖에도 흥만 나면 때를 가리지 않고 잠자리를 하지요. 물론 장소도 가리지 않소."

기효람 외에 원매袁枚도 병이 들었을 때를 제외하고 인생의 거의 대부분을 여색을 가까이 했다.

두 사람 모두 여색을 밝혔지만 장수했다. '여자 복이 각자 있어서' 색정을 좋아해도 이 방면에 자질이 있어야 한다는 말은 참으로 일리가 있다.

(청淸, 채형자采蘅子 「충명만록 蟲鳴漫錄」)

둘 다 사람이 아니다

주인양반이 집안의 여종을 꼬드겼지만 여종은 말을 듣지 않았다. 그러자 주인양반은 화를 내며 이렇게 내질렀다.

"이제 한 번만 더 거절하면 그냥 그대로 때려죽이고 말 테다."

여종은 눈물을 흘리며 남편에게 하소연했다. 마침 술에 취해 있던 남편은 아내의 말을 듣자 분노하며 이렇게 말했다.

"만약 당신이 내 얼굴에 똥칠하는 짓을 한다면, 당신 가슴을 이 칼로 그냥 쪼개고 말 거요!"

그러자 여종은 분개하며 이렇게 말했다.

"허락하든 말든 죽을 수밖에 없으니 지금 죽는 게 낫겠소!"

결국 그녀는 스스로 목을 매어 자살했다. 관아에서 부검을 했지만 주검에서는 아무런 상흔도 발견되지 않았다. 그리고 주인어른이 그녀에게 한 악담도 이제는 죽은 이가 증언할 길도 없는데다 또 자기 남편 곁에서 죽었기에 주인어른에게 잘못을 돌릴 수도 없었다. 결국 이 사건은 중동무이되고 말았다.

(청淸, 기효람 紀曉嵐 「열미초당필기閱微草堂筆記」)

동정童貞과 열녀烈女

건륭乾隆 갑자년에 치러진 강남 향시에 상숙常熟 지방에 사는, 벌써 마흔 살이 넘은 정程 아무개 선비가 첫 번째 시험에 등록을 하고 자리에 들었다. 그런데 이 양반이 한밤에 갑자기 미친병이라도 생긴 듯이 비명을 질렀다. 그와 같은 자리에 들었던 어떤 선비가 관심을 가지고 물었지만 그는 고개를 숙인 채 대답을 하지 않았다. 이튿날, 아직 정오도 되지 않았을 때, 정 아무개는 시험을 위해 필요한 필기구를 담는 바구니를 주섬주섬 챙기더니 백지 답안을 제출하고 과장을 떠나려고 했다.

같은 자리에 있던 선비는 그 뜻을 이해할 수 없어서 정 아무개의 옷자락을 당기며 캐물었다. 그제야 정 아무개는 입을 열었다.

"내 일찍이 부끄러운 일을 한 적이 있는데 오늘에야 들통이 나고 말았소. 내 아직 서른 살도 되지 않았을 때, 지방 세도가의 집에서 서당을 열고 학생을 가르쳤지요. 학생이라야 모두 네 명, 그것도 다 주인집 아들과 조카뻘이었지요. 그 가운데 이제 열아홉 된 유柳씨 성을 가진 정말 곱게 생긴 아이가 있었소. 나는 마음속으로 좋아하며 그 녀석과 관계를 가지려고 했지만 아무리해도 기회가 생기지 않았소. 그런데 청명절이 되자 다른 학생들은 다 성묘하러 집으로 돌아가고 그 학생과 나만 남게 되었소. 나는 한 편의 시를 써서 그 녀석에게 집적거렸소.

'자수이불 뉘와 더불어 덮을까, 서로 만남도 본래 까닭이 있으리. 늘씬한 몸매 멋진 나무 그대로니, 봉새가 잠시 머물 수 있을까.'[17]

이 녀석이 시를 보더니 그만 얼굴이 새빨개지며 시가 쓰인 종이를 한 덩이로 문지르더니 그만 뱃속으로 삼키는 거요.

당시 나는 그 녀석도 마음이 있는 줄 알고 그가 취할 때까지 우격다짐으로 술을 먹인 뒤 항문에다 그 짓을 벌였지요. 오경 무렵, 술에서 깨어난 그 녀석은 자기가 벌써 나에게 강간당했다는 것을 알고 슬프게 우

---

17 繡被憑誰寢, 相逢自有因. 亭亭臨玉樹, 可許鳳棲身.

제4장 기울어진 침대 – 성별과 권력의 색깔 합성

는 거요. 나는 그 녀석을 한바탕 위로한 뒤 깊이 잠들었소. 그런데 날이 밝아 깨어보니 그 녀석이 이미 침대 머리맡에서 목을 매어 자진한 게 아니겠소. 집안사람들도 그 녀석이 무슨 일로 목숨을 버렸는지 알지 못했고, 나도 감히 입을 열 수 없어서 그저 남몰래 눈물을 삼킬 수밖에 없었소.

그런데 뜻밖에도 어젯밤 과장에 들어올 때, 나는 그 녀석이 자리에 앉아 있는 것을 보았지요. 그 녀석 곁에는 관아에서 나온 관리까지 있었소. 그는 나와 그 녀석을 같이 저승으로 끌고 갔소. 전당 높은 곳에는 관리 한 사람이 앉아 있는 게 보였지요. 그 녀석은 그 양반에게 내 죄를 낱낱이 까발렸소. 나도 죄를 인정했소.

마지막으로 그 신관神官은 이렇게 판결했지요.

"법률에 따라 계간을 한 자는 똥물을 사람의 입에 넣은 것과 같은 죄로 판결하니, 장형 1백 대를 내린다. 그런데 그대는 스승으로서 음란하고 사악한 마음을 품었기에 가중 처벌을 하니, 네 팔자를 살펴보니 갑과 을과 두 번 모두 급제하는 관록까지 있지만 이제 이것들을 모두 삭제한다."

그런데 그 녀석이 이 판결을 인정하지 못하겠다는 듯이 항변하는 게 아니겠소?

"내 목숨을 앗았으니 이 분 목숨도 앗아야지, 장형 몇 대로 판결을 내리다니 너무 형벌이 가볍습니다."

신관은 웃으면서 말했소.

"그대는 이미 죽었지만 정 아무개가 꼭 죽인 것도 아니다. 만약 그대가 따르지 않았다고 해서 정 아무개가 그대를 죽였다면 목숨으로 대가를 치러야겠지. 게다가 그대는 사나이로 태어나서 위로는 노모가 있어 봉양해야 하니, 그 책임이 중대하거늘 어찌 아녀자나 가질 수 있는 단견으로 부끄럽고 분하다고 툭하면 제 목숨을 끊을 수 있는가? 예로부터 조정에서는 열녀를 높이 표창했을 뿐, 동정을 지킨 사내에게는 표창하지 아니했다. 이런 법을 만든 성인의 깊은 뜻을 그대는 어찌 거듭 살피지 않는가?"

그 녀석은 신관의 말을 듣고 뼈저리게 뉘우치며 두 손으로 제 가슴을 마구 치며 눈물을 줄줄 흘렸소. 신관은 웃으면서 이렇게 말했소.

"그대의 고지식함을 보아 산서山西 지방 장씨 성을 가진 보통 집안의 정절을 지키는 아녀자로 다시 태어나게 할 것인즉, 그를 위해 규방의 도덕을 성실하게 준수하여 조정에서 내리는 표창을 받도록 하라.

판결이 끝나자 1백 대의 장형을 받고 저승에서 풀려나 이렇게 돌아왔소. 그런데 지금 내 아랫도리가 견딜 수 없을 만큼 아프기에 답안을 작성할 수가 없으니 급제고 뭐고 뭘 바라겠다고 떠나지 않겠소?"

이렇게 말을 마치자 초췌한 모습으로 신음하며 자리를 떠났다.

(청淸, 원매袁枚 「자불어子不語」)

숫처녀가 아니니 풍악을 울리지 말라

직례直隸 영평부永平府 어느 현에서는 부녀자가 지켜야 할 규범이 대단히 엄격하였다. 무릇 여자가 시집갈 때면 여자 쪽에서는 반드시 사람을 보내 동정을 살폈다. 만약 혼인한 다음날 남자 쪽 집에서 시끌벅적한 풍악 소리가 들리고 하객들이 문전성시를 이루는 모습이 보이면 매우 기뻐했다. 이와 달리 남자 쪽 집에서 조그마한 움직임도 없으면 여자 쪽은 풀이 죽고 기가 꺾였다. 새색시가 받아들여질지는 온전히 남편 쪽의 뜻에 달렸기에 여자 쪽에서는 감히 입도 벙긋할 수 없었던 것이다. 대대로 전해 내려오는 이런 풍속은 물론 의도야 틀리지 않다 해도 일종의 낡은 풍속임은 분명하다.

왕王 아무개가 자기 딸을 이李 아무개에게 시집보냈다. 첫날밤, 신랑은 너무 못생긴 신부의 모습이 싫었다. 그리하여 그 이튿날 이른 아침 신부가 숫처녀가 아니라며 풍악을 울리는 기쁜 소식을 알리지 못하도록 했다. 이와 동시에 매파를 불러 왕 아무개 딸을 친정으로 돌려보내도록 했다.

왕 아무개의 딸은 일찍 어머니를 여의고 어려서부터 올케언니와 함께 살아 왔다. 올케언니는 시누이가 법도에 벗어난 짓을 한 적이 결코 없다는 것을 잘 알고 있었기에 어젯밤 신방에서 겪은 일의 경과를 자세히 알아보았다. 그리하여 두 사람이 아예 잠자리를 함께하지 않았다는 사실을 알았다.

"일이 이렇게 되었는데, 어떻게 신랑이 아가씨가 정조를 잃었다고 판단한단 말이오?"

올케언니는 이 일을 관아에 고소하도록 하였다. 관아에서는 산파를 보내 왕 아무개의 딸을 검사했다. 과연 그녀는 빈틈없이 자기를 지킨 숫처녀였다. 결국 관아에서는 이 아무개에게 다시 풍악을 울리며 왕 아무개의 딸을 맞이하라고 판결을 내렸다.

(청淸, 유월兪樾 「우대선관필기右臺仙館筆記」)

아내로 맞은 뒤 죽이다

금릉金陵에 사는 대戴 아무개는 아무개의 딸을 아내로 맞아들이기로 이미 약속했다. 그는 약혼녀에게 다른 남자가 있다는 소문에 매파를 보내며 결혼식을 치를 준비를 하도록 일렀다. 아무개의 딸은 부모형제도 없어서 이미 출가한 언니가 책임을 지고 결정을 내려야 했다. 그녀의 언니는 혼수품이 아직 장만되지 않았다는 이유를 들며 대 아무개 집안에 혼인 날짜를 좀 늦춰 달라고 부탁했지만 그는 동의하지 않았다. 언니는 어쩔 수 없이 허둥지둥 동생을 시집보내야 했다.

첫날밤, 대 아무개는 아내가 이미 깨어진 옥이라는 것을 알았다. 또 며칠 후에는 아내가 이미 임신한 지 몇 달이나 되었다는 사실까지 알게 되었다. 그는 도저히 참을 수 없어서 심한 말까지 하며 꼬치꼬치 따져 물었다. 아내는 마지못해 사실을 털어놓았다. 대 아무개는 아내의 말을 다 들은 뒤 그녀의 목을 졸라 죽였다. 그런 뒤, 그는 그녀가 급환으로 죽었다고 그녀의 언니에게 통지했다. 언니는 동생의 죽음이 애매하고 모호했지만 동생에 대하여 조금은 들은 바가 있었기에 관아에 고발했다가 오히려 가문에 수치만 될 것 같아서 꾹 참고 입을 다물었다.

어느덧 한 해가 지나고, 대 아무개는 갑자기 후두염을 얻었다. 의생을 불러 치료했지만 어린선魚鱗蘚으로 고칠 약이 없다고 했다. 그 뒤, 대 아무개의 병세는 날로 심해져 이제는 누군가 그의 목을 옥죄는 것 같아서 물 한 방울 목구멍으로 넘길 수 없었다. 이렇게 병상에서 이리저리 뒤척인 지 며칠 안 되어 세상을 버렸다. 그가 세상을 떠난 날은 공교롭게도 그의 아내의 기일이었다. "대 아무개가 약혼녀의 부정不貞을 알았다면 파혼했으면 되었을 것을 오히려 맞아들인 뒤 다시 제 손으로 죽였으니, 이는 너무 잔혹하고 모질다고 아니할 수 없다. 그러니 이처럼 업보를 치른 게지."라고 누군가 말했다.

(청淸, 양주옹羊朱翁 「이우耳郵」)

시어머니 앞에서 그곳을 보이다

내 고향에 초焦 아무개라는 소녀가 있었다. 그녀는 이미 혼인 날짜를 받아놓은 상태였다. 그런데 누군가 그녀를 첩으로 맞아들일 작정을 하고 온갖 뜬소문을 퍼뜨리며 그녀를 중상했다. 상대편 집안에서는 이 소문을 듣고 혼약을 없었던 일로 처리하려고 했다. 소녀의 아버지는 관아에 하소연했지만 모략을 꾸민 자의 거짓말이 트집 잡을 데 하나 없이 꼼꼼해 오히려 믿을 만한데다 어떤 녀석이 나서서 자기가 바로 이 소녀의 애인이라고 시인하기까지 했다.

사태의 심각성을 깨달은 소녀는 이웃 부인에게 자기를 데리고 미래의 시댁으로 가도록 청하였다. 소녀는 미래의 시어머니에게 인사를 올린 뒤 이렇게 말했다.

"약혼한 소녀와 이미 결혼한 부인은 같지 않습니다. 정결한지 정결하지 않은지 물증으로 명확히 밝힐 수 있습니다. 관아의 여자 조사관 앞에서 그곳을 보이며 생사람을 잡는 수모를 당하는 것보다는 시어머니 앞에서 그곳을 보이며 밝히는 게 훨씬 나을 것입니다."

이리하여 문을 잠그고 하의를 아래로 내린 소녀는 시어머니에게 자신이 처녀인지 아닌지 조사하도록 했다. 결국 결백이 밝혀지자 관아에 걸린 송사와 뜬소문은 즉시 없어지고 말았다.

(청淸, 기효람紀曉嵐 「열미초당필기閱微草堂筆記」)

피가 구슬처럼 응결되다

어느 날, 어느 집 소녀가 이웃에 사는 소년과 함께 이야기를 나누는 장면이 집안 백부의 눈에 띄었다. 며칠 뒤 소녀가 바로 이 백부 집에 들르게 되었다. 이때, 백부는 바로 며칠 전의 일을 떠올리며 남녀유별인데 그녀가 의심을 살 만한 일을 해서는 안 되는 큰 이치를 한참이나 훈계하였다. 소녀는 머리를 숙이고 입을 다문 채 귀를 기울였다.

다음날 이른 아침, 그녀는 백모와 함께 화장을 하는 자리에서 일부러 자기 몸의 자그마한 핏줄을 핀으로 찔러 핏방울을 물속에 똑똑 떨어뜨렸다. 물속에 떨어진 핏방울은 구슬처럼 응결되었다. 그녀는 짐짓 놀라며 백모에게 이렇게 물었다.

"핏방울이 물속에서 응결되었네요, 왜 풀어지지 않을까요?"

백모는 이렇게 대답했다.

"네가 숫처녀 몸이라서 그런 거란다."

그제야 소녀는 알았다는 듯 고개를 끄덕였다.

원래 소녀는 이런 방법을 써서 백부가 그녀에게 품었던 의심을 깨끗이 씻어내려고 했으니, 참으로 총명하다.

한 해 남짓 지났을 때, 아직 출가를 하지도 않았는데 그녀의 약혼자는 그만 세상을 버리고 말았다. 그러자 그녀는 시댁으로 들어가서 평생

홀로 수절했다. 이런 흔들림 없는 마음은 대개 타고난 것이기에 세월이
오래 지나도 변함이 없는 법이다. 그녀의 백부가 보인 걱정은 이해가 깊
지 못한 데서 나온 것이라 하겠다.

(청淸, 채형자采蘅子「충명만록 蟲鳴漫錄」)

괭이자루에 남은 핏자국

열두세 살 난 어린 소녀가 바짓가랑이가 찢어진 바지를 입은 채 괭이
자루를 타고 앉아서 아래위로 흔들며 장난을 치고 있었다. 한참이나 이
렇게 놀더니 괭이자루를 내려놓고 자리를 떠났다. 한 노인이 괭이자루에
묻은 새빨간 피를 보더니 어린 소녀가 부주의로 아랫도리를 다쳐서 혈
흔을 남겼다고 생각했다. 이 노인은 괭이자루를 챙겨서 보관했지만 다른
이에게 말하지는 않았다.

몇 년 뒤, 소녀는 시집을 갔다. 그런데 시댁에서 그녀의 부정을 의심
했다. 그러자 노인은 괭이자루를 증거로 내놓으며 자초지종을 설명했다.
그제야 소녀의 시댁에서는 의심을 하지 않았다. 원래 선혈은 다른 물건
위에 떨어지면 시간이 지나면서 변색되지만 소녀의 아랫도리를 다치며
흘린 그 피는 결코 변색될 수 없었던 것이다.

(청淸, 채형자采蘅子「충명만록 蟲鳴漫錄」)

차이가 없다는 이유로 아내를 때리다

어느 마을에 조세걸趙世杰이라는 이가 있었다. 그는 한밤에 꿈에서

깨어나 아내에게 이렇게 말했다.

"내 방금 다른 집 여자와 관계를 하는 꿈을 꿨는데, 당신네 여자들도 이런 꿈을 꾸는지 모르겠소."

그의 아내는 이렇게 대답했다.

"남자와 여자는 아무 차이가 없어요."

이 말을 들은 조세걸은 아내를 마구 때렸다.

(명明, 조남성趙南星 「소찬笑贊」)

진회秦檜와 무슨 일이 있었나

소주蘇州 지방에 절개와 지조가 남다른 사내가 있었다. 그는 집안이 빈궁하여 가진 것이라곤 오직 탁자 네 개뿐이었다. 그는 역사책을 읽을 때 진회秦檜가 악비岳飛를 죽인 장면만 나오면 손으로 탁자를 마구 치며 큰 소리로 꾸짖는 바람에 탁자가 모두 온전치 못하였다.

그의 아내가 너무 분개하지 말라고 권했지만 그는 오히려 아내를 꾸짖으며 이렇게 말했다.

"뭐라고? 그래, 당신이 진회와 남에게 말도 못할 간통이라도 했소? 왜 그를 동정하오?"

결국 집안에 있던 탁자 네 개는 이제 온전한 것이 하나도 없었다.

이 양반이 만약 진회와 같은 시대에 살았더라면 분명 온갖 참견을 다 했을 것이다.

(명明, 이락李樂 「견문잡기見聞雜記」)

개가 주인 아낙네를 할퀴다

어느 마을에 사는 강姜 아무개는 죽음을 앞두고 아내에게 개가하지 말라고 신신당부했다. 아내는 흐느껴 울며 고개를 끄덕였다.

강 아무개가 죽은 뒤, 한 양반이 그녀의 미모를 탐하며 큰돈을 주고서라도 첩으로 들이려고 했다. 결국 그녀가 화려한 옷차림으로 막 가마에 오르려고 할 때, 이 집에서 오랫동안 기르던 개가 갑자기 사람처럼 벌떡 일어서며 울부짖었다. 그런 뒤 앞발을 내밀어 죽은 강 아무개의 처를 끌어안더니 콱 할퀴고 말았다. 순간 그녀의 콧등이 찢어지고 한쪽 눈이 실명하고 말았다. 얼굴이 이렇게 망가지자 그녀를 큰돈을 들여 첩으로 맞으려던 양반은 이제 다시 거들떠보지도 않았다. 그 후에도 그녀에게 관심을 가지는 이가 없었음은 물론이다. 이는 강희康熙 갑오년과 을미년 사이에 일어난 사건이다. 이 마을에는 아직도 이 사건을 직접 눈으로 본 어른들이 있다. 그들은 모두 이 개야말로 의로운 개라고 입을 모은다.

(청淸, 기효람紀曉嵐 「열미초당필기閱微草堂筆記」)

무덤을 파헤친 사나이

어느 마을에 갑甲이라는 사나이가 있었다. 그의 아내는 이미 세상을 떠났다. 어느 날, 그는 아무 이유도 없이 갑자기 괭이를 들더니 아내의 무덤을 파기 시작했다. 그는 관이 막 보일 만큼 팠다. 당시 무덤 주위의 들에서 일하던 동네사람들은 그가 막 욕을 퍼부으며 무덤을 파는 것을 보고 간질이 발작한 줄 알았다.

그가 이렇게 무덤을 파며 소란을 피우자 많은 이들이 몇 번이고 다가가서 말렸다.

"아니, 왜 마누라 무덤을 파는가?"

그는 두 입술을 더욱 굳게 다물고 한 마디도 하지 않으려고 했다. 하지만 여러 사람이 말리자 더 이상 무덤을 팔 수 없었는지 괭이를 메고 한을 못 참겠다는 듯 씩씩거리며 자리를 떠났다. 사람들은 도무지 어떻게 된 영문인지 몰라 그저 얼떨떨할 뿐이었다.

이튿날, 어떤 양치기가 홀연 갑의 아내 묘 앞으로 오더니 정신 나간 듯이 자기 뺨을 때리면서 이렇게 말했다.

"이년은 가는 곳마다 싸움을 붙이며 걸핏하면 우리 집안을 이간질이나 시킨다니까. 이제는 죽은 사람에 대해서도 헛소문을 내며 헐뜯으니, 내 벌써 천지신명께 하소연했어. 그러니 절대로 네년을 용서할 수 없어!"

이어서 일의 자초지종을 아래와 같이 빠짐없이 이야기한 뒤 더는 말을 하지 못하고 죽었다.

원래, 무덤을 파던 갑은 사람됨이 외곬으로 억세고 사나웠으며 평소에도 자기도취에 빠져 제 잘난 체 우쭐거리며 안하무인이었다. 양치기는 일찍이 이 양반에게 한 번 당하고 나서 마음속으로 그에 대한 불만을 가득 품고 헛소문을 퍼뜨렸다.

"갑이란 양반은 아내를 제대로 단속도 못한다더라. 난 이 소문을 믿지 않았지만, 어젯밤 길을 가다 우연히 갑의 아내 묘소 옆을 지나게 되었는데, 글쎄, 숲속에서 무슨 소리가 들리는 거야. 난 놀라서 감히 앞으로 나서지 못하고 풀숲에 몸을 숨겼지. 그때, 달빛은 교교한데, 검은 그림자 일고여덟이 숲속에서 나오더니 갑의 무덤으로 가는 거야. 그리고 갑의 아내가 무덤에서 나오더니 이들과 마구 섞여 앉아서 농지거리로 시시덕거리더니 아양을 떠는 소리에 음탕한 소리까지 분명히 들리더라고. 귀로 듣고 눈으로 본 뒤, 이제 나는 갑이란 양반이 아내를 제대로 단속 못한다고 믿게 되었지. 정말 일이 이렇게 된 거라고!"

어떤 이가 양치기가 퍼뜨린 헛소문을 갑에게 말해주었다. 갑은 그만 화가 머리끝까지 치솟았다. 그는 분노를 어찌지 못해 괭이를 들고 죽은 아내의 묘를 파헤쳤다. 양치기는 자기가 하고 싶은 일을 대신하는 것을 보며 마음속으로 몰래 기뻐했다. 그러나 여자 귀신이 영험할 줄은 미처 생각지 못했다. 결국 그는 업보를 치르고 말았던 것이다.

(청淸, 기효람紀曉嵐 「열미초당필기閱微草堂筆記」)

쌍둥이

동주東州 지방에 막 스물이 된 쌍둥이 형제가 있었다. 두 사람의 생김새는 하나의 거푸집에서 나온 듯 붕어빵처럼 그대로 닮았고 자못 준수하기까지 했다. 또 이들은 겉모습만 닮은 게 아니라 목소리나 웃으면서 이야기하는 모습도 완전히 같아서 집안사람들조차 확실히 분간하지 못했다. 이 때문에 옷이나 신으로 구별할 수밖에 없었다.

이들 두 형제는 어렸을 때 부모를 여의고 함께 삼촌을 따르며 공부했다.

공부를 하여 생원이 된 뒤 학계에서는 자못 명성을 얻었다. 그런데 이들 두 형제는 천성으로 의심이 많아서 장가를 든 뒤에도 각자 자기 아내를 방비하며 진위를 구별하기 힘든 점을 이용하여 상대방이 탐할까 겁을 냈다. 형은 아들을 얻자 아내에게 짐짓 놀라며 이렇게 물었다.

"어째 이 녀석이 내 동생을 닮았을까? 당신이 진평陳平의 형수가 됐을 리는 없지 않겠소?"[18]

이 말에 그의 아내는 크게 화를 냈다.

"당신과 시동생의 생김새에 무슨 차이가 있다고 어찌 품에 안은 아이를 탓하시오?"

하지만 형은 끝내 마음속에 남은 의심을 지울 수 없었다. 그리하여 형은 일부러 방비를 소홀히 하며 자기 아내와 동생이 무슨 짓을 하는지 암암리에 감시했다.

동생의 아내는 그 지방 명문귀족의 딸로 자색이 손위동서만은 못했지만 자수 따위에는 손위동서보다 훨씬 나았다. 더구나 그림에 특별히 뛰어났다. 어느 날, 동생은 자기 아내에게 이렇게 말했다.

"당신이 그림에 그렇게 뛰어난 솜씨를 가지고 있는데도 어찌 우리 모습을 그리지 않소?"

이 말에 아내는 이렇게 물었다.

"어떤 모습을 그려야 좋을까요? 어떤 경물과 함께하면 어울릴까요?"

아내의 물음에 동생은 이렇게 대답했다.

"낡은 양식은 피해야 할 거요. 정말 멋진 건 춘화요. 당신은 얇은 속적삼 입고 손으로 턱을 받친 채 호숫가 바위 곁에 기대서고, 나는 막 목욕을 끝내고 속옷만 입은 채 외모에는 전혀 신경을 쓰지 않고 난간에서 책을 들고 당신 모습을 감상하는 거요."

이 말을 듣고 아내는 이렇게 말했다.

"너무 저속하고 상스럽네요. 아무리 잘 그려도 어떻게 다른 사람 앞에 내놓을 수 있겠어요?"

하지만 동생은 자기 뜻을 굽히지 않았다. 며칠 뒤, 아내는 마침내 그

---

18 한漢 나라 때 진평陳平이 형수와 부정한 관계를 가졌다는 소문이 있다. 진평은 한의 개국공신으로서 좌우승상을 역임했다.

림을 완성했다. 인물의 생김새나 표정은 하나같이 핍진했다. 게다가 그림 위쪽에는 시 한 수까지 넣었다.

오직 소식만 주고 사랑을 주지 않으면,
절반은 이화요 절반은 꾀꼬리지요.
이제 그대에게 기대려하오니,
그대 저 사랑하고 저 그대 사랑해야지오.

但傳消息不傳情,
一半梨花一半鶯.
珍重從今當倚壁,
卿須憐我我憐卿.

동생은 손에서 떼지 못할 만큼 좋아하며 감상했다. 그런데 그림을 자세히 들여다보다가 갑자기 놀랍고 이상하다는 듯이 말했다.

"당신 도대체 누구를 그렸소?"

아내는 이 말이 무슨 속뜻이 있는지 알 수 없었기에 웃으면서 말했다.

"나도 누구를 그렸는지 모르겠네요!"

동생은 낮고 묵직한 목소리로 입을 열었다.

"내 당신에게 나를 그리라고 했지 언제 형을 그리라고 했소?"

이 말에 아내는 두 뺨이 빨갛게 달아올랐다. 아내는 억지로 웃으며 말했다.

"당신네 형제 둘은 생김새가 워낙 닮았지요. 하지만 나는 당신을 그렸지 시아주버니를 그리진 않았어요."

동생은 아내의 얼굴이 빨갛게 달아오르자 더욱 의심을 품고 얼굴빛이 확 바뀌었다.

"내가 증거를 내놓지 못하면 당신은 동의하지 않을 거요! 형의 왼쪽 겨드랑이 밑에는 오직 나만 알고 있는 검은 점이 딱 하나 있소. 당신이 형의 벌거벗은 몸뚱이를 한 번도 못 보았다면 어떻게 이 까만 점을 그릴 수 있단 말이오?"

아내는 갑자기 해명할 말이 없었다. 그저 그림을 자세히 살핀 뒤 이렇게 말했다.

"잘못하면 당신한테 볶여 죽겠어요. 이 까만 점은 분명 파리똥이요, 내 필묵으로 그린 게 아니에요. 당신 시력이 떨어져서 분명히 보지 못한 거란 말예요!"

하지만 동생은 이 말에 귀를 기울이지 않고 아내의 머리끄덩이를 낚아채더니 한바탕 때리고 나서 아내를 친정으로 쫓아내려고 했다. 동생의 장인과 장모는 이 사실을 안 뒤 크게 불만을 품고 태수에게 고소장을 올리며 하소연했다. 태수는 형을 관아에 들도록 했다. 그리고 그의 왼쪽 겨드랑이 밑에 검은 점이 있는지 확인하며 누가 옳고 누가 그른지 판단하려고 했다. 하지만 이제 태수도 판단을 내릴 수가 없었다.

이때, 때마침 한 현령이 태수에게 보고할 일이 있어서 찾아왔다. 태수는 이 사건을 현령에게 말했다. 현령은 태수에게 다음과 같이 조언했다.

"제가 예전에 면현沔縣에서 근무할 때, 쌍둥이 자매에 관한 의안疑案에 부딪혔던 적이 있습니다. 언니가 시댁에서 버림받자 친정에서 불복하며 관아에 고발한 사건입니다. 제가 자세히 알아본 뒤에야 동생의 남편이 평소에도 경거망동하며 여인을 제멋대로 가지고 놀길 좋아한다는

제4장 기울어진 침대- 성별과 권력의 색깔 합성

것을 알았습니다. 어느 날, 그가 우쭐거리며 윗동서에게 이렇게 말했습니다.

'제가 처형과의 사이가 괜찮거든요. 처형 양쪽 젖꼭지 사이에는 빨간 흉터가 하나 있지요. 이게 바로 우리가 잘 지낸다는 증거지요.'

윗동서가 집으로 돌아와 아내를 살피니 과연 두 젖꼭지 사이에 큰 동전만한 빨간 흉터가 있었습니다. 그는 아랫동서의 말이 사실인지라 분노와 증오로 가슴을 치며 아내를 쫓아냈습니다. 당시 저는 아랫동서를 불러 이리저리 캐물었습니다. 하지만 그 양반은 한사코 그저 우스개였을 뿐이라고 해명했습니다. 자기 아내도 두 젖꼭지 사이에 빨간 흉터가 있었기에 윗동서에게 이렇게 우스개를 했을 뿐, 처형이 그럴 줄은 생각도 하지 못했다는 것입니다. 이리하여 저는 동생도 검사하여 확인하도록 하였습니다. 과연 이들 자매의 두 젖꼭지 사이에는 똑같이 빨간 흉터가 있었습니다. 이 의안은 그제야 해결되었습니다. 오늘 태수께서 만난 의안도 어쩌면 이와 같을지도 모르겠습니다."

이 말을 들은 태수는 동생을 관아로 불러들였다. 그리고 그에게 옷을 벗으라고 명령했다. 그의 왼쪽 겨드랑이 아래에도 형과 똑같은 검은 점이 딱 하나 있었다. 동생은 그제야 진심으로 신복하며 다시는 아내를 쫓아낼 생각을 하지 않게 되었다.

(청淸, 제원주인霽園主人 「야담수록夜譚隨錄」)

침대 밑의 신발

절강浙江 지방의 어느 지휘사指揮使가 선생님 한 분을 초청하여 자기 아들을 가르치게 하였다. 어느 날, 찬바람으로 감기에 걸린 선생님은 지휘사의 아들에게 솜이불을 가져오라고 시켰다. 아들은 자기 어머니에게 솜이불을 달라고 했다. 지휘사의 아내는 아들에게 솜이불을 내주었다. 그런데 아들은 이 이불을 말면서 그만 자기 어머니의 신발 한 짝을 이불 속에 집어넣고 말았다. 선생님은 감기가 다 나은 뒤에 솜이불을 돌려주었다. 하지만 신발 한 짝이 공교롭게도 침대 밑에 그대로 있었다. 그래도 선생님이나 제자나 모두 알아채지도 못했다.

지휘사가 집으로 돌아온 뒤, 선생님에게 문안을 드리려고 찾았다가 침대 밑에 놓인 신발을 보고 자기 아내와 선생님이 부적절한 관계를 맺었다고 의심하게 되었다. 이리하여 그는 여종에게 거짓으로 부인이 시켰다면서 선생님을 모셔오도록 명령하고 자신은 칼을 들고 뒤에서 기다렸다. 여종이 선생님 방의 문을 두드렸다.

"무슨 일이오?"

여종은 이렇게 대답했다.

"부인께서 선생님을 모시라고 했습니다."

선생님은 방안에서 화를 벌컥 내며 말했다.

"이게 무슨 말이오? 내일 아침 주인어른께 그대 죄를 묻도록 할 것이오!"

지휘사는 이제 자기 아내에게 그렇게 하도록 강요했다. 선생님은 여전히 단호하게 거절했다.

"제가 어르신의 초청으로 가정교사가 되었는데 어떻게 덕행에 어그러진 일을 감히 할 수 있겠습니까?"

선생님은 끝내 거절하며 문을 열지 않았다.

지휘사는 그제야 불길 같은 분노가 가라앉았지만 그래도 마음속에 남은 의혹을 완전히 없앨 수 없었다. 이튿날 아침, 선생님은 가정교사

제4장 기울어진 침대 – 성별과 권력의 색깔 합성

자리에서 물러설 뜻을 내비쳤다. 지휘사는 비로소 마음을 놓으며 사죄했다.

"선생님이야말로 군자이십니다!"

그리고 사건의 자초지종을 모두 말했다. 이 선생님은 뒷날 과거에 합격하여 관직에 올랐다.

(명明, 정선鄭瑄 「작비암일찬 昨非庵日纂」)

아내의 그곳에 자물쇠를 채운 남자

죽돈竹墩에 사는 심沈 아무개는 본래 선비 집안 출신이었지만 어려서부터 예의와 염치를 멀리했으며 커서는 책을 멀리하며 제멋대로 행동했다. 게다가 성격마저 고약하여 장가를 든 뒤에는 아내가 해온 혼수품을 팔아 계집질하는 데 돈을 뿌렸다. 또 걸핏하면 부집게로 아내를 지지며 돈을 내놓으라고 윽박질렀다.

그의 아내 민閔씨는 자못 단정하고 아름답게 생겼다. 심 아무개는 같은 성씨가 널리 분포된 시골마을에서 여색을 밝히며 탐했기에 모두들 그의 횡포를 두려워했지만 감히 화를 내며 말을 하지 못했다. 민씨도 남편이 큰 화를 불러들일까 걱정하며 벌써 여러 차례 좋은 말로 정중하게 타일렀다. 그러나 심 아무개는 오히려 화를 벌컥 내며 이렇게 소리쳤다.

"당신은 남편이 호색한 중에서도 호걸인 줄 모른단 말이오? 어디 감히 질투를!"

그리고는 아내의 옷을 다 벗긴 뒤 대오리로 마구 때려 만신창이로 반죽음이 되도록 만들었다. 민씨는 결국 남편에게 목숨만이라도 살려 달라고 빌 수밖에 없었다.

심 아무개는 이렇게 말했다.

"이제 내 손맛을 알겠소? 음탕한 여인은 언제나 만족할 줄 모르오. 게다가 당신은 집안에서 오직 나 혼자만 상대하고, 나는 또 언제나 외박을 하니, 당신이 외간 남자를 꼬드겨 들일지 누가 알겠소?"

말을 끝낸 심 아무개는 아내를 꽁꽁 묶은 뒤 송곳으로 아내의 음순에 구멍을 두 개 내었다. 그리고 품에서 자그마한 자물쇠를 꺼내더니 아내의 그곳을 잠그고 말았다.

몸 구석구석에 입은 상처에 아랫도리까지 잠기고 나서 민씨는 한 발자국도 걷기가 힘들었다. 그러나 그녀는 남편이 더 못된 짓을 벌일세라 두려웠기에 날마다 아침 일찍 일어나 밥을 지었다. 어느 날, 그녀의 친정 오라비가 다니러 왔다가 동생의 비틀거리는 걸음과 까칠한 얼굴을 보고 이상해서 캐물었다. 하지만 민씨는 눈물만 흘릴 뿐 입을 열지 않았다. 다만 딸아이가 곁에 있다가 자기 어머니가 어떻게 아버지에게 학대를 당하는지 외삼촌에게 하나하나 일러바쳤다. 친정오라비는 다 듣고 분노를 삭일 수 없었다. 즉시 집으로 돌아온 그는 어머니와 집안사람들에게 이 사실을 보고했다.

집안사람들은 분노에 치를 떨며 배를 타고 죽돈으로 몰려와 심 아무개의 죄를 다스리기로 했다. 심 아무개의 집에 도착했을 때, 민씨는 벌써 사경을 헤매고 있었다. 민씨는 어머니를 보자 눈물을 하염없이 쏟았다. 그런데 심 아무개 집안사람들도 그 집에 모여들었다. 그 가운데 족장이 앞으로 나서며 민씨의 어머니에게 말했다.

"너무 분노하지 마십시오. 심가네 집안에서 저놈은 벌써 온갖 못된 짓을 다 벌이며 이 마을 악한 중의 악한이 되었기에 오늘 저놈을 죽여 여러 사람의 분노를 삭일 것입니다!"

집안사람에게 심 아무개를 끌고 나오라고 명령한 족장은 준비된 장

작 위에 그를 앉히고 산채로 태워 죽였다. 구경꾼 수백 명은 모두 손뼉을
치며 쾌재를 불렀다.

(청清, 주상청朱翔清「매우집埋憂集」)

친구의 부인을 몽둥이로 때리다

아들이 없었던 고문의高文義는 작은이를 하나 두었다. 그러나 그의
아내는 줄곧 강샘을 하며 사납고도 흉악하게 남편이 작은이에게 가까이
가지 못하도록 막아섰다.

어느 날, 진순陳循이란 학자가 고씨네 집을 방문했다. 고문의는 그와
함께 술잔을 기울이며 이 일에 대하여 이야기했다. 이때, 병풍 뒤에서 이
들의 이야기를 엿듣던 고문의의 아내가 뜻밖에도 뛰쳐나와 갖은 욕을 쉬
지 않고 늘어놓았다. 이 광경을 보던 진순은 분노하며 탁자 위에 놓인 몽
둥이를 들어 고문의의 아내를 때렸다. 바닥에 쓰러진 고문의의 아내는
일어나지 못할 정도가 되었다. 고문의가 곁에서 온힘을 다해 말리자 진
순은 몽둥이를 내려놓았다. 하지만 진순은 고문의의 아내를 손가락으로
가리키며 이렇게 꾸짖었다.

"아들을 못 낳았으니 예법에 따라 쫓아낼 수도 있었지만 지금까지
고문의 형께서는 그렇게 하지 않고 작은이를 들였을 뿐이다. 그런데도 이
렇게 행악을 부리다니, 그래, 이 가문의 대를 끊을 생각이냐? 만약 이래
도 뉘우치지 않는다면, 내 조정에 고발하여 국법에 따라 절대로 용서 없
이 다스리게 할 작정이다."

그러자 고문의의 아내는 조금 누그러졌다. 그리고 작은이도 아들을
낳았다. 이 아들이 바로 중서사인中書舍人까지 오른 고환高峘이다. 이는 진

순이 한 번 화를 낸 공로 아닐까!

(명明, 육용陸容 「숙원잡기菽園雜記」)

흉악한 여인의 살

명明나라 태조는 상우춘常遇春이 아직 아들이 없음을 안타까이 여겨 그에게 궁녀 둘을 내렸다. 그러나 상우춘은 지나칠 만큼 사나운 아내 때문에 두 명의 궁녀와 함께 잠자리를 할 수 없었다. 어느 날 이른 아침, 궁녀가 세숫물을 떠다 상우춘의 세면을 시중했다. 상추춘은 궁녀를 보며 이렇게 찬미했다.

"새하얀 손이로다!"

얼굴을 다 씻은 그는 입궐했다.

상우춘이 집으로 돌아오자 아내는 그에게 붉은 버치를 내밀었다. 열어보니 그 속에는 잘려진 궁녀의 두 손이 들어 있었다. 상우춘은 깜짝 놀랐다. 그리고 걱정도 되었다. 그 뒤, 상우춘은 입궐하여도 행동거지가 예사롭지 않았다. 그러자 어느 날 태조는 그에게 이렇게 물었다.

"경은 요즘 무슨 까닭으로 그렇게 안절부절 못하오?"

상우춘은 실정을 있는 그대고 보고할 수밖에 없었다. 그리고 머리를 조아리며 이렇게 말했다.

"폐하께서 내리신 궁녀 둘을 이렇게 만들었습니다. 참으로 폐하의 은덕을 저버리고 말았으니 소신은 죽어도 죄를 씻을 길 없사와 이렇게 날마다 놀람과 걱정일 뿐입니다."

태조는 이 말을 듣고 껄껄 웃으며 그를 데리고 내궁으로 들어가 술을 권했다. 그런 뒤, 장사를 보내 상우춘의 아내를 잡아오게 했다. 그리고 그녀의 몸뚱이를 갈기갈기 찢으며 이렇게 말했다.

"이게 바로 흉악한 여인의 살이로다!"

이 때문에 깜짝 놀란 상우춘은 간질병에 걸리고 말았다.

뒤를 이을 아들이 없었던 또 다른 신하가 태조에게 양자를 들일 수 있도록 허락해 달라고 하자, 태조는 이렇게 말했다.

"그대 집안의 흉악한 처가 평소 강샘을 하며 나의 공신들의 후사를 단절시켰으니, 응당 예부에 명하여 그대들 처에게 각각 바리 하나에 지팡이 하나 들려 공신들 집 앞을 따라 길가는 이들에게 탁발하도록 해야 겠소. 본보기로 말이요!"

(청淸, 조길사趙吉士 「기원기소기寄園寄所寄」)

현령 유 아무개의 간통 사건 판결

장주長洲의 현령 유劉 아무개는 세상 물정에 밝은 관리였다. 그의 부인은 사실 판단에 더욱 예리하였다. 어느 날, 그가 간통 사건을 심문할 때, 그의 부인은 안방에서 사건의 추이를 엿보고 있었다. 유 아무개가 간통한 남자에게 무거운 죄를 내리며 판결하고 집으로 돌아오자 부인이 이렇게 말했다.

"당신이 이제 방금 판결한 그 사건은 여자 쪽에서 남자를 유혹했으니 남자 잘못이 아닙니다. 그런데 당신은 무슨 까닭으로 간통한 남자를 혹독하게 다그쳤습니까?"

유 아무개는 부인과 논쟁을 벌였다. 그러자 부인은 이렇게 말했다.

"입씨름으로 쟁론을 벌일 일이 아니군요."

밤이 되자 두 부부는 술을 마신 뒤, 부인은 구실을 만들어 남편에게 잠시 밖으로 나가게 만든 뒤 문을 잠그고 남편이 들어오지 못하게 했다. 유 아무개는 문밖에서 왔다 갔다 하며 온갖 방법으로 아내가 문을 열도록 유혹했지만 뜻을 이룰 수 없었다. 날이 밝아올 무렵이 되자 부인은 방문을 열어주며 이렇게 말했다.

"여자가 뜻을 곧게 세우고 굽히지 않는다면 남자는 가까이 올 수 없습니다. 이로써 미루어 보면, 어제 당신이 내린 판결은 틀렸습니다."

유 아무개는 부인의 현명함에 감복하며 간통한 그 부인의 죄를 무겁게 다스렸다.

(청淸, 저인획褚人獲 「견호광집堅瓠廣集」)

간통범은 둘 다 처리한다

전문룡田文龍이 현관으로 부임한 첫날, 공무를 다 처리하고 나서려는데 한 남자가 쌀자루를 손에 들고 관아 마당으로 당당하게 들어서더니 이렇게 입을 열었다.

"제가 마누라를 죽였습니다. 그래서 이렇게 자수를 합니다."

그러면서 쌀자루를 푸는데 남자 하나 여자 하나 모두 두 개의 머리가 드러났다. 두 개의 머리에서는 아직도 시뻘건 피가 줄줄 흘러내렸다.

전문룡은 당상으로 다시 올라서며 사건을 심문했다. 성이 금金씨라는 이 남자는 전성촌錢盛村에 거주하고 있었다. 그런데 어떤 사내가 자기 아내와 간통하는 장면을 목격하게 되었다. 금 아무개는 침대 위에서 간통하는 것을 현장에서 잡아 그 사내를 아내와 함께 그 자리에서 죽였다. 심의하고 검사한 결과 신분이 틀림없었다. 그리고 심문 중에 사태를 완전히 파악한 뒤 이 남자를 석방했다.

이듬해, 양楊 아무개로 현관이 바뀌었을 때, 이번에는 전성촌 부근에 사는 한 남자가 머리 두 개를 들고 자수했다. 여자의 머리는 방금 베어 낸 것이었다. 그러나 남자의 머리는 이와 달리 핏자국이 벌써 말라붙어 있었다. 현관 양 아무개가 심문한 결과 간통하다 현장에서 발각된 두 쌍이었다. 그런데 어찌하여 머리 두 개가 하나는 새것이고 다른 하나는 오래되었을까? 혹독한 고문을 내리자 이 남자는 그제야 실상을 그대로 털어놓았다.

"내가 죽인 이 남자는 원래 비적이었습니다. 나를 오쟁이 진 남자로 만든 그를 미워했습니다. 엊그제 이 남자는 또 공공연하게 내 침대에서 잠을 잤습니다. 나는 분노하여 그의 목을 쳤습니다. 그런 뒤 집안사람과 의논을 했습니다. 집안사람은 간통 현장을 보고도 한 사람만 죽이는 경우는 천하에 없다고 하면서 아내를 해치지 않은 것을 나무랐습니다. 그들은 이전에 전성촌의 김 아무개처럼 간통한 사내와 간통한 계집의 목을 한꺼번에 치면 죄를 면할 수 있다고 말했습니다. 나는 어쩔 수 없이 어젯밤 아내의 목을 또 쳤습니다. 애초에 이렇게 새것과 오래된 것을 판별할 줄은 생각지도 못했습니다."

현관 양 아무개는 남자의 잘린 머리를 검사한 결과 얼굴에 과연 '비적'이라고 새겨진 것을 발견했다. 또 심문 중에 보증인도 확보되었고 남자가 말한 것이 거짓이 아님도 알았다. 이리하여 그 남자를 방면하였다.

(청清, 제련諸聯「명재소지明齋小識」)

침대 밑에서 솟은 의기

홍무洪武 연간에 서울에 사는 어느 교위校尉가 이웃에 사는 부인과

중국
풍속화
05

사통했다. 어느 날 이른 아침, 교위는 이 부인의 남편이 집을 나서는 것을 보고 얼른 이 집으로 들어가서 침대에 올라 그녀와 살갑게 성관계를 가졌다. 오래 되지 않아 부인의 남편이 갑자기 중도에서 되돌아왔다. 미처 어쩔 틈도 없는 갑작스런 일이라 교위는 침대 밑으로 기어들어갈 수밖에 없었다. 남편이 방으로 들어오자 부인이 물었다.

"무슨 일로 집을 나서더니 곧 돌아오셨소?"

남편은 이렇게 대답했다.

"문밖을 나서서 좀 걷는데 날씨가 생각과는 달리 몹시 추운 거요. 당신 아직 곤하게 자고 있는데 두 다리가 이불 밖으로 나왔으니 얼마나 추울까 걱정이 되었소. 그래서 이불로 당신을 덮어주려고 돌아왔소."

그는 아내를 이불로 덮어준 뒤 다시 문을 나섰다. 침대 아래 숨어있던 교위는 이 말을 하나도 빠짐없이 뚜렷하게 들으며 마음속으로 이렇게 생각했다.

'남편이 자기 아내를 이렇게 깊이 사랑하는데 이 여자는 남편을 배반하며 나와 사통하고 있으니, 참으로 이런 여자가 어떻게 하늘의 용서를 받을 수 있을까?'

이리하여 교위는 침대 밑에서 나와 부엌으로 가더니 부엌칼을 한 자루 들고 나와 이 부인을 죽인 뒤 아무렇지 않다는 듯이 자리를 떴다.

얼마 뒤, 부인에게 채소를 공급하던 장사꾼이 찾아와 아무리 소리를 질러도 대답이 없자 문밖으로 물러났다. 부인의 남편이 돌아와서 침대 위에 참혹한 모습으로 죽은 아내를 보자 채소 장사꾼을 거듭 의심하며 관아에 잡아 송치했다. 채소 장사꾼은 자신을 변해할 길이 없었기에 모진 고문 끝에 죄를 시인할 수밖에 없었다.

꼭꼭 묶인 채로 형장에 끌려간 채소 장사꾼이 이제 막 대중 앞에서 참수를 당하려는 순간, 교위가 홀연 형장에 나타나 큰 소리로 외쳤다.

"그 여자는 내가 죽였는데, 왜 다른 사람이 목을 내주어야 합니까?"

그는 범인의 참수를 감독하는 관리에게 이 일은 황제 앞에서 아뢰어야 한다고 말했다. 감독관이 그를 황제에게 인도했다. 교위는 이렇게 말했다.

"그 부인은 소신이 죽였습니다. 채소 장사꾼이 한 일이 아닙니다."

황제가 물었다.

"대체 어떻게 된 일이냐?"

교위가 답했다.

"그 부인은 용모가 자못 아름답습니다. 소신은 그녀와 간통했습니다. 어느 날, 소신이 그녀와 밀회할 때, 그녀의 남편이 하는 여러 가지 말을 가만히 엿들을 수 있었습니다. 이렇게 좋은 남편을 왜 그녀는 저버릴까 생각하니 그만 의분이 솟아오르며 참을 수 없었습니다. 그래서 그 부인을 죽였습니다. 소신이 감히 폐하를 속이지 못하오니, 폐하께서는 제 목을 내려주소서!"

황제는 이 말을 듣자 그만 탄식을 하며 이렇게 말했다.

"그대는 의롭지 못한 이를 죽이고 무고한 이의 목숨을 살렸으니, 참으로 가상하도다!"

이리하여 황제는 그를 사면했다.

(명明, 축윤명祝允明 「전문기前聞記」)

이야기 뒤의 이야기

가장 기본적인 두 가지 원색

앞 장에서 중국인의 성 문화 색 합성 관계를 이야기하면서 남성과 여성이라는 두 가지 가장 기본적인 원색을 빠뜨린 것 같다. 그러나 이런 빠뜨림은 결코 일시적인 소홀함 때문이 아니다. 오히려 의도적으로 뒤로 미루었다. 비교적 멋진 부분을 나중에 다시 토론할 생각이었다.

세상에는 성에 방종한 남성이 있는가 하면 성에 개방적인 여성도 있다. 또 성에 억압적인 남성이 있는가 하면 성에 보수적인 여성도 있다. 앞의 두 장에 나온 이야기를 보고 이런 인상을 받은 듯하다. 하지만 이는 그저 부분적인 이야기일 뿐이다. 남성과 여성이라는 두 가지 원색을 가장 앞에 놓고, 중국인의 에로 이미지 안에서 이들이 색 합성을 일으킬 때를 보면, 눈앞에 펼쳐지는 것은 서로 다른 색조이다. 그들은 서로 다른 이야기로 무대에 오른다.

중국인은 '태극도太極圖'로써 확실히 인식한 '우주의 원리'를 보여 준다. 태극도는 여러 가지 도시법圖示法이 있지만 가장 간단한 것은 하나의 'S' 꼴로 한 개의 원을 두 부분으로 나눈 것이다. 그러니까 서로 대비를 이루며 모자라는 일부분이 하나의 완벽하고 조화로운 모습으로 합성된 원이다. 이 두 부분은 건乾과 곤坤일 수도, 양陽과 음陰일 수도 있으며 남男과 여女일 수도 있다.

어떤 면에서, 이는 중국인의 생명의 조화를 중시하는 생각을 반영하는 듯하다. 남성과 여성은 모자라서 완전하지 않은 '절반'이기 때문에 반드시 하나로 결합해야 비로소 완전하고 조화로운 원이 될 수 있다. 그러나 고대 그리스의 철학가 헤라클레이토스Heraclitus의 '조화 속에는 사실 활과 현의 관계처럼 긴장이 포함되어 있다.'는 말을 상기할 필요가 있다. 조화와 원만처럼 보이는 겉모습 속에 존재하는 것은 대립과 충돌의 갈등 구조이다. 겉으로 보이는 조화와 원만은 단지 타협의 결과일 뿐이다. 남성과 여성이란 두 가지 원색의 합성 관계는 바로 이런 특성이 있다. 이제 앞에 나온 이야기를 바탕으로 고찰해 보자.

남녀유별의 이중적 잣대

「하루 다섯 번」에서 기효람은 하루에 적어도 다섯 차례 이상 성행위를 해야 했고, 원매는 병이 들었을 때를 제외하고는 여색을 멀리하지 않았다. 이 이야기는 재능이 출중한 두 사람이 자신을 과시했거나 이들의 '풍류'를 부러워한 다른 사람의 생각일 수도 있다. 그러나 기효람과 원매의 이런 빈번한 성행위는 분명히 '일마일안一馬一鞍'[19]이 아니라 '주마환장走馬換將'[20]이었다. 다시 말하면 '상대가 여럿'이었다는 말이다. 그들은 모두 적지 않은 시첩을 거느렸기 때문이다.

일부일처, 게다가 부부가 손님을 맞이하듯이 서로 존경하는 모습은 중국에서는 줄곧 입을 모아 칭송한 이상적이고 조화로운 혼인관계였다. 그러나 이는 거의 반은 겉으로 나타난 모습일 뿐이었다. 수많은 중국 남성들은 공개적으로, 아니면 반공개적으로 '여러 상대를 거느릴 수 있는 제도'(일부다처 또는 일부일처다첩)를 채택했다. 「공양전公羊傳」[21]에서는 벌써 '제후는 왕비 하나에 아홉 시첩을 둘 수 있으며, 천자는 황비 하나에 열둘의 후궁을 둘 수 있다.'고 하였다. 훗날에 와서 적지 않은 황제들이 '후궁의 미녀를 3천'이나 늘렸다. 하지만 여성은 반드시 일마일안이었다. 남성은 몇 명의 여인을 거느릴 수 있었지만 여성은 반드시 한 남자만을 상대해야 했다. 「둘 다 사람이 아니다」에서 주인이 여종을 꾀려고 하자 여종은 남편에게 하소연한다. 그러자 남편은 이렇게 말한다.

"만약 당신이 내 얼굴에 똥칠하는 짓을 한다면, 내 당신 가슴을 이 칼로 그냥 쪼개고 말 거요!"

결국 여종은 두 '남자'의 협공에 견디지 못하고 목을 매어 스스로 해탈할 수밖에 없었다.

『역경易經』에는 이런 말이 있다.

'아내는 반드시 정결하여 한 남편을 좇아 평생을 살아야 한다. 하지만 남편은 결단력 있게 일을 처리할지니, 아내의 말을 들으면 오히려 불리하다.'[22]

이는 분명 모순과 충돌의 이중적 잣대이다. 그러나 중국 고대 철학

관념을 반영하는 『역경』에서는 오히려 이런 모순과 충돌에 대하여 자세한 해설을 내놓는다. 『역경』에는 이렇게 나온다.

"건은 양물이요 곤은 음물이니라."[23]

"하늘의 도로써 남자를 이루고, 땅의 도로써 여자를 이루니라."[24]

"무릇 건은 천하의 지극히 강건함이요, 무릇 곤은 천하의 지극히 순함이라."[25]

"하늘은 높고 땅은 낮으니 하늘과 땅이 하는 일은 정해졌다. 높고 낮음이 펼쳐졌으니 귀하고 천함이 정해졌다. 움직임과 고요함이 항상 제 궤도에 있으니, 강함과 부드러움으로 세상을 판단한다."[26]

『역경』은 '남존여비男尊女卑'와 '남건여순男健女順'을 '영원히 변할 수 없는 우주의 진리'로 보았다.

이런 '우주의 진리'가 어떻게 나왔는지 지금 자세히 캐볼 생각은 없다. 그러나 진정 분명한 것은 이런 관념이 세상 남녀에게 마련해준 것은 '기울어진 침대'라는 사실이다. 이런 기울어진 침대에 드러누워야만 남성과 여성이라는 두 가지 원색이 중국인의 에로 이미지 속에서 어떻게 색의 합성을 일으키는지 더욱 분명하게 꿰뚫어볼 수 있다.

---

23 乾, 陽物也, 坤, 陰物也

24 乾道成男, 坤道成女.

25 夫乾, 天下之至健也, 夫坤, 天下之至順也.

26 天尊地卑, 乾坤定矣. 卑高以陳, 貴賤位矣. 動靜有常, 剛柔斷矣.

여성의 정조에 대한 일방적인 요구

먼저 여성의 정결 문제를 살펴보자. 「동정과 열녀」는 비록 귀신을 관련시키지만 사실은 귀신을 구실삼아 속뜻을 넌지시 드러내고자 한다. 이 이야기에서 유생柳生은 정 아무개에게 계간을 당하며 '동정'을 잃자 부끄러움과 분노로 자살한다. 그리고 저승에 가서 하소연한다. 그러나 인간세상의 시비를 논단하던 신관은 그의 '고지식함'을 비웃으며 이렇게 말한다.

"예로부터 조정에서는 열녀를 높이 표창했을 뿐, 동정을 지킨 사내에게는 표창하지 아니했다. 이런 법을 만든 성인의 깊은 뜻을 그대는 어찌 거듭 살피지 않는가?"

남성에게는 어떤 정결 문제도 없지만 여성에게는 엄청나게 큰 문제이다. 여성 정결의 첫 번째 관문은 혼전 성행위 금지이다. 다시 말하면 신혼 첫날밤 반드시 포장을 뜯지 않은 상품, 숫처녀여야 한다는 것이다. 만약 숫처녀가 아니면 새색시는 뜻밖의 운명에 직면할 수도 있다. 「숫처녀가 아니니 풍악을 울리지 말라」에 나오는 새색시처럼 '반품'되어 친정으로 쫓겨나는 것 말고도 「아내로 맞은 뒤 죽이다」 속의 아내처럼 남편의 손에 죽을 수도 있다. 하지만 남편의 이런 무지막지한 행동에 대해 아내는 보통 이런 포악한 대우를 참고 견뎌야 했으며 친정집 식구들도 감히 입도 벙긋하지 못했다.

새색시가 정결을 지켰는지 여부는 검사를 필요로 했다. 여성의 질 입구에는 얇은 막이 있는데, 이것은 첫 번째 성행위 때 남성의 그것이 들어가서 찌르면 파열되며 '낙화'한다. 이 '낙화'가 가장 흔히 볼 수 있는 검사 방법이다. 그러나 잠자리가 끝난 뒤에 '자리에 흘린 선혈'을 검사하면 이미 때는 늦다. 그래서 과거 중국 민간에서는 여러 가지 검사 방법을 찾아냈다.

그 하나는 미혼녀에게 직접 '옷을 벗고 검사를 받게 하는' 방법이다. 「시어머니 앞에서 그곳을 보이다」의 소녀는 그녀가 정조를 잃었다는 뜬소문이 있자 자신의 결백함을 증명하기 위하여 '문을 잠그고 하의를 아래로 내리고 시어머니에게 자신이 처녀인지 아닌지 조사하도록' 했다. 실제로 과거 관아에는, '관아 검사'라 할 수 있는 일을 전문적으로 처리하는 여자 검사원이 있었다.

또 하나는 피를 검사하는 방법이다. 「피가 구슬처럼 응결되다」에서 인정한 것처럼 소녀의 피를 물속에 떨어뜨려 구슬처럼 응결되면 숫처녀, 그렇지 않으면 숫처녀가 아닌 것으로 보았다.

마지막은 몸의 모습으로 판단하는 방법이다. 제3장의 「남녀는 가까이하지 않는다」에서 시랑에게 건의한 '여종의 눈썹과 유방을 보면 아직도 그녀가 숫처녀라는 것을 알 수 있다'는 말은 바로 이런 판단 방법을 가리킨다. 오래된 관상서적에는 여성의 정결을 '판단'하는 갖가지 방법이 기록되어 있다.

사실 이런 방법은 과학적인 실험에 의한 것이 아니다. 처녀막으로 말하면, 소수의 여성에게는 처녀막이 아예 없거나 첫 번째 성행위에서 '낙화'하지 않을 수도 있다. 「괭이자루에 남은 핏자국」에서 이야기한 것처럼 처녀막은 혼전에 갖가지 원인으로 파열될 수도 있다. 그러니까 성행위와는 결코 필연적인 관계가 없다. 특별히 '검사할 수 있는 권한'이 남성에게만 있으니, 남성은 「숫처녀가 아니니 풍악을 울리지 말라」의 신랑처럼 새색시의 추악한 용모를 이유로 낙화하지 않았다고 우길 수도 있다. 분명예로부터 적지 않은 여성이 이런 비과학적이고 불공평한 검사 방법 때문에 억울한 누명을 써야만 했다.

여성에 대한 전방위적인 정결관

설사 첫 번째 관문을 통과해도 여성은 여전히 『역경』에서 말한 대로 '항상 그 덕을 가지고 정결해야만'[27] 했다. 따라서 결혼 후에도 정결을 계속 유지해야 했다. 남편이 여러 여자를 거느렸음은 물론 밖에서 여자를 농락하는 짓을 벌이더라도 아내는 오직 한 남편을 위해 정절을 지키며 남편 이외의 남자와는 어떤 애매한 관계를 가져서도 안 되었다. '음탕한 행실', 다시 말해 정결하지 못함은 예로부터 남편이 아내를 버릴 수 있는 일곱 가지 원인 가운데 하나였다.

육체적인 정결 외에도 일부 남성들은 아내에게 '다른 남성에 대한 그리움'을 품지 않을 것을 요구했다. 「차이가 없다는 이유로 아내를 때리다」에서 남편은 다른 여인과 '꿈속에서 통간'을 한 뒤 궁금한 마음에 아내에게 당신도 이와 비슷한 꿈을 꾸느냐고 묻는다. 아내도 그렇다는 대답을 하자 남편은 사정없이 아내를 때린다. 비록 꿈일망정 정결을 잃어서는 안 되었던 것이다. 「진회와 무슨 일이 있었나」에서 아내는 남편에게 걸핏하면 진회 때문에 화를 내지 말라고 권유했다가 이미 이 세상을 떠난 지 오래된 진회와 '그래, 당신이 진회와 남에게 말 못할 간통이라도 했단 말이오?'라며 의심을 받는다. 이런 행동은 황당무계하지만 남성이 자기 아내의 '몸과 마음'을 온통 자기 것인 양 생각하는 무지막지함을 생동감 있게 반영하고 있다.

혼인 중에도 정결을 반드시 유지해야 할 뿐만 아니라 심지어는 남편이 죽은 뒤에도 수절을 요구받았다. 동한의 반소班昭가 「여계女誡」에서

---

27 恒其德, 貞.

'남자는 다시 장가들 마음을 가질 수 있지만 여자는 두 번 시집가라는 말은 없다.'[28]고 말한 것처럼 여성은 다시 시집갈 수 없었다. 「개가 주인 아낙네를 할퀴다」에서 강 아무개는 죽기 전에 개가하지 말 것을 신신당부했지만 아내는 뒤에 마음이 변하여 다시 시집가려고 한다. 그 결과 '차마 눈뜨고 볼 수 없었던' 이 집의 개가 꽃처럼 아름다운 아내의 얼굴을 할퀴며 다시는 시집갈 수 없도록 만든다. 마을사람들은 이 개를 '의로운 개'라고 높여 부른다. 민간에서는 백성들이 과부의 재가를 옳지 않게, 심지어는 멸시하는 모습을 보이기도 한다.

더 황당한 것은 여성은 죽어 '귀신'이 되더라도 반드시 정결을 유지해야 한다는 점이다. 「무덤을 파헤친 사나이」에서 남편은 죽은 아내의 망령이 무덤에서 다른 남자 귀신과 시시덕거리며 우스개를 한다는 이야기를 듣자 사건의 연유 따위는 무시하고 아내의 무덤을 파헤치며 '주검에 매질'을 하려고 한다. 이런 미친 사람 같은 행동은 어이없지만 일부 남편들의 아내에 대한 정결 요구가 '전방위적'이라는 사실을 알게 한다. 이런 점은 여성들을 '이 세상 어디에도 도망갈 곳 없게' 만든다.

아내의 혼외정사를 치밀하게 방비하다

아내의 정결에 대한 끈질긴 일방적인 요구는 많은 남성들로 하여금 도둑을 지키는 것처럼 아내의 혼외정사를 치밀하게 방비하거나 다른 남성이 아예 자기 아내에게 손을 뻗치지 못하게 했다.

---

28 夫有再娶之義, 婦無二適之文.

「쌍둥이」와 「침대 밑의 신발」은 바로 정결을 의심받은 아내가 남편에게 무리하게 '시험' 당하는 이야기이다. 「쌍둥이」에서 쌍둥이 형제는 그 생김새가 판에 박은 듯 같았기 때문에 두 형제는 자기 아내가 오인했거나 '오인을 가장'하여 상대방과 몸을 섞었다고 의심한다. 그리하여 이쪽 저쪽 툭툭 두드리고 이리저리 말을 에두르며 각자 아내를 시험하고 검증한다. 더구나 쌍둥이 동생은 아내를 때려 쫓아내려고 한다. 또 「침대 밑의 신발」에서는 아들의 생각지도 못한 잘못으로 지휘사는 아내와 가정교사가 부적절한 관계를 맺었다고 의심하며 그 자리에서 아내를 죽이려고 한다. 나중에 자신의 '판단 착오로 생긴 의심'임을 알고 아내의 순결을 인정하지만 분명한 것은 훨씬 많은 아내들이 남편의 이런 비이성적인 의심으로 온갖 괴로움을 당하면서도 해명할 방법도 없기에 의심을 벗어나지 못해 목숨을 버리기까지 한다는 사실이다.

아내의 '혼외정사'를 방지하게 위하여 활동을 제한하고 온갖 정탐을 하는 외에도 어떤 이는 한 번 고생으로 영원히 편해질 수 있는 또 다른 방법을 '발명'한다. 「아내의 그곳에 자물쇠를 채운 남자」에서 심 아무개는 자신은 집 밖에서 다른 여자와 온갖 짓을 벌이지만 아내가 '자기를 모방'할까 걱정하며 아내의 음부에 구멍을 뚫고 자물쇠로 잠가 버린다. 이 야말로 '중국식 정조대'라 할 수 있다.

이 밖에 중국 민간에는 '수궁사법守宮砂法'이 전해 내려오고 있다. 이 방법은 한무제漢武帝가 '발명'했다고 한다. 먼저 주사朱砂를 도마뱀에게 먹인 뒤 이것을 절굿공이로 빻는다. 그리고 이것을 '여성의 팔다리에 떨어뜨리면 죽을 때까지 그 점이 사라지지 않는다.' 하지만 단 한 번만이라도 남성과 관계를 가지면 그 점은 '사라진다.' 이런 '황궁의 비법'은 이하李賀, 이상은李商隱 같은 시인의 묘사로 민간에서도 상당히 널리 알려졌지만 사실상 과학적인 근거는 전혀 없다. 다만 여성을 '깜짝 놀라게 하여 저지시키는' 작용이 실질적인 의의보다 클지도 모른다.

청나라 오치창吳熾昌의 「객창한화客窗閑話」에는 일종의 '침구법鍼灸法'이 소개되어 있다. 긴 침으로 아내의 아랫배 어느 지점을 찌르기만 하면 질이 닫힌다. 또 원래의 혈을 찾아 다시 찌르면 반대로 자동적으로 열린다. 글의 끝부분에서 작가는 이 방법을 찬미했다.

'이처럼 열고 닫음이 자유자재이니 집을 떠나 나그넷길에 오른 이도 아내의 문을 닫음으로써 세상에 간통 때문에 생길 무수한 살인사건을 줄였으니…….'

하지만 참으로 안타깝게도 이것은 남성의 '꿈'일 뿐 과학적 근거는 전혀 없다. 하지만 남성의 이런 꿈이 얼마나 난폭하고 광기가 번득이는지 엿볼 수 있다.

질투 많은 여인을 가르치고 훈계하다

남성은 자신의 여인들에게 반드시 정결을 지킬 것을 요구하면서 그들에게서 '궤도를 벗어난' 무슨 조그마한 흔적이라도 발견하면 활활 타오르는 질투심으로 엄하게 따져 묻는다. 하지만 다른 면에서 자신의 여인들에서 서로 양보하고 참으며 자신만을 위하고 시새움으로 티격태격하지 말라고 요구한다. 더구나 더 많은 작은이를 들이거나 집 밖에서 '교제'하는 것을 막거나 방해하지 말라고 요구한다. '질투'는 고대 여인들이 남편에게 쫓겨날 수 있는 일곱 가지 원인 가운데 하나였다.

일부 남성들은 처첩에게 질투하지 말라고 가르치고 단속하는 외에도 '힘이 남으면' 샘 많은 다른 집 여인을 가르치는 데 솜씨를 보이기도 했다. 「친구의 부인을 몽둥이로 때리다」와 「흉악한 여인의 살」은 바로 이런 이야기이다. 주원장朱元璋이 사람을 파견하여 상우춘의 질투 많은 아내를 갈기갈기 찢은 뒤 다시 잘게 쪼갠 이야기는 독자들을 공포에 질리게 만든다. 이 이야기의 진실 여부는 검토를 요구하지만 또 다른 황제인 남북조 시기 송宋 명제明帝가 대신의 질투 많은 아내를 몇 번이나 '가르친' 역사적 사실을 떠올리게 한다. 상서우승尚書右丞 영언원榮彦遠의 질투에 사로잡힌 아내가 영언원을 할퀴어 얼굴에 상처를 입혔다는 사실을 알게 된 명제는 그날 밤 당장 독약을 내려 영언원의 처를 죽인다. 이 밖에도 당시 유휴劉休의 아내가 질투가 대단하다는 것을 안 명제는 유휴의 첩에게 유휴의 처를 몽둥이로 스무 대나 치도록 명령한다. 게다가 황제는 유휴에게 자기 집 뒤편에 작은 가게를 열어 샘 많은 그의 처가 직접 빗자루나 비누 따위 잡화를 팔면서 그녀에게 모욕을 주도록 명령한다. 명제는 노도지盧道之에게 「투부기妒婦記」를 쓰게 해 질투 많은 여인에게 일깨움을 주기도 했다.

청나라 때 광야거사廣野居士도 「투율妒律」을 썼다. 그는 형률刑律을 본떠서 여인의 쉰다섯 가지 질투 행위에 대하여 다음과 같은 '판결'을 내렸다.

"영감이 첩실과 한밤까지만 밤을 지내겠다는 한낮의 말에 큰댁이 동의했다면 첩실은 당연히 감격해야 할 것인데 이를 잊고 시간을 어긴다면 계율을 어겼기에 스무 대의 곤장을 안긴다."[29]

"영감이 첩실의 방에 들어 이야기하는 것을 큰댁이 보고 공적인 일을 핑계로 갑자기 뛰어들면 계율을 어겼기에 쉰 대의 곤장을 안긴다."[30]

---

29   婦允夫宿妾, 日間反覆議明, 乃至更深, 猶復令妾針紉, 若或忘之者, 擬坐以公事應行稽程律, 笞二十.

30   婦見夫入妾房言語, 卽假借公事, 突入衝突, 擬坐以擅闖轅門律, 笞五十.

"큰댁이 자기 방에 잠자리를 마련했지만 첩실이 영감을 기다리며 잠자리를 보고 교합을 해도 순서에 따르지 않는다고 불만스런 말을 하면 계율을 어겼기에 예순 대의 곤장을 안긴다."[31]

비록 붓장난일지라도 남성의 여성에 대한 성 질투가 얼마나 '낯간지러운 일'인지 잘 알 수 있다.

이혼 협박에 호사가들의 공갈까지 겹치는 가운데 수많은 여성들은 설령 질투의 불꽃이 활활 타올라도 그저 억지로 끌 수밖에 없었다. 심지어는 '넓은 도량'이라는 멋진 배포를 가지기 위하여 끝없이 연마하기도 했다.

간통범은 둘 다 처리하지만 여성의 책임이 더 컸다

예법에서 허용하지 않는 남녀 교합을 '간통'이라고 한다. 대다수의 간통이나 강간이 남성의 주도로 이루어지지만 세 개의 '여女'자로 이루어진 '간姦'이라는 글자를 통해 중국인의 은밀한 심사를 엿볼 수 있다. 바로 온갖 '간통 사건'에서 여성이 상대적으로 더 많은 책임을 져야 한다는 점이다.

「현령 유 아무개의 간통 사건 판결」은 바로 이런 심사를 그대로 드러낸 이야기이다. 현령은 당초 간통한 남자에게 비교적 무거운 죄를 물었지만 현령의 부인은 남편의 판결이 옳지 않다고 생각하며 방문을 굳게 잠그고 남편을 못 들어오게 하면서 '여자가 뜻을 곧게 세우고 굽히지 않는

---

31 婦設榻于自己臥房, 妾侍夫寢, 必抱衾裯以就,, 卽使合歡, 不令暢遂, 幷不得譃語一字, 擬坐以不應禁而禁律, 杖六十.

다면 남자는 가까이 올 수 없다.'고 암시해서 '여자 쪽에서 남자를 유혹했으니 남자 잘못이 아니라고' 미루어 생각하게 만들었다. 그리하여 현령은 간통한 여자의 죄를 다시 다스렸다.

「간통범은 둘 다 처리한다」에서는 중국 전통 법률의 편파성을 그대로 폭로한다. 이야기 속의 두 남편은 다른 사람과 통간한 아내와 남자를 죽이고 이들의 머리를 가지고 자수하여 모두 무죄 판결을 얻어낸다. 명나라와 청나라의 법률은 한결같이 이렇게 규정하고 있기 때문이다.

"무릇 처첩이 다른 남자와 간통하는 현장에서 간부姦夫와 간부姦婦를 직접 잡아서 그대로 죽여도 죄를 묻지 않는다."

그러나 만약 여자 측에서 남편이 다른 여자와 간통하는 장면을 발견했을 때, 두 남녀를 직접 잡아서 당장 쳐 죽일 수 있을까? 그래도 죄를 묻지 않을까? 아직 이런 법률 조문을 보지 못했다.

「침대 밑에서 솟은 의기」는 더 기막히다. 남의 부인과 통간한 교위는 이 부인의 남편이 그녀를 정말로 사랑한다는 것을 발견한 뒤 솟아오르는 '의분'을 어쩌지 못하고 그녀를 죽인다. 하지만 이 사건의 실상을 안 황제는 그에게 살인죄를 묻지 않고 사면했을 뿐만 아니라 그의 의기를 오히려 '찬양'한다. 이런 이야기는 명·청 시대 필기소설에 적어도 예닐곱 개의 판본이 존재한다. 「추등총화秋燈叢話」에는 오쟁이 진 남편이 '내 아내와 음란한 짓을 벌이다 내 아내를 죽인' 간부를 미워하지도 않을 뿐만 아니라 오히려 '그 의로움에 감탄'하며 그와 생사고락을 함께할 만큼 절친한 친구가 된 이야기가 있다.

그러기에 이 이야기는 거듭 전승되고 각색되면서 남성 위주의 작가와 독자들에게 '멋진 이야기'로 태어났다. 이른바 '침대 밑의 의기'는 사실 '남성의 의기'이거나 '남성들의 공통된 인식'이다. 신분이 다른 세 남성이 '행위가 제멋대로인' 여성을 앞에 두었을 때, 모순을 망각하고 '공동의 적이라며 함께 여성에게 적개심을 불태우면서', '사나이의 한마음'으로 이런 여인은 '백 번 죽어도 싸다'고 한결같이 주장한다.

처녀를 탐닉하는 서방 세계

몇 가지 이야기를 보고나면 '부부 화목'이라는 표상 아래 무수한 모순과 충돌을 은연 중 내포하면서 중국 남녀가 함께 뒹굴도록 제공하는 것은 극도로 기울어진 침상이라고 말할 수밖에 없다.

중국의 침상이 어찌하여 이렇게 기울었는지 캐묻기에 앞서 우선 다른 민족이나 문화는 그들의 침상을 어떻게 배치했는지 알아보자.

과거에 논자들은 중국 남성의 처녀 기호가 거의 '병적인 상태'라고 항상 말하였다. 그러나 사실 과거 서방 세계에서의 처녀 기호도 절대 중국에 못지않았다. 데이비스E. G. Davis는 『첫 번째 섹스The first sex』에서 이렇게 말했다.

"16세기 유럽의 여러 나라에서 신부는 혼전에 반드시 시댁 쪽 친척의 '친밀한 검사'를 받아야만 했다. '친밀한 검사'란 말할 것도 없이 그녀의 처녀막이 아직도 존재하는지 검사하는 것이다. 황실의 혼인에서도 이런 검사를 교황의 대표가 진행했다."

서양인들도 신부의 '첫날밤 낙화'를 지나치지 않았다. 신혼 이튿날, 신랑은 친구들에게 아내의 정결을 증명하는 '피 묻은 침대 시트'를 자랑스럽게 내보였다. 이는 서방에서는 오래된 습속이다. 이런 습속은 20세기에도 유럽의 농촌에 여전히 존재했다.

1821년, 의사 벨T. Bell은 신랑이 처녀를 판별할 수 있는 '지침서'를 발간했다. 이 책에서 그는 '처녀의 유방은 단단하고 매끄러우며 표면에는 육안으로 볼 수 있는 불규칙이 없다.'고 했다. 하지만 파과破瓜 후에는 '유방에 일부 불규칙적인 형상이 생길 수 있다.'고 하였다. 게다가 '즉각 부어오르거나', '목이 갑자가 붓거나' 하는 따위도 역시 파과가 남긴 흔적이라고 보았다. 또 '어조도 바뀔 수 있지만 귀가 민감해야만 들을 수 있다.'는 말을 했다. 이는 모두 중국 민간에서 여성의 눈썹이나 유방으로 처녀를 판별한 일과 유사하다.

처녀를 탐닉한다는 점에서 중국인은 '굉장한 이들보다는 못하지만 그와 반대되는 이들보다는 대단하다.'고 말할 수밖에 없다.

악명 높은 정조대

아내의 혼외정사를 방비하는 문제는 과거 서양인들이 중국인보다 훨씬 악명 높았다. 아내의 그곳을 정조대로 잠가버렸으니 말이다.

정조대는 13세기부터 유럽에서 유행하기 시작했다. 정조대는 그 종류도 숱하게 많았다. 일반적으로 금속으로 만들어서 여자의 두 다리 사이에 씌우고 앞뒤로 싸서 허리에까지 이르게 했다. 오직 두 개의 배설용 구멍만 남겼을 뿐이다. 하지만 이 구멍에도 '예리한 이빨'을 몇 겹 둘렀다. 특별히 만든 열쇠로만 이 정조대를 열 수 있지만 열쇠는 당연히 남편의 손안에 있다. 그러니까 남편이 '쓸' 때만 열고 집을 나설 때는 잠갔기에 다른 남자는 이 문을 열고 들어갈 수 없었다. 십자군 전쟁 때, 적지 않은 여성들이 남편이 채워놓은 정조대 때문에 처리할 수 없이 가득 찬 배설물이 주는 고통으로 높은 곳에서 뛰어내려 자살하기도 했다.

그러나 이런 정조대는 오로지 상류층만 살 수 있었다. 유럽의 하층 계급은 그들만의 또 다른 정조대가 있었다. 「아내의 그곳에 자물쇠를 채운 남자」에서 말한 것처럼 아내의 음순 양쪽에 구멍을 각각 뚫고 직접 자물쇠로 잠그는 것이 바로 그것이었다. 최근 보도에 의하면 이탈리아의 어느 외판원은 잦은 출장으로 생긴 의심증으로 그가 감추었던 16세기 정조대를 아내의 몸에 채웠다가 행동의 제한을 견딜 수 없었던 아내가 경찰에 도움을 호소했고, 결국 그는 '자유를 방해한 죄'로 처벌을 받았다.

이런 점에서, 중국 여성은 서방 여성보다 훨씬 더 '행운아'다. 창사長沙의 마왕퇴 한묘에서 출토된 「양생방養生方」에는 '수궁사守宮砂'에 대한 기록만 있을 뿐이다. 이는 중국의 남성들이 전부터 아내의 외도를 방비할 '방법'을 생각하긴 했지만 정조대는 중국에서 아직까지 나오지 않았음을 의미한다. 필자는 이런 기록을 본 적이 없다. 중국 남성들은 무슨 까닭으로 정조대에 대해서는 '흥미 결핍'이었을까? 실로 연구할 만한 가치가 있다. 「아내의 그곳에 자물쇠를 채운 남자」의 심 아무개가 자물쇠로 아내의 그곳을 잠근 방법은 아마 자신의 '독창적인 방법'인 듯하다. 그러나 '이를 본받으려고 열심히 노력한 인물'도 없었던 듯하다. 이 이야기를 보면 심 아무개의 '자물쇠로 아내의 그곳을 채우는 방법'이 친정 식구들에게 알려진 뒤, 그들은 즉시 사람들을 모아 달려와서 죄를 묻고, 결국 심 아무개를 산 채로 태워 죽였다. 아내 친정 쪽의 이런 압력은 중국 남성이 큰 잘못이 없는 아내를 너무 심하게 학대할 수 없었던 원인 가운데 하나였다.

중국과 서양이 모두 같은 질투

혼외정사와 질투 문제는 서양이나 중국이나 별반 차이가 없다. 고대 히브리 지방의 아내는 남편이 작은이를 데려오더라도 오로지 순종만 할 뿐이었다. 만약 질투로 남편에게 화를 내면 중국과 마찬가지로 이혼 사유가 되었다. 고대 로마 시대의 아우구스투스 대제는 아직 황제의 자리에 오르기 전에 아내가 그의 정부情婦를 좋아하지 않았기에 아내와 이혼을 하였다. 아내의 질투 이유는 바로 '도덕적으로 터무니없는 행동'이라는 것이었다.

하지만 남성은 그의 질투를 시원하게 발산할 수 있었다. 이는 조금도 '터무니없는 행동'이 아니며 법률의 보장까지 받았다. 만약 히브리 남성이 아내의 부정을 발견했다면 많은 사람들을 모아서 아내를 돌로 쳐 죽이게 할 수 있었다. 그리고 아우구스투스 대제는 '남성의 의기'를 한껏 발휘하여 원래 집안일에 속하던 사통을 형사 사건으로 만들어 죄로 다룰 수 있도록 바꾸었다. 남편은 아내가 다른 남자와 사통한 것을 안 뒤에는 자기 아내를 절대로 용서하지 않고 이혼해야만 했다. 그렇게 하지 않았다가는 사람들이 이를 '고발'했다. 간통한 아내는 자그마한 섬으로 축출되었다. 그리고 그녀의 혼수 절반과 재산의 1/3을 몰수했다. 이런 여자와 다시 결혼할 마음을 먹은 남자는 죄인으로 취급받았다.

인간 심성을 뛰어나게 표현한 셰익스피어(W. Shakespeare)의 작품에서 적지 않은 남편들이 아내의 부정을 의심하며 아무런 까닭 없이 타오르는 질투의 불꽃 속에서 복수를 펼치는 이야기를 만날 수 있다. 예컨대, 『오셀로』에서 이아고는 오셀로에 대한 차오르는 의심과 질투를 떨쳐버리지 못한다. 그는 오셀로가 자기 침대 위에서 직무를 대행했다고 의심하였다. 비록 진실 여부는 몰라도 '이런 일은 설령 조그마한 혐의가 있어도 확실한 일로 여기며 대응해야 한다.'고 생각한다. 사실 이런 생각은 '독약'과도 같아서 이아고의 마음을 야금야금 갉아먹는다. 결국 그의 모략과 조작된 뜬소문으로 오셀로도 자기 아내가 그의 부관 카시오와 잠자리를 같이했다는 의심을 한다. 이런 우려와 질투는 '한 마리 두꺼비가 되어 지하실의 습기를 견디며 살지라도 내 사랑하는 물건의 한 편을 차지하고 즐기게 할 수는 없다.'는 오셀로를 더욱 몰아치며 불처럼 타오르는 노기로 억울한 누명을 쓴 아내를 죽인다. 이런 줄거리는「침대 밑의 신발」이나「쌍둥이」와 거의 비슷하다.

유혹으로 농락이나 강간을 당한 여성의 '순결'에 대해서도 서양 사람들은 대단히 깊은 의심을 보인다. 강간범 변호에 나선 미국의 어느 변호사는 법정에서 이런 시범을 보인 적이 있다.

'그는 손에 잔 하나를 들고 다른 사람에게 연필 한 자루를 잔에 넣도록 하였다. 결과적으로 그가 거듭 몸을 피하자 상대방은 끝내 연필을 잔 안에 집어넣을 수 없었다.'

이 시범은「현령 유 아무개의 간통 사건 판결」속에서 부인이 방문을 굳게 잠그고 남편이 들어오는 행동을 거절한 이야기와 '방법은 다르지만 효과는 같은' 깊이가 있다. 변호사가 법관과 배심원들에게 증명하려고 한 것은 바로 현령 유 아무개의 부인이 남편에게 넌지시 알리려고 한 '여성이 기어코 거부한다면 원하지 않는 성행위는 발생할 수 없다.'는 사실이다. 따라서 변호사의 시범은 바로「현령 유 아무개의 간통 사건 판결」이야기의 현대 미국판이다.

남존여비의 서로 다른 구실

서방 세계가 남존여비라는 이중 잣대로 만든 성 규범에 대해서도 '영원히 바뀔 수 없는 진리'라고 여긴다는 점은 참으로 신기하다. 서방과 중국은 구실이 서로 달랐을 뿐이다. 이것을 중국은 우주와 자연 법칙으로 돌리지만 서방은 종교적인 원인으로 돌린다.

기독교에서는 하느님이 아담을 창조한 뒤 다시 아담의 갈비뼈로 하와를 창조했다고 한다. 여자는 남자의 외로움을 덜기 위하여 창조된 것이다. 초기 기독교 성도 가운데 성 바오로 같은 이는 여자는 남자에게 신복臣服해야 한다고 생각했다. 여자들의 조상인 하와가 일찍이 아담을 유혹하여 하느님의 명령을 거역했기 때문에 순종하는 마음을 배양하고 침묵의 덕성을 유지해야만 하와가 범한 '원죄原罪'를 보상할 수 있다는 것이다.

'뭐라고 말하든' 성에 관한 한 여자의 운명은 모두 '하늘이 정한 것이기에 더 다듬을 필요가 없다.' 『사회계약론』을 낸 루소마저 '여자는 남자에게 신복하기 위하여 태어났으니 남자의 불의를 참고 받아들여야 한다.'고 말했다.

남자만 이렇게 말한 게 아니라 여자도 동일하게 말했다. 동한의 반소班昭는 「여계女誡」에서 '남편은 하늘이라, 하늘은 벗어날 수도 등질 수도 없느니라. 하늘을 거역하면 하늘이 그를 벌하느니라. 예와 의에 어긋나면 남편이 곧 하찮게 여길 것이니라. 그런 즉 남편 섬기기를 하늘 섬기듯 함은 효자가 아버지를 섬기는 것과 충신이 나라님을 섬기는 것 같으니라.'[32]라고 하였다. 과거 서방에서도 '여성에 대한 이런 관점'이 적지 않았다. 예컨대, 1842년 사라 엘리스Sara Ellis는 영국 여성들을 위해 쓴 일종의 '여성 교육용' 서적에서 이렇게 말했다.

"아내는 남편을 하느님과 원탁의 기사 갤러해드 나이트작爵의 종합

---

32 夫者天也, 天固不可逃, 天固不可違也. 行違神只, 天則罰之. 禮義有愆, 夫則薄之. 故事夫如事天, 與孝子事父, 忠信事君同也.

중국 문화 속의 사랑과 성

체로 보아야 한다."

그러면서 이렇게 찬양했다.

"당신 남편은 남자의 몸, 바로 우월한 것이니…… 고귀하고 교양 있으면서도 진정 선량한 남성의 본성에는 천사라야 가질 수 있는 기질과 역량과 생각 등 우리를 설레게 만드는 타고난 바탕이 있으니, 그것들이 일으키는 탄복과 존경의 마음은 실로 말로 다 형용할 수 없으니…… 우리는 그의 마음이 되어 그를 위해 함께 일하고 근심을 나누며 동고동락하리라!"

성에 대한 도덕관이 분명히 달랐던 원시 민족

그러나 이런 기울어진 침대가 인류사회의 공통 현상이라고 말한다면 분명 사실과 전혀 일치하지 않는다.

적지 않은 '원시 민족'에게는 아예 '여성의 정조'라는 관념이 없다. 예컨대, 남태평양 트로브리안드 섬 본토박이에 대해 인류학자 말리노프스키(B. Malinovski)는 조사 보고를 한 바 있다.

'이 본토박이에 대하여 말하자면 정조란 어떤 미덕도 아니다. 그들은 다른 사람들이 도저히 믿을 수 없을 만큼 아득한 옛날에 성생활에 대한 지식을 전수받았다.'

'어른이 된 뒤, 가리지 않는 자유연애를 한 뒤에야 비교적 항구한 감정으로 점점 발전된다. 그 가운데 어떤 연애는 결혼으로 끝을 맺지만, 이런 형편에 이르기도 전에 그들은 공공연하게 미혼의 처녀도 상당히 자유롭게 하고 싶은 바를 할 수 있다고 생각한다.'

심지어 어떤 민족은 소녀가 아직 사춘기에 들어가기 전에 나이 지긋

한 부인, 무당, 추장 또는 외지인을 불러 손이나 성교 의식으로 그들의 처녀막을 '제거'한다. 원元 나라 주달관周達觀은 「진랍풍토기眞臘風土記」에서 그가 진랍眞臘(오늘날 캄보디아)에서 직접 눈으로 본 '진담陣毯' 의식을 묘사했다. 소녀가 일곱 살 내지 아홉 살이 되었을 때, 식구 중 하나가 승려를 불러 소녀의 방으로 들여보내며 '직접 손으로 처녀막을 제거하도록' 부탁한다. 그런 다음 부모는 즉시 소녀를 '집 밖으로 내보내며 하고 싶은 대로 하도록 내버려두고 더 이상 딸을 구속하거나 방비하지 않는다.' 또 인도 남쪽의 토다족Toda은 다른 부락의 남자를 초대하여 마을에서 사춘기에 이른 소녀들을 모두 불러 한꺼번에 '파과'한다. 이런 의식의 진짜 기원이 어떻든 간에 정말 분명한 것은 결혼했을 때는 이미 '숫처녀'란 하나도 없다는 것이다. 그러니까 이들 사회에서는 '처녀막을 잃어버린' 여인이라야 비로소 결혼에 맞는다고 말할 수 있다.

여성의 처녀막을 중시하지 않는 토다족은 일처다부제一妻多夫制를 가지고 있다. 다시 말해 한 여인이 여러 남편을 가질 수 있다. (여러 남편은 일반적으로 형제이다.) 이들 '남편들'은 '아내를 위해 서로 양보'할 뿐만 아니라 아내의 새 애인도 태연하게 맞아야 한다. 왜냐하면 그들은 아내의 성생활을 제한하는 것은 '부도덕'이라고 생각하기 때문이다. 또 북극 지방의 어떤 민족은 친구나 손님이 집에 찾아왔을 때, 거침없이 자기 아내를 불러 친구나 손님과 함께 '하룻밤을 보내도록' 한다. 이는 주인으로서 따스한 정을 다 쏟으려는 것이다.

트로브리안드 섬의 본토박이는 일부일처제니 아내는 결혼 후에 남편에게 충성과 절개를 바쳐야 한다고 생각한다. 하지만 마리노스키의 말처럼 '이 규범은 엄격하지도 않고 강제로 집행할 수도 없다.' 어떤 부인이 남편이 멀리 나간 뒤에 임신을 했다면, 그건 그녀가 바닷가에서 몸을 씻다가 '아기 귀신'이 자기 자궁으로 들어와서 만들어졌다고 말할 수 있다.

중국 문화 속의 사랑과 성

'만약 남편이 그녀를 냉대하면 그냥 친정으로 돌아가면 그만이다……
그녀가 원하면 남편과 영원히 헤어지고 다른 남자를 찾아 결혼할 수도
있다.' 본토박이 부녀는 심지어 남자를 '집단적으로 강간'하는 일도 있다.
'부녀자들이 남자를 쫓고 남자를 잡아서 은밀한 곳을 가린 잎사귀를 찢
어낸 뒤 가장 뻔뻔스러운 방식으로 남자에게 성적 학대를 한다.'

　이런 '진기한 풍속'은 앞에서 이야기한 것과 많은 차이점이 있다.

성별과 권력, 그리고 침대 기울기

　같은 인류인데 왜 관념과 행동에 이렇게 큰 차이가 있을까? 그 주된
원인은 문화가 만들어냈다고 말할 수밖에 없다. 무릇 여성의 정조를 홀
시하는 곳에서는 여성이 혼인 전후에 성의 자유를 비교적 크게 누린다.
남편은 아내의 혼외정사에 대해 비교적 질투를 적게 하며 사회도 비교
적 가벼운 처벌만 한다. 일반적으로 여성이 비교적 높은 지위와 큰 권력
을 가진, 모권의 색채가 자못 농후한 사회이다. 이와 달리 남성의 지위와
권력이 높고 클수록 부권의 색채가 농후한 사회이다. 이런 사회는 여성
의 정결을 더욱 중시하며 여성의 성 활동에 대해서 엄격한 제한과 검사
를 철저히 한다. 그리고 여성이 정조를 지키지 못하면 노여움을 억제하
지 못하고 단호하게 처벌한다.

　그 속에서 권력의 흐름은 결정적인 역할을 한다. 색의 합성이라는 관
점에서 보면, '권력'이 '여성'과 비교적 큰 결합을 할 때, '여성'에게 '쾌락'
을 추구할 수 있는 비교적 큰 자유를 부여하고, '남성'의 성적 '경쟁'이
원인인 질투를 억압함은 물론 '여성'에게는 비교적 유리한 '도덕'과 '법률'
을 만든다. 이와 달리 '권력'이 '남성'과 비교적 큰 결합을 할 때, '남성'

에게 '쾌락'을 추구할 수 있는 비교적 큰 자유를 부여하고, '여성'이 성적 '경쟁'이 원인인 질투를 억압함은 물론 '남성'에게는 비교적 유리한 '도덕'과 '법률'을 만든다.

중국과 서방의 기독교 세계는 모두 부권 문화의 색채가 짙은 남존여비 사회이다. 이런 기울어진 침대는 사실 남성이 운용하는 권력이 만든 것이다. 많은 학자들은 모권(모계)사회는 부권(부계)사회보다 먼저 존재했다고 생각한다. 원시 민족에게서 모권(모계)사회의 흔적을 적잖이 볼 수 있다. 마리노스키는 이렇게 말한 바 있다.

"트로브리안드 섬사람은 모계사회를 이루고 있다. 다시 말해 모계를 따라 계승하고 결정한다. 손자는 어머니의 씨족으로 이루어진 촌락사회에 속한다. 재산이나 사회적 지위도 마찬가지이다. 아버지에게서 아들이 아니라 외삼촌에게서 생질로 전한다."

사실상 트로브리안드 섬은 모계사회에서 부계사회로 넘어가고 있다. 왜냐하면 족보상 권력을 가진 이가 이미 모계 안의 남성, 즉 외삼촌이기 때문이다.

중국에서도 『역경易經』의 전환을 통하여 이런 흔적을 볼 수 있다. 현재 많은 이들이 공부하는 『역경』은 주周 나라 때의 『주역周易』이다. 하지만 『주역』 이전에 지금은 전해 내려오지 않는 『상역商易』이 있었다. 『예기禮記』를 보면 공자는 「곤건坤乾」이라는 이름의 『상역』을 읽었다고 말한다. 여성을 대표하는 '곤坤'이 남성을 대표하는 '건乾' 앞에 있으니, 이는 중국에서도 일찍이 여성의 지위나 서열이 높은 시대가 있었음을 뚜렷하게 보여준다.

어떻든 남성이 점점 더 많은 권력을 가지면서, 남성들은 '건과 곤을 뒤바꾸며' 자기들에게 유리한 성 질서, 성 관념 그리고 성 문화를 만들었다. 앞에서 본 성별 색의 합성 관계가 바로 그렇다. 남성 권력이 만들어낸 침대는 분명 상당히 기울었다. 이른바 '기울기'란 언제나 상대적이다. 사회학적인 관점에서는 분명 기울었지만, 생물학적인 관점에서는 기본적으로 기울진 것을 바로잡기 위하여 만들어진 '평형平衡'일 수 있다. 이것을 이해하려면 시각을 바꿔야 한다. 아니면 '색상표'를 뒤집는 다른 글에서 남성과 여성, 성이 드러내는 원색의 색 합성 관계를 살펴봐야 할 것이다.

제 5 장

걱정 가득한 남근男根 ─ 중국 남성의 성에 관한 배색 사전

"중국 남성은 성적인 면에서 한 광주리나 되는 걱정을 가지고 있다. 자신의 남근과 성적 능력에 대한 걱정, 성행위가 건강에 끼칠 해로움에 대한 걱정, 거세당할 걱정, 여성의 성적 능력에 대한 두려움과 아내에게 배반당할 걱정 등등."

*

"정액의 유실이 신체를 허약하게 만든다는 생각은 완전히 심리적인 요인으로 생긴 것이다. 이것은 주로 부권사회의 남성 정액에 대한 높은 평가를 반영한다. 하지만 여성의 성적 능력에 대한 두려움은 여성의 능력에 대한 높은 평가가 아닌 듯하다. 이것은 사실에 더 접근한 정황을 반영한다."

*

"동서고금을 통해 성적인 면에서 갖는 남성의 걱정과 고통 그리고 악몽에 대하여 한 차례의 순례를 거친 뒤, 우리는 남성 전체가 비록 사회학적으로는 강자이지만 생물학적으로는 약자, 더 정확하게 말하면 생식학적인 약자라고 말하지 않을 수 없다."

이야기

그게 너무 작아서

항주杭州 출신의 장張 아무개 수재秀才가 서울 어느 도통都統네 집에서 훈장 노릇을 하게 되었다. 화원 가운데 서재가 있었는데 몸채에서 1백 보 정도 떨어진 곳이었다. 장 아무개는 평소에도 겁이 많고 소심해 밤이면 시동에게 곁에 있어 달라고 요구했으며 날이 저물어도 등을 켜야 잠자리에 들었다.

이렇게 한 해 남짓 지나 8월 한가위가 되었다. 달은 휘영청 밝은데 시동은 술을 마시러 밖으로 나가 아직 문을 잠그지 않은 상태였다. 장 아무개는 홀로 화원의 바위 위에 서서 달을 감상하고 있었다. 이때, 머리를 풀어헤치고 몸에는 실오라기 하나 걸치지 않은 여인이 저쪽 먼 곳에서 이리로 오는 게 보였다. 자세히 살펴보니 새하얀 피부에 얼굴과 몸에는 더러운 흙탕물이 튄 수많은 얼룩이 있었다. 깜짝 놀란 장 아무개는 분명 무덤을 뚫고 나온 강시僵屍라고 생각했다. 달빛에 비친 여인의 형형

한 두 눈은 사람을 공포에 떨게 했다. 놀란 장 아무개는 서재로 달려와 말뚝 하나로 방문을 버티고 자신은 이불 밑으로 몸을 숨긴 채 숨을 죽이고 훔쳐보았다. 잠시 후 방문 두드리는 소리가 들리더니 버텨놓은 말뚝이 부러지면서 여인이 벌써 당당하게 들어오고 있었다.

그 여인은 평소에 장 아무개가 쓰던 의자에 앉더니 책상 위의 서첩을 한 장 한 장 찢기 시작했다. 짝짝 종이 찢는 소리에 장 아무개는 혼비백산하였다. 더구나 그녀가 교편을 들어 탁자를 세차게 두드리는데다 천정을 쳐다보며 탄식까지 하자 장 아무개는 갑자기 정신이 혼미해졌다. 그런데 이런 중에도 여인이 자기의 아랫도리를 어루만지며 쓰다듬는 것을 느꼈다. 그녀는 아랫도리를 어루만지면서 꾸짖고 있었다.

"남쪽에서 온 놈은 물건도 이렇게 작단 말이야!"

그리고는 자리를 떴다.

이튿날 이른 아침, 시동은 장 아무개가 침대 위에 뻣뻣하게 굳은 채로 누워 아무리 불러도 정신을 차리지 못하는 것을 발견하고는 급히 도통에게 살펴보도록 하였다. 새앙즙을 입에 넣자 장 아무개는 비로소 눈을 뜨고 여러 사람 앞에서 어젯밤에 겪었던 장면들을 구체적으로 털어놓았다. 이야기를 다 듣고 나서 도통은 웃으면서 이렇게 말했다.

"두려워 마세요, 선생님. 그건 귀신이 아니라 여종입니다. 자기 남편이 죽은 뒤 너무 그리워하다가 그만 미치고 말았지요. 내가 그 여종을 가둔 지 벌써 이태가 넘었는데, 어젯밤에는 그만 쇠사슬을 벗겨내고 달려 나와 이렇게 일을 벌이고 말았으니, 얼마나 놀라셨습니까?"

그래도 장 아무개는 믿을 수 없었다. 그러자 도통은 그를 여종이 쇠사슬에 묶인 곳으로 데려가서 가만히 엿보게 하였다. 과연 어젯밤에 보았던 그 여인이었다.

이리하여 장 아무개의 근심은 깨끗하게 사라졌다. 하지만 그 미친 여종이 '물건이 이렇게 작단 말이야!'라고 했던 말은 생각할 때마다 부끄러웠다. 이를 안 시동은 웃으면서 이렇게 말했다.

"그래도 다행히 선생님의 물건은 작았으니 그랬지만, 이 집안의 어떤 남자들의 물건은 미친 여자의 마음에 들어 날마다 경을 쳤지요. 한 남자의 물건은 미친 여자에게 잡아 뜯기고 물어 뜯겨 하마터면 떨어져 나갈 뻔 했다니까요!"

(청淸, 원매袁枚「자불어子不語」)

음위陰痿

상서尙書 한계령韓桂舲은 장주長洲 사람이다. 그가 소년 시절 글방에서 공부를 할 때였다. 마침 사랑에 막 눈을 뜨는 사춘기였기에 주위에 사람이 없을 때면 손으로 자기 그것을 쓰다듬으며 장난질을 했다. 어느 날, 공교롭게도 고양이 한 마리가 그의 곁에 있다가 그의 그것이 꿈틀대는 것을 보곤 갑자기 훌쩍 솟구치더니 그의 무릎 위로 뛰어올랐다. 그는 뜻밖의 동작에 펄쩍 뛸 만큼 깜짝 놀랐다. 이 때문에 그는 음위에 걸리고 말았다. 하지만 그는 다른 사람에게 감히 이야기도 못하고 그럭저럭 시간을 보내다가 치료할 기회도 잃었다. 그 결과 그의 그것은 끝내 일어서지 못하게 되었다.

뒷날, 그는 고顧씨를 아내를 맞아들였다. 물론 이들은 부부로서 화목하게 지냈지만 사실은 이름만 부부일 뿐이었다. 그는 상서의 자리에 오른 뒤에도 다른 사람과는 달리 희첩을 두루 두지 않았기에 어떤 이가 호기심을 참지 못하고 까닭을 물었다. 그는 그제야 이런 말 못할 사정을 슬쩍 털어놓았다.

(청淸, 채형자采蘅子「충명만록 蟲鳴漫錄」)

인간 새우

청나라 초기, 이전 왕조 명나라의 유신遺臣 아무개는 국난에 순사하려고 마음은 먹었지만 스스로 목을 자르거나 매지도, 물이나 불에 뛰어들지도 못했다. 결국 그는 전국 시대 신릉군信陵君을 본받아 쾌락 속에서 죽는 방법을 택하기로 했다. 다시 말해 맛있는 술과 아름다운 여인을 마음껏 즐기며 죽음에 이르기로 한 것이다. 이리하여 그는 희첩을 마구 들이며 온종일 부끄럼도 모르고 방탕한 생활에 빠졌다. 이렇게 몇 년을 보냈지만 그래도 죽을 정도는 아니었다.

하지만 신장의 정기가 지극히 허해지자 끝내 허리가 굽으며 곱사등이가 되고 말았다. 구부러진 허리가 꼭 잘 익힌 새우처럼 되어 제대로 설수도 없었다. 그러다가 이제는 바닥에 엎드려 기어야만 되었다. 사람들은 그를 보고 '인간 새우'라고 얕보며 놀렸다. 이렇게 스무 해가 지나 여든네 살이 되어서야 세상을 버렸다.

왕자견王子堅 선생께서는 어렸을 때 이 늙은이를 보았다고 말한다.

(청清, 원매袁枚 「자불어子不語」)

음기 과다로 사망한 왕교王巧

제양濟陽에 살던 처녀 주周 아무개는 왕교王巧에게 시집을 가서 그의 아내가 되었다. 결혼 후 한 달이 지난 어느 날 그녀는 친정으로 부모를 뵈러 왔다. 친정으로 온 다음날 아침, 남편 왕교가 뜻밖에도 세상을 떠났다. 왕교는 아내가 쑨 죽을 먹은 뒤 갑자기 심한 복통과 함께 구토와 설사 끝에 죽었기에 시부모나 이웃은 그녀가 자기 남편을 죽였다고 여기

중국
풍속화
06

제5장 걱정 가득한 남근男根 - 중국 남성의 성에 관한 배색 사전

며 관아에 고발했다.

제양 장청헌長清縣 현령 주원朱垣은 그녀가 만든 죽 가운데 남은 죽과 왕교가 게워낸 음식물을 개에게 먹였다. 그러나 개들에게는 어떤 이상 증세도 보이지 않았다. 현령은 검시관을 보내 시체를 조사하도록 하였다. 하지만 시체에서도 아무런 중독 현상이 나타나지 않았다. 앙다문 이만 아무리해도 열 수가 없었다. 또 죽은 왕교의 그것이 뱃속으로 오그라져 있었다. 현령은 왕교의 아내를 소환하여 이렇게 물었다.

"죽은 이의 입이 굳게 닫힌 채 열리지 않으니, 그대가 억울한 사정이 있어도 밝히기 힘들 터, 만약 그대가 죽은 이의 입을 열 수 있다면, 내가 그대를 위해 억울함을 씻어주겠소."

그녀는 흐느껴 울면서 앞으로 다가와 무릎을 꿇고 왕교의 굳게 닫힌 입을 열었다. 곁에서 지켜보던 이들이 모두 몹시 놀라며 두려움에 휩싸였다. 검시관이 은수저를 죽은 이의 목구멍 깊숙이 넣어 독을 검사했다. 그리고 이 은수저를 여러 사람들 앞에 보였다. 은수저는 아무런 색깔의 변화가 없었다. 왕교가 약물로 중독되어 죽은 것이 아니라는 사실을 알게 되었다.

현령은 이제 왕교의 아내에게 남편이 죽기 전의 상황을 자세히 캐묻고 나서야 왕교가 죽기 전날 밤, 이들 부부가 세 차례나 계속 교합을 했으며, 이튿날 이른 아침에 일어나 냉수를 세 사발이나 거푸 마신 뒤 죽을 먹고 얼마 지나지 않아 죽었다는 것을 알아냈다. 현령은 거듭 탄식을 하며 그녀의 시부모와 이웃들에게 이렇게 말했다.

"왕교는 음기가 너무 넘쳐 죽었소, 아내가 독살한 게 아니오."

전후 사정과 진상을 알게 된 사람들은 잇달아 무릎을 꿇고 감사를 드린 뒤 왕교의 아내를 일으켜 부축하고 집으로 돌아갔다. 왕교의 아내도 죽은 남편을 위하여 수절했다. 굳은 뜻을 지키면서 다시는 다른 곳으로 시집을 가지 않았던 것이다.

(청清, 육이첨陸以湉 「냉려잡지冷廬雜識」)

오밤중에 행한 응급 진료

한 젊은이가 사촌 형에게 의탁하며 그 집에서 지냈다. 사촌 형의 집엔 방이 세 칸, 중간은 빈 채로 남겨두었다. 사촌 형 내외와 그는 각각 양쪽에 거처했다. 세 사람은 모두 의술을 조금 알고 있었다.

어느 날, 밤은 이미 깊었지만 젊은이는 아직 잠들지 못하고 있는데 갑자기 사촌 형수가 부르짖는 소리가 들렸다.

"도련님, 이리 와 봐요, 빨리요, 빨리!"

젊은이는 급히 일어나 사촌 형 내외가 잠자는 방문 앞으로 달려가 문이 열리기를 기다렸다. 하지만 형수는 방문을 열지 않고 안에서 소리만 질렀다.

"형님이 지금 위급해 자리를 뜰 수 없어요, 자리를 떴다간 살릴 수 없을 거예요! 도련님께서는 창문으로 들어오세요."

똑똑한 젊은이는 사촌 형이 분명 양기 과다 소모로 '탈양脫陽'했음을 금세 알아차렸다. 그는 의서를 열심히 공부했던지라 잠자리에서 일어나는 이런 급병에는 쑥 치료가 최고라는 것을 진즉 알고 있었다. 이리하여 그는 먼저 쑥을 준비한 뒤 창문을 깨고 안으로 들어갔다. 방으로 들어오니 어스레한 가운데에도 사촌 형과 형수 두 사람이 넓적다리를 교차한 채 포갠 모습이 어렴풋이 보였다. 그는 이불을 벗길 수 없었다. 하지만 상황이 매우 급박한지라 방안에서 가위 하나를 급히 찾아서 이불 위를 더듬으며 그 부분에 상당하는 곳에 한 치 남짓한 구멍을 하나 낸 뒤 노출된 꼬리뼈에 쑥을 놓고 불을 붙였다. 뜻밖에 위쪽에 있는 이는 형수였다. 그러니까 그는 형수의 꼬리뼈에 뜸을 놓은 것이다. 형수는 맨 엉덩이에 쑥뜸의 뜨거운 기운이 번지자 깜짝 놀라 소리쳤다. 하지만 쑥뜸의 화기가 형수의 몸을 지나 형의 물건을 관통하자 의식불명에 빠졌던 형은 화기의 충격을 받으며 즉시 깨어났다.

어떤 이는 이렇게 말했다.

"생기가 서로 일치하면 몸을 대어서 치료할 필요가 없다. 이로써 '의자의야醫者意也'[33] 이치를 알 수 있느니라."

(청淸, 채형자采蘅子 「충명만록蟲鳴漫錄」)

약 찌꺼기

어느 황제가 재위 중일 때, 궁중에 수많은 궁녀들이 이성을 그리워하며 번민하다 비실비실 힘을 잃어가고 있었다. 어의가 이렇게 말했다.

"이 병을 고치려면 수십 명의 소년을 약으로 삼아야만 합니다."

황제는 어의의 요구를 받아들였다. 며칠 뒤, 궁녀들은 하나같이 생글방글 편안하고 즐거운 모습이었다. 그들은 황제께 감사드리며 허리를 깊이 굽혔다.

"폐하께서 내리신 약으로 저희들의 병이 깨끗이 나았습니다!"

하지만 궁녀들 뒤에 엎드린 수십 명의 소년들은 모두 시들시들한데다 비틀거려서 보통 사람의 모습과는 전혀 달랐다.

---

33 병을 고치는 데는 온갖 정성과 마음을 기울여야 한다는 뜻.

황제가 이렇게 물었다.

"이게 뭔가?"

어의는 이렇게 대답했다.

"약 찌꺼기이옵니다."

(명明, 정선鄭瑄 「작비암일찬昨非庵日纂」)

거시기를 잘라버린 여자

동광東光 지방에 사는 갑이라는 사내는 같은 마을에 사는 을이라는 여자와 사사로이 정을 통하며 지냈다. 이들은 둘 다 뜨거운 정으로 즐거움에 넘쳐 평생 함께하기로 맹세했다. 그러나 뒷날, 갑은 아버지의 결정으로 이웃 마을의 다른 여자에게 장가를 들어야 했다. 갑은 자기 아내도 괜찮다고 생각하며 이제 을과의 관계는 아예 끊었다.

어느 날, 갑은 골목에서 생각지도 않게 을과 부딪쳤다. 을은 갑에게 이렇게 말했다.

"새 사람 만났다고 옛정을 잊다니, 어찌 그렇게 매정할 수 있소?"

그러면서 갑을 은밀한 곳으로 이끌고 가더니 마구 원망을 퍼부었다. 갑은 달콤한 말로 거듭 사죄했다. 그제야 을은 화를 조금 누그러뜨리며 갑에게 집적거리기 시작했다.

을은 갑의 물건을 손으로 꽉 쥐면서 이렇게 말했다.

"이건 원래 내가 그렇게도 사랑하던 보물, 지금은 벌써 다른 사람 차지가 되었으니, 정말 원망스럽소!"

한바탕 이리 뒹굴고 저리 뒹굴며 깊은 사랑을 나눈 뒤, 을은 갑자기 베개 밑에 감추었던 작은 칼을 꺼내더니 갑의 물건을 한 칼에 잘라냈다.

그 물건과 음낭이 뿌리째 잘렸다. 갑은 아랫도리를 움켜쥐고 아픔을 억지로 견디며 황급히 달아났다. 그러나 을은 베어낸 물건을 보물처럼 여기며 두루주머니에 보관하며 몸에 차고 다니다가 한가할 때는 꺼내어 완상했다. 이 물건의 뾰족한 부분을 잡고 흔들면 음낭 안의 고환 두 개가 댕그랑댕그랑 소리를 냈다.

갑은 허겁지겁 집으로 돌아간 뒤 그대로 누운 뒤 일어나지 못했다. 아내가 그에게 무슨 일이 일어났느냐고 물었지만 그는 끝내 대답하지 않다가 얼마 뒤 세상을 떠났다. 그가 누웠던 이부자리엔 선혈이 낭자했다. 갑의 아버지는 관아에 하소연했지만 살인범을 찾을 수 없었다.

관아에 근무하는 심부름꾼 아무개의 친척 한 사람은 거리를 오가며 엿을 파는 장사치였다. 어느 날, 이 사람은 어느 집 문 앞에서 엿을 사라고 외치고 있었다. 이때, 그는 길가에서 장난을 치는 서너 명의 젊은 여자들을 보았다. 그 가운데 나이가 비교적 많고 미모가 제법인 여자를 다른 여자들이 언니라고 부른다는 사실을 알았다. 서너 명의 다른 여자들은 그녀에게 엿을 사 달라고 떠들었다. 가진 돈이 없다고 하자 서너 명의 여자들이 이렇게 말했다.

"두루주머니에서 댕그랑댕그랑 소리가 나는데, 언니는 어째 돈이 없다고 하오?"

이 여자들은 언니의 손목을 잡고 두루주머니를 강제로 열어젖혔다. 그곳에는 놀랍게도 작은 새만한 괴상한 물건이 있었다. 게다가 이 물건은 냄새까지 풍기고 있었다. 도대체 이게 무엇인지 알 수 없었던 이들은 놀랍고도 의아해 이렇게 물었다.

"썩어 문드러져서 먹을 수 있겠소?"

그러면서 이것을 바닥에 팽개쳤다. 알고 보니 이 언니가 바로 을이었다. 을은 금세 얼굴이 빨개지며 이것을 얼른 두루주머니에 집어넣었다.

엿장수는 이 장면을 빠짐없이 지켜보고 있다가 관아의 심부름꾼 아무개에게 일러바쳤다. 관아의 심부름꾼은 이 사실을 다시 관아에 보고했다. 이리하여 을은 관아로 구인되어 심문을 받게 되었다. 을은 사실대로 모든 잘못을 자백했다. 물론 을은 사형 판결을 받았다.

(청淸, 이경진李慶辰 「취다지괴醉茶志怪」)

어부의 아내가 남편의 거시기를 끊어버리다

저공褚公이 현관으로 재직할 때였다. 그 지방에 사는 한 어부의 아내는 남편이 밖에 나가 여색을 좇으며 못된 짓을 일삼는지라 몇 차례나 그러지 말라고 타일렀지만 들은 체도 않자 어느 날 밤 남편이 깊이 잠든 뒤 칼을 꺼내 남편의 거시기를 잘라버렸다. 이웃에 사는 어부가 이 사실을 알고 관아에 고발했다. 어부의 아내는 남편의 거시기를 풀로 싼 뒤 관아에 올렸다. 저공은 이를 보고 큰 소리로 외쳤다.

"야, 물건 한번 크다!"

훗날 그 어부는 뜻밖에도 건강을 회복했다. 하지만 그의 목소리는 옛날과 전혀 달랐다.

(청淸, 제련諸聯 「명재소지明齋小識」)

공포의 이빨

사천四川에 사는 갑이란 젊은이가 신혼 사흘째에 아내와 깊은 사랑을 나누던 중 갑자기 물건이 절단되어 피를 흘리다가 결국은 세상을 떠나고 말았다. 집안에서는 관아의 검시관을 청하여 주검을 살피도록 하였다. 검시관은 주검을 살핀 뒤 이렇게 보고했다.

"상처를 살펴보니 예리한 가위로 잘린 게 아니라 입으로 떼어낸 듯합니다."

현령은 새색시를 관아로 불러 심문했다. 새색시는 눈물을 흘리며 말했다.

"즐거움을 나누는 중에 물어뜯었습니다."

현령은 웃음을 참으며 되물었다.

"그럼 그대가 그것을 입안에 머금고 있었단 말이오?"

새색시는 머뭇거리다 말했다.

"아니, 아닙니다."

현령이 다시 물었으나 이제는 입을 열지 않았다.

현령은 어쩔 수 없이 여자 검시관에게 새색시의 그곳을 검사하도록 하였다. 그 결과 여자의 음순 양쪽에 이빨이 위아래 두 줄로 들쭉날쭉 배열된 것을 발견했다. 여자 검시관은 너무도 기이한 나머지 손가락을 넣어 보았다. 두 줄로 늘어선 이빨이 돌연 꽉 무는 바람에 하마터면 여자 검시관의 손가락도 물어뜯길 뻔했다. 여자 검시관은 이 사실을 현령에게 급히 보고했다. 현령은 새색시에게 곤장을 몇 대 안긴 뒤 석방했다.

(청淸, 이경진李慶辰 「취다지괴醉茶志怪」)

알몸의 여인

관선官船 한 척이 강가에 정박했다. 관선에 소속된 관리 한 명이 배 위에서 사방을 둘러보다가 강기슭에 누워 있는 알몸의 여인을 발견했다.

보아하니 죽은 것 같았다. 옷가지와 반짇고리는 길가에 방치되어 있었다. 관리는 먼저 이 여인이 도적을 만나 강간당했을 거라고 생각했다. 하지만 그런 것 같지도 않았다. 그래서 그는 뭍에 올라 살펴보았다.

그는 먼저 손으로 여인의 아랫배를 눌러 보았다. 딱딱했다. 게다가 그곳에는 남성의 정액이 있었다. 이로 미루어 보건대 윤간을 당한 뒤 잠시 기절한 것 같았다. 관리는 사내종을 시켜 헌 짚신을 찾아 불을 붙여 태우게 했다. 그런 뒤 여인을 엎드린 자세로 하고 그곳에 뜨거운 연기를 쐬도록 했다. 이렇게 한 다음 관리와 사내종은 배로 돌아와 여인을 바라보았다. 한참이 지나자 여인은 깨어나 엉금엉금 기어가서 옷을 입고 반짇고리를 챙기더니 자리를 뜨는 게 보였다.

여인이 자리를 뜬 뒤, 관리는 다시 뭍으로 올라 아까 그 자리로 가서 자세히 살펴보았다. 여인이 엎드렸던 자리에 한 되나 됨직한 남자의 정액이 흘러 있었다.

뒷날, 이 관리는 탐문하는 중에 여인이 원래 식량을 나르는 배에 올라 바느질거리를 처리하며 먹고산다는 것을 알았다. 뱃사람들이 여인의 행동거지가 경박한 것을 보고 집적거렸고, 여인도 바람기가 있었던지라 생글생글하며 그들을 따랐던 것이다. 식량을 나르는 배에 타고 있던 마흔 남짓 되는 뱃사람들이 모두 차례차례 여인과 교합을 했고, 일이 모두 끝난 뒤에 보니 여인이 사경에 이른지라 그녀를 옷가지와 반짇고리까지 함께 강기슭으로 옮겨 버렸던 것이다. 그런 뒤 뱃사람들은 돛을 올리고 떠났던 것이다.

그 관리는 오랫동안 벼슬길에 있으면서 도서의 교열과 보관 등의 작업에 참여해 왔기에 의학서적을 통해 여러 치료 방법을 알고 있었던 것이다.

(청淸, 채형자采蘅子「충명만록 蟲鳴漫錄」)

교묘하게 위기를 벗어난 음탕한 여인

을乙의 아내는 같은 마을에 사는 갑甲과 남몰래 사사로이 정을 통했다. 얼마 뒤 갑의 아버지도 을의 아내와 그렇고 그런 사이가 되었다. 그런데도 을은 아무것도 모르고 있었다.

어느 날, 갑은 을이 외출하는 것을 보자 곧장 을의 아내를 찾아왔다. 둘이 이제 막 불꽃을 튀기려는데 갑의 아버지도 뜻밖에 을의 아내를 찾아왔다. 갑은 문틈으로 엿보다가 얼른 침대 밑으로 숨었다. 을의 아내는 문을 열고 갑의 아버지를 맞아들였다. 두 사람이 이야기를 나누고 있을 때 멀리 을이 밖에서 돌아오는 모습이 보였다. 을의 아내는 문간에 놓인 막대기를 얼른 들더니 갑의 아버지에게 이것을 들고 문 가운데에서 짐짓 화난 모습으로 서 있고 자기는 손을 들어 막아서는 몸짓을 하기로 했다. 그러면서 갑의 아버지에게 결코 소리를 내지 말라고 일렀다.

방안으로 들어선 을은 이 모습을 보자 이렇게 물었다.

"아니, 무슨 일이오?"

을의 아내는 즉시 대답했다.

"이 양반 아들이 아비 돈을 털어 노름을 하다가 몽땅 다 잃고 빚까지 지자 노름판에 있던 사람들이 이 양반 집으로 달려가서 아들 목숨까지 앗으려고 하자 이 집 아들이 깜짝 놀라며 위기를 넘기려고 우리 집으로 도망 왔어요. 그러니까 이 양반은 여기까지 달려와 제 아들 찾는다고 난리지만, 우리 집은 범인 숨겨주는 곳이 결코 아니라고 이 양반에게 일러주었지요. 그러니 당신께서 이 어른에게 돌아가는 게 좋다고 말씀해 주세요!"

아내의 말을 듣고 을은 갑의 아버지에게 좋은 말로 타일렀다. 갑의 아버지는 을의 아내가 지시한 대로 절대로 그냥 둘 수는 없다는 모습을 짐짓 보였다. 을이 다시 완곡하게 타이르자 그는 막대기를 내려놓고 집으로 돌아갔다.

갑의 아버지가 집으로 돌아가자 을의 아내는 이제 침대 밑에 대고 소리쳤다.

"짐승 같은 놈아, 네 놈의 아버지는 갔다! 노름을 하다니, 집안 망할 짓이야. 더 이상 노름을 하지 마라. 그래 지금 목숨을 잃을세라 겁이 나서 남의 집 규방에까지 들어왔으니, 정말 내가 깜짝 놀라 죽을 뻔했다니까. 우리가 부부가 아니라면, 그래, 네놈이 어떻게 빠져나갈 수 있겠어?"

갑은 침대 밑에서 기어 나오더니 을과 그의 아내에게 연신 허리를 굽실거리며 인사한 뒤 자리를 떠났다. 이 더러운 사건은 당사자들의 실명을 쓸 수가 없기에 그저 갑이나 을로 이름을 대신했다. 음탕한 이 여인의 교활함은 참으로 온갖 수단과 방법을 가리지 않고 있다.

(청淸, 용눌거사慵訥居士 「지문록咫聞錄」)

피를 떨어뜨려 자기 혈육 확인하기

산서성山西省에 사는 갑甲은 동생에게 재산을 돌보도록 맡기고 자신은 외지로 나가서 장사를 했다. 그는 외지에서 장가를 들어 아들 하나를 낳았지만 십여 년이 지난 뒤 아내가 병으로 세상을 버리자 그만 아들을 데리고 고향으로 돌아왔다. 동생은 형이 재산을 되찾아갈까 걱정이 되었다. 그리하여 형의 아이는 다른 집 아이를 양자로 삼아 길렀다고 중상모략하며 부업父業을 계승할 수 없다고 주장했다. 이렇게 빚어진 갈등을 해결하지 못하고 형제는 결국 관아에 소송을 제기했다.

현령은 아예 멍청하고 어리석어 갑이 장사를 하던 곳으로 진위를 캐

묻는 공문을 보내지도 않고 뜻밖에도 피를 떨어뜨려 자기 혈육을 확인하는 오래된 방법으로 검사하여 확인했다. 결과적으로 이 아이와 갑의 피가 서로 합해졌기에 동생의 무고로 판결하였다. 현령은 동생을 장형으로 다스린 뒤 관아 밖으로 내쫓았다. 동생은 피를 떨어뜨려 자기 혈육을 확인하는 방법을 결코 믿지 않았다. 그도 아들이 하나 있었기에 스스로 피를 내어 검사했다. 둘의 피는 서로 합해지지 않았다. 이렇게 되자 그는 현령의 판결이 아무런 근거도 없이 내려졌다며 상소했다.

그가 재산을 독차지하기 위하여 윤리 따위는 내팽개치자 이에 반감을 품은 마을의 어떤 이가 관아에 출두하여 이렇게 증언했다.

"갑의 제수는 지금까지도 어떤 사내와 가깝게 지내고 있습니다. 지금 그 아들은 그의 혈육이 아니니 두 피가 합쳐질 리 없지요."

말도 증거도 분명했다. 결국 갑의 제수가 저지른 간통 사건은 사실로 밝혀졌다. 현령은 이 여자와 사통한 사내를 붙잡아 심문했다. 이 사내도 고개를 숙이고 죄를 인정했다.

갑의 동생은 부끄러워 쥐구멍에라도 들어가고 싶은 심정이었다. 결국 그는 말도 없이 사라졌다. 그의 아내와 아들도 어디론가 달아났다. 집안의 재산은 이제 모두 갑에게로 돌아갔다. 이 일을 알게 된 이들은 모두 손뼉을 치며 즐거워했다.

(청淸, 기효람 紀曉嵐 「열미초당필기閱微草堂筆記」)

나 장관羅長官

만력萬曆 병술丙戌 연간에 서울에 어느 품팔이꾼의 아내가 살고 있었다. 이 여자는 원래 궁궐을 지키던 '나 장관'이라는 별명을 가진 군인 나

羅 아무개와 사이좋게 지냈지만 작은 일로 사이가 틀어지면서 관계를 끊었다. 그녀는 오랜 세월이 지난 뒤에도 욕망이 불처럼 타오를 때면 당근을 몇 개 골라서 날마다 밤에 잠자리에 들면 이것으로 자위행위를 했다. 이 여자는 쾌감이 자못 절정에 이를 때면 당근을 나 장관이라고 자주 불렀다. 이웃에서는 이 소리를 듣고 그녀가 다시 나 아무개와 옛 교분을 회복했다고 생각했다.

부근에 사는 건달 하나가 이 품팔이꾼 아내의 미모에 침을 흘리며 몇 차례나 집적거렸지만 그녀가 거들떠보지도 않자 마음에 원한을 품고 있었다. 어느 날, 품팔이꾼이 막 외지에서 돌아와 밤이 되자 아내와 잠자리에 들었다. 건달은 이것도 모르고 그녀가 나 장관을 소리 내어 부르지 않아 홀로 밤을 지내는 줄로만 여기고 칼을 들고 이 집으로 잠입했다. 그녀를 칼로 옥죄어 제 것으로 만들 생각이었던 것이다. 그는 침대 머리맡을 더듬다가 남자 머리가 만져지자 나 아무개로 여기며 마음속에 솟구치는 화를 이겨내지 못하고 칼을 연신 휘둘러 목을 벤 뒤에야 자리를 떴다.

소동이 벌어졌지만 관아에서는 판결할 수 없었다. 이웃 하나가 이렇게 말했다.

"예전에 밤이면 밤마다 이 여자가 오랫동안 가까이 지내던 나 장관을 자주 부르던 소리가 들렸었습니다. 우리는 그 소리만 들었을 뿐 나 아무개는 한 번도 본 적은 없습니다."

관아에서는 나 아무개가 이제 타오르는 질투 때문에 사람을 죽인 것으로 생각했다. 그리하여 그에게 사형 판결을 내렸다. 나 아무개는 온 힘을 다해 억울함을 호소했지만 결백을 증명할 길이 없었다.

집으로 돌아온 건달은 온종일 한숨을 연달아 내쉬었다. 아내가 까닭을 캐묻자 그는 그제야 사건의 전말을 다 밝혔다. 하지만 생각지도 못하게 그의 아내도 다른 사내와 사사로이 정을 통하고 있었다. 바로 이때 침대 밑에 숨어 있던 건달의 아내와 사통하던 사내는 건달을 죽인 뒤 그 아내를 자기가 차지할 생각을 하고 있었다. 그는 사건 내막을 듣고 즉시 관아에 건달을 고발했다. 건달은 사형 판결을 받았고 나 장관은 석방되었다.

(청淸, 조길사趙吉士 「기원기소기寄園寄所寄」)

정수리에 못을 박아 사람을 죽인 사건

지원至元 10년 계미년, 요충숙姚忠肅이 요동 지방의 안찰사 자리에 있을 때였다. 무평현武平縣에 사는 백성 유의劉義는 자기 형수가 외간 남자와 공모하여 자기 형 유성劉成을 죽였다고 관아에 고발했다. 무평현의 현령 정흠丁欽은 유성의 시체를 샅샅이 검사했지만 상흔을 찾아낼 수 없었다. 이 때문에 그는 입맛을 잃을 정도로 근심에 잠겨 있었다. 정흠의 아내 한韓씨가 무슨 일로 그렇게 근심에 잠겼는지 물었다. 정흠은 그 까닭을 아내에게 말했다. 한씨는 남편의 말을 듣고 이렇게 일렀다.

"어쩌면 시체 정수리에 못이 있을지도 모릅니다. 도료로 발라서 숨기면 보고도 알아낼 수 없답니다."

정흠은 다시 시체 머리 부분을 자세하게 살폈다. 과연 정수리에 못이 하나 박혀 있었다. 이리하여 사건을 처리한 뒤 정흠은 보고서를 다 작성하여 안찰사에게 올렸다.

요충숙은 이 사건이 참으로 수상쩍다고 생각하며 정흠을 특별히 불러서 자세하게 캐물었다. 정흠은 사건의 내막을 설명했다. 게다가 아내 한씨의 지혜와 총명을 한바탕 자랑하기까지 했다. 요충숙은 정흠에게 이렇게 물었다.

"그대의 아내가 그대에게 시집올 때 처녀였소?"

정흠은 이렇게 대답했다.

"아니옵니다. 저와는 두 번째였습니다."

요충숙은 사람을 보내 한씨의 전남편의 관을 파헤치게 했다. 전남편의 시체 정수리에는 과연 똑같이 못 하나가 박혀 있었다. 증거는 너무도 분명했다. 요충숙은 한씨를 체포했다. 그리고 그녀에게 사형 판결을 내렸다.

정흠은 이 일로 크게 놀라 공포에 떨다가 그만 죽었다. 당시 백성들은 요충숙을 송나라 때의 포청천이 다시 세상에 나타났다고 말했다.

(명明, 도종의陶宗儀 「남촌철경록南村輟耕錄」)

이
야
기
뒤
의
이
야
기

남성에게 남근이 갖는 특수한 의미

몇몇 수컷 동물에게 남근은 생식이나 쾌락의 기능 이외에 다른 의미를 지니고 있다.

이런 사실을 믿는 많은 이들은 일찍이 동물원에서 아래 모습을 직접 본 적이 있을 것이다.

수컷 원숭이는 도전을 받으면 분노로 포효할 수 있다. 게다가 사타구니 아래 시뻘겋게 발기된 남근을 노출시키기도 한다. 이런 장소에서 발기된 남근은 결코 성욕의 상징이 아닌 '위협'이나 '공격'의 신호이다. 자연 환경 속에서는 이런 현상을 더 많이 볼 수 있다.

원숭이 무리가 이동할 때, 방어를 책임진 '수비병'은 무리를 에워싸고 얼굴을 바깥으로 돌린 채 두 다리를 쩍 벌리고 발기된 남근을 노출시킨다. 적이 나타나면 그들은 이것을 쉬지 않고 흔들며 자기 배를 때린다. 여기에서 발기된 남근은 적을 '위협'하는 동시에 무리를 '보호'하는 의미를 함께 지닌다. 계급이 분명한 개코원숭이 왕국에서 계급이 높은 개코원숭이는 통상 으쓱대며 두 다리를 벌려 거드름을 피울 때면 남근을 내밀며 눈길을 끈다. 이는 계급이 낮은 암수 개코원숭이에게 '누가 가장 강한지' 일깨우며 그들을 복종시키는 행위이다. 아메리카 주에 사는 계급이 높은 다람쥐원숭이는 발기된 남근을 계급이 낮은 다람쥐원숭이의 얼굴을 향해 휘두르기도 한다. 이런 장소에서 발기된 남근은 '권력'의 상징이 된다.

인류 문명 발전의 역사에서 재미있는 유적들을 볼 수 있다. 고대 이집트인들은 남근을 우뚝 세운 원숭이 상을 신성의 상징으로 여기며 벽화나 조각에서 숭고한 지위를 부여했다. 지위가 괜찮았던 어느 이집트 남성이 죽은 뒤, 그의 남근은 세심하게 신경을 써서 발기한 자세로 세우고 거기에 썩지 않는 기름을 발라 영원히 꺼지지 않는 권세를 과시했다. 고대 그리스의 히에라폴리스에는 높이 200피트에 달하는 남근 조각이 수없이 솟아 있다. 이것들은 비너스 신전을 보위하기 위하여 세워진 것이라고 한다. 로마 폼페이에서 출토된 옛 성 몇몇 민가와 도로 모퉁이 담장 위에는 모두 발기된 남근(그리고 두 개의 고환) 돌 조각이 새겨져 있다. 이것은 사악한 마귀를 막아내고 위험을 없애며 행운을 가져오기 위해서였다.

중국에서는 마을 바깥쪽에 사악한 기운을 몰아내고 마을을 보호하기 위해 높은 탑을 세웠다. 어쩌면 이것도 발기된 남근의 변형일지도 모른다. 게다가 앞에서 말한 것처럼 혈통의 전승 및 부권을 상징하는 조상의 위패는 바로 발기한 남근이다.

남성은 이제 자기와 가까운 동물 친족들처럼 발기된 남근으로 다른 이를 위협하고 진압할 수 없지만, 앞에서 말한 문명의 유적들은 이런 마음을 다시금 내보이고 있다. 앞 장에서도 남근을 가진 남성의 여성에 대한 위협과 진압을 보여준다. 그러나 '나쁜 일과 좋은 일은 서로 깊은 관계가 있으며' '근심과 즐거움은 함께'라는 말처럼 부권사회에서는 남근이 비록 남성의 환락과 권력과 행운의 근원이지만 또한 고통, 근심, 악몽의 집합이기도 하다. 이런 점을 이해해야만 남성의 성에 대한 주도적인 '배색'이 어떻게 이루어졌는지 비교적 전면적이고 깊은 인식을 가질 수 있다.

중국 남성의 성에 대한 초조한 마음

앞에 나온 여러 이야기는 바로 중국 남성의 성에 대한 초조한 마음과 고통, 악몽을 반영한다. 그 주요 내용은 이렇다.

첫째, 자신의 남근과 성 능력에 대한 우려이다. 「그게 너무 작아서」에서 장 아무개 수재는 정신 나간 여자가 자기 남근을 보고 '물건이 이렇게도 작단 말이야!'라고 평가하자 항상 마음에 그 말을 품고 있었을 뿐만 아니라 부끄러워서 어쩔 줄 모른다. 그것이 '그렇게 크지 않다'는 생각은 수많은 중국 남성의 마음속에 감추어진 근심이다. 만약 여성 앞에서 비웃음을 당한다면 그야말로 말할 수 없을 만큼 커다란 치욕이다. 「음위」의 한계령처럼 음위 때문에 써먹으려고 해도 써먹을 수 없다면 그야말로 남성의 가슴에 자리 잡은 '커다란 근심'이 아닐 수 없다. 중국 민간이나 한의에서는 '남성의 아홉 가지 허물'[34]을 이야기하고 있다. '남성의 아홉 가지 허물'이란 사실 '남성의 아홉 가지 근심'이다.

둘째, 성행위가 건강에 끼칠 해로움에 대한 우려이다. 「인간 새우」

---

34 性器短小, 見色不擧, 擧而不堅, 堅而不久……

에서 명나라 유신은 절제 없이 성욕에 탐닉하다가 '신장의 정기가 지극히 허해지며' 이제는 똑바로 설 수 없어 새우처럼 허리가 구부러진다. 또 「음기 과다로 사망한 왕교」에서 왕교는 세 차례 교합 후에 세 사발이나 되는 냉수를 연거푸 마시고 목숨을 잃는다. 「오밤중에 행한 응급 진료」에서는 사촌형이 아내와 즐거움을 나눌 때 하마터면 양기 과다 소모로 죽을 뻔하였다. 「약 찌꺼기」에서 소년들은 궁녀들의 욕구를 풀어준 뒤 하나같이 '시들시들하고 비틀비틀해서' 보통 사람의 모습과는 전혀 달랐다.

이것들은 성행위로 몸이 허약해지고 기운이 빠지며 죽음에도 이를 수 있다며 중국 남성들이 깊이 걱정하고 있음을 분명하게, 또는 넌지시 보여준다.

셋째, '거세'에 대한 초조한 마음이다. 「거시기를 잘라버린 여자」에서 여자를 농락한 뒤 차버린 갑은 결국 그 여자에게 '거세'를 당한다. 또 「어부의 아내가 남편의 거시기를 끊어버리다」에서 어부는 밖에서 여색을 좇는 일에 빠지며 지내다가 자기 아내에게 남근을 잘리고 만다. 「공포의 이빨」 속의 신랑은 결혼한 지 사흘째 되는 밤에 새색시의 그곳에 늘어선 예리한 이빨에 '찰카닥' 물건이 잘린다. 의학적인 면에서 보면 이런 일은 별로 가능하지 않다. 하지만 정말 끔찍한 악몽이다.

넷째, 여성의 성 능력에 대한 두려움이다. 「약 찌꺼기」에서 여러 소년들은 몇 차례의 육체적 관계 끝에 '시들시들한 모습'으로 변하지만 궁녀들은 오히려 하나같이 '생글방글 편안하고 즐거운 모습'이다. 이런 '차이'가 무엇을 의미하는지는 너무나 분명하다. 「알몸의 여인」에 나오는 여자는 마흔 명 남짓의 선원들과 일일이 교합하며 미친 듯 즐거움에 빠졌지만 이 때문에 잠시 인사불성이 된다. 하지만 관리 아무개가 이 여자의 그곳에 뜨거운 연기를 쐬자 한 되나 되는 정액을 내놓은 뒤 아무 일도 없었다는 듯이 집으로 돌아간다. 이런 지구력, 아니 성에 대한 '놀라운 소화력'은 남성들이 도저히 따라갈 수 없을 뿐만 아니라 남성들의 마음속에 두려움을 일으킨다.

다섯째, 아내의 배반에 대한 우려이다. 「교묘하게 위기를 벗어난 음탕한 여인」 속에서 을의 아내는 남편을 배반하며 갑의 아버지와도 사통했을 뿐만 아니라 참으로 교활하게 하늘도 속일 정도의 사기 행각으로 진상을 전혀 모르는 을을 '남에게 좋은 일만 하는' '오쟁이 진 남자'로 만든다. 이런 '지혜형의 배반'은 많은 남성들을 식은땀 흘리게 한다. 「피를 떨어뜨려 자기 혈육 확인하기」에서 갑의 동생은 참으로 비참하다. 자기 아내에게 배반당했을 뿐만 아니라 아내는 또 다른 남자와 사통하며 '그를 위해' 아들까지 낳았다. 게다가 그는 지금까지 이 '죄악의 씨'를 혈육으로 여기며 키우기까지 했다. 「나 장관」에서 아내는 '여자로서 지켜야 할 도리'를 지키지 못하고 온갖 벌과 나비를 유혹했기에 결국엔 자기 남편에게 횡액을 안기고 만다. 「정수리에 못을 박아 사람을 죽인 사건」에서 아내는 남편을 배반했을 뿐만 아니라 사통한 사내와 손발을 맞추며 본 남편을 모살한다. 참으로 슬프게 하는 일이다.

많은 남성들은 '거시기'가 조금만 더 크길 바란다

"인생은 십중팔구 뜻대로 되지 않는다."고 한다. 중국 남성들의 성에 대한 근심, 걱정, 악몽은 적지 않다. 하지만 중국 남성만 그렇지는 않다. 이런 점에서 중국 남성과 서양 남성은 똑같이 '난형난제難兄難弟'이다.

먼저 남근의 대소 문제를 보자. 필자와 함께 공부한 의사 장한성江漢聲의 말에 의하면, 우편을 통하여 그에게 의학 상담을 요청한 많은 편지 가운데 반수 이상의 남성들은 모두 '발육 불량', 다시 말해 '왜소한 성기'

에 대해 원망하고 있다. 서양에서도 사정은 비슷하다. 한 조사에 의하면, 현대 미국 성년 남성의 남근은 발기했을 때의 길이가 10~18cm이지만 중국 남성은 7~16.5cm이다. 중국인이 분명 서양인보다 '한 치수 작다.' 어쩌면 이 때문에 현대 중국 남성은 남근 길이에 대해 미국 남성보다 비교적 큰 걱정을 하는 듯 보인다.

서양 남성들은 남근 크기에 대해 '매우 만족하지 못한다.'는 대답이 비교적 적지만 1981년에 나온 「하이디 남성 성 보고서」에 의하면 '당신은 남근 길이에 만족합니까?'란 문항에 대해 대다수 미국 남성은 '조금 더 컸으면 한다.'라고 대답했다.

사실상 인류의 동물 가족이 발기했을 때의 평균 길이는 고릴라가 겨우 3cm, 오랑우탄은 3.6cm, 침팬지는 7.5cm이다. 따라서 인류가 '가장 길다'고 할 수 있다. 하지만 많은 남성들은 여전히 만족하지 못하고 '조금만 더 컸으면' 한다. 이 밖에도 오늘날 성에 대한 임상보고에서는 남근의 크기는 여성의 오르가슴과 아무런 인과 관계도 없다고 지적한다. 단지 2%의 여성만이 '거대한 남근'을 가장 좋아하는 남성의 특징으로 여길 뿐이지만 남성은 오히려 자기 것이 '그리 크지 않다'며 염려한다.

남성의 이런 우려는 생물학적 기초가 없다. 그렇게 큰 실질적인 의미가 있는 것도 아니다. 이것은 남성의 남근을 온전히 '위풍' 또는 '남권'의 상징으로 여기는 심리일 따름이다. 「하이디 보고서」에 있는 것처럼 '일반적으로 남성은 더 큰 남근이 남성을 대표한다고 생각한다.' 이는 분명 남근의 의미를 '더 높이 평가'하는 것이다.

거세에 대한 초조한 마음과 성에 대한 비정상증후군

'왜소한 남근'보다 더 중요한 남모르는 근심은 '거세에 대한 초조한 마음'이다. 인류 역사에서 남성이 거세된 예는 적지 않다. 예컨대, 과거 중국의 태감太監, 비잔틴 제국의 거세된 관리, 게다가 서방의 오페라 극장에 소속된 거세된 가수 등이 그렇다. 그러나 사람의 마음을 진정 흔드는 것은 「거시기를 잘라버린 여자」나 「어부의 아내가 남편의 거시기를 끊어버리다」, 그리고 얼마 전 '미국 여성이 자기 남편을 거세한 사건' 등이다. 남성이 여성에게 거세당한 상황은 쾌락의 근원뿐만 아니라 그야말로 남성의 '모든 존엄과 영광'을 앗은 것이기 때문이다.

하지만 남성이 진정 거세당한 경우는 극소수에 지나지 않는다. 대부분의 남성이 걱정하는 바는 사실 '국부성 거세'라 일컬어지는 다른 경우다. 그러니까 여자 앞에서도 발기하지 않음(실질적인 음위), 발기했지만 힘이 없음(상대적인 음위), 힘 있는 상태가 오래 가지 않음(조루) 등 '성에 대한 비정상증후군'이다. 이것들이 중국에서 전통적으로 말하는 '남성의 아홉 가지 허물'의 주요 내용이다. 이는 서방 남성에게도 커다란 근심거리이다. 「하이디 남성 성 보고서」에 의하면 64%에서 66%에 이르는 미국 남성들이 '발기부전'을 경험했다고 한다. 그리고 본인이 '너무 일찍 사정한다.'고 생각하는 남성은 무려 69%에서 71%에 달했다. 성에 관한 현대 임상의학에 따르면, '남근에 대한 비정상증후군'은 거의 '초조한 마음'이라는 심리적 요인 때문에 생긴다고 한다.

중국 남성들은 거세에 대한 또 다른 특수한 근심이 있다. 바로 '음축증陰縮症'이다. 당사자는 남근이 날마다 점점 움츠러들어 결국에는 뱃속으로 오므라든다고 생각한다. 이 때문에 종일 걱정과 불안으로 자신의 남근을 시시로 잡아당기며 '진짜' 뱃속으로 들어가지 못하도록 한다. 서양 사람들은 이런 병적 상태의 '초조성 망상'이 매우 적다. 하지만 일부 서양 남성들 중에는 '피학대증masochism' 환자들이 있다. 이들은 여성의 질 속에 단단한 이빨이 자라고 있거나 사람을 졸라매는 밧줄이 걸려 있다고 묘사한다. 또는 남근을 '물어뜯거나', '목을 졸라 죽이는' 무서운 것이 있다고 묘사한다.

요컨대, 남성은 거세에 대한 초조한 마음을 한 광주리나 가지고 있다. 프로이드는 남성의 성 심리 발전을 제시할 때, 사내아이는 자기 남근이 충분히 자라서 단단해지면서 그에게 쾌감을 준다는 것을 알고 나면 일종의 용맹스러움과 행복감을 그에게 준다고 말했다. 그러나 여자아이는 이런 '물건'이 없다는 것을 안 뒤에 이런 감각을 심화하는 외에도 남근을 잃었다는 근심을 한다(어린 마음으로 그 물건이 본래 있었으나 뒷날 거세되었다고 생각한다.) 그가 '남근을 만지작거리다가' 어른에게 발견되면, 어른(특히 어머니나 보모)은 '또 이런 장난을 하면 네 잠지를 떼어버릴 테다!'라고 협박한다. 이때, 그의 근심과 두려움은 더욱 깊어진다. 이런 근심과 두려움은 뒷날 '남녀 차이'의 진정한 원인을 이해한 다음에 점점 약해지지만 무의식에 여전히 남아 있다.

지난 날, 중국인이나 서양인은 약속이나 한 듯이 어린 시절의 과도한 수음手淫이 뒷날 왜소한 성기, 음위, 조루의 원인이라고 생각했다. 하지만 이는 아무런 과학적 근거가 없다. 그것은 오로지 남성의 무의식에 남아 있는 거세에 대한 초조한 마음을 반영할 뿐이다.

중국의 신허腎虛와 서양의 신경쇠약

성행위가 남성 신체를 허약하게 만들 것이라는 우려는 중국이나 서양에서 의견이 일치한다. 그들 모두에게 핵심은 정액이다. 즉 남성의 정액은 생명을 창조하는 귀중한 원천이므로 정액의 유출은 반드시 남성의 신체를 허약하게 만든다고 생각한다.

수隋 나라 때 방중술을 다룬 의학서적 『소녀방素女方』에는 무절제한 탐닉으로 빚은 과도한 성욕이 초래하는 '오로칠상五勞七傷'에 대해 이렇게 묘사했다.

"두 눈이 흐릿흐릿 분명하지 않고 바람이 불면 눈물이 저절로 나온다. 머리와 뒷덜미가 느닷없이 뻣뻣해지고 방향을 돌릴 수가 없다.…… 먹고 마신 음식이 기침과 함께 올라오고 얼굴이 누렇게 마르며, 소변이 줄줄 흐르고 맑은 정액이 저절로 나온다. 발기 불능이 되고, 때가 되어도 일을 이루지 못하며, 정강이가 시큰시큰 쑤시고 아프다. 혹은 손바닥 발바닥에 열이 나고 가슴이 답답하고 괴로우며 몸이 붓는다. 또한 잠잘 때 식은땀이 나고, 팔다리에 쥐가 난다. 혹은 느리기도 조급하기도 하며 꿈을 꾸며 갑자기 놀란다. 호흡이 가파르고 입술과 혀가 바짝 말라 소갈消渴에 걸린 것 같다. 금세 잊고 자주 슬픔과 걱정에 빠지며 흐느껴 운다."[35]

1세기, 그리스 명의 아레테우스Areteus는 이렇게 말했다.

"젊은 남자가 절제 없이 성욕에 탐닉하면 행동이 굼뜨게 되고 기운이 빠지며 걸음걸이가 비틀거린다. 또 몸이 마르고 허약해지며 추위를 무서워한다. 게다가 팔다리에 힘이 빠지고 주의력과 집중력이 떨어지며

---

35 兩目茫茫, 得風泪出, 頭項寄僵, 不得回展…… 飮食欬逆, 面目痿黃, 小便淋漓, 淸精自出; 陰痿不起, 臨事不對, 足脛酸痛; 或五心煩熱, 身體浮腫; 盜汗流離, 四肢拘攣; 或緩或急, 夢寐驚恐; 呼吸短氣, 口乾舌燥, 狀如消渴; 忽忽喜忘, 或悲憂嗚咽.

216
중국 문화 속의 사랑과 성

온갖 병이 몸에 붙고……."

1707년 독일 의사는 이렇게 말했다.

"정액을 과도하게 소모하면 권태, 쇠약, 무력한 동작, 몽롱한 정신, 발열, 입안 건조, 욱신거리는 뇌막, 감각 둔화, 척수 손상 등이 생기며……."

서방 세계 사람의 이런 관점은 『소녀방』의 견해와 거의 일치한다. 단지 중국인은 위에 기술한 증상을 '신허腎虛'라고 말하지만 서방 세계 사람들은 '신경쇠약neurasthenia'이라고 말한다(오늘날 신문이나 잡지 광고란에 보이는 '신경쇠약'이라는 단어는 바로 서양에서 온 것이다.)

현대 의학의 관점에서, 정액은 그리 '값지고 귀한 것'이 아니다. 이것은 정자(일반적인 세포와 다른 점은 오로지 반수염색체를 가지고 있으며 꼬리가 많다는 점이다.), 단백질, 과당, 광물질, 효소 따위로 구성되어 있다. 정자는 정자 세포에서 끊임없이 만들어지지만 다른 성분은 일상 음식에서 골고루 섭취해서 체내에서 합성한다. 남성의 한 차례 사정 양은 3~5cc라 하지만 이것은 타액과 마찬가지로 언제든지 다시 생산할 수 있다.

어떤 이야기에서는 남성이 한꺼번에 많이 사정하며 정액을 끊임없이 내놓으면, 심지어는 『금병매金瓶梅』에 나오는 서문경西門慶처럼 '정액이 다하여 피가 이어지면' 여성의 배 위에서 '양기 과다 소모'로 죽는다고 설명한다. 현대 의학의 관점에서, 남성이 성행위 중에 급사하는 일은 분명 발생할 수 있지만 그런 일은 거의 '발작성 심장병' 때문에 일어나지 정액과는 관계가 없다. 더구나 '정액이 다하여 피가 이어지는' 일은 일어날 리 없다. 연구에 의하면, 남성이 몇 차례 계속 사정하면 정액 양이 점차 감소하여 최후에는 정액을 내놓지 못하지만(정액을 미처 보충하지 못해) 쾌감은 느낄 수 있다고 한다. 그러나 서른 시간 내지 마흔 시간의 '휴양'을 하면 정상적인 양으로 회복될 수 있다.

정액 유실이 신체를 허약하게 만든다거나 심지어는 위에서 이야기한 것처럼 '신허'나 '신경쇠약'이라는 심각한 증상으로 나타나는 것은 완전히 심리적 요인일 뿐이다. 그러나 이런 점은 부권사회에서 '남성 정액에 대한 높은 가치 평가'를 반영한다.

여성의 성 능력에 대한 깊은 이해와 두려움

'여성의 성 능력에 대한 두려움'이란 문제는 부권사회의 여성 능력에 대한 '높은 평가'일 가능성은 거의 없고, '사실'에 더욱 접근된 정황을 반영할 뿐이다.

「알몸의 여인」에서 마흔 명이 넘는 선원들을 상대로 하나하나 큰 전투를 벌인 바느질꾼 여인, 제3장에 나오는 「어느 복진」에서 삼사십 명의 소년과 번갈아가며 교합을 벌인 복진 등은 중국 전통 사회 속에서 '음탕한 여인'이다. 이른바 '음탕한 여인'이란 사실은 어떤 면에서 사회에 의한 교화나 도덕적인 예법 등으로 길들여지지 않은 '원시적인 여인'을 가리킨다. 성적인 면에서 보인 이들의 야만스런 행동은 아직 문명에 물들기 전에 여성이 가졌던 '원시적인 성의 모습'에 더욱 가까울지 모른다.

사실 중국에서는 이른 시기에 여성의 성 능력이 남성보다 강하다는 생각이 있었다. 『소녀경素女經』에서도 소녀素女는 '여자가 남자보다 낫습니다. 이는 물이 불을 이기는 것과 같지요.'[36]라고 한다. 중국의 음양오행설에서 여성의 성 능력은 '수水', 남성의 성 능력은 '화火'로 보았다. 그리하

---

36 女之勝男, 猶水之勝火.

여 '수水'는 '화火'를 '극克'하지만 '화火'는 '수水'를 '가열加熱'할 수 있고, '수水'는 '화火'를 '박멸撲滅'할 수 있다. 이것은 남녀의 성 능력의 높고 낮음을 비유로 생동감 있게 반영한다.

보카치오의 『데카메론』에는 이런 이야기가 있다.

어느 성직자가 자신의 성기를 '마귀'에, 어느 여성의 성기를 '지옥'으로 간주한다. 그는 몇 차례나 거듭 '마귀'를 '지옥'으로 들여보내며 '하느님을 정성스레 모시는' 행위라고 생각한다. 그러나 결국은 기력이 마음을 따라주지 못한다. 하지만 여성은 그에게 계속 '당신의 마귀로 나의 이 지옥의 폭동을 진압해 달라.'고 요구한다. 여성의 잦은 요구를 만족시킬 수 없었던 이 성직자는 결국 그녀에게 '그대의 지옥을 편안하게 하려면 참으로 많은 마귀가 있어야겠소.'라고 고백한다. 성직자는 최선을 다했다. 그는 이렇게 드문드문 여성의 지옥을 만족시켰지만, 그것은 마치 사자의 입 속에 집어넣은 콩 한 알과 같았다.

이 이야기는 지난날 서양인들의 남녀 성 능력의 높고 낮음에 대한 깊은 이해 끝에 내린 또 다른 비유라 할 수 있다.

동물로 눈길을 옮기면 아래 사실을 발견할 수 있다.

몇몇 암컷 영장류 동물은 발정기에 진입하면 성욕이 왕성해질 뿐만 아니라 성행위를 받아들일 수 있는 아주 놀랄 만한 힘이 생긴다. 영국의 인류학자 구달J. Goodall의 보고는 암컷 침팬지는 발정이 되면 몹시 흥분하여 같은 무리 속의 거의 모든 수컷 침팬지를 '이 올가미 속으로 들어오게' 한다고 지적한다. 수컷 침팬지는 보통 '첫 번째 북소리에는 사기가 충천하고, 두 번째 북소리에는 사기가 감소하고, 세 번째 북소리에는 이제 사기는 찾을 수 없다.' 이때, 몇몇 암컷 침팬지는 더욱 욕심을 부리며 수컷 침팬지의 그것을 잡아당기며 '한 번만 더' 재촉한다. 「알몸의 여인」, 「어느 복진」, 『데카메론』에 나오는 여인 등은 이런 동물 친척을 생각하게 한다.

최근의 성에 관한 임상전문가 마스터스^{Masters}와 존슨^{Johnson} 부부의 연구에 의하면, 여성은 분명 남성보다 훨씬 큰 오르가슴 가능성을 가지고 있으며, 자극을 충분히 주면 수많은 여성들이 여러 차례 오르가슴에 이른다. 예컨대 전기 안마봉을 사용하면, '한 시간 혹은 더 긴 시간의 자극으로 스무 차례 내지 쉰 차례 연속 오르가슴에 이르며, 오로지 완전히 허탈해졌을 때야 정지되었다.'고 한다.

학문 이론이나 원리로 말하면, 어떤 남성도 여성에게 '완전한 성 만족'을 안길 수는 없다. 여성이 남성에 비해 훨씬 큰 잠재력을 갖춘 것은 생물학적 바탕이 있기 때문이다. 하지만 이에 대해 남성은 위협과 우려와 두려움을 느끼고 있으며, 이것은 전혀 근거 없는 이야기가 아니다. 더 기막히게도 많은 남성들이 조루나 음위 등 성적 능력 면에서 비정상적인 경우가 많아서 남성들을 우려와 두려움으로 몰아넣고 있다는 사실이다.

아내가 다른 사내의 씨를 가졌을까 걱정

끝으로, 남성을 원통함과 고통 속으로 끌어들이는 가장 큰 걱정은 자기 아내가 스스로 원했든 원하지 않았든 다른 사내에게 '파종'되었지만 자신은 진상을 전혀 모를 경우이다. 이런 걱정은 부권사회에 두루 존재한다.

『한비자韓非子』에는 이런 이야기가 있다.

연燕 나라 사람 이李 아무개의 아내가 다른 사내와 사사로이 정을 통하며 지냈다. 어느 날, 이 아무개가 밖에서 돌아왔을 때, 아내와 사사로이 정을 통해온 사내가 바로 방안에 있었다. 이 아무개 아내의 마음을 잘 아는 여종이 묘한 계략을 내놓았다. 몰래 정을 통해온 사내에게 머리를 풀어헤치고 벌거벗은 채 밖으로 뛰어나가게 한 것이다. 이 아무개는 이해할 수 없다는 듯 곁에 있던 이들에게 물었다. 하지만 곁에 있던 이들은 아무 것도 보지 못했다는 표정을 지었다. 오히려 이 아무개가 '귀신을 보았다.'고 되씌웠다. 결국 귀신의 앙화를 풀기 위하여 이 아무개는 아내가 뿌린 '개똥'을 뒤집어써야 했다.

「교묘하게 위기를 벗어난 음탕한 여인」은 오래된 이 이야기의 복사판이라고 할 만하다. 이런 이야기뿐만 아니라 서방에서도 유사한 이야기가 전해 내려온다. 예컨대 『데카메론』에 나오는 이야기 하나가 그렇다.

어느 미장이가 외지에 나가서 일을 하게 되었다. 그 틈을 타서 그의 아내는 어느 젊은이와 남몰래 사사로이 정을 통하고 있었다. 그런데 어느 날, 이 미장이가 갑자기 집으로 돌아왔다. 그의 아내는 젊은이에게 커다란 술통 안에 들어가 숨도록 하였다. 그런 뒤 문을 열고 남편을 집안으로 들어오게 했다. 그녀는 남편에게 먼저 이렇게 입을 떼었다.

"외지에 나가셨으면 열심히 일을 하셔야지요."

먼저 이렇게 남편을 나무란 뒤 말을 이었다.

"저 큰 술통을 다른 이에게 팔려고 했는데 마침 높은 값에 사려는 이를 찾았어요. 지금 그 사람이 술통 안을 살피고 있어요."

미장이는 이 말을 듣고 참으로 기뻤다. 아내의 정부는 이리하여 술통 밖으로 아무 탈 없이 기어 나왔다. 그리고 술통 안이 너무 더러워서 불만이라고 중얼거렸다. 미장이의 아내는 남편에게 술통 안으로 들어가서 더러운 찌꺼기를 제거해 달라고 했다. 그리고 그녀는 술통 안의 남편에게 지시를 내리면서 술통 밖에서 정부와 성행위를 벌였다.

아내의 바람기에 대한 극도의 우려는 「피를 떨어뜨려 자기 혈육 확인하기」처럼 자신이 온갖 정성을 다해 키운 자식이 뜻밖에도 다른 사람의 '종자'일 수 있기에 생기는 두려움이다. 이것도 서양문학에서 지금까지 묘사해온 예민한 문제이다. 셰익스피어의 명작 『겨울 이야기』에는 이런 내용이 나온다.

시칠리아의 국왕은 아내의 부정을 의심한다. 그는 일찍이 보헤미아 왕이 그녀의 몸에 '파종'을 했다고 생각한다. 이 때문에 그는 미친 듯이 사납게 날뛴다. 그는 몇 번이나 '아들' 마릴리우스의 얼굴을 꼼꼼히 살펴보며 고통스럽게 울부짖는다.

"내 머리는 받아들일 수 없단 말이야. 마릴리우스, 너는 내 아들인가?"

아내의 배반에 바보 취급까지 받으면서도 자신은 알지도 못한다는 공포와 우려는 비록 부분적으로는 병적인 이상 상태에 가깝지만 '비이성적'이지는 않다. 사실 1940년대, 어느 뛰어난 미국 의사(이 분은 자기 이름이 노출되는 것을 꺼렸다.)는 산부인과에서 수집한 신생아 1천 명과 아이 부모의 혈액검사표로 인류혈액형의 유전 문제를 연구하면서 거의 10%에 달하는 신생아가 간통의 산물이라는 것을 발견했다. 부모에게는 없는 혈액형 물질이 적혈구에 하나 이상 있었던 것이다. 이들은 분명 다른 남성에게서 온 것이었다. 하지만 '불쌍한' 남편은 아내의 몸에 다른 남성이 '파종'한 뒤에도 전혀 모르고 있었던 것이다.

근심의 근원-생물학적인 약자

동서고금을 통해 남성의 성에 대한 근심, 고통, 악몽을 한차례 살핀 뒤, 전체적인 모습으로 보면 비록 남성이 '사회학적인 강자'라 할지라도 '생물학적인 약자', 더 정확하게 말한다면, '생식학적인 약자'라고 말하지 않을 수 없다. 왜냐하면 남성의 성에 대한 잠재능력은 여성만 못하고 실질적인 면에서나 상상적인 면에서 성 기능 장애도 적잖이 가지고 있는데다 여성이 낳은 아이가 진정 자기의 DNA(다시 말해 자기의 씨)를 갖고 있는지도 확실히 알 수 없기 때문이다. 이런 형편은 부권(부계) 사회에서 더욱 심각한 모습으로 드러난다. 왜냐하면 권력은 남성에게 많은 짝을 주었고 많은 교합을 하게 했으며, 또한 남성들이 성행위를 할 때 '힘이 모자라 뜻대로 되지 않는 경우'를 더 많이 만들었기 때문이다. 또한 자녀를 반드시 잘 가르치고 키워야 할 책임에다 재산까지 아들에게 물려줘야 하는 '아버지'로서 그들의 자녀가 자기 유전자를 가져야 하는 '신뢰도'는 더 많은 근심을 만들어낸다.

사회생물학자는 동물의 경우 자기 후손에 대한 관심도와 유전자의 상관성을 나타내는 '신뢰도'가 정비례한다고 생각한다. 수많은 어류와 깊은 바다에 사는 무척추동물은 이른바 '혈육의 정'이 없다. 그들은 '체외

수정'으로 누가 자기 후손인지 확인할 수 없기 때문이다. 가장 큰 혈육의 정을 가진 것은 암컷 포유동물이다. 후대를 자기 몸속에서 기르고 낳았으니 자기 유전자를 가질 수 있는 '신뢰도'가 완전 100%이기 때문이다. 서로 한데 어울리며 뒤섞여 성행위를 벌이는 포유동물에게서는 '자식에 대한 아버지의 정'을 보기가 힘들다. 그들도 누가 자기 '새끼'인지 확인할 수 없기 때문이다. '자식에 대한 아버지의 정'을 바치려면 다른 경쟁자를 먼저 배제해야 한다. 그리고 자기가 '유일한 파종자'가 될 수 있는 '신뢰도'를 높여야 한다. 하지만 이것이 바로 수컷이 질투하는 주요 원인이다.

일부다처제를 행하는 고릴라나 개코원숭이에게서 수컷의 초보적인 질투와 경계 행위를 볼 수 있다. 고릴라나 개코원숭이 왕은 다른 수컷이 자기의 처첩을 '넘보려고' 시도하면 즉시 큰소리로 으르렁거린다(이 소리는 마치 '내 마누라에게서 좀 떨어져!'라고 말하는 것 같다). 심지어 손을 보며 훈계하기도 한다. 일부일처제를 행하는데다 수컷이 새끼를 먹여 기르는데 까다롭고 힘든 책임을 맡은 조류에게서도 더욱 진일보한 수컷의 질투와 경계 행위를 볼 수 있다. 많은 조류는 둥지를 틀며 알을 낳기 전에 수컷과 암컷은 사이가 너무 좋아 항상 붙어 지낸다. 예컨대, 제비는 암컷이 어디로 가든 수컷도 그곳으로 간다. 이 모습은 보이지 않는 실이 이들을 서로 잡아끄는 것 같다. 보통사람들은 이것이 그들의 '대단히 깊은 부부 사이의 사랑'으로 여기기 십상이지만 사회생물학자는 암컷의 바람기를 막는 '전방위' 경계 행위라고 밝힌다. 수컷 제비의 이런 근심과 경계는 '현명한' 행위이다. 브레이Kennelly Bray 등의 다음 보고가 그 근거가 된다.

블래이 등은 붉은어깨검정새 여러 마리를 번식기 바로 전에 '짝 짓기' 해 주었다. 이들 수컷은 예전대로 암컷과 함께 '신방'을 차리고 교배를 했다. 그런데 암컷이 낳은 알에서 뜻밖에도 자그마한 새가 부화될 수도 있다. 이는 암컷이 쥐도 새도 모르게 '외도'를 했다는 뜻이다. 다시 말하면, 다른 놈이 자기 암컷에게 '파종'했다는 말이다. 하지만 이렇게 되어도 명의상의 '아버지'는 '새끼'에게 부지런히 먹이를 찾아 먹이며 길러야 한다.

이런 각도에서, 부권사회에서 남성의 아내에 대한 갖가지 질투와 경계-처녀 여부 검사부터 그곳에 자물쇠 채우기와 정조대까지-는 이런 점 때문에 발전해왔다고 말할 수 있다. 그러나 남성은 수컷 개코원숭이나 수컷 고릴라, 그리고 수컷 새 등의 행동보다 '너무 과도'하다. 수컷 개코원숭이와 수컷 고릴라는 자기 처첩이 발정기, 다시 말해 임신이 가능할 때에만 '본능적'으로 질투와 경계 행동을 보일 뿐이다. 발정기가 지났을 때에는 설령 처첩이 다른 수컷과 공공연하게 자기 앞에서 서로 어루만지고 쓰다듬으며 뒹굴어도 보통 '마음에 두지도 않고' 귀찮다는 듯이 거들떠보지도 않는다. 그리고 수컷 새는 신경을 곤두세우며 암컷의 '바람기'를 경계하지만, 이것도 암컷이 알을 낳기 전 며칠 동안일 뿐이다. 이런 수컷 동물보다 남성이 훨씬 '빈틈없는 경계'를 하는 것은 본능 외에도 자기 처첩을 '재물'로 여기는 문명의 요소 때문이다.

여성의 성욕에 대한 무리한 억제

남성이 '권력'으로 자기 '생식'의 약점을 해결한 이외에도 남성에게는 또 다른 약점이 있다. 바로 여성보다 못한 성에 대한 잠재력이다. 앞 장에서 이야기한대로 이런 문제를 해결하기 위한 부분적인 노력은 성 도덕에 관한 이중 기준의 또 다른 요소를 이루고 있다. 즉 여성의 성욕을 억제하는 것이다.

마스터스와 존슨 부부의 연구에서 나타나듯 만약 육체가 극도로 피로하지 않다면, 여성은 지속적이고 무한정 오르가슴에 이를 수 있다. 이는 여성의 성행위의 본질일 것이다. 그러나 이 점은 남성에게 더할 수 없을 만큼 커다란 압력이요 위협이다. 더구나 자신의 '힘이 마음과 같지 않을' 때에, 여성의 '난 정점까지 가야 돼', 또는 '그래, 조금만, 조금만 더' 같은 외침은 더 '귀에 거슬리게' 들린다. 이 때문에 부권사회로 발전하기 시작하면서 여성의 성욕을 어떻게 억제할 것인가의 문제는 중요한 '문명' 작업이 되었다. '여성의 무절제한 성욕을 무리하면서도 억제하는 것은 현대 문명 시작의 필요조건이다.'라는 여성주의자 셔피M. J. Sherfey의 말도 같은 맥락이라 할 수 있다. 결국 부권사회의 성도덕을 통하여 이런 무늬를 보지만 그 성과는 대단히 풍성하다. 왜냐하면 절대다수의 여성은 이런 가르침 속에서 '서방님, 조금만, 조금만 더'라고 자주 부르짖던 목마른 암컷에서 머리를 조아리며 옷자락을 매만지는 숙녀로 변했기 때문이다.

생물학적인 관점에서 보면 앞에서 말한 '기울어진 침대'는 그 원인이 부분적으로는 남녀 생식이나 성 능력의 '기울기'에서 비롯되었다. 또한 이것은 남성이 자기에게 불리한 약점을 감추기 위해 만든 것이다. 하지만 이런 되돌림 이외에 남성도 자신에게서 원인을 찾으며 자기의 성 능력과 쾌락, 건강 증진에 마음을 썼다. 이런 노력은 성에 대한 방종 문화 속의 두 성분, 즉 다음 장에 나오는 정력제와 방중술을 탄생시켰다.

제6장

임상공학 — 정력제와 방중술의 허실

"눈앞에 펼쳐진 정력제 가운데 중국에는 비교적 특별한 것이 있다. 바로 숫처녀의 월경이나 숫총각의 오줌을 달여 만든 홍연환紅鉛丸과 추석산秋石散이다. 이것은 물론 중국인의 생화학에 대한 몇몇 기본적인 개념을 반영하는 것이지만 생명력이 왕성한 처녀 총각의 몸에서 청춘의 샘을 얻으려는 중국 보양학파의 의도를 반영한다."

*

"중국과 인도, 두 나라의 유사한 방중술은 역사적인 문화 교류 이외에도 중국인과 인도인의 유사한 신체 개념을 한층 더 반영한다. 이들은 육체의 단련을 통하여 이상 속의 관념 세계에 도달하려고 했다. 성기와 성교 동작에 대한 단련은 기공 및 요가와 더불어 모두 하나의 개념에서 생겼다."

*

"어떤 면에서, 방중술은 성별 착취의 색채가 농후한 듯하다. 그러나 남성이 착취하려는 것은 사실 가치라고는 전혀 없는 '여성이 성행위 때 내놓는 액체'일 뿐이다. 하지만 이것을 얻기 위해 여성이 오르가슴에 도달하도록 만들어야 한다. 결국 방중술은 여성을 오르가슴에 이르도록 만드는 학문과 기술로 변했다."

이야기

백정

북경의 향산香山 부근에 군인 가정이 있었다. 평상시에는 시누이와 올케 두 사람이 집을 지켰다. 올케언니는 천성이 음탕하여 뒷문 가에 오 줌장군을 배치하여 오가는 남자들이 소변을 보게 하고 남자들의 물건이 볼 만하면 즉시 집으로 불러들여 그 짓을 벌였다. 이렇게 어언 몇 년이 흘렀다.

어느 날, 시누이와 올케가 문 뒤에 몸을 숨기고 기다리고 있었다. 마 침 양을 잡는 백정이 외발수레를 밀고 가다가 오줌장군을 보자 다가와 서 일을 보았다. 올케언니는 이 양반의 물건이 지금껏 본 것보다 훨씬 크 다는 것을 알고 미칠 듯이 기뻐하며 당장 문을 열고 침실로 불러들였다. 그리고는 다짜고짜 백정의 아랫도리를 벗기고 굶주린 호랑이가 먹이를 덮치듯 신속하고 맹렬하게 그의 몸 위에 걸터앉았다. 그녀의 시누이는 곁 에 앉아 이 모습을 보며 올케언니가 일을 끝내면 자기 차례가 올 것이라고 생각했다.

　그런데 예상치 못하게 백정은 장기전을 그대로 견디며 오시午時에 시작한 일을 미시未時가 되어서야 끝냈다. 백정은 침대에서 기어 나오더니 배가 고프다는 소리부터 질렀다. 급히 한 상 차려 올렸음은 물론이다. 배를 배불리 채운 뒤, 시누이는 자기 차례가 되었다고 생각했다. 시누이는 재빨리 이 양반의 아랫도리를 벗기고 물건을 어루만지며 쓰다듬었다. 게다가 입으로 빨아주기까지 하자 물건은 재빨리 다시 발기했다.

　그런데 생각지도 않게 올케언니가 말했다.

　"이 양반 물건이 굳세고 단단하기가 대단하여 아가씨는 감당할 수 없을 거예요. 그러니 내가 먼저 해야지요."

　시누이는 어쩔 수 없이 응낙했다. 그리고 올케언니와 백정을 따라 방으로 들어갔다. 시누이는 올케언니와 백정이 미친 듯 끊임없이 뒹구는 모습을 지켜보았다. 하지만 도무지 끝나지 않았다. 못가에서 물고기를 탐하듯 그녀의 마음은 달아올랐지만 희망은 보이지 않았다. 그녀는 올케언니의 기만에 화가 마구 치올랐다. 결국 그녀는 다른 방으로 달려가 목을 매어 스스로 목숨을 끊었다.

　시누이의 남편은 관아에 고소했다. 올케언니의 학대를 견디지 못해 자살했다고 일러바쳤던 것이다. 하지만 시누이의 남편은 사건의 뒤에 이런 스캔들이 있는 줄은 몰랐다. 올케언니 남편은 관아의 졸병이었다. 그는 소문을 듣고 돌아와 보니 아내의 얼굴빛이 예사롭지 않은데다 침구에 끈적끈적하고 더러운 것이 묻어있는지라 호되게 책임을 캐물으며 꾸짖고 나서야 일의 정황을 알게 되었다. 그는 이 일을 그대로 관아에 보고했다. 이 일은 건륭乾隆 병오년에 형부刑部 복건福建 관아에서 처리한 사건이다. 관아에서는 이 사건을 심사하여 처리를 다 완료한 뒤 윗선으로 보고하지 않았다. 안건을 다루면서 얻은 자백이 너무 음란한데다 저질스

중국
풍속화
07

제6장 임상공학 - 정력제와 방중술의 허실

러웠기 때문이다. 올케언니는 80대의 장형에 처해졌다.

(청淸, 원매袁枚「속자불어續子不語」)

약 파는 승려

어느 날, 제녕濟寧에 사는 을乙이 야외에 나갔다가 절집 밖에서 햇볕 아래 이를 잡고 있는 행각승을 만났다. 스님 곁 지팡이 위에 조롱박이 걸려 있는 것을 보아 약을 파는 것 같았다. 을은 그에게 다가가서 웃으며 물었다.

"스님께서도 방중단房中丹을 팝니까?"

이 행각승은 이렇게 대답했다.

"그렇소이다. 약한 놈은 강하게 만들고 작은 놈은 크게 만드오. 게다가 그냥 그대로 효과가 나타나니, 내일까지 기다릴 것도 없소."

을은 몹시 기뻐하며 사겠다고 했다. 행각승은 납의 소매에서 옥수수 알만한 알약을 한 알 꺼내더니 을에게 삼키라고 했다. 밥 한 그릇 비울 시간도 되지 않아 을은 아랫도리가 마구 부풀어 오르는 것을 느꼈다. 잠시 뒤 자신이 가만 더듬어보니 뜻밖에도 과거보다 삼분의 일이나 그것이 늘어나 있었다.

하지만 그는 아무래도 흡족하지 않았다. 행각승이 소피하러 몸을 일으키는 것을 본 그는 가만히 납의 소맷자락을 더듬어 알약을 두세 개 집어 한꺼번에 삼키고 말았다. 잠시 뒤 살갗이 터질 것 같았다. 그리고 핏줄이 막 잡아당기는 것 같았다. 목은 움츠러들고 허리는 꼬부라드는 것 같았지만 그 물건은 외려 끊임없이 더 기다랗고 크게 변했다. 그는 정말 당황했지만 제지할 방법이 없었다.

소피하고 돌아온 행각승은 그의 이런 모습을 보자 깜작 놀랐다.

"이 양반이 분명 내 약을 훔쳐 먹었구나!"

이렇게 말하면서 행각승은 급히 또 하나의 알약을 꺼내서 을에게 삼키라고 했다. 이 약을 삼키니 이제 자기 몸속에서 일어나는 커다란 변화가 멈춘 것 같았다. 그는 두루마기를 풀고 살폈다. 자기 물건은 이미 두 다리와 같은 크기로 우뚝하였다. 그는 어쩔 수 없이 머리를 움츠리고 비틀거리며 집으로 돌아왔다. 집으로 돌아왔지만 부모조차 그를 알아보지 못했다. 그 뒤, 을은 폐인이 되어 날마다 큰길 위에 누워 있었다. 사람들은 그를 보면 그저 손가락질만 할 뿐이었다.

(청淸, 포송령蒲松齡 「요재지이聊齋志異」)

쇄양鎖陽

타르타르 족이 사는 지방의 야생마와 교룡蛟龍이 교배를 하며 내놓은 정액이 땅에 스며들었다. 시간이 오래 지나자 땅을 뚫고 죽순처럼 생긴 놈이 나왔다. 위쪽은 둥그스름하고 아래쪽은 날씬하게 곧은 것이 딱딱한 껍데기가 즐비하고 이리저리 핏줄 같은 것이 연결되어 그 모양이 남자의 물건을 빼닮았다. 현지인들은 이것을 '쇄양鎖陽'이라고 부르는데 '육총용肉蓯蓉'과는 같은 무리에 속한다.

그곳 여자 중에 음탕한 이는 바로 현장에서 걸핏하면 '쇄양'과 교합하곤 한다. 쇄양은 여자의 음기를 받으면 팽창하며 세차게 떨치고 일어난다. 현지 토박이들도 언제나 '쇄양'을 캐내어 깨끗이 씻은 뒤 껍질을 벗기고 얇게 썰어 말려서 정력제로 삼는다. 그 약효는 '육총용肉蓯蓉'보다 백배는 더 낫다.

(명明, 도종의陶宗儀 「남촌철경록南村輟耕錄」)

코끼리 정액

서울 코끼리는 해마다 유월 초엿샛날 교외의 물가에서 목욕을 한다. 수코끼리와 암코끼리는 서로 끌어당기며 꼭 사람처럼 수컷은 위, 암컷은 아래에서 물결 속에서 교미를 한다. 교미가 완전히 끝난 뒤, 수면으로 떠오른 정액은 비린내에 미끈미끈해서 이들과 멀리 떨어진 곳에서 관리인이 정액을 빨아들이며 거의 열흘이 지나서야 비로소 수면이 맑고 투명해진다.

코끼리는 교미할 때 사람들이 곁에 있는 것을 싫어한다. 사람이 있는 것을 보기만 하면 상대방을 죽이거나 하려던 행위를 그만 둔다. 하지만 교활한 인간이 언제나 있어서 일을 치르기 전에 미리 나무에 기어 올라가서 녹음 가운데 몸을 숨기고 가만히 엿보고 있다가 코끼리들이 일을 끝내고 자리를 뜨면 얼른 내려와서 그들이 싸놓은 정액을 거두어 정력제로 정제한다.

(명明, 심덕부沈德符「만력야획편萬曆野獲編」)

인삼을 개와 양에게 먹이다

홍광弘光 연간에 조천궁朝天宮의 도사 원본영袁本盈이 정력제 비방을 황제에게 올렸다. 그 방법은 먼저 양에게 인삼을 먹이고, 그 양을 개에게 먹인 뒤에, 개고기를 잘게 썰어서 풀과 뒤섞어 나귀에게 먹인다. 그리고 나귀가 교배를 할 때에 이놈의 물건을 잘라서 잘 조리한다. 마침내 이것을 황제에게 올린 것이다.

황제는 이것을 먹은 뒤 궁녀와 잠자리를 같이했다. 궁녀마다 견디지 못하고 큰 상처를 입은 채 목숨을 내놓았다. 원보연은 이로 인하여 도사 태상소경道土太常少卿에 봉해지며 황제의 마차를 몰았다.

을유년 정월 초엿새, 황제는 천재고天財庫에서 명령을 내려 환관 쉰셋을 궁 안으로 불러들였다. 황제는 이들과 함께 연극을 보고 술을 마시며 즐겼다. 그러나 황제는 술에 취하자 성욕이 발동하여 두 명의 처녀와 잠자리를 함께하여 이들의 목숨을 버리게 만들었다. 이들의 시체는 북안문을 통해 치워졌다. 그 뒤에도 걸핏하면 이런 일이 일어났다. 이 때문에 연극을 하는 소녀들은 거의 남지 않게 되었다.

(청淸, 육기陸圻 「섬언纖言」)

방중 비방 올리기

가정嘉靖 연간에 각지의 알랑쇠와 행신幸臣들이 올린 방중술 비방이 참으로 많았다. 어떤 것들은 참으로 신비로워서 모르는 이들은 그 내막을 알 수 없었다. 그 가운데 어떤 것들은 민간에 전해 내려오고 있다. 소원절邵元節, 도중문陶仲文 등의 도사는 숫처녀의 초경을 구하여 이것을 불로 달구어 진사辰砂를 만든다. 그리고 고가학顧可學, 성단명盛端明 등은 총각의 소변(중간 것)을 추석秋石으로 정제하여 해염解鹽[37] 같은 결정체를 만든다.

이 두 가지 방법은 지금도 여전히 성행하여 많은 선비들이 즐겨 사용한다. 세종世宗은 중년에야 이런 단약과 신진대사를 촉진시키는 다른

---

37 산서山西 지방 해지解池에서 나오는 소금.

약들을 복용하며 양기가 끓어올랐다. 세종은 겉으로는 그냥 '장수'했다고 하지만 사실은 방중술 비방이 준 영험함으로 우쭐댈 수 있었다. 목종穆宗은 황제의 자리에 오를 때 아직 젊고 힘이 넘쳤지만 환관의 꾐에 빠지며 이 비방을 쓰면서 결국 그것이 밤낮을 가리지 않고 언제나 힘 있게 서 있었기에 나랏일조차 돌볼 수 없었다. 하지만 이 때문에 그의 몸도 큰 손상을 입었다. 지금의 황제가 가장 소중히 여겨야 할 것은 성스러운 육신의 양생이니, 곁에 있는 이들은 감히 아무 비방이나 올려서는 안 된다.

(명明, 심덕부沈德符「만력야획편萬曆野獲編」)

세조어사洗鳥御史

　　성화成化 무술 연간에 휘주徽州에 사는 예진현倪進賢이 재상 만안萬安의 스승으로 임명되었다. 그는 집에서 언제나 소일했지만 서길사庶吉士라는 직위를 얻었다. 만안에게는 음위陰痿라는 남에게 말 못할 병이 있었다. 예진현은 의술에 정통했기에 특별한 비방으로 만든 약으로 만안의 물건을 씻어주며 그를 회춘시켰다. 예진현은 이 때문에 어사로 승진되었다. 당시 서울 사람들은 그를 일러 '세조어사洗鳥御史'[38]라고 했다.

(청淸, 저인획褚人獲「견호비집堅瓠秘集」)

---

38 '鳥'는 흔히 쓰이는 비속어로 남성의 생식기를 뜻한다.

미얀마산 진귀품

갑신년에 운남雲南 농천隴川의 반군 두목 악봉岳鳳이 포로로 잡혀 서울로 끌려왔다. 비록 함거檻車에 구금된 상태였지만 내각대신은 순상馴象에서 그를 접견했을 때, 좋은 말로 위무하며 그에게 관작을 내리겠다고 얼렀다. 그는 묶인 채로 형장에 이르기까지 자기 목이 떨어져나갈 것을 알아채지 못했다.

악봉은 본시 미얀마로 옮겨간 한족이었다. 그는 천성이 사치와 낭비를 좋아했다. 몸은 괴이하게 장식하고 피부에는 갖가지 먹물뜨기 도안을 새겨 넣었으며 자기 물건의 귀두에는 몇 알의 미얀마산 구슬을 박아 넣었다. 이 미얀마산 진귀품을 조정의 실력자들이 손에 넣으려고 노렸다. 이 미얀마산 구슬은 뒷날 사형을 집행한 이가 발라내어 높은 가격으로 조정의 실력자에게 팔았다. 미얀마산 구슬은 흔들리며 움직일 수 있는 물건으로 손으로 꼭 쥐더라도 팔뚝까지 제어할 수 없을 정도로 흔들리는데 평소에 악봉이 어떻게 이놈을 안정시켰는지 정말 모르겠다.

(명明, 심덕부沈德符 「만력야획편萬曆野獲編」)

운검運劍이 여승과 맞서다

서울사람 양楊 아무개는 잠자리에서의 온갖 비결을 공부하고 익혔다. 그는 철심鐵心을 자기 물건에 박아 넣어 숨을 내쉬고 들이쉼에 따라 늘였다 줄였다 하며 진퇴를 할 수 있었다. 이것을 일러 '운검運劍'이라 했다. 그가 기공을 하며 부풀어 올릴 때는 철심이 늘어나 벽에 부딪쳐 맑고 큰 소리를 내었다. 숨을 들이마실 때면 그 물건이 반병이나 되는 배

제6장 임상공학 - 정력제와 방중술의 허실

갈을 빨아들일 수 있었다. 집안의 시첩이나 기루의 기녀들은 사독邪毒을 많이 받았다. 뒷날, 양 아무개는 돌연 이것이 장수의 방법이 아님을 깨닫고 사방을 다니며 단약과 좋은 스승을 찾아 헤맸다.

북경의 백운관白雲觀은 원나라 때 구진인邱眞人을 위하여 지은 도교 사원이라고 한다. 해마다 정월 열아흐레가 되면 도를 성취한 선인이 하강한다며 신도들은 이곳으로 와서 향을 피워 올리며 예배했다. 양 아무개도 여러 사람을 따라 여기 왔다. 그는 참배객 가운데 미모의 여승이 바람을 안고 옷자락을 흔들며 가는 것을 보고 그녀가 바로 도를 성취한 선인이라고 생각하고 앞으로 다가가 무릎을 꿇고 절을 올리며 장수의 방법을 가르쳐 달라고 청했다. 그러자 여승은 이렇게 물었다.

"그대가 바로 도를 익혔다는 양 아무개 아니오?"

양 아무개는 깜짝 놀랐다.

"바로 그렇습니다."

여승은 이렇게 말했다.

"선인에 이르는 방법은 반드시 사람을 골라서 전해야 하오. 그대 같은 속인에게는 전할 수 없소이다."

깜짝 놀란 양 아무개는 몇 번이나 거듭 무릎을 꿇고 절을 올리며 간절히 배움을 청했다. 그러자 여승은 그를 외지고 조용한 곳으로 데리고 가더니 단약 두 알을 건네며 이렇게 일렀다.

"이월 보름날 모처에 가서 나를 기다리시오. 단약 두 알을 드릴 테니, 한 알은 미리 먹고 시간이 되면 나머지 한 알을 드시오. 내가 그대에게 신선이 되는 길을 전수할 것이오."

양 아무개는 그녀의 당부대로 집으로 돌아온 뒤 먼저 단약을 한 알 먹었다. 한 알을 먹은 뒤 온몸의 땀구멍이 열리며 후끈후끈 열이 나고 한기라곤 느낄 수 없었다. 게다가 성욕이 평소보다 백배는 더 세차게 일어나며 누구와도 교합하고 싶은 생각이 마구 솟았다. 하지만 기루의 기생은 그만 보면 모두 자리를 피했다. 누구 하나 그와 잠자리를 하려고 하지 않았던 것이다. 이월 보름날이 되자 양 아무개는 나머지 한 알을 먹고 약속한 장소로 갔다. 여승은 이미 조용한 방에 먼저 와서 기다리고 있었다. 여승은 옷을 벗고 양 아무개에게 이렇게 말했다.

"도둑질하는 방법은 비밀이 없는 법. 그대는 날개가 있어도 날지 못하오. 그대는 옛 사람이 한 말을 아시오? 그대가 신선이 되는 방법을 내게서 전수받을 생각이라면 먼저 나와 교합해야 하오."

양 아무개는 이 말을 듣자 기쁨이 넘쳤다. 게다가 그는 잠자리에서의 기술을 자신하는지라 침대로 펄떡 뛰어올랐다. 하지만 잠시 뒤에 정액을 그대로 쏟으며 활력을 잃고 쓰러졌다. 여승은 큰 소리로 몰아쳤다.

"장수 방법이라고? 악과惡果로다, 악과!"

여승은 말을 다 쏟아내고 깔깔 웃으며 자리를 떠났다.

날이 밝아오자 양 아무개는 깨어났다. 그는 자신이 허물어진 집 안에 누워 있다는 것을 그제야 알았다. 그는 밖에서 콩국을 파는 소리에 엉금엉금 기어 나와 구원을 청했다. 하지만 그는 집으로 실려 온 지 사흘 만에 목숨을 잃었다.

(청淸, 원매袁枚 「자불어子不語」)

이름난 기생의 내공

산동山東 지방의 공생貢生 황죽포黃竹蒲가 서울에서 치르는 과거를 보러 오는 길에 오교현吳橋縣을 지나게 되었다. 마침 이곳 관아에서 일하는 친구가 하나 있었기에 지나는 길에 그를 찾았다. 친구는 그에게 이렇게 물었다.

"이곳의 이름난 기생 오경랑吳慶娘을 보았는가?"

"아니."

이리하여 둘은 함께 오경랑을 찾아갔다.

그녀가 머무는 기루에 도착했다. 그러나 하얗게 칠한 담장과 붉은 색깔의 대문에 겉모습만 그럴 듯하게 보일 뿐이었다. 먼저 구레나룻이 하얀 하인이 그들을 안으로 맞아들여 차를 내놓았다. 차를 다 마시자 나이 든 아주머니가 나와서 이들과 몇 마디 상투적인 인사를 나눈 뒤 이들을 대청으로 안내했다. 대청에는 벽마다 이름난 이들의 서화가 가득 걸려 있었다. 얼마 뒤, 계집종이 나와 이들에게 일러주었다.

"아씨는 어젯밤 숙취로 이제야 일어나 화장을 하고 계십니다. 두 분 어른께서는 잠시 기다리셔야겠습니다."

둘은 한참이나 기다렸다. 계집종이 다시 나와서 이들에게 일렀다.

"아씨가 화장은 다 끝냈지만 너무 피곤하여 침상에 엎드려 잠시 눈을 붙이고 있습니다. 잠시 기다리시면 옷을 갈아입고 나와 손님을 맞으실 겁니다."

황죽포는 이 기생이 자기 몸매에 자신만만하다고 짐작했다. 하지만 이런 미녀를 보려면 그녀가 충분히 자도록 꾹 참으며 기다려야했다.

한참이나 지났을까, 이번에는 나이든 아주머니가 나와서 휘장을 걷어 올렸다. 그 뒤로 오경랑이 계집종 둘에 의지하며 천천히 걸어 나왔다. 황죽포는 자세히 살폈다. 이름난 기생이라는 오경랑의 얼굴엔 백분이 번들번들 묻었고 입술은 여기저기 더러운 것이 붙었는데, 아랫배는 항아리처럼 볼록하였다. 이런 몸으로 한 걸음 한 걸음 다가오는 모습이 마치 운하 수문을 지나는 선박 같았다. 그는 대경실색해 친구에게 속삭였다.

"이름난 기생이 뜻밖에도 이와 같으니, 유명한 기루라는 게 부끄러울 지경이네!"

　친구의 이런 모습을 보자 그는 자기가 앞서 한 실언을 멋쩍어하며 슬그머니 꼬리를 내렸다.

　하지만 경랑은 오히려 부끄러워하는 표정이라고는 전혀 없이 황죽포에게 물었다.

　"이름난 기생과 이름난 선비 둘은 어떤 인물이겠소?"

　황죽포는 이렇게 대답했다.

　"둘 다 똑같이 인물 가운데 으뜸이오."

　경랑이 말을 이었다.

　"그렇다면 저는 명기로서 어찌 부끄러운 점이 있겠습니까? 이름난 선비가 세 치 붓대를 손에 쥐고 문단에서 활약하니 세상 사람들이 그의 재능을 우러릅니다. 바로 그의 천성을 바탕으로 한 학습을 중시하기 때문입니다. 제가 얻은 이름은 얼굴에 백분을 바른 가짜 얼굴 때문이 아니라 이 자리에서 쌓은 진정한 내공 때문입니다."

　황죽포는 웃으면서 물었다.

　"무슨 내공이란 말이오?"

　경랑은 이렇게 대답했다.

　"나의 그것이 열렸다가 오므리고, 느린가하면 다시 빨라지고, 물었는가하면 또 풀어주고, 이런 기술은 바로 이름난 선비가 글을 쓰는 비결과 같거늘, 그대는 왜 이렇게 묻는단 말이오?"

　이 말을 들은 황죽포는 마음으로 매우 기뻐하며 그녀와 함께 잠자리에 들었다. 그리고 그녀의 진짜 내공을 맛보았다.

　"이렇게 진정한 즐거움이 있을 줄은 몰랐소! 날마다 서시西施나 반비潘妃 등의 미녀를 안고 있어도 그대처럼 사람의 혼을 빼놓지는 못할 거요!"

하지만 보름도 되지 않아 그의 주머니는 다 털렸다. 그는 전시에도 참가하지 못하고 고향으로 줄행랑을 쳤다.

(청淸, 심기봉沈起鳳「해탁諧鐸」)

대추 한 알

지체도 높고 나이도 많은 한 늙은이가 있었다. 그의 집에는 애첩들이 많았다. 예쁘게 치장한 애첩들은 모두 한집에 기거하며 서로 아름다움을 뽐내며 물러서지 않았다. 늙은이는 나이가 벌써 고희에 가까웠으나 용모는 소년 같았다. 더구나 여러 미녀들과 공방전을 벌이며 골고루 즐거움을 나눠주면서도 지칠 줄 몰랐다. 그는 어떻게 이런 초인적인 힘을 가졌을까? 뒷날 그의 측근 아무개가 털어놓은 이야기를 듣고서야 이 늙은이가 날마다 일곱 알이나 되는 대추를 먹고 이렇게 노익장을 과시하며 밤이면 열 명이나 되는 미녀와 맞선다는 것을 알았다. 음을 통하여 양을 북돋우는 것은 비록 정통이 아닌 방법으로 올바른 길은 아니지만 효과는 언제나 대단해 터무니없다고 볼 수는 없다.

늙은이가 거느리고 있는 열네 명의 여종은 모두 젊고 아름다웠다. 늙은이는 이들 여종들을 모두 높은 값을 치르고 고용했다. 늙은이는 매일 밤 일곱 알의 말린 대추를 여종 일곱의 그곳에 나누어 넣어 하룻밤 불린 뒤에 이튿날 새벽 꺼내어 먹었다. 열네 명의 여종을 둘로 나누어 하루를 이렇게 보낸 뒤 다시 교대시켰다. 이렇게 쉬지 않고 교대하며 여섯 달이 지난 뒤 집으로 돌려보내고 다시 한 무리의 여종을 새로 고용했다. 여종들은 집으로 돌아간 뒤 얼굴이 누렇게 마르며 기가 죽고 맥이 빠지기에 몇 날을 휴양해야만 건강을 회복할 수 있었다. 몸이 좀 약한 여종은 이 때문에 목숨을 잃기도 했다.

(민국초기民國初期, 졸창拙廠「상조기嘗棗記」)

좌종당左宗棠의 성性 기공氣功

좌종당은 늘그막에 성 기공을 행하였다. 그리하여 처첩을 많이 둘 수 있었다. 바깥채의 어린 첩만도 서른 명 남짓이나 되었다. 그는 어린 첩들이 달거리를 할 때면 이들의 피를 거두어 홍연환紅鉛丸으로 조제했다. 이것은 그의 몸을 보하고 흥까지 돋우었다.

그런데 어떤 젊은 첩이 부끄러워하며 허락하지 않았다. 좌종당은 사람을 시켜 그녀를 달랬지만 여전히 옴짝달싹하지 않았다. 이리하여 좌종당은 몰래 그녀를 죽인 뒤 뒤뜰에 묻었다. 얼마 뒤, 좌종당은 큰 병에 걸렸다. 그의 침상으로 걸핏하면 다가오는 그녀의 모습이 보였다. 불쑥불쑥 그 일이 떠올랐던 것이다. 좌종당은 도사를 불러 도술을 부렸다. 여자 귀신은 머리를 조아리며 물러났다. 그제야 좌종당은 마음의 평화를 얻을 수 있었다.

증국번曾國藩은 본시 발에 털이 수천 개나 있었다. 하지만 어린 여자와 관계를 할 때마다 여러 개의 털이 빠지곤 했다. 늘그막에 이르자 털은 모두 빠지고 말았다. 좌종당의 머리카락은 희끗희끗했지만 어린 첩과 교합할 때마다 조금씩 검어지더니 늘그막에 이르러서는 오히려 장년의 사내처럼 새카매졌다.

(민국초기民國初期, 시악柴萼「범천려총록梵天廬叢錄」)

여인을 다룬 도사의 기술

흔주忻州에 사는 어느 여인이 가난한 집안 형편 때문에 다른 사람에게 팔렸다가 고향을 떠난 지 거의 2년이 지나 돌연 자기 발로 돌아왔다. 그녀가 밝힌 이야기는 이러했다.

당초 다른 사람에게 팔린 뒤 어느 집으로 따라갔다. 얼마 뒤 어떤 도사가 와서 그녀를 데리고 산으로 가려고 했다. 그녀는 의구심이 일었지만 이미 다른 사람에게 팔린 몸이기에 어쩔 도리가 없다고 생각했다.

도사는 그녀에게 눈을 감으라고 명령했다. 바람소리만 솔솔 들릴 뿐이었다. 잠시 뒤, 도사는 이제 그녀에게 눈을 뜨게 했다. 벌써 산꼭대기에 와 있었다. 화려하고도 깔끔한 집채에 이십여 명에 이르는 여인들이 있었다. 그녀들은 다가와서 가볍게 인사를 했다.

"여기가 바로 신선이 사는 곳이오. 걱정도 번뇌도 없는 곳이지요."

그녀는 궁금한 마음에 이렇게 물었다.

"여기서 해야 할 일은 무엇인가요?"

여인들이 대답했다.

"돌아가면서 조사祖師님을 잠자리에서 모시면 됩니다. 이곳엔 금은보화가 산더미처럼 쌓였고 맛있는 요리도 많습니다. 그리고 귀신에게 부탁하면 즉시 모든 것을 해결해주기 때문에 왕후장상처럼 흡족한 생활을 할 수 있습니다. 단지 매달 한 차례 자그마한 고초가 있긴 하지만 뭐 그리 해로운 것도 아닙니다."

이야기를 마치자 이들을 이곳저곳을 가리키며, 여기는 창고, 저기는 주방, 이곳은 거처하는 곳, 저곳은 조사님께서 계시는 곳이라며 알려주었다. 그런 뒤, 제일 높은 곳에 있는 두 개의 방을 가리키며 이렇게 말했다.

"저기가 바로 조사님께서 달과 북두성에게 기도드리는 곳입니다."

산 위에도 심부름하는 여종은 있었지만 남자는 하나도 보이지 않았다.

그녀는 이곳에 머문 뒤, 걸핏하면 대낮에도 조사의 방으로 불려가서 그와 함께 잠자리를 같이 했다. 하지만 밤이 되면 조사는 여러 여자들을 거느리고 단으로 올라가서 예배를 드렸다. 그런 뒤에야 각자 자기 방으로 돌아가서 잠자리에 들었다. 그러나 매달 달거리 때가 되면 속옷과 겉옷을 모두 벗고 커다란 기둥에 붉은 끈으로 손발조차 움직일 수 없도록 묶여야 했다. 게다가 둥그렇게 만 천 덩어리로 입까지 막아서 말 한 마디 할 수 없었다. 조사는 젓가락처럼 생긴 금관金管으로 그녀의 몸에서 혈을 찾은 뒤 팔이나 다리의 살을 뚫고 흘러내리는 피를 빨아먹었다. 참으로 잔인하기 짝이 없는 모습이었다. 조사는 피를 다 빨아먹은 뒤 금관을 빼내었다. 그리고 가루약을 상처에 발랐다. 그러면 자기도 모르게 통증이 금세 가라앉았을 뿐만 아니라 당장 딱지가 생겼다. 그 이튿날 딱지마저 떨어지면 살갗은 예전으로 돌아갔다.

그녀가 머물렀던 지방은 굉장히 높은 곳이었기에 고개를 내밀고 보면 구름도 모두 발아래 있었다. 어느 날, 갑자기 노대바람이 일며 먹구름이 밀려와서 산꼭대기까지 덮었다. 곧이어 천둥과 번개가 한꺼번에 일어났다. 정말로 무서웠다. 조사도 깜짝 놀라며 당황하는 모습이었다. 조사는 스물 몇 명이나 되는 여자들에게 모두 벌거벗고 자기를 에워싸게 했다. 벌거벗은 이들이 병풍이 되었던 것이다. 불꽃이 몇 번이나 실내로 뚫고 들어왔지만 번쩍 빛났다가 다시 사라졌다. 얼마 뒤, 바깥에서 커다란 삼태기만한 용의 발톱이 안으로 쑥 들어오더니 조사를 사람 병풍 속에서 밖으로 끄집어냈다. 뒤이어 벼락이 내려치며 산골짜기를 마구 흔들었다. 그리고 사방이 칠흑 같은 어둠 속으로 빠졌다. 여자들은 모두 의식을 잃고 말았다. 정신을 차리고 보니 그녀는 산 아래 길가에 누워 있었다. 근처에 사는 이들에게 물었다. 그녀는 자기 고향에서 몇 백리 밖에 떨어지지 않은 곳이라는 것을 알았다. 팔찌를 주고 몇 가지 헌 옷을 얻었다. 이 옷으로 벌거벗은 몸을 가리고 길을 따라 집으로 돌아왔다.

혼주에는 이 여인을 직접 보았다는 어른이 아직도 있다. 이들은 그녀가 파리한 모습으로 고향으로 돌아와서 곧 병으로 세상을 버렸다고 말한다. 아마 제 몸의 고갱이를 도사에게 남김없이 빼앗겼기 때문 아닐까!

(청淸, 기효람紀曉嵐 「열미초당필기閱微草堂筆記」)

이야기 뒤의 이야기

성에 관한 중국 고전 임상의학에 담긴 의미

앞 장에서 남성의 세 가지 근심과 두려움에 대하여 이야기한 바 있다. 자기 남근과 성 능력에 대한 근심, 성 행위가 자기 건강을 해칠지 모른다는 근심, 그리고 여성의 성 능력에 대한 두려움이 그것이다. 이번 장의 앞에 나오는 이야기들은 지난 날 중국 남성들이 '근심과 두려움을 힘으로 바꾸면서' 생긴 온갖 모습의 축소판이라고 할 수 있다.

성에 관한 색의 합성이라는 관점에서 보면, 이들은 모두 세 가지 색을 가지고 있다.

우선 쾌락의 색. 절대다수의 모양새는 성행위 시간의 연장으로 성적인 쾌락을 증가시킬 목적을 가지고 있다. 따라서 이것들은 일종의 '쾌락적 공예학'이라고 할 수 있다.

다른 하나는 건강의 색. 적지 않은 모양새의 목적은 여러 차례의 성행위에도 사정을 적게 하는 것이 바로 안정과 건강을 유지함은 물론 손실을 이익으로 전환하여 성행위를 하면서도 몸을 보양하고 건강은 물론 수명까지 연장하기 위함이다. 따라서 이것들은 일종의 '성행위를 통한 양생법'이라고 할 수 있다.

마지막으로 권력의 색. 모든 모양새는 잠자리에서 여인을 정복하며 남성으로서의 위풍을 진작하고 권력욕을 만족시킨다는 의미를 담고 있다. 따라서 이것들은 남성의 '성을 통한 자강 활동'이라고 할 수 있다.

이 삼색은 언제나 뒤엉켜 있어서 서로 합성하며 독특하고 복잡한 지식과 기술 체계를 이룬다. 과거에는 이를 그냥 두루뭉술하게 '방중술'이라고 불렀다. 하지만 오늘날 말로 표현하면 중국의 '성에 관한 고전적인 임상 의학'이라고 할 수 있다.

온갖 지식과 기술은 모두 '수요'가 있기에 만들어지고 존재한다. 많은 민족들은 모두 이런 종류의 지식과 기술을 가지고 있다. 왜냐하면 어떤 민족이든지 남성들은 같은 근심과 두려움을 갖고 있기 때문이다. 그러나 제3장에서 이미 언급했듯이 중국의 '성에 관한 고전적인 임상 의학'은 서양보다 훨씬 더 발달했다. 중국의 일부다처제는 이런 방면의 지식과 기술을 더욱 필요로 했다. 이번 장에서는 이런 문제를 더욱 깊이 다루고 중국 방중술의 주요 의미를 탐구하기로 한다. 그리고 이것들이 반영하는 특수한 요구와 관념까지도 알아본다.

어떻게 남근을 더욱 길고 크게 만들었을까?

「백정」에서는 남성이 잠자리에서 위풍당당한 모습을 보이며, 쾌락도 증가시키고, 여인을 멋지게 정복하려면 두 가지 요건이 필요함을 알리고 있다. 즉 '굉장한 물건'과 '멋진 장기전'이 그렇다. 특별히 '여색을 탐하려면' '굉장한 물건'이라는 '외양'은 결코 무시할 수 없다. 이야기 속의 올케 언니는 남성의 그 물건 크기에 따라 자기 방으로 모실 손님을 판단하고 결정했다.

물론 오늘날 성에 관한 임상의학은 그 크기가 여성의 오르가슴과 별로 인과관계가 없다고 밝히고 있다. 그러나 중국 남성의 성에 관한 환상을 반영한 에로소설에서는 수많은 미녀에 둘러싸인 남자주인공은 거의 비상식적인 크기의 물건을 가지고 있다. 『금병매金瓶梅』에서는 남성이 남몰래 연애를 할 수 있는 다섯 가지 요건을 열거했다. '나귀만한 물건'은 '반안潘安39 정도의 얼굴' 다음의 두 번째 요건이다.

「여의군전如意君傳」은 무측천이 총애하던 설오조薛敖曹의 물건이 '손으로 움켜쥘 수 없었으며 길이는 잴 수도 없었고, 머리는 달팽이처럼 생겼으며, 몸은 껍질을 벗긴 토끼였고, 힘줄은 그대로 지렁이의 모습이었다. 여기에 밤 한 말을 매달아도 아래로 숙이지 않았다.'고 묘사한다. 그 결과 무측천은 거리낌 없이 '그대가 나를 미치게 만드는구나.'라고 부르짖었다. 이런 문학적 과장 때문에 '물건이 작고 짧은' 많은 영웅들은 '풀이 죽었음'은 물론 '재능과 덕을 본받으려는 강한 욕망'을 갖게 되었다. 다시 말해 자기의 남근을 더욱 길고 크게 만들려고 했다.

소설이나 고서를 살펴보면, 중국인은 남근을 더욱 길고 크게 만드는 세 가지 방법을 생각했다.

첫 번째는 내복법이다. 「약 파는 승려」에서 행각승이 파는 방중단이 바로 여기 속한다. 을은 이 약을 복용한 뒤 갑자기 '아랫도리가 마구 부

---

39 서진西晉 시기의 문학가로 본명은 반악潘岳이다. 중국 역사상 최고의 미남으로 알려져 있다.

풀어 오르는' 느낌을 받는다. 자기 남근이 전보다 3분의 1이나 늘어났던 것이다. 이는 물론 글을 쓰는 이의 과장된 표현이다. 하지만 수나라 때의 방중술을 기록한 「옥방지요玉房指要」에는 '남근을 크게 만드는 방법'이 기록되어 있다.

백자인柏子仁 5푼, 백렴白蘞 4푼, 백출白朮 7푼, 계심桂心 3푼, 부자附子 2푼 등 다섯 가지를 가루로 만들어 식후에 복용하면 열흘에서 스무 날 뒤에는 '커진다.'

두 번째는 외용外用법이다. 여기에는 약에 담그거나 약을 바르는 방법이 있다. 『금병매』 주인공 서문경西門慶은 오랫동안 약에 남근을 담그는 방법으로 남근을 '나귀만한 물건'으로 만들어낸다. 그리고 수나라 때 방중술을 기록한 『동현자洞玄子』에도 바르는 약을 만드는 방법을 소개하고 있다.

육총용肉蓯蓉 3푼과 해조海藻 2푼을 빻아서 체로 걸러내어 가루로 만든 뒤 정월 백구白狗 간에서 추출한 즙액과 함께 남근에 세 차례 바르고 새벽녘 새로 떠올린 물로 깨끗이 씻으면 세 치 길어지고 그 효험도 대단하다.

끝으로 수술법이다. 「육포단肉蒲團」이라는 에로소설에서 남자 주인공인 미앙생未央生의 물건은 원래 보잘것없을 만큼 작았지만 천제진인天際眞人이 그를 위해 수술을 시행했다. '구신狗腎'을 그의 '남근에 집어넣는 수술'을 한 뒤 '보잘것없었던 그것'이 '거대한 물건'으로 변했다.

정력을 돋우는 각양각색의 방법

볼만하고 장기전에도 능히 견딜 수 있는 것을 위해 과거 중국인도 세 가지 방법을 확대·발전시켰다. 그것은 '약물에 의한 방법', '기물에 의한 방법', 마지막으로 '기공에 의한 방법'이다. 우선 약물, 다시 말해 '정력제'라고 통칭되는 부분에 대하여 이야기를 해보자. 중국에서는 전통의 정력제가 셀 수 없을 만큼 많다. 하지만 유래나 성분으로 따지면 다음 네 가지를 벗어나지 않는다.

첫째, 식물성 성분이다. 「쇄양」에 나오는 육총용과 쇄양, 「인삼을 개와 양에게 먹이다」에서 볼 수 있는 인삼 등이 바로 여기에 속한다. 이 밖에도 '음양곽淫羊藿' 같은 다년생 초본식물도 뛰어난 식물이다.

둘째, 동물성 성분이다. 「코끼리 정액」에서의 코끼리 정액, 「인삼을 개와 양에게 먹이다」에서 보인 나귀의 그것, 제3장 「장거정과 해구신」에 나오는 해구편海狗鞭 등이 모두 그러하다.

셋째, 광물성 성분이다. 「삼봉채전방중묘술三峰采戰房中妙術」에 열거한 '자양쾌활단滋陽快活丹' 속의 유황硫黃, '고본단固本丹' 속의 주사朱砂, 그리고 '사시입문환四時入門歡' 속의 양기석陽起石 등이 모두 그러하다.

마지막으로 인체 분비물이다. 「방중 비방 올리기」에서 나온 '홍연환'과 '추석산'은 바로 각각 숫처녀의 월경과 숫총각의 오줌이란 두 가지 분비물로 정제했다.

일반적으로 배합해서 만들 때에는 두 가지 이상의 성분을 혼합 사용했다. 예컨대, '홍연환'은 먼저 숫처녀의 초경을 취해 오매烏梅를 담근 물이나 냇물, 또는 샘물에 깨끗하게 휘저어 섞은 뒤 햇볕에 70%정도 말린다. 그리고 나서 분유, 진사辰砂, 간향幹香, 추석秋石 등의 약을 넣어 달걀과 함께 먹거나 불에 다려 먹었다.

정말로 기묘한 것은 「인삼을 개와 양에게 먹이다」에 나오는 정력제 처방이다.

먼저 보양 작용을 두루 갖춘 인삼을 성욕을 발산하려는 양에게 먹이고, 다시 양고기를 장기전에 잘 견디는 개에게 먹인 뒤 개고기를 물건이 참으로 굵직한 나귀에게 먹인다. 마지막으로 발정이 나서 발기한 나귀의 그것을 칼로 잘라내어 조리해 약으로 만든다.

각 절차마다 깊은 의미가 들어있을 뿐만 아니라 교묘한 구상도 대단하다. 중국에서는 수없이 많은 진귀한 회춘 정력제가 모두 이런 방법으로 '조제'되었다. 예컨대, 송나라 때 도곡陶穀의 「청이록淸異錄」에는 당나라 때 유학자 한유韓愈가 '햇닭'으로 양기를 북돋웠다는 기록이 있다. 구체적인 방법은, 유황 가루를 죽에 섞어 햇닭에게 먹이고 천 일이 되도록 교배하는 일이 없도록 하여 푹 삶으면 '화령고火靈庫'라고 하는데, 이것을 공무 틈틈이 하루에 한 마리 먹는다고 했다.

이런 약물은 정성을 다하여 배합하고 정제해 만든 뒤에 사용할 때에는 복용하거나 바르거나 담근다. 또 귀두의 오줌과 정액이 나오는 곳이나 질 속에 집어넣기도 하는 등 다양한 방법이 있다.

미얀마산 구슬과 양의 속눈썹 등 기물에 의한 방법

「미얀마산 진귀품」에서 이야기한 것이 바로 '기물에 의한 방법'이다. 미얀마산 구슬에 대해서는 명·청 시대 필기소설 속에 자못 흔하게 기록되어 있다. 「전월잡기滇粵雜記」에는 이렇게 나온다.

"미얀마에는 천성이 음탕한 새가 있어 그 정자는 방중술에 도움을 줄 수 있다. 이놈의 정액을 돌 위에 뿌린 뒤 구리로 이것을 방울처럼 싸는데, 이를 미얀마 구슬이라고 한다."

또한 「범천려총록梵天廬叢錄」에는 이런 기록이 있다.

"이것은 내가 일찍이 일본에서 본 적이 있다. 크기는 콩알만 한데 손 안에 넣으면 손바닥이 신기할 만큼 간지럽다. 이것을 건사하던 이는 미 얀마에 사는 음탕한 여자나 과부가 걸핏하면 이것을 질 안에 넣어 따스해지면서 마구 흔들리기 시작하면 그 쾌감이 남성과 가까이하는 것보다 훨씬 나아서 잠시 후에는 그만 진액을 흘린다고 일렀다."

그리고 「옥지당담회玉芝堂談薈」에도 이런 기록이 있다.

"운남 땅에는 미얀마산 구슬을 볼 수 있다. 용안龍眼의 열매만한 이 놈은 뜨거운 기운을 받으면 그대로 움직이기 시작하여 그칠 줄 모른다. 미얀마 사내들은 이것을 거시기에 박아 넣어 방중술에 이용한다."

이와 같은 기록을 통하여 알 수 있듯이 미얀마산 구슬은 옛적 '성행 위 보조 용품'으로 여성의 그곳에 직접 집어넣거나 「미얀마산 진귀품」 속 의 악봉처럼 자신의 귀두에 박아 넣기도 했다. 이 때문에 악봉이 피살된 것은 '재물이 부른 화'라고 할 수 있다.

미얀마산 구슬 외에도 서문경의 '기물 꾸러미' 속의 양의 속눈썹이 나 은탁자銀托子 등도 중국에서는 흔히 볼 수 있는 '기물'이다. 양의 속눈 썹은 수양의 속눈썹을 눈꺼풀 채 도려내어 만든 고리 모양의 물건이다. 성행위할 때 이것을 남성 귀두의 잘록한 부분에 씌운다. 이것은 발기한 남근을 졸라맬 수 있기 때문에 피의 흐름을 어렵게 하여 귀두는 더욱 크 고 단단해진다. 동시에 양의 속눈썹은 마찰을 하면서 여성에게 더 큰 쾌 감을 준다. 그리고 은탁자는 반지처럼 남성의 그곳 뿌리 부분에 찬다. 남근이 발기한 뒤 뿌리 부분을 꼭 조이며 피를 돌지 못하게 해서 오랜 시간 힘 있게 발기한 상태를 유지시킬 수 있다.

기공에 의한 방법

「운검이 여승과 맞서다」에서 언급한 것이 바로 '기공에 의한 방법'이다.

이야기 속의 양 아무개는 제3장의 「거시기로 촛불 끄고 술을 들이켜고」에 나오는 공복처럼 쇠 절굿공이처럼 남근을 단단하게 단련시켰을 뿐만 아니라 자유자재로 신축할 수 있어서 등불을 불어서 끌 수 있었고 소주까지 들이킬 수 있었다. 이런 솜씨를 어떻게 연마했는지 이야기에는 전혀 나오지 않는다. 그러나 「삼봉채전방중묘술三峰采戰房中妙術」에서는 단련법을 보여주고 있다.

먼저 '관피탕寬皮湯'으로 귀두를 씻는다. 그런 다음 '단정하게 앉아서 마음을 한 곳으로 모아 천지의 모든 기운을 들이키고, 단전으로 집중하여 다시 남근의 끝부분으로 보낸다.' 이렇게 서른 차례 남짓 한 뒤에 '남근의 뿌리를 손으로 꽉 쥐고 좌우 무릎을 꿇은 채 왼쪽으로 여든한 번, 오른쪽으로 여든한 번 가볍게 떤다. 또 남근의 머리를 잡고 손으로 어루만지길 헤아릴 수 없을 만큼 많이 한다.' 이렇게 하면서 '허리를 펼치며 등을 오므리고 몸뚱이까지 내밀면', '부풀어 오른 귀두가 주먹처럼 커진다.'

남성이 자기 물건을 단련시킬 수 있다면, 여성도 자기 것을 단련시킬 수 있다. 「이름난 기생의 내공」에서 못생긴 경랑慶娘이 자기 것을 여는가 하면 오므리고, 느린가하면 다시 빨라지고, 물었는가하면 또 풀어주는 등 자유자재로 하여 이름난 선비들을 모두 그녀의 사타구니 속에 빠지게 한 것도 모두 멋진 단련의 결과이다.

하지만 성기 단련 이외에 더욱 중요한 것은 '양쪽 병사의 교접' 뒤의 실전 기술이다. 양 아무개는 '운검이 여승과 맞선' 뒤, 두세 차례 만에 그만 깨끗하게 미끄러지고 말았으니, 실로 실전 기술이 한참 부족했던 것이다.

실전 기술에 관하여 「동현자洞玄子」에서는 일찍이 성행위 자세를 서른 가지나 열거한 바 있다. '번공접翻空蝶', '마요제馬搖蹄', '현선부玄蟬附' 등은 모두 동물의 행위를 의인화한 것이다. 남근의 아홉 가지 운동 모델, '깊고도 힘차게 그리고 얕게 건드리듯이, 마치 큰 돌이 바다에 뛰어드는 것처럼', 또는 '빠르고 맹렬하게 그리고 급하고 빠르게 자극하기, 마치 놀란 쥐가 구멍으로 뛰어드는 것처럼', 그리고 남근의 여섯 가지 '공격' 부위와 여섯 가지 형세, '때로는 남근의 끝으로 여성의 그곳 앞쪽을 절굿공이가 약절구로 들어가듯 부딪치기', '때로는 남근 끝이 여성의 그곳을 오가며 농부가 가을날 땅을 일구고 파내듯이 골짜기의 얕은 곳과 깊은 곳을 마찰하고 더듬기'라고 기술하고 있다.

명나라 때의 「섭생총요攝生總要」에는 '존축추흡폐전存縮抽吸閉展'의 '육자연생결六字延生訣'이 나온다. 이 가운데 존存, 축縮, 추抽, 그리고 전展은 바로 '성행위 시간 연장' 기술이다. 이른바 '존存'이란 '성행위를 할 때, 의식적으로 마음은 현실 세계 밖에서 노닐며 절대로 교합에 신경을 쓰지 않음이니, 몸은 교합하되 마음은 교합하지 않는 것'을 말한다. 그리고 '축縮'이란 '성행위를 할 때, 숨을 한 곳으로 좁혀 위쪽으로 향하게 해야지 아래쪽으로 몰아서는 안 되니…… 마치 대소변을 참는 것처럼 몸의 아랫부분을 수축하면서 남근을 차츰 뒤쪽으로 반보 정도 물리며 입으로 숨을 내쉬는 것'을 말한다. '정액이 이제 막 배출되려고 할 때, 머무르게 할 작정이라면, 손과 발을 집게나 갈고리처럼 하고, 눈을 움직이지 않고 똑바로 뜬 채 남근을 뒤로 물린다. 이때 허리는 활처럼 구부리고 목은 움츠러들어 마치 원숭이 모양이 된다.'라고 했다.

이른바 '추抽'란 '마땅히 천천히 정도를 높이며 나아가야지 마음을 졸이며 성급해서는 안 되니, 가장 결정적인 순간에 남근을 반 발자국쯤 빼내며 여자 쪽의 입안에 있는 진액을 받아들이고 자기 코로 여자 쪽에서 내뿜는 숨을 받아들이는 것'을 말한다. 그리고 아랫부분은 '먼저 한 번은 깊게 아홉 번은 얕게 몇 차례 거듭하고, 들어갈 때는 느리게 나올 때는 빠르게 해야만 진지에 오를 수 있다.'고 하였다.

성애를 통한 양생법의 네 가지 단계

이상 몇 가지 방법과 기술은 '멋진 장기전' 외에도 거의 대부분 '양생養生'과 관계가 있다. 예컨대, 단약 가운데 '홍연환'은 과도하고 무절제한 성욕으로 생긴 '오로칠상五勞七傷'을 치료할 수 있고, '추석산'은 과도한 색욕으로 생긴 '원기 손상'과 '유정을 포함한 빈뇨' 따위의 증세를 고칠 수 있다.

중국인의 성애를 위한 양생법은 대체로 아래와 같이 몇 단계로 나눌 수 있다.

첫째, 귀중한 정액을 최대한 간직하며 성행위 중에도 과다하게 쏟아 내지 않는다. 이런 방법으로 성행위 시간을 연장하는 것 말고도 「동현자」에서는 '막 사정하려고 할 때……마음을 안정시키며 두 눈을 감고 묵상한다. 동시에 혀로 아래턱을 받치고 등을 구부리며 고개를 뺀다. 그리고 콧구멍을 조금 열고 어깨를 움츠리며 입을 닫고 숨을 들이키면 정액을 안으로 거두며 밖으로 쏟지 않을 수 있다······열 번의 성행위 중 두세 번만 사정해야 한다.'라고 일렀다. 이는 '적은 배출'에 중점을 두고 있다.

둘째, 성행위를 통한 질병 치료이다. 「현녀경玄女經」에는 '팔익八益'에 관한 이야기가 있다. 이는 여덟 가지 성행위 자세로 질병을 치료할 수 있음을 보여준다. 예컨대, '여성은 침상에 옆으로 누워 다리를 양쪽으로 벌리고, 남성은 옆으로 누워 그 사이로 진입한다. 이렇게 열여덟 번을 교합하면, 남성은 몸 안의 정기를 굳건하게 하고, 여성은 월경 불순을 치료할 수 있다.'고 했다. 이 밖에 '칠손七損'에 관한 이야기도 있다. 이는 일곱 가지 적당하지 않은 상황에서의 성행위가 신체에 미칠 손상에 대한 것이다. 예컨대, '배부른 상태에서 성행위를 하면 비장이 상하고 소화가 되지 않으며 음위陰痿에 이르고 몸 안의 정기도 잃을 수 있다.'고 했다. 하지만 '일곱 가지 해로운 점'은 또 일곱 가지 성행위 자세로 '치료'할 수 있다고 했다.

셋째, 자기 정액을 되찾는 '환정보뇌還精補腦'이다. 예컨대 「옥방지요玉房指要」에 제시된 방법이다.

"교접으로 이제 막 사정하려고 할 때 왼손 중앙의 손가락 두 개로 얼른 음낭 뒤편 정관精管을 누른다. 그리고 길게 숨을 내쉬고 이를 십여 차례 부딪치며 숨을 멈추지 않는다. 정액이 나오려고 해도 내보내지 않고 정액을 거꾸로 역행시켜 뇌에 이르도록 한다."

마지막으로 성행위를 할 때 여성의 그곳에서 흐르는 액체를 흡수해 음을 취함으로써 양을 보하는 것이다. 「섭생총요」에서 말하는 육자연생결六字延生訣의 '흡吸'과 '폐閉'는 바로 이것을 가리킨 말이다. 이른바 '흡吸'은 '나의 음경陰莖으로 상대방의 진액을 빨아들이되 마치 공기를 받아들이는 관처럼 한다. 이것을 얻을 때 위에는 코로 기를 빨아들이고 아래에는 음경으로 액체를 받아들이되 나의 그곳 관의 가운데로 들어온다고 생각한다. 위와 아래가 모두 함께 받아들여야 하고 뒤바뀌면 안 된다.'고 하였다. 또 '폐閉'란 '흡吸'한 뒤 모으기를 자기 쓰임이 되도록 한다. '단전이 양생되면 바로 황금 같은 보배이니, 만 냥 황금은 다른 이에게 줄 수 없다.'라고 했던 것이다.

남성이 취해야 할 것은 여성의 타액이나 진액만이 아니라 유즙乳汁도 있다. 이 세 가지를 통칭 '삼봉채전三峰采戰'이라고 한다. 다른 사람의 원기를 얻어 자기 몸을 유익하게 하려면 상대를 자주 바꾸어야 한다. 「옥방비결玉房秘訣」에서 '빈번히 여자를 바꾸면 이로움이 많다. 하룻밤에 열 명 이상 바꾸면 더욱 좋다.'라고 하였다. '언제나 한 여자만 상대하면 정기가 약해져서 사람을 크게 이롭게 할 수 없으며 또 여자 쪽도 허약하게 만들 수 있다.'라고 이유를 밝혔다.

「대추 한 알」, 「좌종당의 성 기공」, 그리고 「여인을 다룬 도사의 기술」 등의 이야기는 모두 성애를 통한 양생과 관계가 있다. 지체도 높고 나이도 많은 어느 늙은이가 날마다 여성의 그곳에 넣어 불린 대추를 먹고 밤마다 여러 명의 여자와 교접하면서도 '고희에 가까운 나이에도 소년 같은 용모'를 지녔던 것이다. 또 좌종당은 홍연환으로 몸보신하며 양기를 돋우고 전투 기술을 강구했기에 '원래 희끗희끗했던 머리카락이 어린 첩과 교합할 때마다 조금씩 검어지더니 늘그막에 이르러서는 오히려 장년기의 사내처럼 새카매졌던' 것이다. 게다가 음으로 양을 보하며 여성의 선혈을 빨아들이던 도사는 하마터면 '신선이 될' 뻔했다. 이런 것들은 모두 위에서 말한 성애를 통한 양생법에서 나타난 '신기한 효험'을 과장해서 드러낸 것이다.

남성이 음으로 양을 보할 수 있다면, 당연히 여성도 양으로 음을 보할 수 있다. 예컨대, 제4장의 「약 찌꺼기」에서 얼굴이 누렇게 되며 비실비실 힘을 잃어가던 궁녀가 어의가 제공한 어린 소년으로부터 한 차례

'보신제'를 맞은 뒤 하나같이 생글방글 편안하고 즐거운 모습으로 변했다. 또 「옥방비결」에서는 전설 속의 서왕모西王母가 늙을수록 더욱 예뻐진 것은 바로 나이어린 남자와 여러 차례 교접했기 때문이라고 말한다. 바로 양을 취하여 음을 보한 결과이다.

중국과 서양 정력제의 사유 패턴

지난날 수많은 중국 '임상공학'에 대한 한 차례의 간단한 순례 뒤에 더욱 재미있고 중요한 것은 이런 갖가지 모습들이 과연 효과가 있었느냐 하는 점이다. 이것들은 또 어떤 사유 패턴을 반영하고, 그 심리적인 전기와 문화적 특질은 무엇인가? 이것들을 이해하려면 시야를 넓혀 다른 민족의 '임상공학'도 고려해야 한다.

약물로 정력을 강화시킨다는 점에서 수많은 민족의 식물성 약제는 모두 '남성의 성기를 닮은' 식물에서 취했다는 특징이 있다. 예컨대, 앞에서 말한 '쇄양'은 이 식물의 '위쪽은 둥그스름하고 아래쪽은 날씬하게 곧은 것이 딱딱한 껍데기가 즐비하고 이리저리 핏줄기 같은 것이 연결되어 있어서 그 모양이 남자의 물건을 빼닮았기' 때문에 정력제로 여겨졌다. 그리고 서양에서는 '난초'의 뿌리는 고환睾丸과 비슷하고 양금화洋金花는 그 모습이 남근과 닮았기 때문에 정력제로 여긴다. 동물성 약제도 대부분 동물의 성기나 정액을 주로 사용한다. 이는 '그것을 먹으면 그것을 보하고 이것을 먹으면 이것을 보한다.'는 사유 패턴이다. 나귀의 거시기는 남달리 길고 수컷 물개는 능히 백 마리 암컷을 거느릴 수 있기 때문에 중국인의 특별한 사랑을 받았다. 고대 로마인들은 아프리카의 땅늑대 고기, 그것도 이들 수컷의 생식기와 암컷의 음핵으로 성욕을 촉진하는 약제로 삼았다. 왜냐하면 암컷 땅늑대의 음핵은 아주 굵직하고 모조남근처럼 생긴데다 그 기세도 대단히 맹렬하기 때문이다. 이 밖에 합개蛤蚧와 굴의 정액처럼 끈적끈적한 것들도 정력을 높이는 작용을 한다고 생각했다. 현대 의학의 관점에서 볼 때, 이런 약물의 '효과'는 주로 상징적인 의미나 심리적인 연상에서 왔을 뿐이지 진정한 약리 작용은 거의 없다(물론 많은 동물성 식품에는 단백질이 풍부하게 함유되기 때문에 몸을 보하는 데 전혀 소용이 없지는 않지만 '정력을 돋우는 것'과는 거리가 한참 멀다.)

하지만 몇몇 약물은 분명 큰 약리 작용을 한다. 인삼이 그렇다. 인삼은 전통적으로 몸 보양에 뛰어난 약물이다. 현대 의학 연구도 신경 반사의 잠복기를 단축시키고 신경 흥분의 전도를 높인다고 밝혔다. 하지만 음양곽淫羊藿이 부교감 신경을 흥분시키며 음경에 혈류를 증가시킨다고는 하지만 '일일백합—日百合'이나 '금창부도金槍不倒'와는 거리가 한참 멀다. 예컨대 어떤 약제는, 인도 신유印度神油(Indian gold oil), 유럽청가뢰 (Spanish fly), 갖가지 '발열' 광물질을 가미해 만든 중국의 정력제 등은 바르거나 내복으로 몸 밖으로 배출될 때, 요도 점막을 강력하게 자극하고 충혈시켜 발기 능력을 증강하고 오래 지속시킬 수 있지만 이런 자극은 일반적으로 비뇨기와 신장에 커다란 상해를 가져온다.

홍연환과 추석산의 허상과 진상

중국에서 비교적 특별한 것은 숫처녀 월경 및 어린 사내아이 오줌으로 정제한 '홍연환紅鉛丸'과 '추석산秋石散'이다(인도 사람들도 '어린 아이의 오줌을 마시면서 몸을 보한다.'는 견해가 있지만 중국처럼 이것을 정력제로 정제하지는 않았다.) 여성 월경에 대해서는 많은 민족들이 '불결한 것'으로 여기며 혹시나 무슨 일이 있을세라 멀리했지만 중국인은 오히려 이것을 정제하여 약으로 복용했으니 참으로 '독특한 생각'이 아닐 수 없다. 하지만 참으로 안타까운 것은 이것이 조금도 '보양'하지 않는다는 사실이다. 중국의 명의 이시진李時珍은 「본초강목本草綱目」에서 '오늘날 방사들이 그릇된 술수로 무지몽매한 사람들을 데리고 놀고 있으니, 숫처녀의 초경을 취하여 복용하며 이르기를 깨끗한 홍연紅鉛이라고 한다. 교묘하게 명목을 만들어 갖은 방법으로 배합하니, 「참동계參同契」의 금화金華나 「오진편悟眞篇」의 수경首經이 모두 그렇다. 무지몽매한 사람들이 이것을 믿고 더러운 것을 통째로 삼키며 특효약이라 여기다가 종종 급성 열병에 걸리기도 하니 참으로 한탄스럽구나!'라고 말했다.

어린 사내아이 오줌은 비교적 문제가 복잡하다. 「본초강목」에는 '추석사정환秋石四精丸'이 있다. 여기에 '과도한 색욕 때문에 손상된 원기를 보하고 유정을 포함한 빈뇨를 치료할 수 있다.'고 나온다. 이시진은 이것이 분명 병을 치료하는 데 효과를 보인다고 생각했다. 중국 과학 기술사를 전문적으로 연구한 영국의 학자 조지프 니덤Joseph Needham은 『중서예문지中西藝文志』에서 '11세기에서 18세기 사이에 중국의 화학치료사(방사方士)는 벌써 남성 호르몬과 여성 호르몬의 약물 재료를 만들어냈다. 비록 이것들이 초보적인 실험 단계에 머물긴 했지만 이미 상당한 효과를 보았던 듯하다.'라고 말했다. 이른바 '남성 호르몬과 여성 호르몬의 약물 재료'란 바로 어린 사내아이와 여자아이의 오줌으로 정제한 '추석산秋石散'을 가리킨다. 현대 의학의 관점에서, 오줌 속에는 극히 적은 분량의 성호르몬이 있다고는 하지만 그것을 농축해 제련하기가 결코 쉬운 일이 아니다. 최근 몇 년 사이에 대륙 학자 장빙룬張秉倫이나 쑨이린孫毅霖 등의 연구에 의하면, '추석산'의 주요 성분은 오줌 속의 찌꺼기인 무기 염류이다. 그 효과는 어떨까? 어쩌면 자기가 한번 마셔보면 알게 될지도 모른다. 사실, 이시진은 비록 '추석산'으로 '과도한 색욕에 사로잡힌 것'을 능히 치료할 수 있다고 생각했지만 세상 사람들이 이것으로 정력을 강화했다는 데에는 감히 동의하지 않았다. 그는 '이것을 마신 자는 대부분 음욕에 사로잡힌 자로서 제멋대로 헛된 양기를 마구 쓰면 진음眞陰은 갈수록 마를 것인즉, 어찌 갈증을 풀 수 있겠는가?'라고 말했다.

'홍연환' 및 '추석산'이 중국 '단약학丹藥學'의 작은 분파로 초기 중국의 생화학에 대한 기본 개념을 반영하지만, 더 중요한 것은 그것이 중국 '보양학파'가 생명력이 왕성한 어린 사내아이와 어린 여자아이의 몸에서 '청춘의 샘'을 얻어내려는 의도를 반영한다는 사실이다.

여인을 정복하는가, 여인의 비위를 맞추는가

기물에 대해 말하면, '미얀마산 구슬'은 미얀마에서 왔지만 '양의 속눈썹'은 원나라 때 티베트의 고승이 몽골 황제에게 올렸다고 한다.

일반적으로 비교적 '낙후'된 지역의 남성들이 자기 남근에 어떤 물건을 박아 넣거나 씌우는 행위를 많이 한다. 이것들은 원시 민족의 '신체 장식'의 일부로 성적 쾌감과는 무관하다. 예컨대, 뉴기니New Guinea 남성은 사춘기에 접어든 뒤, 바로 남근에 가리개를 찰 수 있다. 이 가리개는 길이가 두 자나 되는 것도 있는데, 가슴과 배 사이에 가는 실로 매단다. 그래서 걸을 때면 끄덕끄덕 움직이게 마련이다. 이는 '과시'를 위한 것일 수 있다. 또 '숨기기' 위한 것일 수도 있다(왜냐하면 이 가리개가 신체 특정 부분을 가리는 유일한 장식이기 때문이다.) 하지만 이는 성적 쾌감과는 무관하다(남근이 발기하면 통증을 유발할 수 있기 때문이다.)

그러나 많은 경우 '남근 장식'은 성적 쾌감을 증가하기 위함이 분명하다. 예컨대, 남아메리카의 어떤 인디언 원주민은 남근에 양의 속눈썹과 비슷한 것을 차는데, 그 재료가 양의 속눈썹이 아니라 노새의 갈기이다. 동남아시아 원주민에게는 갖가지 구슬, 나뭇조각, 동물 모발 등을 남근에 직접 박아 넣기가 더욱 유행했다(미얀마산 구슬은 그 가운데 하나이다.) 이것들은 분명 성행위를 할 때 마찰에 의한 쾌감을 증가시키기 위한 것이다.

어떤 면에서 남근에 갖가지 이물질을 박아 넣는 일이 남성에게는 신체의 아픔을 참아야 하고 상처를 치료하는 기간에 자칫 잘못하면 군데군데 헐어서 짓무르는 폐해를 입을 수도 있다. 게다가 이런 장식이 주로 여성의 질에 대한 자극을 증가시켜 더 큰 쾌감을 줄 수 있지만 남성의 입장에서는 실로 얻는 것보다 잃은 것이 많다. 이쯤에서 잠자리에서 '여인을 정복한다.'는 모순된 의도를 분명히 볼 수 있다. '여인을 정복한다.'는 말은 여인들을 고통과 통곡 속으로 빠뜨린다는 의미가 아니다. 오히려 여인들을 자극시켜 더욱 즐겁게 만든다는 뜻이다. 다시 말하면 여인의 비위를 맞춘다는 말이다. 보르네오의 다야크Dajak족 남성들은 남근 앞부분에 구멍을 뚫고 그 양쪽 끝에 안파랑anpallang이라는 구슬을 하나씩 단다. 만약 남편이 '안파랑' 달기를 거절하거나 이미 달아놓은 그 크기에 '불만'이 있으면 아내는 남편을 멀리하고 떠날 수 있다. '여인의 비위를 맞춘다.'는 의미가 더욱 분명해지는 예이다.

서문경西門慶이 남근 뿌리에 피의 순환을 억제하도록 착용한 '은탁자銀托子'가 중국 토산품인지는 분명하지 않다. 그러나 인도인도 이런 물건을 갖고 있었다. 고대 성 경전인 『애경愛經』(Kamasutra)에서는 남성의 남근은 너무 작고 여성의 음문은 너무 커서 여성을 만족시킬 수 없을 때는 남성이 남근에 '두세 개의 고리'를 착용하여 '크기'를 늘리라고 이미 언급한 바 있다. 이는 '여인의 비위를 맞춘다.'는 의미를 더욱 분명하게 한다.

중국과 인도의 방중술의 유사함

잠자리 솜씨와 성애의 양생을 추구하는 정교함에 있어서 중국인은 다른 민족보다 분명 탁월하다. 하지만 중국인과 어깨를 겨룰 만한 민족이 있으니 바로 인도인이다.

인도의 「애경」이 서로 사랑하는 남녀의 실전 기교를 이야기할 때, 중국에서는 「동현자」나 「옥방비결」 등의 서적을 떠올릴 수 있다. 게다가 더욱 빈틈없이 자세한 부분까지 언급하고 있다. 예컨대, 남녀 오럴섹스 여덟 단계, 남근이 질 속에서 움직일 때의 아홉 가지 방식, 순결한 소녀와 입맞춤할 때의 세 가지 방식과 네 가지 각도에 대한 이야기가 그러하다. 이 밖에도 「애경」에는 남성의 남근과 여성의 음문을 몇 가지 '종류'로 나누고, 서로 다른 '종류'의 남녀가 성행위를 할 때 배합해야 할 방법 등을 소개하고 있다.

「애경」에서도 동물의 성행위를 관찰하면서 성행위 자세를 소, 양, 개, 사슴, 나귀, 고양이, 호랑이, 코끼리, 산돼지와 말 등 열 가지 기본적 자세로 나누고 각각의 자세에서 수많은 변형을 파생시킨다. 이 가운데 어떤 것들은 거의 '특별한 동작'이라고 할 만하다.

몇몇 요가의 선도자도 성기에 관하여 아주 놀랄 만한 '조예'를 가지고 있다. 예컨대, 우드로페J. Woodroffe는 「뱀의 힘The Serpent Power」에서 한 요가 선도자는 공기와 액체를 요도로 흡입한 뒤 다시 요도로 분출할 수 있다고 언급했다.

이런 '조예'는 앞서 공복孔復의 '등불을 불어서 끌 수 있고 한 됫박이나 되는 소주를 들이킬 수 있었던' 이야기와 우열을 가릴 수 없다. 그리고 이런 조예에 이르기 위한 연마도 성행위 중에 자신은 사정을 하지 않으면서도 여성의 '활력'(음의 정기)을 '흡수'하기 위함이었다.

인도의 탄트라 밀교密敎도 방중술로 유명하다. 이들도 중국 도가의 '보양학파補養學派'처럼 성행위란 '오도悟道' 또는 '열반涅槃'에 진입하는 수단이라고 보았다. 이런 목적에 도달하기 위하여 남성은 사정을 할 수 없을 뿐만 아니라 여성의 에너지(이른바 음의 정기)를 흡수하여 자기 정액과 온전히 하나가 된 뒤에 '위쪽으로 끌어올리며' 척추의 여러 '윤보輪寶'를 따라 위로 올라 결국은 머리 위에서 일천 송이의 연꽃으로 피어나야 한다고 했다.

이런 관념과 파생 기술은 앞에서 말한 중국의 기공에 의한 방법 및 성애의 양생법과 비슷할 뿐만 아니라 거의 같은 틀에서 나온 것 같다. 이런 것들은 서양에서는 거의 나온 바 없다. 이런 점은 더욱 깊이 생각해볼 만하다.

중국·인도 양국과 서양의 공통점과 차이점

중국과 인도의 방중술이 이렇게 유사한 것은 두 민족이 역사적으로 오랫동안 '문화 교류'를 해온 점과 분명 밀접한 관계가 있다. 하지만 도대체 둘 중 어느 나라가 영향을 주었을까? 홀릭R. H. van Gulik의 『중국인의 성생활』 부록인 「인도와 중국의 방중술」은 이에 대해 이미 상세한 고증과 분석을 내놓았다. 그는 인도가 먼저 중국 동한 때의 『참동계參同契』등 서적의 영향을 받았고 자신들의 견해를 더욱 확대 발전시켰다고 본다. 그런 뒤, 당나라와 원나라 때에 중국으로 다시 역류되었다고 덧붙인다. 그 사이의 자세한 원인과 결과는 이 책에서 언급하지 않겠지만, 중국인과 인도인은 무슨 까닭으로 이런 생각을 함께 가질 수 있었으며 이것을 하나의 행동으로 만들었을까 생각해 보면 자못 흥미롭다.

사실상, 고대 그리스인들도 중국인이나 인도인과 마찬가지로 일찍이 인체 생명 활동의 기본 물질인 정精과 혈血은 같은 원천을 가지고 있으며 정액을 잃으면 생명 가운데 가장 진귀한 본질을 잃는다는 생각을 갖고 있었다. 어떤 학파에서는 정액이란 먼저 뇌에서 생성된 뒤에 척추를 따라 내려와서 다시 남근을 통하여 사출된다고 보았다. 그리스의 유명한 의학자 히포크라테스Hippocrates는 일찍이 남성 환자가 귀 뒤쪽을 수술한 뒤 여전히 성행위를 할 수는 있지만 사출된 정액 양이 비교적 적고 약했다고 보고했다. 그는 이렇게 해석했다.

"수술 때문에 생긴 흉터가 머리에서 척추로 통하는 정자의 통로를 가로막았기 때문이다."

그러나 그리스인들은 '환정보뇌還精補腦'의 방법에 대해서는 거의 생각하지 못했던 듯하다.

유구한 역사를 가진 서양의 연금술鍊金術과 중국 도가의 연단술煉丹術은 관념적으로 공통점이 매우 많다. 「참동계」에서는 연단煉丹과 성행위를 생동감 있게 비교하였다. 연단에 쓰이는 납은 남성, 주사朱砂는 여성, 그리고 불의 세기와 시간은 성행위의 기술, 정제되어 나온 장생불로의 단은 태아에 견주었다. 서양의 연금술도 수은과 유황을 결합해 만든 금광석은 아이를 배태하여 탄생시키는 것과 같으며, 유황은 남성의 씨를 담당하고 수은은 여성의 씨를 맡았다고 말했다. 그러나 남녀의 육신이 성행위를 통하여 황금과 같이 '썩지 않는 몸뚱이'를 어떻게 만들어내는지 서양인들은 미처 생각하지 못한 듯하다.

서양인이 이런 관념을 확대 발전시켜 구체적인 행동인 방중술로 만

중국 문화 속의 사랑과 성

들지 못한 것은 권세 있는 사내들이 중국이나 인도처럼 처첩을 많이 거느리지 않았기 때문에 절박하게 필요하지 않았다는 점 외에도 근본적인 원인은 동서양에는 서로 다른 '신체에 대한 개념'이 존재했기 때문이라고 볼 수 있다.

단련과 육체 조종의 개념

서양에서 발원한 현대 의학에서는 신체의 많은 부분이나 기관의 운동(심장 박동이나 땀 흘림)은 개인의 힘으로 마음대로 변화시킬 수 없고 '자율신경'의 지배를 받는다고 설명한다. 이는 '신체에 대한 개념'을 반영한 것이다. 그러나 중국의 '기공'과 인도의 '요가'는 이런 개념을 타파했다. 최고의 경지에 이른 기공 지도자와 요가 선도자는 '단련'을 통하여 신체 일부를 자기 마음대로 조절해, 열을 올리고 땀을 낼 수 있다.

기공이 중국에서 성행하고 요가가 인도에서 유행하는 것은 결코 우연이 아니다. 이것은 중국과 인도 두 민족의 '신체에 대한 개념', 다시 말해 신체는 '단련'될 수 있다는 생각을 반영한다. 그들은 단련과 자신의 육체를 조종해서 이상 속의 관념 세계에 근접하거나 도달할 수 있다고 생각한다. 성기는 신체의 일부이고 성행위는 육체 활동이다. 따라서 그것들은 당연히 그들이 단련해야 할 대상이다. 남근을 '단련'하면 능히 '등불을 불어서 끌 수 있고 한 됫박이나 되는 소주를 들이킬 수 있으며', 원하는 대로 '존축추흡폐전存縮抽吸閉展'을 할 수 있다고 생각한다. 물론 그 목적은 '환정보뇌還精補腦'와 음으로 양을 보한다는 '채음보양采陰補陽'을 실현하기 위함이다.

이런 신체 개념의 차이는 중국과 서방의 고전 에로소설 뿐만 아니라

낭만적인 의협소설에도 존재한다. 중국 무협소설 속의 협객은 모두 내공이 대단할 뿐만 아니라 장풍掌風이 대단하고 엄청나게 높이 뛰어 오른다. 자기 신체를 입신의 경지까지 단련시킨 것이다. 그러나 서방의 기사문학이나 서부소설 속의 기사, 검객, 카우보이 등은 그저 위풍당당하고 힘이 세며 검술이 뛰어나고 창을 다루는 방법이 정확할 뿐이다.

물론 신체는 단련될 수 있지만 무협소설 속의 남자 주인공처럼 장풍한 번으로 견고한 담장을 무너뜨리거나 에로소설 속의 남자 주인공처럼 단번에 여성의 활력을 빨아들인다는 것은 그야말로 정신 나간 상상일 뿐이다. 게다가 성행위 기술을 신출귀몰할 만큼 단련하여 여성의 활력을 빨아들인다고 해도 그것은 그저 여성의 분비액일 뿐 '영양'적 가치는 별로 없다고 할 수 있다.

중국 고전에 나타난 성에 관한 임상 학문의 긍정적 의의

현대인의 시각에서 보면 중국 고대의 방중술에 대한 지식과 기술은 한낱 헛된 꿈이요 화를 불러오는 일이지만 그래도 긍정할 만한 점이 적지 않다.

예컨대, 중국의 방중술을 기록한 서적에는 '전희前戱'(foreplay)의 중요성을 강조한다. 「옥방비결」에는 이렇게 나온다.

'무릇 여자를 상대하는 방법은 성행위 전에 반드시 먼저 완만한 애무를 하여 서로의 마음을 통한 다음 완전히 하나로 일치해서 성욕이 격동하며 분기할 때 비로소 교접해야 한다.'

「동현자」에는 더욱 상세한 설명이 있다. 즉 남녀는 먼저 두 팔로 껴안고 애무하며 입맞춤하고 귀를 간질이며 아래위를 쓰다듬고 어름은 물론 서로 상대방의 성기를 어루만지고 쓰다듬어서 음기를 느낀 '남근이 진동하고' 양기를 느낀 '음부에서는 물이 흐르니', '기세가 이에 이르면 비로소 교접을 할 수 있다.'는 것이다. 이런 '전희'의 필요성은 오늘날에도 임상 성의학 전문가들도 공통적으로 강조한다.

이밖에도 「현녀경」, 「옥방비결」 그리고 「의심방醫心方」 등에는 여성의 '오징五徵', 곧 성행위 중에 여성이 드러내는 다섯 가지 태도를 아래와 같이 묘사하고 있다.

> 첫째, 면적面赤으로 얼굴이 발그레 상기되면 천천히 합한다. 둘째, 유견비한乳堅鼻汗으로 유두가 꼿꼿하게 발기하고 콧등에 땀이 흐르면 천천히 남근을 질 속으로 진입시킨다. 셋째, 익건인타嗌乾咽唾로 목구멍이 말라 침을 삼키면서 천천히 남근을 실룩거리며 여성의 몸을 마구 흔든다. 넷째, 음활陰滑로 음부가 촉촉이 젖으면 천천히 음부 더욱 깊은 곳으로 진입시킨다. 다섯째, 고전액尻傳液으로 꽁무니까지 음액陰液이 흘러넘치면 천천히 여성의 음부를 힘 있게 자극한다.

홀릭은 이것이 1953년 킨제이A. C. Kinsey가 발표한 「여성의 성행위에 관한 보고」 가운데 '여성의 성 반응과 오르가슴의 생리'와 세부 내용이 완전히 일치한다고 지적했다. 이는 중국인이 이미 정확히 이 사실을 관찰했음을 의미한다.

그리고 성행위 중에 남성은 이른 사정을 방지하기 위하여 몇 가지 기술을 사용한다. 예컨대, 「동현자」에서는 '마음을 안정시키며 두 눈을 감고 묵상한다. 동시에 혀로 아래턱을 받치고 등을 구부리며 고개를 뺀다. 그리고 콧구멍을 조금 열고 어깨를 움츠리며 입을 닫고 숨을 들이킨다.'라고 했으며, 「육자연생결」에서는 '축縮'에 관한 기공으로 '숨을 한 곳으로 좁혀 위쪽으로 향하게 하고 마치 대소변을 참는 것처럼 몸의 아랫부분을 수축하면서 남근을 차츰 뒤쪽으로 반보 정도 물린다.'라고 했으니, 이는 오늘날의 성 임상치료학자인 마스터와 존슨 부부가 내놓은 '조루' 치료를 위한 훈련 방법과 크게 다르지 않다.

또한 남성의 '칠손七損'으로 인해 생긴 음위陰痿에 대하여 「소녀경」에서는 '남성은 똑바로 눕고 여성은 그 위에 두 다리를 벌리고 앞으로 웅크려 앉은 다음 천천히 삽입한다. 이때 여성은 스스로 움직이지 않고 애액이 나와도 남성은 쾌감으로 사정하지 않는다. 이렇게 하루에 아홉 차례 시행하여 열흘을 하면 낫는다.'고 하였다. 이는 마스터와 존슨 부부가 음위 환자를 치료하면서 제시한 '여상남하 체위', 곧 여성이 남성의 몸 위에 걸터앉아 남근을 질 속에 삽입하여 전후 요동하는 방법과 비슷한 점이 많다.

이들은 모두 중국의 오랜 '성에 관한 임상 학문'으로서 취할 바가 있다. 하지만 유감스러운 것은 이것들이 항상 타인의 원기로 자기의 몸을 보한다는 성에 관한 형이상학 속에 끼어있기 때문에 '식견 높은 이'들을 뒷걸음치게 만들어 맞갖은 평가를 얻지 못했다는 점이다.

방중술과 성별 착취의 패러독스

중국의 '임상공학'에 관한 진상과 허상의 특징을 분석한 뒤, 이제 성의 색 합성을 다시 살펴보자.

어떤 면에서, 이런 모양새는 '남성'이 '권력'을 이용하여 자기의 '쾌락'을 증가시키고, '생식' 능력이 여성보다 못한 약점에 대한 반전을 시도하며, 한 걸음 더 나아가서 '여인'의 생명 에너지까지 흡수해 자기 '건강'을 증진시킬 생각을 한다. 이는 성별 착취의 색채로 충만하다. 그리고 몇몇 방중술에 관한 서적에서 확실히 이런 생각을 엿볼 수 있다. 예컨대, 『소녀경』에서는 '여자와 관계를 할 때에는 상대방을 기와조각으로 여기고 자신은 금과 옥처럼 진귀한 보물로 여기라.'라고 말한다. 여인을 교전 중인 '적군'으로 여길 뿐만 아니라 보잘것없는 '기와조각'으로 본 것이다. 게다가 '한번 써먹었으면 그 자리에서 버리고' 자꾸 바꿀 수 있다고 하였다. 「옥방비결」은 더욱 기묘하여 '음경을 더욱 꼿꼿하고 강력하게 만들려는 남성은 여성이 이런 기교와 방법을 남몰래 엿보며 앗아가도록 만들어서는 안 된다. 그렇게 하면 양기를 강하게 만드는 데 도움이 되지 않을 뿐만 아니라 오히려 양기에 손상을 입을 수 있다. 훌륭한 병기가 상대방에게 장악되면 상대방은 분연히 일어나 반격하게 마련이다.'라고 했으니, 이런 심리상태는 사람을 멸시함은 물론 매우 분노하게 만든다(물론 여성을 착취할 작정으로 모든 방중술에 관한 서적들을 쓴 것은 아니다. 예컨대, 「동현자」에는 온화한 표현이 많다).

그러나 앞에서 기물에 의한 방법을 이야기할 때 말한 '여인을 정복하는 것인가'와 '여인의 비위를 맞추는가'의 문제는 언제나 동전의 양면이다. 중국 방중술 속의 성별 착취도 이런 모순을 포함하고 있다. 왜냐하면 남성이 '착취'하려는 것은 그들에게는 '보물'로 여겨지지만 사실은 아무런 가치도 없는 여성의 '음액'이기 때문이다. 그리고 이 음액을 갖기 위해 여성을 오르가슴에 이르게 하여 '사정'하도록 만들어야만 한다. 어떤 면에서 볼 때, 중국의 방중술이나 모든 임상공학은 정력을 돋우는 단약을 복용하고, 남근을 단련시키며, 성행위 기술을 익히고, 장기전을 치르는 방법을 포함하고 있으니, 실은 '어떻게 하면 여성을 오르가슴에 이르게 할 것인가'에 대한 학문이요 기술이라 하겠다. 다른 사람의 원기를 받아들여 자기 몸을 보하는 데 그렇게 신경을 쓰지 않는 「동현자」에서도 '사정해야 할 때는 반드시 여성이 즐거울 때를 기다려 동시에 사정한다.' 라고 말하고 있으니, 이는 남녀 모두 동시에 오르가슴에 도달해야 한다는 뜻이다.

역사를 살펴보면 재미있는 현상을 발견할 수 있다. 방중술에 관한 서적이나 방중술이 성행하던 수당隋唐 시대에는 중국 여성의 사회적 지위가 비교적 높았으며, 여성을 존중하는 남성의 마음이 비교적 컸다. 하지만 송나라 때부터 여성을 억압해 여성을 존중하지 않기 시작한 뒤, 방중술에 관한 서적이나 방중술은 나날이 그 지위와 작용을 상실하기 시작했다.

방중술, 여인의 비위 맞추기와 여성을 오르가슴에 오르게 하는 것 사이에는 모종의 음침한 연대 관계가 있을 수밖에 없다는 믿을 만한 이유가 있다. 홀릭은 「춘화에 대한 고찰」에서 명나라 때의 「모씨가훈某氏家訓」을 제시하고 있다. 그 가운데 두 가지를 보면,

1. 처첩은 쌀 빻고 소금 절이는 세세하고 자질구레한 일에 날마다 지친다. 머리 매만지며 치장하고 음악에 골패 만지는 이외에 즐거움이라고는 방사로 환심을 사는 것뿐이다. 세상에 현명한 주인은 이 이치를 확실하게 알아서 처첩과 함께할 때마다 상대가 즐거움에 이르도록 반드시 만들었으니, 규방 화목의 주요 부분이 여기에 있다.

2. 동쪽에 사는 어떤 이는 나이가 젊은데다 체구도 우람했지만 처첩이 아침저녁으로 다투며 고분고분하지 않았다. 그런데 서쪽에 사는 어떤 이는 누렇게 센 머리카락에 허리까지 구부러진 노인이었지만 처첩이 온 힘을 다하여 그를 받들었다. 무슨 까닭일

까? 이쪽은 방중술의 오묘한 이치를 잘 알고 있었지만, 저쪽은 몰랐던 것이다.

'가훈家訓'이란 원래 세상일에 익숙한 어른이 실제 몸으로 깨달은 세상의 이치를 글로 적어 후손들에게 교훈을 주기 위해 만든 것이다. 이 가훈 가운데 '방중술의 오묘한 이치'는 채음보양采陰補陽과는 무관하다. 오히려 남편이 성 기교를 발휘하여 아내에게 주는 성적 만족을 강조한다. 이 가훈을 남긴 이는 '진심으로' 이것을 후손들이 응당 배워서 알아야 할 '수신제가修身齊家'의 방법으로 여기고 있으니, 이는 유가 경전인 『예기禮記』에서 말한 '아내 나이 옹근 쉰이 채 되지 않았을 때에는 닷새에 한 차례는 잠자리를 함께해야 한다.'는 구절과 일맥상통한다.

지금까지 남성, 여성, 쾌락, 권력의 상호 삼투 현상을 보았다. 그러나 중국 남성이 서방 남성보다 성을 더욱 중시하고 게다가 성의 기교까지 더욱 신경을 씀으로써 그들이 여성의 '복지'를 소중하게 여겼다는 주장은 그야말로 과장된 표현이다. 왜냐하면 다음 장에서 중국 여인들이 성적인 면에서 받았던 진정한 착취와 수탈이 나오기 때문이다.

제7장

발이 작아야 열녀각이 크다 ―여성에 대한 육체적·정신적 착취

"전족으로 작아진 발과 패방牌坊이 함께 배치되어 있으니, 여기서 모순을 만난다. 한편으로는 여성의 신체를 성적인 욕망의 대상으로 만들고, 다른 한편으로는 여성의 몸과 마음을 성적이 아닌 것으로 만드는 모순이다. 이것은 바로 남권 사회의 여성에 대한 모순된 생각이며 요구이다."

*

"전족은 중국 여인을 '밖'에서 '안'으로 끌어들였다. 그리하여 남성의 미적 감각과 쾌감에 대한 요구를 만족시켰다. 다른 입장에서 보면, 서양 여인의 바짝 졸라맨 신체는 비록 겉으로는 우아하고 매혹적이지만 잠자리에서는 받아들일 만한 것이 없다. 그러니까 중국 여인의 자그마한 발의 신묘한 작용에 비한다면 완전히 보기만 좋을 뿐 쓸모는 없다고 말할 수 있다."

*

"지난 날 중국에서는 과부의 정결을 중시할 뿐만 아니라 표창까지 했으니, 주된 목적은 두 가지였다. 여자란 일부종사一夫從事해야 한다는 성 도덕에 대한 이중 잣대의 강화와 남편 집안에 남은 아들을 정성들여 기르는 것에 대한 칭찬이다. 그러나 명나라 이후에 이익 색채는 그야말로 나날이 번성하여 마침내는 조정할 수 없을 만큼 커져 버렸다."

이야기

능파凌波의 사뿐사뿐 발걸음

함풍황제咸豊皇帝는 한족 여자를 특별히 좋아했다. 바로 치마 속의 그것 때문이었다. 이른바 요랑窅娘의 초승달처럼 가냘프고 고운 발이나 반비潘妃의 사뿐사뿐한 걸음걸이를 고금의 걸출한 황제들은 하나같이 좋아했던 모양이다. 함풍은 애초에 전족纏足이라면 양주揚州가 제일이라는 말을 듣고 남몰래 심복 내시를 그곳에 파견하여 미녀를 물색하도록 하였다. 이리하여 가난한 집안이지만 아름답기로 이름난 능파凌波를 찾아내었다. 바로 이 능파는 함풍황제가 총애한 네 여인 가운데 하나였다고 한다.

능파의 가냘픈 발은 마치 벗겨낸 죽순처럼 작았기에 길을 걸을 때면 곁에서 부축해야만 했으며, 게다가 하늘하늘 가느다란 허리를 가졌기에 손바닥 위에서 춤을 출 정도였다. 그녀가 꽃 사이를 사뿐사뿐 걸어갈 때면 하늘하늘한 모습이 꼭 선녀가 바람타고 날아가는 것 같았다. 함풍은

277

그녀를 몹시 사랑했지만 서태후西太后 자희慈禧는 오히려 그녀를 몹시 강샘했다.

능파는 결벽증이 있었다. 옷이나 세간에 자그마한 먼지나 때가 묻어도 당장 내다 버렸다. 어쩌다 자기 몸에 더러운 것이 묻기라도 하면 밥도 못 먹고 잠도 들지 못할 만큼 괴로워해서 병이 날 정도였다. 함풍은 그녀의 이런 괴벽을 잘 알고 있었지만 그녀의 예쁘고 귀여운 모습에 매료되어 끝까지 너그럽게 안아 주었다. 서태후는 그녀에게 고치기 힘든 이런 나쁜 버릇이 있다는 말을 듣자 그녀가 평소에 유람삼아 다니는 길목에 더러운 것들을 고루 뿌려 그녀의 발을 더럽히도록 하였다. 능파는 한번이라도 더러운 것을 밟으면 뱀이나 전갈을 만난 듯 깜짝 놀라며 며칠이나 자리에 누워야 했다. 때로는 깜짝 놀라 바닥에 쓰러지기까지 했다. 분노와 원망으로 뒤척이며 제 목숨을 스스로 끊을 생각까지 할 정도였다. 서태후는 이 사실을 알고 마음속으로 자못 통쾌하게 생각했다.

(청淸, 허지엄許指嚴「십엽야문十葉野聞」)

세상에서 제일가는 여자

당백호唐伯虎는 남녀 사이의 연애에 관한 한 타의 추종을 불허할 만큼 대단했다. 그가 남긴 대부분의 작품은 아름답고 요염한 여인에 대한 이야기로 감동을 자아낸다. 그의 전집에 실려 있는 「영섬족배가詠纖足排歌」는 다음과 같다.

세상에서 제일가는 아름다운 여인,
전족을 한 그 발 정말 멋지구나.

봉황머리 전족 한 켤레 보셔요,

떨어진 연꽃 한 조각처럼,

막 나온 초승달처럼.

뾰족하고 부드러운 양측엔 가득 수놓인 꽃들.

헤어진 뒤,

그를 못 보았네.

두 마리 청둥오리 어느 날 다시 겹칠까?

허리 껴안아,

어깨 위로 올리고,

등은 손으로 받쳐 올렸네.

第一嬌娃, 金蓮最佳.

看鳳頭一對堪夸, 新荷脫瓣, 月生芽.

尖瘦幇柔繡滿花.

從別後, 不見他.

雙髟何日再交加?

腰邊摟, 肩上架, 背兒擎住手拿.

　이 시를 읊을 때면 얼마나 요염하고 아름다운지 환희와 흥분으로 정
신이 혼란해져 자제할 수 없다.

(민국초기民國初期, 시악柴萼 「범천려총록梵天廬叢錄」)

자그마한 발의 신묘한 작용

나는 세상을 두루 돌아다니며 여인의 자그마한 발을 수없이 보았는데, 그 가운데 아주 작으면서도 부담이 되지 않고 신묘한 작용을 하는 것은 감숙甘肅의 난주蘭州와 산서山西의 대동大同, 이 두 곳을 따라갈 데가 없었다. 난주 여인의 자그마한 발은 아무리 커도 세 치, 더 작은 것은 세 치가 되지도 않았지만 걸음걸이는 날아갈 듯해서 때로는 남자도 따를 수 없었다. 그러나 이 아름다운 여인의 버선을 벗기고 자그마한 발을 어루만지며 쓰다듬으면 강한 듯 부드러운 듯 때로는 뼈도 없는 듯 연하고 매끄럽기가 정말로 대단하다. 하지만 이런 여인은 어쩌다 가끔 만날 수 있을 뿐 늘 만날 수는 없다. 그런데 대동 지방의 기녀들은 거의가 이런 절품들이라 이들과 잠자리를 함께하며 한 쌍의 자그마한 발을 어루만지며 쓰다듬으면 차마 손을 뗄 수 없게 만든다. 이런 여인과 사랑을 나누면 그 즐거움에 혼이 나갈 지경이다.

지난날, 내가 서울에서 다른 이에게 이런 소감을 말했더니 거의 모두 믿지 않았다. 어느 날, 자리에 마침 기녀 두 명이 함께했다. 둘 중 하나는 산서 출신, 다른 하나는 하북河北 출신이었다. 두 사람의 용모는 뭐 그리 예쁘지는 않았지만 치마 아래 두 발은 모두 작고도 깜찍했다. 내 말을 믿지 않았던 이에게 직접 몸으로 경험해볼 것을 권했다. 과연 산서 출신 기녀가 하북 출신 기녀보다 훨씬 나아서 강함과 부드러움 사이에 큰 차이가 있었다. 자리에 있던 다른 손님도 이 말을 듣고 모두 감동하는 표정을 지었다. 내 말을 믿지 않았던 자에게는 이 자리에서 벌주 석 잔씩을 내렸다.

여인의 자그마한 발은 그 신묘한 작용이 무궁무진하다. 남자가 아내를 맞아들임에 어찌 명문 귀족 가문에서만 취할 것인가! 그저 현지에서

중국 문화 속의 사랑과 성

여인을 구하되 내가 이번에 한 말에 담긴 속뜻을 지나치지 말지니!

(청淸, 이어李漁「한정우기閑情偶奇」)

기녀의 신발에 술을 따르다

하공목何孔目과 원랑元朗이 기루에 와서 술을 들며 밤늦게까지 모임을 가졌다. 원랑은 술이 취하자 소매에서 남원의 기녀 왕새옥王賽玉의 신발 한 짝을 꺼내더니 술잔으로 삼아 술을 권하였다. 왕새옥의 발은 정말 작아서 예부禮部의 여러 벼슬아치들도 일찍이 이 전족을 한 여인과 노닌 적이 있었다. 이날 밤, 왕봉주王鳳洲는 크게 즐거워했다. 이튿날 그는 부채 위에 이렇게 휘호했다.

손에 이것 잡고 손님에게 술 권하며,
손님 두 뺨에 연꽃 피길 바랐네.

手持此物行客酒, 欲客齒頰生蓮花.

원랑은 이 글을 보자 무릎을 치며 찬탄을 금치 못했다. 이 이야기는 한때 미담으로 전해졌다.

(명明, 서환徐紈「본사시本事詩」)

적을 막아낼 묘책

최근 황강黃岡의 구징군瞿徵君이 북위北魏를 막아낼 수 있는 대책을
올렸다. 그 가운데 이들의 풍속을 그릇된 방향으로 가도록 이끌어야 한
다는 건의가 있었으니, 그것은 바로 그들 여인에게도 중국을 배우게 하
여 두 발을 모두 전족으로 만든 뒤 북위의 남자들을 여색에 빠뜨리며 정
력까지 깎아내리고 전투력을 약화시키자는 주장이었다.

구 아무개는 이야말로 적을 약화시킴은 물론 제압까지 할 수 있는
묘법이라고 생각하고 있었지만, 나는 이런 방법이 참으로 효과가 있을지
확신할 수 없었다. 그러나 융경隆慶 원년에 북위가 산서 석주石州를 점령
하고 포로로 잡은 부녀자들을 모두 국경 밖으로 몰아내고 이들의 발이
작아서 말을 따라 빨리 걷지 못함을 미워해 두 발을 잘라 수레에 싣고
돌아갔다. 이로써 살아남은 자는 백에 하나도 되지 않았다고 한다.

(명明, 심덕부沈德符 「폐추헌잉어敝帚軒剩語」)

손가락 두 개로 지킨 정절

부인 아무개는 스무 살 때 남편과 사별했다. 하지만 그런대로 먹을
만했던 가정환경 때문에 한 살밖에 되지 않은 어린 아들을 정성들여 기
르며 수절하기로 했다. 이 부인은 아들이 일곱 살이 되었을 때, 절강 가
선현嘉善縣 지방의 생원 사용謝墉을 스승으로 모시고 아들에게 공부를
가르치도록 하였다. 그런데 사용은 한 해 남짓 있다가 갑자기 한 마디 말
도 남기지 않고 떠나버렸다. 모두들 그 까닭을 알지 못했다. 이제 같은
마을의 다른 이를 대신 모실 수밖에 없었다. 이렇게 금세 몇 년이 지나고

보니 아들은 벌써 성장하여 어른이 되었다.

당시, 사용은 한림원 시독학사侍讀學士를 거쳐서 강소江蘇 지방의 교육과 과거를 책임지는 관리로 파견되어 있었다. 이때, 과부의 아들은 동시童試에 참가하여 생원으로 합격했다. 그는 스무 해나 어려움을 견디며 수절한 어머니의 덕행을 기리는 글을 사용에게 올리며 열녀문을 세워줄 것을 요청했다. 그는 사용이 자기를 가르쳤던 은사였기에 아무런 문제가 없을 것으로 생각했다. 하지만 수차례 거듭하여 글을 올리며 요청했지만 그 때마다 받아들여지지 않을 줄은 미처 생각지도 못했다. 그는 아픈 마음을 안고 집으로 돌아와 자기 어머니에게 그동안의 경과를 고해바쳤다.

과부는 아들의 말을 가만히 다 듣고 나서 이렇게 말했다.

"이 어미에게 이미 오랫동안 보관해온 물건이 있다. 이걸 그 양반에게 올리면 분명 허가를 얻을 수 있을 게다."

그러면서 과부는 자그마한 보꾸러미를 내놓으며 아들에게는 열어보지 말 것을 간곡히 일렀다. 아들은 너무도 의아하여 어머니 몰래 열어보았다. 보꾸러미에는 새카맣게 굳어진 딱딱한 손가락 두 개가 있었다. 아들은 도무지 무슨 영문인지 알 수 없었다. 그저 다시 가만히 묶어서 사용에게 올려야만 했다. 얼마 뒤, 그의 어머니를 위한 열녀문이 세워졌다.

그는 반드시 까닭이 있으리라 믿으며 자기 어머니에게 그 인과 관계를 물었다. 그제야 과부는 지난 이야기를 털어놓았다.

"이 어미가 젊었을 때 일이니라. 그해 칠월 초이렛날 밤, 너의 스승께서 뜰에서 더위를 식히고 있는데, 그분의 매력적인 모습을 보고 그만 어미가 솟아오르는 연정을 어쩌지 못하고 방으로 찾아가서 어디로 보낼 편지를 좀 대필해 달라는 핑계를 대며 집적거렸단다. 그런데 그렇게 단정한 인품을 가진 그분께서 엄숙한 표정으로 이 어미를 문밖으로 밀어내며 급히 방문을 닫다가 생각지도 못하게 내 손가락이 문틈에 끼이게 되었단다. 이 아픔에 견디지 못한 울부짖음에 네 스승은 다시 방문을 열고 내 손을 빼게 했단다. 어미는 방으로 돌아온 뒤 부끄러움과 분노로 뒤척이다가 아예 그 손가락 두 개를 자른 뒤 베로 싸서 항아리에 넣어두었다. 네 스승은 그 다음날 말 한 마디 남기지 않고 우리 집을 떠났다. 이 일이 있은 뒤, 나도 깊이 뉘우치며 수절하기로 단단히 마음먹었다. 이제 네 스승께서 이 손가락 두 개를 보고 조정에 나를 기려 열녀문을 세워 달라고 청한 것은 아마도 이 어미의 고심을 헤아렸기 때문일 게다."

어머니의 말을 들은 아들은 그제야 모든 것을 깨달았다. 자기 어머니의 왼손에 손가락 두 개가 없는데도 그는 이제껏 그 까닭을 알지 못했던 것이다.

이 이야기를 보면 수절이 얼마나 어려운지 알 수 있다. 그러기에 조정에서는 과부의 재가를 막지 않았다. 가문의 헛된 명성만 좇다가 온 가족이 망신을 당하는 것보다 시집을 가서 욕망에 따라 사는 것이 오히려 훨씬 합리적이다.

(청淸, 정지상程趾祥「차중인어此中人語」)

만날 수 없는 여인

장구章丘 사람 원경생遠經生의 아내는 남편이 세상을 떠난 뒤 수절하며 문밖출입을 하지 않았다. 집안에는 잡초가 무성하여 사람이 살지 않는 폐가 같았다. 그녀는 일찍이 양식이 떨어져서 사흘이나 연달아 부엌에 불을 지피지 못했다. 이를 안 이웃사람들이 쌀이랑 소금 따위를 보냈지만 그녀는 끝내 받지 않았다. 뒷날, 이웃에서는 이 사실을 관아에 알렸다. 관아에서는 그녀에게 쌀 한 말을 보냈다. 이제야 그녀는 겨우 어려움을 이겨내고 살아날 수 있었다.

가정嘉靖 연간에 장청長清의 지현知縣 무금武金이 이곳을 지날 일이 있었다. 그는 유복자였기에 과부로 수절하는 이 여인에 대하여 자못 탄복하며 한번 만나보려고 했다. 하지만 그녀는 도리어 이렇게 말했다.

"저는 남편이 세상을 떠난 뒤부터 다른 남자와는 얼굴을 마주하지 않기로 굳게 맹세했습니다. 설마 당신이 남자가 아닐 리는 없겠지요?"

무금은 어쩔 수 없이 대문 앞에서 깊이 고개 숙여 인사를 한 후에 탄식을 하며 자리를 떴다.

(명明, 주국정朱國禎 「용당소품涌幢小品」)

시아버지에게 작첩을 권하다

무정武定에 사는 이 아무개가 아들 하나 없이 세상을 떠났다. 집안은 가난했지만 그의 아내는 고통을 참으며 수절했다. 게다가 온갖 정성을 다하여 시아버지를 모셨다. 시아버지는 나이 벌써 예순이었지만 몸은 예전과 다름없이 다부지고 굳세었다. 그녀는 시집올 때 데리고 온 몸종을 시아버지에게 올렸다. 시아버지는 마음이 편안하지 않았지만 그녀는 시아버지가 자기 몸종을 계실繼室로 받아들일 것을 강력히 요청하며 눈물을 흘리며 말했다.

"하늘이 저희 집안을 불쌍히 여기신다면 혈육을 내리실 것입니다. 이것이 제게 남은 오직 하나의 희망입니다. 아버님께서 이 몸종을 받아들이지 않으신다면 몇 년이 지나지 않아 후회해도 소용이 없을 것입니다!"

말을 마치면서도 슬픔으로 목이 메었다.

시아버지는 어쩔 수 없이 이 몸종을 계실로 받아들였다. 그로부터 한 해가 지나자 과연 사내아이가 태어났다. 세상을 떠난 이 아무개의 아내는 온 정성을 다하여 이 사내아이를 정성껏 보살폈다. 가난한 집안에 양식이라도 떨어질세라 그녀는 밤낮으로 부지런히 베를 짰으며 한 푼이라도 여유가 있으면 저축을 했다. 사내아이가 커서 어른이 되자 그녀는 새색시를 짝지어 주었다. 그리고 아들 둘을 얻게 되었다. 이 어린 아들이 그녀의 남편 제사를 모시게 된 것이다. 마을 사람들은 그녀의 부덕을 기리며 조정에서 표창을 내리도록 관아에 추천하였다.

(청淸, 왕함王椷 「추등총화 秋燈叢話」)

수절하려고 북을 울린 여인

가정嘉定 남상진南翔鎭에 장張씨 성을 가진 여자가 있었다. 이제 겨우 열여덟이었지만 같은 마을에 사는 감甘씨네 아들의 아내가 되기로 혼약한 사이였다. 그런데 막 결혼할 날짜가 다 되었는데 감 아무개가 그만 갑자기 급병으로 세상을 떠나고 말았다. 장씨 성을 가진 여자는 부음을 듣고 깜짝 놀랐다. 그녀는 목이 메도록 통곡하며 며칠 동안이나 곡기를 끊고 오로지 남편을 따라 목숨을 버릴 생각만 했다. 그러나 결국엔 세상을 떠난 남편을 생각하여 수절하기로 굳게 결심했다. 그녀의 아버지는 자기 딸의 나이가 너무 어린지라 허락을 하지 않았다. 그러자 그녀는 관아로 달려가서 북을 울리며 하소연했다. 관아의 관리는 그녀의 사정을 다 들은 뒤 먼저 듣기 좋은 말로 위로하며 달랬지만 그녀는 결코 후회하는 일은 없을 것이라며 제 뜻을 굽히지 않았다. 관아의 관리는 그녀의 정절을 존중하며 표창하고 격려하는 의미에서 '그대의 정절은 정말 아름답다.'는 뜻을 지닌 '정절가가貞節可嘉'라는 네 글자를 특별히 써서 내리며 편액을 만들 돈까지 함께 건넸다.

　이렇게 되자 장씨 집에서는 좋은 날을 받아 푸짐한 혼수까지 딸려서 자기 딸을 감씨 가문의 과부로 수절하도록 하였다. 집을 떠나 시집을 가던 날, 온 마을에서는 이 모습을 보려고 몰려든 이들로 인산인해를 이루었다.

(청淸, 백일거사百日居士 「호천록壺天錄」)

모청慕淸

　약혼한 남자가 결혼 전에 죽으면 그 짝이 될 여자가 다른 곳으로 시집가지 않는 것을 '수청守淸'이라고 했다. 그리고 여자가 아직 혼인 예식을 올리지는 않았지만 이미 죽은 남자와 혼약을 맺고 남자 쪽 집으로 가서 수절하는 것을 '모청慕淸'이라고 했다. 이것은 모두 광동廣東 지방의 풍속 가운데 하나이다.

　나이 열여섯으로 아직 시집가지 않은 허許 아무개의 딸은 자기 어머니에게 '모청'을 하고 싶다고 말했다. 그녀의 어머니는 남편과 의논했지만 허락을 얻을 수 없었다. 그러자 딸은 이렇게 말했다.

　"언니도 몹쓸 남자에게 시집가서 부모님께 걱정을 끼치고 있습니다. 저도 혹시 그런다면 부모님께 걱정을 더하게 되지 않겠습니까? 게다가 저는 몸도 약하여 시집을 가도 자질구레한 집안일을 이길 자신이 없습니다. 절로 들어가 비구니가 된다면 딸의 도리를 버리는 것이니 안 될 일이요, 차라리 커다란 나무에 붙어사는 송라松蘿처럼 명망 높은 집안에 의탁하며 사는 게 딸로서의 인륜도 거스르지 않을 뿐만 아니라 제 소원도

제7장 발이 작아야 열녀각이 크다 – 여성에 대한 육체적·정신적 착취

이룰 수 있을 텐데 어찌 부모님께서는 반대하십니까?"

그녀의 아버지는 딸의 말을 듣고 그제야 허락을 했다.

마침 진陳씨 집안에 아들 하나가 혼사를 치르기 전에 세상을 떠나고 말았다. 세상을 떠난 아들의 약혼녀는 '수청'을 원하지 않았다. 진씨의 홀어미는 오직 이 아들 하나뿐이었기에 '모청'을 원하는 이를 두루두루 찾았다. 그녀에게 매파가 허 아무개의 딸을 소개하였음은 물론이다. 이리하여 진씨 집에서는 예의와 격식을 좇아 허 아무개의 딸을 며느리로 맞아들였다. 허 아무개의 딸은 이 집으로 온 뒤 하루도 빠짐없이 아침저녁으로 시어머니에게 문안을 드리고 집안에 일이 없어 한가할 때면 산뜻하고 깨끗한 거실에 향을 피우고 고요히 앉아 명상을 할 뿐이었다.

그녀에게는 시누이가 하나 있었다. 이 시누이는 벌써 엽葉씨와 약혼한 사이였다. 그녀는 올케언니 방으로 가서 한담을 할 때면 언제나 탄식을 하며 이렇게 말하곤 했다.

"올케언니는 전생에 얼마나 마음을 닦았으면 이렇게 한가롭고 편안한 삶을 누리십니까?"

그러면 그녀는 이렇게 대답했다.

"온전히 한마음으로 빌었을 뿐이지요."

시누이는 또 이렇게 말했다.

"그래도 올케언니는 다행히 그 전에 약혼을 하지 않았잖아요? 그렇지 않았다면 어쩔 수 없었을 것입니다."

그녀는 이렇게 덧붙였다.

"시댁에 아직 들어가지 않았다면야 자기 마음먹기에 달려 있지요."

이리하여 시누이는 날마다 그녀의 어머니에게 매달리며 '모청'을 하겠다고 입씨름을 벌였다. 그녀의 어머니는 딸을 몹시 사랑했기에 어쩔 수 없이 승낙했다. 이리하여 엽씨 집안에 자초지종을 설명하며 파혼을 요구했다. 엽씨네는 처음에는 허락을 하지 않았지만 진씨네 딸이 이미 시집올 마음을 버린 데다 억지로 데려와 봐야 좋은 일도 생길 것 같지 않다는 생각을 하며 어쩔 수 없이 진씨 집에 보냈던 예물을 되돌려 받고 혼사를 파기했다.

이리하여 진씨네 딸은 올케언니와 머리가 백발이 될 때까지 함께 살았다. 친족 가운데 어떤 이는 이들의 '굳은 절조'를 칭송했으니, 이야말로 '비례지례非禮之禮' 아닌가!

(청淸, 양주옹羊朱翁 「이우耳郵」)

우물에 뛰어든 열녀

하미명賀美明에게 시집을 갔던 임씨林氏는 의정儀征 사람 임봉林鳳의 딸이었다.

미명이 세상을 뜨자 임씨는 온종일 손으로 얼굴을 가리고 슬피 울며 사흘이나 곡기를 입에 대지 않았다. 시어머니는 며느리가 행여 스스로 목숨을 버릴세라 좋은 말로 마음을 위로했다. 그제야 그녀는 울음을 그치고 묽은 죽 한 그릇을 비웠다. 얼마 뒤, 시어머니가 물을 길으러 나가려고 하자 그녀는 일어나며 이렇게 말했다.

"어머님, 제가 길어 와야지요."

그러면서 물동이를 안고 밖으로 나갔다. 하지만 한참이 지나도 돌아오지 않자 시어머니는 며느리를 찾아 나섰다. 결국 시어머니는 며느리가 우물에 뛰어들어 자진했음을 발견하고 급히 사람을 불러 그녀를 끌어올렸지만 어떻게 회생시킬 방법이 없었다.

(청淸, 오덕선吳德旋 「초월루문견록初月樓聞見錄」)

부모 은혜에 보답하기 위해 남편 따라 죽은 열녀

산동山東 복산福山의 손씨孫氏는 내양萊陽의 나무꾼 동도광董道廣의 아내가 되었다. 도광이 세상을 떠나자 그녀도 스스로 목숨을 버리고 남편의 뒤를 따랐다. 세상을 버리기 전에 그녀는 동생에게 이렇게 말했다.

"나 때문에 슬퍼하지 마시라고 친정 부모님께 이르게. 부모님께서 애써 나를 길렀지만 보답할 길 없었더니, 이제 이것이 그분들께 보답하는 길이네."

(청淸, 왕사정王士禎「지북우담池北偶談」)

여러 사람 앞에서 목을 매다

복주福州 합거촌哈去村에 이름이 확실히 알려지지 않은 젊은 과부가 있었다. 그녀의 나이가 너무 젊다는 것만 알려졌다. 그녀는 남편이 세상을 떠나자 친척들이 다른 곳으로 다시 시집을 가라는 다그침을 뿌리치고 오히려 남편을 따라 죽을 마음을 드러냈다. 친척들도 그녀를 달래어 말릴 수 없었음은 물론이다.

그녀는 날짜를 받아서 친척들 앞에서 목을 매려고 작정했다. 먼저, 그녀는 이런 계획을 여러 사람에게 널리 알리고 일에 앞서서 광장에 높다란 덕대를 세웠다. 그녀는 그날이 되자 덕대 아래 의자에 올라 목을 밧줄에 묶고 친척들에게 작별을 고한 뒤 의자를 제 발로 차버렸다. 양쪽 발이 몽땅 공중에 매달리자 그녀는 금세 기절하며 숨을 거두었다.

이 여인의 곧은 절개는 물론 존경할 만하지만 한편으로는 안쓰럽기 짝이 없다. 그런데 참으로 이상한 것은 친척들이 어떻게 이런 모습을 두 눈 뜨고 가만히 보고만 있었을까? 집안에 남길 곧은 절개라는 명성 때문이었을까? 참으로 지나친 일이다. 또 참으로 고약한 풍속의 하나라고 하겠다. 이런 낡아빠진 풍속을 고치려면 그곳 관리들의 훌륭한 계도가 있어야겠다.

(청淸, 백일거사百日居士「호천록壺天錄」)

이야기 뒤의 이야기

여성에 대한 남권 사회의 모순된 심리

"전족이 작을수록 패방은 크다." 이 말이 누구 입에서 나왔는지 알수 없다. 이 말은 비록 우스갯소리지만 자못 생동감 있게 지난날 중국 여성의 남다른 운명을 명확하게 밝히고 있다.

삼촌금련三寸金蓮, 곧 전족을 한 여성의 자그마한 발은 전통적인 중국 여성의 아름다움을 대표하는 가장 두드러진 표징으로 여겨졌다. 그러기에 '아름다운 발 꽁꽁 둘러 나긋나긋, 내딛는 걸음마다 사랑스러워라.'[40]라고 노래했던 것이다. 하지만 이런 아름다움도 여성의 색정적인 자태를 드러내는 것이었으니, 그 주된 목적은 바로 남성의 욕정을 불러일으키는데 있었다. 그러기에 실제로 이것도 중국 여성의 신체가 하나의 성적 대

상물이 되었음을 나타내는 표징이다.

정절을 기리는 패방은 중국 전통 여성의 고귀한 덕성을 가장 잘 대표할 수 있는 표징으로 여겨졌다. 바로 '절경삼동節勁三冬'이나 '정렬가가貞烈可嘉'와 같은 패방이 그러하다. 하지만 이런 고귀함도 결국은 여성이라면 반드시 색정적인 모습을 숨기고 자신의 욕정을 완전히 없애야함을 의미하기에 사실상 이것도 중국 여성의 몸과 마음을 성性과는 떨어진 것으로 만든 하나의 표징이 되었다.

전족과 패방을 함께 나란히 놓은 것은 모순이다. 한편으로는 여성의 신체를 성적 대상물로, 다른 한편으로는 여성의 몸과 마음을 성과는 멀리 떨어진 것으로 만들었기 때문이다. 이는 서양 속담에서 말하는 '침대에서는 요부, 밖에서는 숙녀'와 같다. 이 말은 사실 남성이 권력을 독점하는 사회의 여성에 대한 모순된 심리와 요구를 반영한다. 여성은 남성의 욕정을 만족시켜야 하고 자신의 욕정을 억제해야 하는 요구를 받는다. 더욱 심층적으로 파고든다면, 이는 본능과 교양, 방종과 억제, 쾌락과 도덕 사이의 모순을 드러낸다. 사실 남성이 권력을 독점하는 사회에서 여성은 언제나 요구를 받고 남성에 의하여 만들어지는 대상일 뿐이었으며, 여성들의 이런 모순과 손상은 더욱 두드러졌다.

남성이 권력을 독점하는 사회에서는 이와 비슷한 모순된 심리가 있다고는 하지만 여성에게 색정적인 자태를 드러내게 하는 삼촌금련과 여성의 욕정을 억압하며 정절을 요구하는 패방의 존재는 중국에만 있다. 이들에 대한 역사적, 문화적, 심리적 고찰과 갖가지 색의 합성과 분해는 중국인의 성에 대한 도감圖鑑을 이해하는 데 필수적인 연결고리이다.

전족纏足 - 여성의 신체를 훼손시키는 예술

　전족은 비록 중국만의 독특한 산물이긴 하지만, 어떤 면에서는 인류학자 브레인R. Brain의 말처럼 지난날 서양 여성의 몸을 옥죄는 코르셋이나 아프리카 원주민 여성들의 인위적인 척추 굽힘 등도 전족과 마찬가지로 여성의 '신체를 훼손시키는 예술'이다. 여기서 말하는 '훼손'이라는 말은 비틀기, 누르기, 자르기, 늘이기와 줄이기, 몸속의 액체 뽑기, 또는 두드리기 등의 방식으로 자연이 준 신체를 개조하는 것이다. 이른바 '예술'이란 개조를 거친 뒤의 신체가 동류 집단에서 '미美'의 상징으로 보였기에 붙여진 낱말이다.

　여성미와 성감은 언제나 동전의 양면과 같다. 아프리카 부시족Bush-man과 호텐토트족Hottentot의 여성에 대한 인위적인 척추 굽힘은 여성의 둔부를 뒤쪽을 향하여 더욱 볼록하게 추키며 남성의 마음을 움직이게 한다. 그리고 중국 여성의 전족이나 서양 여성의 몸을 옥죄는 코르셋도 더욱 우아하고 매력적인 자태로 남성의 마음을 흔들며 움직이게 만든다. 이들은 모두 색정적인 모습을 드러내며 남성들에게 기쁨을 준다는 공통의 의미가 있다. 다른 한편으로 이러한 신체를 훼손시키는 예술은 여성들이 행동의 불편을 느끼게 함은 물론 몸을 야위게 하는 효과도 있다. 이런 '가냘픔'은 남성의 '웅대함'을 돋보이게 할 뿐만 아니라 남성에게 '사랑하는 마음'을 더 생기도록 하는 의미도 있다. 이것들은 남성이 권력을 독점하는 사회에서 여성미와 성감의 중요한 지표라고 할 수 있다.

　「능파凌波의 사뿐사뿐 발걸음」에서 함풍황제의 총애를 차지한 능파, 그녀의 삼촌금련이 드러낸 '가냘픔이 주는 아름다움'은 이런 특징을 두루 갖춘 듯하다. 전족이나 인위적인 척추 굽힘, 그리고 여성을 몸을 옥죄는 코르셋 등 여성의 신체를 훼손시키는 모든 예술은 본질적인 면에서

중국
풍속화
08

제7장 발이 작아야 열녀각이 크다 – 여성에 대한 육체적·정신적 착취

그리 큰 차이가 없다. 차이점이 있다면 각각의 민족들은 서로 다른 미적 감각과 성감에 대한 이해가 있기에 여성 신체의 각기 다른 부위에 훼손을 가할 뿐이라는 사실이다.

사실 남성에게도 신체를 훼손시키는 예술이 있다. 예컨대, 앞 장에서 본 남성의 거시기에 갖가지 물건을 끼워 넣는 것도 여성에게 기쁨을 얻게 한다. 그러나 이것은 '문명'화된 남권 사회에서는 결코 유행하지 않았다. 이런 서로 다른 운명은 성에 대한 경쟁이 만들어낸 성의 선택과 밀접한 관계가 있다.

성의 선택과 성의 경쟁, 그 매정한 철칙

역사적 고증에 의하면 전족은 대체로 남당南唐의 이후주李後主 때 시작된 것으로 본다. 이후주는 하얀 비단으로 비빈 요랑窅娘의 두 발을 둘둘 휘감고 그 자그마한 발을 또 굽히게 해서 금련대金蓮臺 위에서 춤을 추며 하늘하늘 아름다운 자태를 보이도록 하였다. 이는 원래 방탕한 황제의 꼭두각시놀음일 뿐이었지만 뒷날 민간으로 두루 전해지며 가냘픔을 아름다움으로 여겼던 송나라 때에 점점 널리 퍼지기 시작했다.

시작은 비록 역사의 우연이었지만 전족을 한 여성이 남성의 사랑을 받으며 중국 남권 사회의 '성 선택' 체계로 진입한 뒤, 여성은 바로 발에서 '성 경쟁'을 만들어냈고, 결과적으로 두 가지 방면에서 발전을 이끌어냈다. 그 하나는 여성의 발은 둘둘 감길수록 점점 작아졌고, 전족을 시작하는 나이도 갈수록 앞당겨졌다. 처음에는 단지 발육하고 성숙하는 여성의 발을 묶고 동이기를 했을 뿐이지만 나중에는 '더욱 작은 발'을 만들기 위해 여자아이의 경우 겨우 네댓 살이 되면 반드시 자그마한 뾰족

중국 문화 속의 사랑과 성

신을 신어야 했으며 면으로 된 천으로 엄지발가락을 제외한 네 발가락을 꽁꽁 동여 발육을 못하게 가로막았다. 몇 년 동안 계속된, 형태를 훼손시키는 작업으로 전족은 마침내 발을 못 쓰게 만드는 '잔족殘足'이 되고 만다. 작은 발을 갖게 된 몇몇 어린 여성은 「능파凌波의 사뿐사뿐 발걸음」처럼 다른 이의 부축이 있어야만 걸을 수 있었다.

또 다른 하나는 전족을 한 여인의 비율이 갈수록 높아져서, 처음에는 그저 색정적인 모습으로 다른 남성을 즐겁게 하려는 가무에 익숙한 기녀 등이 전족을 했을 뿐이지만, 나중에는 귀족 집안의 여성들도 잇달아 흉내를 내기 시작하여, 지위가 비천한 수상생활자, 천민, 육체노동에 종사하는 가난한 집 여자아이들을 제외한 나머지 대다수의 한족 여성들도 모두 전족을 하는 무리 속에 들어가게 되었다.

전족이 여성에게 입힌 손상은 막심하다. 더구나 발육 중인 여아는 전족을 하면 발뒤꿈치가 문드러지는 통증으로 밤낮 슬퍼 울 수밖에 없다. 그러나 어머니는 발을 동이며 아픔을 참아야 된다고 일렀다. 이것이야말로 '자애'의 표현이라고 보았던 것이다. 발 경쟁에서 뽑힌 자만이 살아남을 수 있다는 규칙 때문에 자기 딸이 만약 전족을 하지 않는다면 앞으로 좋은 혼처를 찾지도 못하고 심하면 시집도 갈 수 없다는 것을 잘 알았기 때문이다.

서양 여성의 몸을 옥죄는 허리띠도 사실은 이와 비슷한 발전 궤적을 보이고 있다. 몸을 옥죄는 코르셋이 15-16세기에 유행하기 시작할 때, 당시에는 그저 가슴과 허리를 붕대로 단단하게 감아줄 따름이었다. 하지만 시간이 지나면서 누가 더 가냘픈지 경쟁이 이루어지고 가느다란 철사로 지탱하는 일이 시작되면서 가슴 아래쪽에서 엉덩이 위쪽까지 갑옷을 걸친 듯 꽁꽁 빈틈없이 동여매게 되었다. 그리고 그 뒤에는 안쪽에 고래 뼈나 함석판을 죽 늘어놓고 재봉한 부드러운 가죽이나 면플란넬을 써서 더욱 아름답고 평평한 가슴과 벌처럼 잘록한 허리를 만들었다. 나중에는 여자아이의 경우 열두세 살 발육이 시작될 무렵, 몸에 따라다니는 그림자처럼 이런 갑옷 같은 코르셋으로 몸을 옥죄어야 했다. 결국 여성의 가슴과 허리는 자연 체형에 변화를 가져오게 되었고, 골격과 내장도 압축되어 변형을 일으킬 수밖에 없었다. 그 결과 폐질환이 곧잘 발생했으며 호흡 곤란으로 걸핏하면 여성들이 기절했다.

이런 비극적인 상황을 보면, 남권사회에서 이루어지는 성의 선택과 굳은 철칙이 얼마나 위력적이며 매정한지 알 수 있다. 하지만 서양 여성들의 몸을 옥죄는 코르셋에 비해 중국 여성들의 전족은 더 보편적이고 오래 지속되었다는 점에서 차이가 있다. 그 원인은 몸을 옥죄는 서양 여성의 '장비'는 비교적 가격이 비싸기에 보통 사람은 살 수도 없다는 점 외에도 중국 남성의 전족에 대한 '탐닉'이 서양 남성의 몸을 옥죄는 코르셋에 대한 사랑을 훨씬 뛰어넘었기 때문이라 할 수 있다.

전족과 남성이 느끼는 성 쾌감의 관계

중국 남성을 탐닉에 빠뜨린 전족은 '예술'을 빙자한 가냘픔의 아름다움 이외에도 또 다른 색을 지니고 있다.

명나라 말기부터 청나라 초기까지 살았던 이어李漁는 그의 「한정우기 閑情偶寄」에서 여인의 자그마한 발에 대하여 이렇게 언급했다.

"가냘픈 발은 보면 볼수록 사랑스럽고 귀엽다. 이것이 바로 자그마한 발이 한낮에 필요한 점이다. 뼈가 없는 듯한 부드러움은 쓰다듬으면 쓰다듬을수록 너무 좋아서 차마 손을 뗄 수 없다. 이것이 바로 자그마한 발이 한밤에 필요한 점이다."[41]

자그마한 발은 침대 위에서 특수한 작용을 한다. 남성들이 너무 좋아서 차마 손을 뗄 수 없으며 정신을 잃고 넋이 빠질 만큼 더욱 음미하게 만든다. 이는 마치 「전금련纏金蓮」이라는 소주蘇州 지방 민요 내용과 같다.

"오늘밤 그대와 함께 잠자리에 들어, 자그마한 발 그대 입가에 들어올리네. 묻노니, 어찌 이리 향기롭고 달콤한가? 그대 한 번 더 이 자그마한 발을 맛보옵소서."

「세상에서 제일가는 여자」에서 시악柴萼을 환희와 흥분 속에 몰아넣으며 마음을 흔든 당백호唐伯虎의 아름다운 글귀는 이러하다.

"두 마리 청둥오리 어느 날 다시 겹칠까? 허리 껴안아, 어깨 위로 올리고, 등은 손으로 받쳐 올렸네."

이는 남성이 성교를 하면서 여인의 자그마한 발을 괴롭히며 얻는 쾌감을 묘사하고 있다. 어떤 면에서 '꽁꽁 동여매' 극도로 형태가 훼손된 '발' 가운데 둥근 형태의 밑바닥 안쪽은 자연적으로 오목하게 들어간 부분이 생겼을 터이고, 주름졌지만 보들보들 연한 살결로 가득할 것이다. 따라서 이곳은 남성에게 또 다른 성기와 같은 느낌을 줄 것이다. 이른바 '그것을 천 번 만지작거려도 싫증나지 않네.'[42]라는 말은 모두 이런 느낌과 관계가 있을 가능성이 높다.

그리고 「자그마한 발의 신묘한 작용」에서 무수한 기녀를 상대한 이어李漁가 친구들에게 현장에서 직접 겪으며 느낀 소감을 말할 때, 산서 대동 지방 자그마한 발을 가진 기녀가 멋지다고 일렀다. 그러면서 믿지 못

---

41 瘦欲無形, 越看越生憐惜, 此用之在日者. 柔若無骨, 愈親愈耐撫摩, 此用之在夜也者.

42 捏它千遍也不厭.

제7장 발이 작아야 열녀각이 크다 – 여성에 대한 육체적·정신적 착취

하는 친구에게는 그 자리에서 몸소 체험할 것을 권했다. 과연 틀림이 없었다. 자그마한 발을 가진 여인이 주는 쾌감은 정말로 혼을 뺄 정도였으니, 어쩌면 쓰다듬고 어루만지는 데 그치지 않았을지도 모른다. 중국 민속을 연구한 일본 학자 나가오 류조永尾龍造의 연구에 따르면 '전족을 한 여성은 성교를 할 때 음부 근육이 비교적 팽팽하게 되어 마치 처녀 같은 느낌을 준다.'고 말했다. 또 일본이 타이완을 점령했던 시기에 타이베이 제국대학 의학부에서 해부학을 가르치던 일본인 교수는 전족을 한 타이완 여성의 해부로 터득한 이해를 바탕으로 비슷한 견해를 밝힌 바 있다. 발이 자그마하게 변하면 몸을 지탱하기 위하여 대퇴부와 음부의 근육은 분명 더욱 바짝 죄어들 수밖에 없을 것이다. 따라서 자그마한 발은 남성의 성적 쾌감과 더 직접적인 관계가 있다고 볼 수 있다.

다른 입장에서 서양 여성의 몸을 옥죄는 코르셋은 비록 겉으로는 우아하고 매혹적인 자태이지만 잠자리에서는 '바람직한' 점이 전혀 없다. 일부 여성들은 몸을 바짝 옥죄는 옷을 벗자마자 혼절할 수도 있기에 반드시 '완전무장'을 하고 잠자리에 들어야 했으니, 참으로 입맛 떨어지는 일이다. 이는 중국 여성의 자그마한 발이 주는 갖가지 신묘한 작용에 비하면 완전히 빛 좋은 개살구라고 할 수 있다.

기형적으로 발전한 전족 숭배

여성의 전족은 '겉'부터 '속'까지 중국 남성의 미감과 쾌감을 만족시켰기에 천 년을 훨씬 뛰어넘는 오랜 세월 동안 계속 이어져 왔다. 뿐만 아니라 시간이 지날수록 더욱 맹렬하게 퍼져 나갔다. 전족을 고유 풍속으로 갖지 않은 만주족이 중원을 주재하며 통치한 뒤, 그들은 한족 남성들에게 변발을 강요한 외에도 한족 여성들에게는 전족을 금하며 위반한 자에게는 부모나 보호자에게 죄를 묻겠다고 했다. 그 후 한족 남성들은 땋은 머리를 얌전하게 늘어뜨렸지만 여성의 전족은 없어지지 않았다. 그러다가 강희 7년에 이르자 만주족이 세운 청나라는 대중의 바람을 어쩌지 못해 금지령을 거둬들여야 했다. 당시 몇몇 사람들은 이야말로 '남성은 무릎을 꿇었지만 여성은 무릎을 꿇지 않았다.'[43]고 뻔뻔스럽게도 큰소리쳤다. 참으로 신기하게도 원래부터 전족이라고는 알지도 못하던 만주족 여성들이 중원에 내려와서 한족에게 전염이라도 된 듯 잇달아 발을 꽁꽁 동이며 자그마한 발을 가지려고 했다. 다행히 건륭황제가 만주족 여성의 전족을 금하는 수차례에 걸친 엄명을 내려 이들은 자연이 준 두 발을 그대로 유지할 수 있었다.

천여 년에 이르는 동안 중국 남성들이 여성의 자그마한 발을 어루만지고 즐기는 가운데 이제는 독특한 숭배, 다시 말하면 '전족 숭배'로 발전했다. 오랫동안 사랑하면서 이 숭배가 고질적인 버릇이 된 셈이다.

「기녀의 신발에 술을 따르다」에서 벗긴 여인의 신발을 술잔으로 삼아 여러 남성들이 차례로 술을 따라 신발에 밴 향기까지 맡으며 마음껏 마신다. 이는 바로 전족을 숭배하는 독특한 표현이다. 이런 병적인 기호는 송나라 때 이미 나타나기 시작하여 원나라와 명나라 때에는 이것을 멋으로 즐기는 이들이 자못 많아졌다. 또 청나라 때 방현方絢은 「관월사貫月查」와 「채련선采蓮船」이라는 글에서 기녀의 신발을 어떻게 술잔으로 삼았는지 상세하게 설명하고 있다. 하지만 이보다 더 병적인 경우도 있었다. 민국 20년에 출판된 '전족에 관한 백과사전'이라 할 만한 「채비록采菲

---

43   男降女不降.

제7장 발이 작아야 열녀각이 크다 ─ 여성에 대한 육체적·정신적 착취

錄」에는 한 이름난 선비가 날마다 애첩의 발 씻은 물로 차를 다려 마시며 갈증을 푼 이야기가 실려 있다. 이 정도의 취향이라면 참으로 특별한 경우이다.

전족 숭배의 또 다른 표현으로 번쇄학파繁瑣學派라는 자그마한 발에 대해 찬미하는 모임이 생겼는데 그 가운데 단연 으뜸은 바로 방현이다. 그는 「향련품조香蓮品藻」에서 향련香蓮, 즉 자그마한 발을 연판蓮瓣, 신월新月, 화궁和弓, 죽맹竹萌, 능각菱角 등 다섯 가지 기본 유형으로 나누고, 이 다섯 가지 유형에서 파생한 사조련四照蓮, 천심련穿心蓮, 도수련倒垂蓮, 옥정련玉井蓮 등 열여덟 가지 형식을 정리했다. 게다가 향련香蓮의 미와 추를 또 신품神品, 묘품妙品, 선품仙品 등 아홉 가지로 자세하게 분류하였다. 이렇게 번거로움도 귀찮아하지 않고 흥미진진하게 분류하고 품평했으니 그가 자그마한 발에 얼마나 연연하며 집착했는지 알 수 있다.

향련, 즉 자그마한 발을 글로 품평하는 이가 있는가 하면 아예 공개적으로 '자그마한 발 경연'을 여는 이도 있었다. 인덩귀殷登國가 「민속후창民俗後窓」에서 밝힌 바에 따르면, 산서山西 대동大同 지방에서는 청나라 이후 해마다 음력 유월 초엿샛날 '양각회晾脚會'를 연다.

"유월 초엿샛날이 되면 대동에 사는 여인들은 시집을 갔거나 가지 않았거나 상관없이 모두 등받이가 없는 의자를 가지고 미리 정해진 길거리에 와서 신발과 양발을 벗고 이 의자 위에 올라선다. 물론 발을 동여매었던 헝겊도 다 풀어야 한다. 평시에는 보이기를 부끄러워하던 자그마한 발을 자그마한 의자 위에 내놓고 사람들이 참관하며 품평하도록 한다. 참관하는 남녀노소는 흥미진진한 모습으로 둘러서서 감상한다. 이때 눈으로 보는 것만 허락할 뿐 손으로 만지는 것은 허락하지 않는다."

'문화적인 잣대'로 보면, 이런 '자그마한 발 경연'의 대담함과 사람을 끌어들이는 수준은 오늘날의 '미녀 선발 대회' 못지않다.

정말 정신 나간 짓은 전족으로 나라를 위기에서 구할 생각을 했다는 것이다. 「적을 막아낼 묘책」에서 구징군瞿徵君은 전족으로 북쪽 오랑캐를 '유인'하여 대항하자고 건의한다. 바로 이것이 신기한 국방 대책이라며 내놓은 것이다. 안타깝게도 북쪽 오랑캐는 이런 '남녀 사이의 사랑'을 잘 이해하지 못했으니, 이는 중국 남성들이 전족에 대해 '탐닉하면서 자신은 살피지 못하는 점'이 얼마나 심각했는지 공공연히 폭로했을 뿐이다.

과부에게 수절을 요구한 두 가지 목적

자그맣고 나긋나긋한 '삼촌금련'에 상대되는 것은 거대하고 굳건한 '정절을 기리는 패방'이다.

아내가 다른 남자의 손을 타서 자기 손에 부양되어야 할 '화근'이 생기는 것을 방지하기 위하여 거의 모든 부계사회에서는 여성에게 혼전이나 결혼생활 중에 반드시 정절을 지킬 것을 요구한다. 이것이 비록 패도覇道라고 해도 이해할 만하다. 그러나 남편이 세상을 떠난 뒤에는 경계를 위한 이런 목적은 자연스레 없어진다. 동서고금으로 시야를 넓혀 보더라도 많은 민족이 과부에게 계속해서 정절을 지킬 것을 요구하지는 않았다. 서방의 기독교 세계에서는 비록 이혼에는 반대하지만 과부의 재가는 반대하지 않았다. 널리 알려진 바와 같이 그 이름도 대단한 나폴레옹이 아내로 맞아들인 조세핀도 바로 과부였다. 더구나 로마 제국의 아우구스티누스 대제는 과부는 남편이 죽은 지 2년 안에 반드시 재가해야 한다고 법률로 규정하기까지 했다(이혼한 여성은 열여덟 달 안으로 반드시 재가하도록 했다.)

중국 각지에 현존하는 정절을 기리는 대량의 패방을 살펴보면, 중국은 정부에서 과부 수절을 아무런 거리낌 없이 장려한 유일한 민족인 것 같다.

로마의 아우구스티누스 대제가 과부에게 2년 안에 반드시 재가하도록 규정한 주된 이유는 당시 로마 제국이 인구 감소의 위기에 직면했기 때문이었다. '출산 기계'인 여성을 쓸모없이 내버려둘 수 없었던 것이다. 특수한 현상은 반드시 특수한 원인이 있기 마련이다. 중국이 과부 수절을 특별히 중시한 데는 분명 특별한 원인이 있었다.

필자는 1994년 3월, 《한성漢聲》지 취재를 따라서 안후이성의 양자강 이남 지역에 이르러 어느 민가 고택을 참관할 적에 서현歙縣 탕웨촌棠樾村의 유명한 패방들을 둘러본 적이 있다. 현재 남아 있는 죽 늘어선 일곱 개의 패방 가운데 두 동, 곧 왕씨절효방汪氏節孝坊과 오씨절효방吳氏節孝坊은 바로 정절을 기리는 패방이었다. 왕씨절효방은 포문령鮑文齡의 아내 왕씨를 세상에 알려 칭찬하고 있다. 그녀는 스물다섯 살에 남편이 세상을 뜬 뒤 다시 시집가지 않기로 마음을 굳게 먹고 온갖 고통을 다 겪으며 아버지를 여읜 아이들을 다 성가시키며 스무 해를 수절하다가 세상을 떴다. 오씨절효방은 포문연鮑文淵의 후처 오씨를 세상에 알려 칭찬하고 있다. 그녀는 스물아홉 살에 남편이 세상을 뜬 뒤 스스로 정절을 지키며 전처의 아이들을 친자식처럼 돌보며 성가시켰으며, 60년 동안 조상의 묘를 돌보며 수절했다.

왕씨절효방에 석각된 글은 '정절을 지키며 온전히 효를 바쳤다.', '몸가짐을 반듯하게 세우고 아버지 없는 아이들을 잘 키워 성가시켰다.'고 찬양했으며, 오씨절효방에는 '전처가 남긴 아이들을 친자식처럼 정성껏 길러 쓸모 있는 인물로 만들었다.', '절조를 지키는 모습이 한겨울처럼 매서웠다.'고 찬양했다. 이런 찬양의 말들을 볼 때, 중국에서 그 옛날 과부의 정절을 중시하며 찬양한 것은 두 가지 주요한 목적이 있었음을 알 수 있다. 그 하나는 '남편은 다시 장가갈 수 있지만 부인은 재가할 수 없다.'[44], 곧 '일부종사—夫從事'라는 성도덕에 관한 이중의 기준이다. 또 하나는 그녀가 지아비 집안에 남겨진 '아이들을 돌보며 잘 길렀음'에 대한 찬양이다(때에 따라서는 나이 들어 기댈 곳 없는 시부모를 잘 봉양하는 경우도 포함된다.) 이렇게 함으로써 시댁의 혈통(남자 쪽의 DNA)을 이어 집안이 몰락하지 않게 했다는 것이다.

그러나 이 두 가지만으로는 중국에서 기형적으로 발전한 과부 수절의 내력을 분명히 알 수는 없다.

북송 이전에는 흔한 것이 재가한 과부였다

『역경』과 반소班昭의 『여계女誡』는 이미 오래 전에 성에 관한 이중적인 도덕 표준을 창도했으며, 조정에서도 벌써 이른 시기부터 정절을 지킨 여성에게 표창을 내리며 널리 기렸음은 역사를 통해 알 수 있다. 예컨대, 『한서』 및 『후한서後漢書』에는 각각 '정절을 지키며 부모를 효로써 봉양한 부녀자에게 비단을 내리라고 했다.', '정절을 지킨 부녀자에게 곡물 열 곡斛을 내리고, 그 가정에는 표창하고 그 행실도 기리라.'는 기록이 있다. 그러나 사실상 북송北宋 이전에는 중국 여성들이 남편이 세상을 뜬 뒤 재혼하거나 이혼한 뒤 재가하는 경우가 상당히 보편적이었다. 그리고 사람들도 이런 일에 마음을 두지 않았다. 예컨대, 서한의 대문호 사마상여司馬相如가 아내로 맞아들인 탁문군卓文君은 바로 '이제 막 과부가 된

---

44 夫有再娶之義, 婦無二適之文. 「예기禮記」에 나오는 말이다.

여인'이었다. 당나라 때의 대학자 한유韓愈의 딸도 먼저 이씨에게 시집을 갔다가 그 뒤에 번종의樊宗懿에게 다시 시집을 갔다. 또 동한 채옹蔡邕의 딸 채문희蔡文姬도 위중도衛仲道에게 시집을 갔다가 남편이 세상을 떠나자 친정으로 돌아왔지만 훗날 흉노에게 포로가 되어 좌현왕左賢王의 첩실로 들어가서 두 아들을 낳았다. 그녀는 다시 중원으로 돌아온 뒤 동사董祀에게 시집을 가서 부부가 서로 지극한 사랑을 나누며 살았다.

북송의 명신 범중엄范仲淹은 종실을 위해 제정한 '의장전약義庄田約'의 규정에서 과부가 재가할 때 드는 비용을 내줄 것을 허가했으며(홀아비의 재취에는 허락하지 않았다.) 아들 범순우范純佑가 세상을 뜬 뒤, 과부로 수절하는 며느리를, 아내를 앞세우고 홀로 사는 문생 왕도王陶에게 재가하도록 앞장서서 혼사를 주도했다. 전통적인 유가의 '남자는 각기 그 직분이 있고, 여자는 각기 돌아갈 곳이 있다.', '밖으로는 홀아비가 없고, 안으로는 홀어미가 없다.'는 논법으로 본다면, 과부나 이혼한 여성이 다시 시집가는 것은 인간의 본성에도 부합하고 사회적인 이상에도 가깝다.

'아비를 잃은 아이를 돌보며 키우는 일'도 어쩌면 그럴듯할지 모르지만 경제적 조건이 맞아야 한다. 사실, 여성이 생계를 도모할 길이 없었던 시대에, 과부는 아비 잃은 자식을 볼보며 키우기 위하여 어쩔 수 없이 재가한 경우가 정말 많았다. 예컨대, 범중엄의 어머니는 남편이 세상을 떠난 뒤에 가난한 집안 형편 때문에 부득이 아이를 데리고 주朱 아무개에게 재가했다. 이 때문에 범중엄은 주열朱說로 이름을 바꿔야 했다(그는 높은 자리에 오른 뒤 다시 범씨 성을 회복했다.) 만약 범중엄의 어머니가 재가하지 않았더라면 범중엄이라는 인물은 없었을지도 모른다. 바로 이 때문에 범중엄은 위의 관점으로 자기 마음을 표현했을 가능성이 높다.

과부 수절이 강조되고 게다가 터무니없는 연극처럼 발전되고 변화된 것은 북송 이후의 일이다. 이렇게 된 데에는 또 다른 이유가 있다.

중국 문화 속의 사랑과 성

갈수록 심해진 다른 두 가지 이유

주요한 이유는 두 가지이다. 그 하나는 정주학程朱學의 발전이다. 정주학의 발전으로 여성의 '도덕'에 대한 요구의 색채가 더욱 농후한 쪽으로 기울었다. '천리를 보존하고 인간의 욕심을 없앤다.'[45]는 정주학의 주장은 성에 관한 보수적인 도덕관을 갖고 있었다. 이것은 수당 이후 개방적인 성 풍조에 대한 반작용이라고 할 수 있지만 여성에 대한 억압은 남성에 대한 억압보다 훨씬 컸다. 북송의 정이程頤는 일찍이 유명한 대화를 남긴 바 있다.

어떤 이가 그에게 물었다.
"수절하는 여인이 가난한데다 의지할 곳마저 없다면 재가할 수 있습니까?"
정이는 이렇게 답했다.
"아이들이 추위에다 배고픔까지 겹쳐 죽을까 두렵다면 그럴 수도 있겠지요. 하지만 굶어죽는 것은 극히 자그마한 일이지만 절개를 잃는 것은 지극히 큰일이지요."

하지만 남송의 주희朱熹는 정이의 사상을 마구 고쳐하는 외에도 남편을 떠나보낸 여인을 보기만 해도 그녀의 부모에게 편지를 보내 딸에게 수절을 권하라고 부추겼다. 정주학은 '열녀불사이부烈女不事二夫'와 '충신불사이군忠臣不事二君', 양쪽을 동일하게 보았다. 어떤 면에서 이것은 '쇠

---

45 存天理, 滅人欲.

락하는 시대에는 명의를 중시하고 일을 처리함에 과격함이 많다.'는 말일지도 모른다. 그러나 주희 사상이 주류로 받들어지면서 문화적인 패권을 차지한 뒤, 이것은 중국 여성에게 주문처럼 일러지면서 외우면 외울수록 더욱 중요한 것이 되었다.

또 다른 하나는 명나라 태조 주원장이 정절을 지키는 여성에게 더욱 후한 상금을 내걸면서 '이익' 색채도 더욱 농후해졌다는 것이다. 주원장 자신은 천하를 손에 넣으면서 다른 사람의 아내를 걸핏하면 강제로 차지했지만 몽골인을 몰아내고 황제가 된 뒤 '고유의 도덕'을 회복할 마음으로 여인의 정절을 찬미하기 시작했다. 그는 홍무洪武 원년에 이런 칙령을 내렸다.

"민간의 과부가 서른 이전에 남편이 세상을 떠난 뒤 수절을 하며 쉰이 넘어서도 그 뜻을 바꾸지 않으면 패방을 세워 기리고 집안의 부역을 면제한다."

이는 요역이 자못 무거웠던 시대에 상당히 실속 있는 유인 정책이었다. 게다가 '지방의 교육을 순시할 책임을 진 관리인 독학督學은 해마다 자기 구역의 열녀를 찾아 보고해야 한다.'라고 규정했다. 이는 과부의 수절이 가족 전체에게 이익이었을 뿐만 아니라 조정에서는 해마다 관례에 따라 표창하고 기리는 항목이었다.

급격하게 짙어지는 '도덕'이 '이익'이라는 색깔과 서로 보조하면서 각양각색의 양처良妻, 절부節婦, 열녀烈女 등이 잇달아 등장했다. 더구나 명·청 왕조에서는 수적으로도 굉장히 많은 특수한 부류가 되었다. 정사의 기록뿐만 아니라 「지상초당필기池上草堂筆記」 같은 글에서도, 도문의陶文毅가 강소江蘇 지방 순무巡撫의 자리에 있을 때, 황제에게 올린 글에서 패방을 세워 정절을 높여 찬양해 달라는 열녀와 효부가 무진武進과 양호陽湖, 두 현만 해도 모두 318명이나 되었다는 기록이 있다.

중국 문화 속의 사랑과 성

인간의 본성을 심각하게 왜곡한 정절 숭배

전족에 푹 빠진 뒤 날이 갈수록 변태적인 방향으로 흘러간 것처럼 여성의 정절도 치켜세워진 뒤 날이 갈수록 기형화되어 이제는 일종의 특수한 '정절 숭배'에 이르게 되었다.

정절을 지키는 일이 보편적인 사회적 요구가 된 뒤, 많은 과부들은 정절을 지킬 수 없어도 지켜야만 했다. 과부의 수절은 처녀의 정조 지키기와는 다르다. 정조를 지키는 처녀는 '성이 주는 맛'을 알지 못하지만 수절하고 있는 과부는 일찍이 '푸른 바다'를 경험한 뒤이기에 성을 완전히 단념하고 철저하게 '섹스가 없는 인간'으로 살며 성적 본능을 억압하는 갖가지 예사롭지 않은 행동을 해야만 한다. 제3장의 「흩뿌린 동전 줍기」에 나오는 과부처럼 깜깜한 어둠 속에서 바닥에 흩뿌린 동전을 주우며 자신의 성에 대한 욕정을 누그러뜨리기도 한다. 또한 앞에서 나온 「손가락 두 개로 지킨 정절」의 과부처럼 일시적으로 끓어오른 욕망을 누르지 못하고 잠시 궤도를 이탈한 뒤, 즉시 '동시에 밀려오는 부끄럼과 분노'에 자기 손가락을 자름으로써 자신을 스스로 경계하기도 한다. 「만날 수 없는 여인」의 과부에 이르면 '자신을 스스로 가두는' 생활을 하면서 남자들과 얼굴 마주치기를 한사코 피한다.

예전에 높이 평가된 이런 행동은 현대적인 관점에서 보자면 어느 정도는 '강박신경증' 증상이라고 할 수 있다.

누군가 성적 욕망을 억제하는 데 높낮이를 비교하면, 다른 누군가는 정절을 지키는 옛 스타일을 버리고 새로운 방향으로 발전시킨다. 「시아버지에게 작첩을 권하다」의 과부에게는 수절이 그리 진기한 일이 아니다. 그녀는 아비 잃은 아이를 돌보며 기를 생각이었지만 세상을 떠난 남편이 아이를 남기지 않았기에 돌보며 기를 아이조차 없는 상황이 되자 눈

제7장 발이 작아야 열녀각이 크다 – 여성에 대한 육체적·정신적 착취

물을 마구 쏟으며 나이든 시아버지에게 자기의 시비를 첩으로 들일 것을 간절한 마음으로 권한다. '작은삼촌'이 생기면 자신이 정성들여 기를 작정이었던 것이다. 남편이 세상을 뜬 뒤에 수절하는 일은 그리 진기한 일이 아니었다. 「수절하려고 북을 울린 여인」의 장씨처럼 약혼만 했을 뿐인데도 장차 남편이 될 사람이 뜻밖에도 세상을 떠나자 조금도 주저하지 않고 시댁으로 가서 수절한다. 결국 「모청慕淸」과 같은 괴이한 현상이 나타났으니, 이 묘령의 여인은 남편도 없고 아예 약혼한 이도 없지만 정절을 드러내기 위하여 아무런 관계도 없는, 이미 죽은 남자와 결혼한 뒤 그 사람의 집으로 들어가서 수절한다.

'절녀節女' 외에도 더욱 놀랄 만한 것은 '열녀烈女'이다. 어떤 과부는 다른 사람이 희롱하는 말 한 마디에 모욕을 당했다고 생각하며 그 자리에서 자기 귀를 자른다. 또 다른 과부는 왼쪽 팔을 남자가 더듬었다는 이유로 당장 잘라냈으니, 자기가 생각하는 모든 부분이 모욕을 당했다고 생각한 것이다.

더욱 극렬한 것은 '남편을 따라 죽는 것'이다. 「우물에 뛰어든 열녀」의 시골 아낙처럼 남편이 죽은 뒤 애통한 마음을 주체하지 못하고 우물에 뛰어들어 남편의 뒤를 따라 목숨을 끊은 경우이다. 더구나 「부모 은혜에 보답하기 위해 남편 따라 죽은 열녀」의 손씨는 부모에게 영화와 이익을 안기기 위하여 죽은 남편을 따라 자신도 목을 맨다. 참으로 사람의 오금을 저리게 하는 사건은 「여러 사람 앞에서 목을 매다」에서 과부가 남편을 따를 결심으로 목을 매려고 할 때, 친족들은 놀랍게도 광장에 모여 이 과부를 둘러싸고 구경하면서도 아무도 앞으로 나서서 제지하지 않았다는 것이다.

이런 광적인 '정절 숭배'는 여성의 이성에 대한 욕망을 억눌러 없애 발전하지 못하게 했을 뿐만 아니라 인간 본성을 심각하게 왜곡하기에 이르렀으니, 참으로 '봉건적인 예법'이 없는 것보다 더욱 소름끼치는 일이다.

중국·인도 양국 과부의 남편 따라 죽는 차이

「부모 은혜에 보답하기 위해 남편 따라 죽은 열녀」의 이야기는 이익의 색채를 짙게 풍긴다. 하지만 「여러 사람 앞에서 목을 매다」의 과부는 친족들조차 그녀가 목을 매는 것을 두 눈으로 보면서도 막아내지 않았으니, 이는 그녀의 '곧은 절개'를 내세우며 조정이 내릴 상금을 받으려는 생각 때문일 수 있다. 복주福州에서 발생한 이 끔찍한 사건은 터무니없이 날조한 사건이 아니었다. 당시에 유행하던 이 지방의 민요 한 수만 보아도 알 수 있다.

복주의 풍속은 딸을 낳으면 거의 드러내지 않지만,
커서는 열녀가 되기를 바라네.
사위가 죽으면 까닭 없이 딸도 잃으니,
짐주를 어른 앞에 두고 들보에 목을 맨다네.
딸아이 목숨을 아끼나 재촉을 이기지 못하고,
슬픔과 한을 가슴에 채우네.
친척들은 딸아이 죽는데도 즐겁게 웃으며,
패방을 세워 달라 가문을 빛내려고 하네.
세 길 망주석 나무문으로 향했지만,
밤이면 이제 막 죽은 이의 살려 달라는 소리 들리네.

閩風生女半不擧,

長大期之作烈女.

婿死無端女亦亡,

鴆酒在尊繩在梁.

女兒貪生奈逼迫,

斷腸幽怨塡胸臆.

族人歡笑女兒死,

請旌藉以傳姓氏.

三丈華表朝樹門,

夜聞新鬼求返魂.

　　인도에도 과부가 죽은 남편을 따라 목숨을 버리는 풍습이 있다. 인도는 중국보다 더 보편적인 것 같다. 예컨대, 영국이 통치하던 1818년, 정부 보고에 따르면, 방글라데시 한 곳에서만 남편을 따라 죽은 과부 숫자가 무려 839명이나 되었다. 영국 정부는 1829년 강력한 정책을 내놓으며 과부가 남편을 따라 목숨을 버리는 것은 불법이며, 이런 행위를 도우면 살인죄로 다루겠다고 선포했지만, 비교적 외진 산골에서는 여전히 남편을 따라 목숨을 버리는 과부가 많았다. 1932년, 《런던타임스》는 영국 경찰이 남편을 따라 목숨을 버리려는 과부를 구하는 과정에서 세 명이 목숨을 잃는 비극이 발생했다고 보도했다.

　　인도에서 과부가 죽은 남편을 따라 목숨을 버리는 가장 큰 원인은 중국과 마찬가지로 성에 관한 도덕의 이중적인 잣대 때문이다. 인도 문화도 여인에게 일부종사를 주장하고 과부의 재가를 찬성하지 않는다. 중세에는 약혼만 해도 장차 남편이 될 남성이 죽으면 다시 시집을 가지 못하게 막았다. 이 밖에 중국과는 다른 원인이 두 가지 있었다. 첫째, 인도에

중국 문화 속의 사랑과 성

서는 과부의 지위가 상당히 비천했다. 이들 과부는 화려한 옷을 입을 수 없었으며 침대에서 잠을 잘 수도 없었기에 땅바닥에서 잠을 자야만 했다. 게다가 날마다 하루 한 끼만 먹어야 했고, 음식에 고기나 꿀, 술이나 소금을 곁들일 수 없었다. 그야말로 '사는 게 죽는 것보다 못한 생활'이라고 할 수 있었다. 둘째, 인도의 종교적 신앙 때문이다. 과부가 남편을 따라 목숨을 버리면, 그녀의 희생은 그녀와 남편의 죄업을 깨끗이 씻어줄 뿐만 아니라 무궁무진한 '내세來世'에서 그녀와 남편은 '삼천오백만 년에 이르는 커다란 복을 함께 누릴 수 있다.'

원하든 아니든 과부를 비참한 지경으로 몰아넣는다는 점에서는 두 나라가 같을지라도 '패방을 세워 가문의 명예를 높이고, 집안에 내려진 부역을 면제시킨다.'는 '현실적이고 실용적인 모습'과 내세에 '삼천오백만 년에 이르는 커다란 복을 함께 누릴 수 있다.'는 자못 농후한 '인간 세상을 벗어난 해탈의 관념'은 중국과 인도 두 민족의 서로 다른 문화의 성격을 반영한다.

남자가 칼자루를 쥐었으니 여자는 당할 수밖에

구조주의의 관점에서, '자연 그대로의 발/전족' 그리고 '화냥년/절(열)부'는 자연(본능)과 문화(문명) 사이의 이원적인 대비를 의미한다(발정한 암컷 침팬지처럼 성적인 면에서 끝도 없이 요구하는 '화냥년'은 문명의 속박이나 문화의 훈도를 받지 않은 동물을 말하지만, 또한 비교적 '자연적'이고 '본능적'인 여성이기도 하다.) 만약 레비-스트로스(C. Levi-Strauss)의 '자연/문화', '생식/화식'의 구조를 대입한다면, 전족은 중국의 성에 관한 문화에서 여성에 대한 '육체적 화식'이며, 정절을 기리는 패방은 중국의 성에 관한 문명에서 여성에 대한 '정신적 요리'라고 할 수 있다. 그리고 성이라는 주방에서 이런 화식과 요리에 종사하는 주방장은 바로 남성이며 남성이 가진 권력이다. 이것은 '남자가 칼자루를 쥐었으니 여자는 당할 수밖에 없다.'는 남성과 여성의 권력 관계를 생생하게 반영한다.

그러나 색의 합성이라는 관점에서는, 물론 이 경우에도 성별이 권력과 함께 주도적인 위치에 있어도, 삼촌금련과 정절을 기리기 위한 패방은 성에 관한 갖가지 원색이 서로 다른 비율로 조합해서 이루어진다. 그러나 앞에서 분석한 것처럼, 삼촌금련이 예술과 경쟁의 색채에서 더욱 짙게 변하고 정절을 기리는 패방이 도덕과 이익의 색채에서 특별히 돋보이게 된 뒤에야 비로소 통제할 수 없는 지경에 이르렀다. 이들은 중국의 성에 관한 문화 또는 성에 관한 문명 속의 다른 산물과 마찬가지로 여러 가지 성에 관한 원색이 긴 역사 속에서 서로 감염, 침투되면서 꾸며진 결과이다.

중국인이 갖가지 성에 관한 원색이 서로 감염, 침투되고 꾸며져서 만들어진 거대하지만 모순과 충돌로 가득한 시스템 속에 어떤 모양의 절규와 신음, 그리고 타협과 적응이 있었는지에 대해 다소 시점을 바꿔서 살펴보겠다. 다음 장에서 그 점을 살펴보자.

제 8 장

절규와 신음 ─성에 관한 문화가 폭력으로

통치하는 곳에서 드리는 충언

"어떤 면에서, 모든 도학자는 다 위선자이다. '욕망'은 '소멸'될 수 없으며 자기 자신도 '욕망을 억제할 수 없기' 때문이다. 그러나 '이런 이치를 알면서도' 지나치게 다른 이에게 요구하고 다른 이를 질책하는 것은 바로 위선이요 폭력이다."

*

"비록 산음공주山陰公主는 이 때문에 음욕이 넘치는 여인이라는 천고의 악명을 짊어졌지만 '관계의 불공평함이 어이 이 지경에 이르렀는고?', 이런 양성 불평등에 대한 질문에 약간이라도 반성할 줄 아는 남성이라면 창피한 마음에 대답할 말을 찾지 못할 것이다."

*

"이런 절규와 신음은 남성이나 여성 그 어느 쪽에서 입 밖으로 냈든지 모두 불만에서 나온 언어이다. 이들은 판을 깨려는 생각에서 나온 언어가 아니라 자기와 타인, 남성과 여성이 잠자리 위치를 다시 안배하고 조정하려는 생각에서 나온 언어이다."

이야기

도마 위의 나부裸婦

　명나라 때, 황하 이북 다섯 군데 성에 모두 큰 기근이 들어 사람을 잡아 고기로 파는 참사가 발생하기에 이르렀지만 관아에서도 막지 못했다.

　어떤 남자가 덕주德州와 경주景州 일대의 친지를 방문했다. 그러던 어느 날, 어느 식당에서 식사를 하게 되었다. 그런데 손과 발이 묶인 젊은 아낙이 벌거벗긴 채로 도마 위에 엎드려 있는 것이 보였다. 백정은 그녀의 몸뚱이에 물을 끼얹고 씻어낸 다음 그녀를 도살하려고 이제 막 손을 대려는 찰나였다. 그는 두려움에 온몸이 덜덜 떨려 차마 이 광경을 똑바로 볼 수 없었다. 친지를 방문하기 위해 이곳에 왔던 남자는 가슴속에서 솟는 측은지심을 어쩌지 못해 두 배나 되는 돈을 지불하고 이 젊은 아낙을 자유의 몸으로 만들어 주었다. 그는 그녀의 몸에서 밧줄을 풀어주고 옷을 입혔다. 그런데 그의 손이 젊은 아낙의 유방에 닿자 그녀는 갑자기

제8장 절규와 신음 – 성에 관한 문화가 폭력으로 통치하는 곳에서 드리는 충언

안색이 변하며 이렇게 목소리를 높였다.

"어르신의 큰 은혜를 입어 제가 다시 살아났으니, 저는 평생 어르신을 위해 어떤 노역을 해도 후회할 것 없습니다. 하지만 종노릇이라면 기꺼이 할 수 있지만 첩실로 들일 생각일랑 아예 하지 마십시오! 저는 두 사내를 섬기지 않으려 했기에 이렇게 여기까지 팔려온 것인데, 어르신께서는 어찌 저를 이렇게 경박하게 대하시옵니까?"

말을 마치자 다시 옷을 다 벗어 바닥에 팽개치더니 알몸으로 도마 위에 엎드렸다. 그리고 두 눈을 감고 자기를 도살하기를 기다렸다.

백정은 그녀의 고집이 밉살스러웠다. 그리하여 백정은 그녀의 엉덩이 살을 그대로 베어냈다. 그러나 젊은 아낙은 목 놓아 슬피 울기만 할 뿐 후회하는 빛이라곤 한 점도 보이지 않았다. 안타깝게도 이 젊은 아낙의 이름을 알지 못한다.

(청淸, 기효람紀曉嵐 「열미초당필기閱微草堂筆記」)

위선자

유가 철학에 대해 말하기 좋아하는 선비가 있었다. 이 선비는 평소에도 언행에 그르침이 없이 원칙을 준수했으며 잘못도 저지르지 않았다. 단지 다른 사람에게 너무 엄격해 걸핏하면 인정사정없이 비현실적인 원칙을 들이대곤 하였다.

이 선비의 친구 하나가 5월에 복상服喪이 끝나자 7월에 첩실을 들이려고 했다. 이 사실을 안 선비는 친구를 나무라는 편지를 썼다.

"복상이 끝난 지 석 달도 안 되어 첩실을 들이려는 것을 보니 마음 속으로 도모한 지 오래 되었나 보오. 공자께서 붓을 들어 춘추를 쓴 것은 이런 올바르지 못한 동기를 없애려는 데 있었소. 이제 그대의 잘못을 바로잡아야겠기에 내 감히 그대를 일깨우지 않을 수 없소. 그대는 이 일을 어떻게 해명하겠소?"

그의 논법은 대체로 이와 같았다.

어느 날, 선비의 아내가 친정에 갔다가 돌아왔다. 그녀는 처음 약조한 날보다 하루 일찍 돌아왔다. 선비는 이상하게 생각해 아내에게 일찍 돌아온 까닭을 물었다. 아내는 작은 달이라 여기고 계산을 잘못했다고 대답했다. 선비는 이상하게 여겼던 생각을 마음에서 지웠다. 그러나 그 이튿날 또 다른 아내가 밖에서 돌아왔다. 선비는 너무도 놀란 나머지 어제 친정에서 돌아온 아내를 여기저기서 찾았지만 그림자도 보이지 않았다. 이날부터 선비의 몸은 날로 허약해지기 시작해 마침내 폐결핵에 걸리고 말았다. 아마도 여우가 선비의 아내로 변하여 그의 정액을 흡수하자 하룻밤 사이에 넋을 빼앗겨 이렇게 힘을 빼놓은 모양이었다.

이전에 첩실을 들이려던 친구가 이 일을 소문으로 듣고 선비를 나무라는 편지를 썼다.

"부부 행위가 정도가 아니라고 말할 수 없고 여우가 사람으로 변하는 것도 보통 사람이 사전에 예측할 수 있는 일이 아니외다. 그러나 하룻밤 잠자리로 그렇게 원기가 몽땅 망가졌다니 절제 없이 성욕에 탐닉하지 않고서야 그 지경에 이르지 않았을 거요. 그대는 잠자리에서 예로써 자기 절제를 하지 않았는가 보오. 바르지 못한 것이 바른 것을 이길 수 없다고 옛 선현들은 익히 훈계를 했던 바요. 정호程顥, 정이程頤 형제나 주희朱熹 등 유학자들이 일찍이 귀신에 홀렸단 말을 나는 들은 적이 없는데, 그놈의 여우가 뜻밖에도 그대를 홀렸다니, 이건 그대의 덕행이 아직 부족하다는 뜻이 아니겠소? 그대는 현자외다. 현자를 꾸짖는 게 바로 춘추의 법, 이제 친구의 잘못을 바로 잡아야겠거늘, 그대는 이 일을 어떻게 해명하겠소?"

선비는 이 편지를 받은 뒤 이것은 이웃에서 헛소문을 만들어낸 것일 뿐 사실은 아무 일도 없었다고 있는 힘을 다해 변명했다. 송청원宋淸遠 선생은 이 일을 소문으로 듣고 이렇게 한 마디 붙였다.

"이게 바로 자기 창으로 자기 방패를 찌르는 게 아니겠는가?"

(청淸, 기효람 紀曉嵐 「열미초당필기閱微草堂筆記」)

이런 난세에 ……

전겸익錢謙益이 기녀 유은柳隱을 첩실로 맞아들였다. 전 아무개가 황상을 좇아 만주족이 세운 청나라에 무릎을 꿇었다는 소식을 들은 뒤, 유은은 남경南京에서 어떤 사내와 사통했다. 전 아무개의 아들이 이들을 관아에 고발하자, 관아에서는 간통한 사내와 음탕한 여인을 모두 장살했다. 훗날 전 아무개는 이 소식을 듣고 화를 내며 아들과 얼굴을 마주하지 않았다. 전 아무개는 일찍이 이렇게 사람들에게 말했다.

"이런 난세에 사대부도 지절을 굳게 지키기 힘들거늘 하물며 한낱 아낙네야 말할 필요 있겠는가?"

이 말을 들은 사람들은 입을 가리고 실소를 금치 못했다.

(청淸, 이청李淸 「삼원필기三垣筆記」)

창문 밖에서 지른 고함

산서山西 지방 남자들은 외지로 나가서 상업에 종사하는 경우가 많았다. 열 살만 되면 외지로 나가서 친구를 좇아 무역을 배우며 얼마큼 돈을 번 뒤 고향으로 돌아와 장가를 들었다. 결혼한 뒤에도 외지로 나가서 계속 영리를 꾀하다가 이삼 년에 한 번 고향으로 돌아오곤 했다. 하지만 장사가 여의치 않거나 사고로 일이 풀리지 않으면 일이십 년이 되어도 고향으로 돌아올 수 없는 경우도 있었다. 심지어 헤어날 길 없는 깊은 곤궁에 빠지며 부끄러움으로 고향에 못가는 경우에는 아득히 먼 곳으로 유랑하며 집사람과의 연락마저 끊기도 했다.

산서 지방의 이李 아무개는 고향을 떠난 뒤 이곳저곳을 떠돌며 살 길을 찾았다. 그러다가 같은 고향 사람인 근을靳乙이란 사람의 양자로 들어가 성도 근靳으로 바꾸었다. 고향에 있는 가족은 그의 소식을 듣지 못하였다. 단지 이 아무개는 벌써 세상을 떴다는 소문만 들릴 뿐이었다. 오래지 않아 이 아무개의 부모는 둘 다 세상을 버리고 그의 아내만 의지할 데 없이 외롭고 처량한 신세가 되고 말았다. 어쩔 수 없었던 그의 아내는 가까운 곳에 사는 외숙에게 몸을 의탁했다. 얼마 뒤, 그녀의 외숙은 온 가족과 함께 남북 각지를 떠돌며 일정한 거처 없이 장사를 하게 되었다. 이 아무개도 정말 오랫동안 아내의 소식을 접하지 못하자 이제는 그녀가 세상을 떠났다고 생각했다.

뒷날, 근을은 이 아무개를 장가보내려고 작정했다. 마침 이 아무개 아내의 외숙이 떠돌이장사를 하며 천진天津에 머물고 있었다. 외숙은 생질녀가 젊은 나이에 과부가 되어 홀로 살 길이 없었던 터라 산서지방 사람을 다시 만나 언젠가 고향으로 돌아갈 수 있게 되기를 간절히 바랐다. 그러나 상대가 친정도 없는 여인이라고 꺼릴까 염려하여 자기 딸이라고 속였다. 중매쟁이가 다리를 놓아서 두 집안에 혼사가 이루어졌다.

신혼 첫날밤, 부부가 서로 얼굴을 마주했지만 헤어진 지 벌써 여덟 해, 서로 긴가민가했지만 감히 물어볼 엄두를 내지 못했다. 소곤소곤 이

제8장 절규와 신음 - 성에 관한 문화가 폭력으로 통치하는 곳에서 드리는 충언

야기하며 한밤이 되었을 때, 이들은 그제야 진상을 알게 되었다. 이 아무개는 순간적으로 화가 치밀었다. 아내가 자신이 죽었는지 잘 알아보지 않은 채 경솔하게 개가했다고 생각했기 때문이다. 그는 분노해서 그녀를 때리며 욕을 퍼부었다. 집안사람들이 깜짝 놀라 잠자리에서 일어나 까닭을 캐물었다. 근을은 어떻게 된 일인지 알고 난 뒤에 창문 밖에서 이 아무개를 향해 고함을 질렀다.

"너는 장가들면서 네 아내가 죽었는지 알아보기나 했느냐? 게다가 의지할 곳 없이 떠돌며 여덟 해가 지나서야 개가했는데, 그래, 어쩔 수 없는 상황을 네가 이해해야 되지 않겠니?"

이 아무개는 할 말이 없었다. 이리하여 두 사람은 예전처럼 화목하게 잘 살았다.

(청淸, 기효람 紀曉嵐 「열미초당필기閱微草堂筆記」)

토중土重

항주杭州에 사는 조균태趙鈞台가 소주蘇州로 가서 첩실을 사려고 했다. 이씨 성의 어떤 여자가 용모가 빼어났지만 안타깝게도 전족이 아니었다. 그러자 이 양반은 이렇게 말했다.

"용모는 괜찮소만 안타깝게도 토중土重이구려."

'토중土重'이란 여자의 큰 발을 이르는 항주 지방 속어이다.

이 말에 매파가 일렀다.

"그래도 이 여자가 시도 읊을 줄 안다오. 어디 이 자리에서 시험해보구려."

잠시라도 가지고 놀고 싶었던 양반이 '궁혜弓鞋'[46]를 제목으로 내놓았다. 여자는 당장 붓을 들어 시를 한 수 썼다.

삼촌금련이 예부터 없었으니,
관음보살도 두 발 다 큼직했네.
발 묶는 일 어찌하여 시작됐나?
천하고 졸렬한 남자 때문이었지.

三寸弓鞋自古無,
觀音大士亦雙趺.
不知裹足從何起?
起自人間賤丈夫.

이 양반은 시를 보자 그만 깜짝 놀라며 자리를 떴다.

(청淸, 원매袁枚「수원시화隨園詩話」)

전족을 처음 시작한 자가 받은 업보

항주杭州에 사는 육제하陸梯霞 선생은 품행이 뛰어난 분으로서 평생 한결같이 한 여자만을 사랑했다. 어느 날, 그는 관아의 심부름꾼이 손에 초청장을 들고 자기를 찾는 꿈을 꾸었다. 그 초청장 봉투에는 '제 양계성

---

46 전족을 한 여인이 신는 신발.

楊繼盛 올림'이라고 쓰여 있었다. 육제하는 웃으며 이렇게 말했다.

"나도 이 분을 한번 뵙고 싶었소."

이리하여 그는 관아의 심부름꾼을 따라갔다. 얼마 뒤, 우뚝 솟은 궁전 앞에 이르자 오사모烏紗帽를 쓰고 붉은 도포를 입은 양계성이 나와서 그를 맞으며 입을 열었다.

"저는 상제의 은혜를 받자와 이곳에서의 임무를 끝내고 다른 곳으로 승진하여 가게 되었기에 이 자리를 그대에게 물려주려고 합니다."

육제하는 정중히 거절했다.

"나는 인간 세상에서 벼슬할 생각을 하지 않았기에 산림에 은거하고 있는데, 이제 어떻게 거꾸로 저승으로 와서 벼슬을 한단 말이오?"

양계성은 웃으며 말했다.

"그대는 참으로 대단한 선비외다. 저승의 장관쯤 되는 서낭신 하찮은 벼슬은 눈에 차지 않겠지요."

말이 채 끝나기도 전에 어느 판관이 양계성에게 귀엣말을 했다. 양계성은 이 말을 듣고 이렇게 말했다.

"이 사건은 하마 판결이 끝났지만 그래도 상제께 다시 올려 가부를 결정해야겠습니다."

참으로 궁금한 생각이 든 육제하가 이렇게 물었다.

"무슨 사건 말이오?"

양계성이 대답했다.

"남당南唐 이후주李後主가 천으로 비빈의 발을 꽁꽁 묶은 바로 그 사건입니다. 이후주는 전생에 숭산嵩山의 정명淨明 스님이었지만 남당의 황제로 다시 태어났습니다. 그는 궁중에서 놀고 즐기며 흰 천으로 사랑하는 비빈 요랑窅娘의 두 발을 초승달 모양으로 꽁꽁 묶었습니다. 그냥 일시적으로 즐기려는 것이었지만 뒷날로 전해오며 하나의 풍습이 되었으니, 세상 여자들이 삼촌금련을 신으며 발을 자그마하게 만들려고 앞을 다투게 되었습니다. 부모에게서 얻은 몸뚱이를 억지로 구부리며 새로 만듦으로써 발의 크기를 견주어 시어미는 며느리를 불만스럽게 대하고 남편은 아내를 미워하게 되었으니, 어린 여자아이는 전족 때문에 고통을 당할 뿐만 아니라 아낙네는 이 일 때문에 목을 매거나 독약을 들이키는 지경에 이르렀습니다. 상제께서는 이후주가 바로 이런 나쁜 일을 처음으로 시작한 인물이기에 몹시 미워하며 생전에 송태조는 그에게 독약을 마시게 했습니다. 이 독약을 마신 이후주는 앞으로 나아가려고 발을 떼면 머리는 오히려 뒤로 젖혀지며 여인의 전족보다 더 심한 고통을 당했습니다. 이렇게 온갖 고초를 다 겪다가 결국은 죽음에 이르렀습니다. 그 뒤 7백 년이 지난 오늘에 이르러 이후주의 참회 기간도 끝났기에 그를 숭산으로 다시 보내 도를 닦도록 할 생각이었지만 수십만이나 되는 발 없는 여인들이 천문 밖에 모여 이렇게 억울함을 호소할 줄은 몰랐습니다.

'장헌충張獻忠이 사천 지방을 공략하여 함락한 뒤 저희들의 자그마한 발을 모두 잘라서 쌓으니 산이 되었습니다. 그 가운데 가장 작은 발을 산꼭대기에 올렸습니다. 비록 저희들은 악운을 만나 죽어서도 이렇게 추한 모습을 보이지만 이 어찌 이후주가 앞장서서 전족을 하도록 이끈 죄업이 아니겠습니까! 바라옵건대, 상제께서는 이후주를 벌하소서. 그래야 저희들도 편안히 눈을 감을 수 있습니다.'

상제께서 이들 여인을 불쌍히 여기시며 각지의 성황신에게 성지를 내리시어 이후주의 죄를 다시 의논하라 명령하셨습니다. 공문을 받은 뒤, 저의 판단은 이들 장헌충이나 이후주는 앞날을 예견할 수 없었기에 엄격한 법규로 그를 벌할 수 없었습니다. 그래서 이후주에게는 저승에서 신발 일백만 켤레를 겯는 벌을 내리도록 건의할 작정입니다. 물론 신발을 다 겯은 뒤에는 숭산으로 돌아가도록 허용한다는 점도 덧붙였습니다. 제가 결정한 판결 초고는 이미 다 되었지만 각지의 성황신과 회동할 원고는 아직 완성되지 않았습니다. 그대는 이 판결에 대하여 어떻게 생각합니까?"

육제하는 이렇게 대답했다.

"습속이란 참으로 고치기 힘듭니다. 세상에는 자기 부모를 태우는데도 이것을 효성스런 일이라고 생각하는 이가 있고, 자기 딸의 발을 훼손시키는데도 이런 사람을 자애로운 부모라고 생각하는 이도 있습니다."

양계성은 이 말을 듣자 그만 웃음을 터뜨렸다. 육제하는 작별 인사를 건넨 뒤 꿈에서 깨었다. 그리고는 아무 일도 없이 편안한 나날을 보냈지만 그 뒤 양계성의 초청장은 다시 오지 않았다. 육제하는 여든 살이 훨씬 넘어서야 세상을 떠났지만, 생전에 그는 부인에게 걸핏하면 이렇게 농담을 건네곤 했다.

"딸에게는 전족을 강요하지 맙시다. 이후주가 저승에서 또 신발 한 켤레를 더 결으려면 얼마나 힘들겠소!"

(청清, 원매袁枚 「자불어子不語」)

정절을 지킨 여인이 죽기에 앞서 남긴 말

형계荊溪에 살고 있던 어떤 여자가 나이 열일곱에 이름난 집안의 아들에게 시집을 갔다. 그런데 결혼한 지 반년이 되었을 때 그만 남편을 여의고 말았다. 그녀는 몇 달 뒤 유복자를 낳았다. 그녀는 아비 잃은 어린 아들을 키우며 수절하였다. 그녀의 나이 여든 남짓 되었을 때 손자와 증손이 집안에 가득할 정도였다.

그녀는 임종 전에 손자와 증손 며느리들을 머리맡으로 불러 이렇게 일렀다.

"내 오늘 너희들에게 들려줄 말이 있으니 잘 들어라."

모두 한 목소리로 대답했다.

"예."

이리하여 그녀는 천천히 말하기 시작했다.

"너희들이 우리 집안의 며느리가 되어 부부가 해로한다면 말할 것도 없이 가문의 행복이지. 하지만 불행하게도 젊은 나이에 과부가 된다면 자신이 깊이 생각해서 수절할 수 있다면 그리 하고, 그렇지 않으면 손윗사람에게 말씀드리고 다른 이에게 시집가면 이것도 모두에게 맘 편한 일이 되는 셈이지."

이 말을 들은 며느리들이 나이든 어르신이 정신이 흐릿하여 허튼소리를 한다고 생각하며 소스라치게 놀랐다. 그러나 그녀는 웃으며 말을 이었다.

"너희들은 내 말이 틀렸다고 생각하느냐? '수절守節', 이 두 글자는 한 마디로 딱 잘라 말하기 참으로 힘들다. 나는 몸소 이것을 경험했으니 지난 일을 너희에게 털어놓겠다."

모두 옷깃을 여미고 귀를 기울였다. 그녀는 계속 말을 이었다.

"내가 홀로 된 건 열여덟 살 때였다. 친정도 괜찮은 집안인데다 시댁도 명문가였으며, 게다가 그때 내 뱃속에는 한 점 혈육까지 있었으니, 당시 나는 아예 다른 생각을 하지 못했다. 하지만 이른 새벽에 바람이 살랑거릴 때나 밤 깊어 비라도 내릴 때 외따로 켜진 등불을 마주하여 앉으면 정말 그 적막을 견디기 힘들었다. 시아버지의 이종누이의 아들이 소주에서 오면 바깥채에서 묵곤 했었지. 병풍 뒤에서 그의 준수한 용모를 보면 나도 모르게 가슴이 두근거렸다. 밤이 되어 시아버지와 시어머니가 깊이 잠들면 그 양반을 가만히 만나러 갈 생각을 했다. 그러나 막 등을 들고 문을 나서면 그만 부끄러움이 솟아 고개 숙이고 발길을 돌렸다. 하지만 타오르는 그 뜨거운 마음은 참으로 억누르기 힘들었다. 잠시 후 다시 등을 들고 방문을 나섰지만 한편으로는 다시 솟는 부끄러움으로 한숨을 쉬며 돌아왔다. 이렇게 나섰다가 돌아오기를 여러 차례, 끝내 마음을 단호하게 다잡으며 그가 머무는 방으로 발길을 옮겼지만 몇 발자국 가지 못하고 여종들이 주방에서 재잘거리는 소리를 듣곤 그만 살금살금 숨을 죽이며 내 방으로 돌아왔다.

　방으로 돌아온 나는 몸이 나른해지며 깜박 졸음에 빠졌지. 난 벌써 바깥채에 온 거야. 그 양반은 등불 아래에서 책을 읽고 있었지. 우리는 만나나마자 서로 사랑하는 마음을 털어놓았지. 그런 뒤 서로 손을 잡고 침대로 갔지. 그런데 침대 휘장 안에 어떤 사람이 앉아 있는 게야. 마구 헝클어진 머리에 얼굴엔 붉은 피가 낭자한데, 이 사람이, 글쎄, 베개를 두드리면서 대성통곡하는 게야. 자세히 살펴보니 이 사람은 벌써 세상을 떠난 남편이었어! 깜짝 놀라며 외마디 비명을 지를 수밖에 없었는데, 꿈이었어. 탁자 위에 홀로 켜진 등불이 청록색 불빛을 내뿜고 있는데 삼경을 알리는 북소리가 들려왔어. 이때 젖먹이는 바로 이불 속에서 젖을 달라고 칭얼대기 시작했어. 처음에는 몹시 놀라 무서웠지만 이어서 슬픔이 밀려오더군. 결국 깊은 후회였어. 본래 남녀의 사랑이란 어디로 날아갈지 알지 못하지. 이 뒤에 나는 마음을 단단히 다잡으며 훌륭한 가문의 열녀가 되기로 했지.

　만약 그때, 주방 곁을 지나다가 사람 소리를 듣지 못했다면, 아니 그 악몽을 꾸지 않았다면, 그래도 내가 평생 오점 없이 살 수 있었을까? 그리고 이미 세상을 떠난 남편을 부끄럽지 않게 할 수 있었을까? 이런 경험이 있었기에 수절이 얼마나 힘든 일인지 나는 안다. 그러기에 너희들에게 마지못해 수절할 필요가 없다는 말을 하고 싶었던 게다."

말을 마치자 그녀는 아들을 불러 자기가 한 말을 글로 남겨 자손들이 한 집안의 법도로 지키도록 하라고 일렀다. 그런 뒤 그녀는 웃음을 머금고 눈을 감았다.

(청淸, 심기봉沈起鳳 「해탁諧鐸」)

재가한 아낙이 남편을 책망하다

어느 마을에 홀로 된 젊은 아낙이 있었다. 그녀는 남편이 죽고 채 한 해도 되지 않아서 다른 남자에게 시집을 갔다. 두 해가 지났을 때, 그녀의 두 번째 남편도 세상을 떠났다. 이제 그녀는 다시 시집을 가지 않고 평생을 수절하며 지내기로 맹세했다. 결국 아무 탈 없이 늘그막까지 수절할 수 있었다.

어느 날, 그녀는 병에 걸린 이웃 아낙을 방문했다. 그런데 이 아낙이 갑자기 눈을 감더니 그녀의 전 남편 말투로 이렇게 말했다.

"당신은 아무개를 위해 수절하기를 간절히 원했지만 나를 위해서는 수절하지 않았으니 이 무슨 일이오?"

그녀는 이 말을 듣더니 정색을 하고 입을 열었다.

"당신도 자기가 무슨 짓을 했는지 물어보지 않았잖소? 그래, 당신은 스스로 반성도 하지 않으면서 오히려 나를 탓한단 말이오?"

몸에 붙었던 망령은 이 말에 말문이 막혔던지 그만 사라지고 말았다.

(청淸, 기효람紀曉嵐 「열미초당필기閱微草堂筆記」)

각자 시험하기

왕국헌王菊軒은 장가를 들고 여러 해가 지났는데도 아이를 얻지 못했다. 그는 첩실을 들일 작정으로 아내의 동의를 구하려고 했다. 하지만 아내는 끝내 동의하지 않았다. 그 뒤에도 그는 이 문제를 놓고 아내와 몇 차례나 거듭 의논을 했다. 그러자 아내는 이렇게 말했다.

"아이를 낳지 못하는 잘못이 누구에게 있는지 모르잖습니까? 우리 부부가 각자 상대를 찾아 한번 시험해 보는 것도 괜찮을 것 같습니다. 당신 생각은 어떠신지요?"

(민국초기民國初期, 서가徐珂 「청패유초淸稗類鈔」)

남편을 본받은 아내

소주蘇州에 사는 부잣집 아들 아무개는 나이 서른이 되어서도 여전히 기루의 계집에게 빠져 헛되이 세월을 보냈다. 전쟁이 끝난 뒤, 집안도 쇠락했지만 그는 갖가지 기벽에 빠지며 곤충, 물고기, 새까지 닥치는 대로 모으지 않는 게 없었다. 그런데 그가 특별히 좋아한 것은 바로 나이 어린 여종이었다. 하지만 이도 한 해 남짓 지나면 또 다른 여종으로 바꾸어야 직성이 풀렸다. 아예 여종을 찾아서 대주는 전문 브로커가 나서기도 했다.

이 양반의 아내도 미모가 뛰어났다. 처음에 그가 여종을 바꾸기 시작할 때, 아내는 남편에게 정중하게 타이르며 여러 번 충고했다. 하지만 그는 아예 귀를 기울이지도 않았다. 그러자 그녀도 이제는 그가 하는 대로 내버려두고 더 이상 신경을 쓰지 않았다.

어느 날, 그는 다른 사람과의 약속 때문에 이른 아침 집을 나섰다가 늦게야 돌아오며 아내의 침실 곁을 지나게 되었다. 그런데 방안에 아무도 없는 것을 발견한 그는 마음에 의심이 들었다. 집안에 젊고 잘 생긴 남자종이 머릿속에 떠오르자 아내가 어쩌면 그놈과 남몰래 정을 통하고 있을지도 모른다는 의심이 고개를 치켜들었다. 이리하여 그는 가만가만 남자종의 침실로 다가가서 문틈으로 안을 엿보았다. 거기 침대 밑에 아내의 꽃신이 있는 게 보였다.

분노의 불길이 마음속에 불타오른 그는 그냥 문을 부수고 들어가려고 했다. 하지만 순간 이렇게 해봐야 자기 체면만 말이 아닐 것 같아서 분노를 꾹 참으며 발길을 돌려 제 방으로 갔다.

오래지 않아 아내가 돌아왔다. 그는 당장 아내의 정숙하지 못한 행동을 마구 질책했다. 하지만 전혀 뜻밖에도 아내는 이렇게 말했다.

"당신이 사통한 여종은 셀 수 없을 만큼 많지만, 나는 겨우 남자종 하나와 관계를 맺었을 뿐입니다. 나는 당신을 따라 한번 그랬을 뿐인데, 당신은 반성은커녕 오히려 나를 질책합니까?"

아내의 말에 그는 말문이 막히고 말았다. 그는 더 따지지 못하고 그냥 흐지부지 그만두었다.

(청清, 백일거사百日居士 「호천록壺天錄」)

이
야
기
뒤
의
이
야
기

소리 없는 폭력 통치

저명한 인류학자 홀(E. T. Hall)은 일찍이 "문화는 소리 없는 언어이다."라고 했다. 이 말에는 두 가지 숨은 뜻이 있다. 하나는 문화는 소리 있는 언어와 마찬가지로 작동하는 문법이 있다는 것, 다른 하나는 문화에 대한 학습은 모국어 학습처럼 일종의 무의식 가운데 변화 과정을 거친다는 점이다.

앞에서 여러 번 말한 중국인의 사랑과 성에 관한 도감의 주요 맥락은 사실 중국의 성에 관한 문화 속의 중요한 언어와 문법이다. 그 가운데 어떤 것들은 인류의 보편성을 보이고 있다. 예컨대, 숫처녀 확인이나 성에 관한 이중적인 도덕 기준 따위가 그렇다. 또 어떤 것들은 그 민족만의 특성을 보여준다. 예컨대, 남성의 방중술이나 여성의 삼촌금련 등이 그렇다.

오랜 세월에 걸친 영향으로 이런 성에 관한 언어와 문법은 자연스레

'당연한 이치'로 여겨졌고, 무리 속에서 일을 처리하고 소통하는 데 중요한 원칙이 되었다. 동일 문화에 사는 사람들로 말하면, 이것들은 '긴 말' 할 것 없이 모든 사람이 알 만큼 서로 잘 통할 수 있다. 그러나 홀은 문화가 사람들에게 진행하는 것은 '소리 없는 폭력 통치'이며, 일방적인 주입으로 사람들은 문화에 포함된 여러 가지 횡포에 대하여 전혀 느끼지 못할 뿐만 아니라 심지어는 달콤하게 받아들인다고 지적했다. 이것은 '벨벳 장갑 속의 철로 만든 손'이라는 서양 속담처럼 상냥하지만 당신의 목숨을 빼앗을 만큼 목을 조여 숨이 끊길 지경에 이르렀는데도, 얼굴에는 웃음이 떠오를 가능성이 높다.

이번 장에 나온 이야기들은 대체로 '긴말'이 많았다. 필자는 이들을 중국인의 성에 관한 문화 속의 '고함과 신음'이라고 통칭한다. 비록 이들이 '듣기 좋은 이야기'도 아니고 '귀에 거슬리는 이야기'지만 귀를 기울일 만한 가치는 충분하다. 왜냐하면 이들은 중국의 성에 관한 문화에 나타나는 '소리 없는 언어'의 폭력적인 본질을 폭로할 뿐만 아니라 문화에 대한 반성과 비판적 '충언'에 귀를 기울이게 하기 때문이다.

문화의 주문을 향해 내지르는 함성

「도마 위의 나부裸婦」는 참으로 애절한 이야기이다. 그러나 문화의 폭력적인 통치를 잘 드러낸 이야기이다. 이야기 속 젊은 아낙의 운명은 의심할 나위 없이 앞에서 이야기한 '남자가 칼자루를 쥐었으니 여자는 당할 수밖에 없는' 그런 처지이다. 그러나 돈을 지불하고 젊은 아낙에게 자유를 주었던 남자가 그녀에게 옷을 입히며 어쩌다 잘못해 그녀의 유방에 손길이 스쳤을 때, 그녀는 안색이 확 변하며 이렇게 말한다.

"저는 두 사내를 섬기지 않으려 했기에 이렇게 여기까지 팔려온 것인데, 어르신께서는 어찌 저를 이렇게 경박하게 대하시옵니까?"

그녀는 말을 마치자 다시 도마 위에 엎드리며 자기 몸을 백정의 칼에 맡긴다. 그녀에게는 존재할 수 있는 최고의 가치가 정결貞潔이었다. 그러했기에 어떤 모욕도 받아들이지 않았고 쾌락이나 목숨도 하찮은 것으로 보았다. 자기를 위기에서 구한 남자를 '경박한 악당'으로 낮본 이 함성은 자못 격앙된 모습으로 서릿발처럼 말투가 차갑다. 그러나 다른 문화의 사람이나 현대인이 보기에 '열녀는 두 남편을 섬기지 않는다.'는 말은 부분적으로 오래된 문화가 남긴 주문의 '흉내'일 뿐이다. 그녀의 몸뚱이는 문화의 폭력적인 통치를 받고 있었지만 그녀 자신은 이 사실을 인식하지 못했다.

이 이야기는 『유림외사儒林外史』 마흔여덟 번째 이야기 「휘주부徽州府의 열녀, 남편을 따라 목숨을 버리다」를 떠올리게 한다. 왕삼王三은 먼저 죽은 남편을 따라 자신도 목숨을 버리려고 결심한다. 그녀의 친정아버지 왕옥휘王玉輝는 이를 알고 말리기는커녕 오히려 즐거운 표정으로 말한다.

"애야, 그런 것도 청사에 길이 이름 남길 일인데 이 아비가 어찌 말리겠느냐? 제발, 그래라!"

왕삼이 정말로 남편을 따라 목숨을 버리자 친정아버지 왕옥휘는 뜻밖에도 환호하며 이렇게 말했다.

"잘했어! 정말 잘했어!"

이런 '환호'는 말할 것도 없이 문화에 의한 폭력 통치의 걸작이다. 또 아비가 '중계방송'을 함으로써 그 잔혹함은 물론 간담이 서늘해지는 두려움도 더욱 두드러진다.

딸이 열녀 사당에 든 뒤, 왕옥휘는 소주에 사는 친구를 방문했다가 한 젊은 아낙을 보자 멀쩡한 몸으로 죽음을 택한 자기 딸의 모습이 떠올랐다. 왕옥휘는 마음 깊은 곳에서 터져 나오는 슬픔을 어쩌지 못하고 뜨거운 눈물을 마구 쏟았다. 그가 '오열' 속에서 문화의 폭력적인 통치가 얼마나 잔혹한지 알아챘을 것이라고, 이를 벗어날 힘이 없기에 고통 속에서 신음하고 있다고 생각할 수도 있다.

위선자의 거짓 모습을 까발리는 질문

중국의 성에 관한 문화에 나타나는 언어와 문법에서 가장 폭력적인 것으로 '예법禮法'만한 것이 없다. 이른바 '사람 잡아먹는 예법' 때문에 적지 않은 이들이 그 '먹이'가 되었고, 또 일부는 그 지배를 달가워하지 않고 날카로운 비판을 내놓기도 했다.

「위선자」에서 유가철학에 대해 말하기를 좋아하는 선비는 예법을 들이대면서 복상이 끝난 지 석 달도 되지 않아 첩실을 들이려는 친구에게 질문을 던지며 '덕도 부족하고 학문도 모자란다.'고 책망한다. 그러나 친구는 선비가 했던 방식 그대로 대응을 한다. 선비의 책망을 받아들이지 않고 도리어 비난의 화살을 날린 것이다. 잠시 헤어졌던 아내와 다시 만났지만 어찌 '잠자리에서 예로써 자기 절제를 하지 않았는가?'라는 질문을 던진다. 자기도 못하면서 어찌 정색을 하고 남을 훈계하는가? 이런 질문은 위선자의 거짓 모습을 까발릴 뿐만 아니라 예법의 첫 번째 '이중성'인 '다른 사람은 자신과 차이가 있다.'는 점을 지적한다.

예법을 제창한 유교철학의 거장 정이와 주희에게 이런 이중성이 갖는 허위의 본질을 더욱 명확하게 발견할 수 있다. 정이는 '굶어죽는 것은 극히 자그마한 일이지만 절개를 잃는 것은 지극히 큰 일'이라고 했다. 이 말은 중국 과부들을 얼마나 비참한 상태에 빠뜨리며 죽음으로 몰고 갔는지 모른다. 그러나 그는 정작 자기 조카딸이 남편을 여의자 누이의 비탄을 걱정하며 조카딸을 친정으로 돌아오도록 했으며 다른 남자에게 재가까지 시켰다. 또한 주희는 '다른 이를 책망하는 데는 엄했고, 자신을 대하는 데는 너그러웠다.' 그는 과부의 '굳은 지절'을 앞장서서 요구했을 뿐만 아니라 남자의 풍류에 대해서도 남다른 관심을 보였다. 당시 이름난 신하 호전胡銓이 시 한 수를 지어 노래 잘 부르는 기생 여천黎倩에게 건넸다는 것을 안 주희는 '울분'을 참지 못하고 「자경시自警詩」 한 편을 당장 읊었다.

십 년 편적에 한 몸 가볍더니,
돌아와 미인 마주하자 아직도 정이 솟네.
세상에 사람의 욕망처럼 위험한 것 없다는데,
이 때문에 한평생 그르친 이 그 몇인고.

十年浮海一身輕,
歸對梨渦尙有情.
世上無如人欲險,
幾人到此誤平生.

이렇게 호전을 비꼬며 그는 비웃었다. 또한 태주台州를 순시할 때, 그와 별로 좋지 않은 감정을 가지고 있던 태주 태수 당중우唐仲友가 기생 엄예嚴蕊와 부정한 관계에 있다는 말을 듣고 엄예는 '풍기문란죄'로 옥에 가두고, 그녀가 당중우와 사람으로서 맺을 수 없는 관계에 있다는 것을 자백하도록 압박했다. 그러나 이렇게 진지하고 엄숙한 모습을 보인 유교 철학의 거장도 감찰어사에게 덜미를 잡히고 말았다. 심계조沈繼祖가 주희를 언행이 일치하지 않은 위군자로서 두 명이나 되는 비구니를 꼬드겨서 첩실로 들인데다 이들을 데리고 각지로 벼슬살이를 떠났다고 고발한 것이다. 결국 주희는 황제에게 자기 죄를 인정하고 자기야말로 '시문이나 읊조리는 우매한 유생으로 그저 거짓 학문만 할 뿐'이라고 말할 수밖에 없었다.

본능과 문명, 쾌락과 도덕의 모순과 충돌 속에서 사람들은 얼마큼은 위선적일 수밖에 없다고 말하지만, '하늘의 바른 이치로써 사람의 욕망을 없애야 한다.'[47]고 주장하는 정호와 정이, 주희의 유교철학이 이런 위선으로 인해 중국에서 더욱 심각하게 변질되었다. 어떤 면에서 모든 유교철학자들은 한결같이 '겉으로만 착한 체하는 위군자'이다. 왜냐하면 '욕망'은 '없앨 수 없는 것'이며 더구나 제 스스로 '욕망을 없애는 일'은 불가능하기 때문이다. 그러나 '타당하다는 이치'는 한 치의 물러섬도 없이 요구하거나 다른 사람을 책망한다. 이것이야말로 바로 위선이요 폭력이다. 청나라 초기의 대학자 대진戴震은 경전을 일일이 인용하며 정호와 정이, 주희의 철학이 공자와 맹자의 학설을 위배했다고 지적하며 그 누구도 '하늘의 바른 이치로써 자기의 욕망을 없애는' 높은 경지에 도달할 수 없기에 결국은 '지위가 높은 사람은 하늘의 이치를 들어 지위가 낮은 사람을 책망하고, 나이가 많은 이는 하늘의 이치를 들어 어린 사람을 책망하고, 부유한 사람은 하늘의 이치를 들어 가난한 사람을 책망한다.'라고 말하면서 이것이 바로 '사람을 잡아먹는' 형국이라고 지적했다. 이야말로 유교철학자의 급소를 단칼에 찌른 말이다.

---

47 以理滅欲.

어지러운 세상에서 들리는 부끄러운 신음

예법은 권세 있고 부귀한 자가 비천한 자를 속이고 억누를 때 '합법적인 폭력'을 제공하는 이외에도 남성이 여성을 억눌러 못쓰게 만들 때도 '훌륭한 수단'을 제공했다. 그 구체적인 표현은 바로 예법의 두 번째 '이중성', 즉 남녀유별이다. '열녀불경이부烈女不更二夫'라는 여성을 겨냥한 이 예법의 주문은 표면적으로는 남성을 겨냥한 '충신불사이군忠臣不事二君'과 대등한 것 같지만 사실은 위선으로 가득하다.

「이런 난세에……」에서 청나라에 무릎을 꿇은 명나라 말기의 대신 전겸익의 '이런 난세에 사대부도 지절을 굳게 지키기 힘들거늘 하물며 한낱 아낙네야 말할 필요 있겠는가?'라는 말은 평소에는 '열녀불경이부'를 여인에게 요구하던 사내대장부가 '충신불사이군'을 할 수 없는 처지에 빠진 자신을 발견하자 내뱉은 부끄러운 신음이라고 할 수 있다. 이 이야기의 진실성은 고려할 필요가 있겠지만 잔혹한 사실은 충분히 반영한다. '열녀'와 '충신'을 동등하게 보는 것이 옳은가 그른가는 차치하고라도 예부터 두 남편을 섬기지 않았던 '열녀'는 셀 수 없을 만큼 많았지만, 두 임금을 섬기지 않았던 '충신'은 정말로 드물었다.

청나라 때 주상현朱象賢의 『문견우록聞見偶錄』에는 「칠희묘七姬廟」 이야기가 있다.

원나라 말엽 장사성張士誠의 사위 반원소潘元紹에게는 아름다운 희첩이 일곱이나 있었다. 그는 일반 부녀자가 절개를 지키면서 남에게 의지하지 않고 스스로의 힘으로 살고 있는 자가 있다는 소식을 들을 때면 반드시 그 일을 희첩들에게 말하곤 했다. 뒷날 주원장이 파견한 서달徐達이 소주를 포위하고 공격하자 반원소는 출전했으나 대세가 이미 기운 것을 알고 일곱 희첩을 불러 이렇게 말했다.

"내가 나라의 부름을 받아 집안도 돌볼 새 없이 의를 위해 일했지만 이제 돌아갈 곳조차 없게 되었으니 그대들은 스스로 목숨을 버려 다른 사람의 비웃음을 사지 않도록 하시오."

결국 일곱 희첩은 자기들의 참뜻을 드러내기 위하여 한명씩 목을 매어 스스로 목숨을 버렸다. 그러나 서달이 소주성을 공격해 깨뜨릴 때에 '나라의 부름을 받았다.'는 반원소는 그만 투항하고 말았다. 뒷날 소주 사람들은 '순절'한 이 일곱 여인들을 기리기 위하여 '칠희묘'를 세웠다.

청나라 때 유란劉鑾의 『오석호五石瓠』에는 이런 이야기가 있다.

남명南明의 대신 마사영馬士英이 남경성이 깨진 뒤에 자신은 도주할 작정을 하고 자기 아내 고씨高氏에게 당장 자결을 명령했다. 고씨는 어린 아들을 품에 안고 흐느껴 울었다. 그러자 마사영은 사람을 보내 아내에게 빨리 '순절'하여 '열녀'가 되라고 재삼 재촉했다.

전겸익처럼 수치를 무릅쓰고라도 뻔뻔스럽게 부끄러운 신음이라도 몇 마디 내지를 수 있는 자라면, 조그마한 '양심'이라도 있다고 할 수 있다. 당연히 그의 부끄러운 신음은 '도덕'과 '문화'의 미명 아래 여인이 남성에게 어떻게 억눌리며 못쓰게 되었는지를 생생히 드러낸다.

엄격한 법 적용으로 여인을 옭아매는 것은 뻔뻔스러운 짓이다

「창문 밖에서 지른 고함」에서 아내를 버리고 고향을 떠나 몇 년 뒤에 다시 장가를 든 이 아무개가 놀랍게도 눈앞에 앉은 신부가 바로 고향에 두고 왔던 아내라는 것을 알았을 때, 사망도 확인하지 않고 경솔하게 재가했다며 아내를 마구 때리며 욕을 퍼붓는다. 이는 '다른 이를 책망하는 데는 엄했고, 자신은 너그럽게 대했다.'는 말 그대로이다. 그러자 근을은 창문 밖에서 이 아무개를 향해 고함을 지른다.

"너는 장가들면서 네 아내가 죽었는지 알아보기나 했느냐? 게다가 의지할 곳 없이 떠돌며 8년이 지나서야 개가했는데, 이런 어쩔 수 없는 상황을 자네가 이해해야 않겠나?"

이는 여성을 동정하는 목소리일 뿐만 아니라 '마땅한 이치'를 내세우며 '다른 이를 냉혹하게 대하는' 남성에게 자기반성부터 하라는 요구이다.

'남자는 다시 장가들 마음을 가질 수 있지만 여자는 두 번 시집가라는 말이 없다.'라는 말은 진정 분명한 성에 관한 이중적인 도덕 잣대이다. 유교철학의 대가 정이는 일찍이 이에 대해 '반성'의 빛을 보였다. 그는 이렇게 말했다.

"무릇 사람이 부부가 되었을 때, 한쪽이 먼저 죽었다고 다른 한쪽이 다시 시집을 간다는 약속을 어찌 할 수 있겠는가? 그저 죽을 때까지 부부일 따름이니라. 하지만 대부 이하는 어쩔 수 없이 다시 장가를 든 자가 있으니……."

그는 남자가 다시 아내를 맞아들이는 것은 '어쩔 수 없는 고충'이 있기 때문이라고 생각했다. 그럼 여성은? 여전히 '굶어죽더라도' '수절'해야 했다. 이는 분명 남성 위주의 구실일 뿐이다.

청나라 때 유정섭兪正燮은 이에 대해 매서운 비판을 가했다.

"재가는 부당하다고 비판하고 재가를 하지 않는 것은 예로 높이며 옳다고 하니."

그는 여성을 동정하며 이렇게 말했을 뿐만 아니라 남성은 다시 장가들 마음을 품고 있으면서 여성에게는 재가를 허용하지 않는 것이야말로 '파렴치'하다고 지적하면서 이렇게 말했다.

"옛말에 평생 바뀜이 없는 것은 남녀가 같다고 하였다. 그런데 일곱 번 사건이 있어 모두 아내를 버리면 일곱 번 바뀐 것이다. 아내가 죽어 다시 아내를 맞으면 여덟 번 바뀐 것이다. 남자의 예의는 이렇게 끝이 없어서 부인을 깊이 속이며 숨기니 참으로 부끄러움이 없다."

예법을 해석할 때 '남녀유별'이라는 뻔뻔스러운 생각을 어찌 그리 많이 내놓을 수 있느냐고 분명하게 지적하며 남성들에게 반성을 촉구하고 있다.

삼촌금련에 대한 항의와 고발

앞에서는 남성들의 비웃음, 신음, 반성, 비판과 여성들이 문화 폭력의 통치 아래 내놓은 항의, 고발, 질문, 반격을 볼 수 있었다.

「토중土重」과 「전족을 처음 시작한 자가 받은 업보」, 이 두 이야기가 겨냥한 것은 바로 중국의 성에 관한 문화 속의 독특한 산물인 삼촌금련이다. 「토중」에서 이씨 성을 가진 여자는 '삼촌금련이 예부터 없었으니, 관음보살도 두 발 다 큼직했네. 발 묶는 일 어찌 시작됐나? 천하고 졸렬한 남자 때문이었지.'라며 자그마한 발을 좋아하는 사내를 향해 한바탕 신랄하게 비웃는다. 또 「전족을 처음 시작한 자가 받은 업보」에서는 전족의 고통은 물론 전족이 주는 해로움에 대한 설명 외에도 이후주에게 업보로써 발이 없는 여인을 위해 신발을 겪는 징벌을 받도록 하는 모습도 보여준다.

이야기 속에는 장헌충이 사천 지방을 공격해 빼앗을 때, 적지 않은 부녀자들의 자그마한 발을 잘라내는데, 이는 역사적 사실과도 일치하는 부분이다. 팽준사彭遵泗는 『촉벽설蜀碧說』에서 이 사건에 대해 언급했다.

"장헌충이 촉을 점령했을 때, 공교롭게도 학질에 걸렸다. 그는 하늘을 향해 이렇게 빌었다.

'이 병을 낫게 해주시면 양초 두 개를 피워 올리겠습니다.'

많은 이들이 이해하지 못했다. 병이 났을 때부터 여인들이 자그마한 발을 잘라 두 개의 봉우리로 쌓아 이를 태우도록 명령하고 가장 자그마한 것을 맨 위에 두도록 했다. 제 발을 내놓으려는 여인이 나서지 않을 때, 홀연 자기 첩실의 발이 가장 작은 것을 보자 그대로 잘랐다. 이 냄새가 평정문까지 이르렀다."

앞에 나온 일곱 번째 이야기인 「적을 막아낼 묘책」에는 국경을 넘어 쳐들어온 북쪽 오랑캐들이 한족 여인들을 포로로 끌고 갈 때 행동이 굼뜨고 느리다는 이유로 자그마한 발을 모두 잘라 버리자 살아남은 자가 백에 하나도 되지 않는다는 기록이 있다. 이와 같이, 이런 종류의 핏자국은 역사에서 뜻밖에도 흔히 볼 수 있다. '수십만에 이르는 발 없는 여인이 천문 밖에 운집하여 천제에게 억울함을 하소연하며' 폭로했다는 이야기는 비록 거짓이라고 해도 바로 여성의 비분을 발산한 것이다.

여성을 동정해 전족을 반대한 남성도 당연히 존재했다. 두 이야기를 수록한 원매袁枚를 제외하고도 앞에서 말한 유정섭이나 그와 같은 시대를 살았던 이여진李汝珍도 모두 여성을 동정해 전족을 반대한 인물이다. 유정섭은 주로 생리적인 관점에서 전족에 반대했다. 그는 전족이 여성을 허약하게 만든다고 생각했다. '음약陰弱하면 음과 양이 모두 온전치 못하다.'는 것이다. 이여진은 더욱 분명하게 훼손하는 것을 아름다움으로 삼는 전족은 사실상 여인을 '음탕한 도구'로 변화시킬 뿐이라고 말했다. 다시 말해, 앞에서 나온 것처럼 여인을 '밖'에서부터 '안'에 이르기까지 남성의 정욕을 만족시키는 도구로 삼았으니, '성인이라면 반드시 이것을 없애야 하고 현인이라면 취하지 말아야 한다.'는 것이다. 이여진은 소설 「경화연鏡花緣」에서 반어적인 풍자 방식으로 여자에게 선발되어 왕비가 된 사나이 임지양林之洋이 전족의 고통을 받는 이야기를 펼친다. 임지양의 멀쩡한 발이 어떻게 반복적으로 꽁꽁 묶여지는지, 뜨거운 약물로 두 발이 씻겨 '선혈이 낭자한 상태'에서 '부식으로 변질되고', 다시 '고름이 흘러나오는 단계'를 지나 '두 발이 아주 작아지는' 과정을 묘사하면서, 전족이 얼마나 인간성이라고는 조금도 없을 정도로 잔인하게 고통을 주는지 고발하면서 직접 체험하는 느낌을 준다.

과부의 수절에 대한 여성의 자주적인 요구

「정절을 지킨 여인이 죽기에 앞서 남긴 말」이나 「재가한 아낙이 남편을 책망하다」는 '과부의 수절'이라는 중국 여성의 머리에 씌워진 예법 통제를 소재로 한 작품이다.

「정절을 지킨 여인이 죽기에 앞서 남긴 말」에 나오는 수절한 여인은 임종 전에 몸소 겪은 경험담을 대담하고도 태연자약하게 털어놓는다. 한 과부가 쾌락과 도덕, 본능과 문화의 모순과 충돌 속에서 어떻게 방황하고 몸부림쳤는지, 자신의 정욕이 주는 '고통'을 어떻게 억누르며 버텼는지 털어놓는다. 그녀는 비록 수절을 선택했지만 며느리들은 자기처럼 이런 '고통'을 더 이상 받지 않기를 희망한다. 그녀가 며느리들에게 한 말, 곧 '자신이 깊이 생각해서 수절할 수 있다면 수절하면 될 것이고, 그렇지 않으면 손윗사람에게 말씀드리고 다른 이에게 시집가면 이것도 모두에게 맘 편한 일이 되는 셈이지.'라는 말은 여성의 '자주 의식'을 강조하며 수절 여부는 오로지 당사자인 자신이 결정하고 선택할 문제이니 다른 사람은 참견할 일이 아니라고 강조한다.

그녀는 아들에게 자기가 한 말을 책으로 엮으라는 당부까지 한다.

자손들이 받들어 행할 집안의 법도로 삼으라는 것이다. 이 대목에서 명나라 말기의 「온씨모훈溫氏母訓」이 떠오른다. 이 글은 온황溫璜이 어머니 육씨陸氏의 가르침을 기록한 것이다. 과부로서 수절을 말할 때 육씨도 수절의 긍정적인 의미에 대해 자못 고개를 끄덕이지 않을 수 없었지만 그녀는 오히려 이렇게 강조한다.

"젊은 나이에 홀로되면 꼭 수절을 권할 필요가 없고 개가를 억지로 막을 필요도 없다."

개가도 수절도 과부 자신이 결정할 일이지 '열녀불경이부'라는 말도 안 되는 예법으로 그녀를 속박하거나 드러내놓고 거침없이 개가를 요구할 일이 아니라는 것이다.

「재가한 아낙이 남편을 책망하다」는 더 구체적으로 여성의 자주의식을 보여 준다. 이 이야기에서 아낙은 처음 만난 남편이 죽은 지 일 년도 안 돼 재가함으로써 전통적인 성 도덕을 위배했다. 그러나 두 번째 남편이 죽은 뒤에는 오히려 평생 아무 탈 없이 수절함으로써 전통적인 성 도덕에 완전히 부합했으니, 이는 마치 '모순'같다. 하지만 '모순'도 남성의 관점에서 보았을 때 그렇지 여성의 관점에서 보았을 때에는 그렇지 않다. 왜냐하면 처음 만난 남편은 그녀가 수절할 만한 가치가 없었으나 두 번째 남편은 그녀가 수절할 만한 가치가 있었기 때문이다. 수절 여부는 오로지 그녀와 두 남편 사이의 감정에 따라 판단할 문제이지 전통적인 성 도덕에 얽매일 일이 아니다. 그녀가 처음 만난 남편의 망령을 향해 내지른 함성은 남성의 반성 부족을 질책하는 외에도 여성으로서의 자주 의식을 선명하게 드러낸 것이었다.

양성불평등에 대한 질문

「각자 시험하기」와 「남편을 본받은 아내」에 나오는 여성은 더욱 대담하다. 이들은 날카로운 말로 포악한 성 문화의 올가미를 망가뜨리며 반박을 한다.

지난 날 중국 남성들은 '가장 큰 불효는 후손이 없는 것'과 '널리 대를 이어야 하는 의무' 같은 그럴 듯한 이유를 앞세우며 아내는 물론 많은 첩실을 들였다. 이런 '첩실 문화'에 대해 여성들은 보통 운명이라고 여기며 받아들였다. 그러나 「각자 시험하기」에서 왕국헌은 혼인한 지 오래되었지만 아직 아이가 없다는 이유로 첩실을 들이려고 하자 그의 아내는 동의하기는커녕 기탄없이 이렇게 말한다.

"아이를 낳지 못하는 잘못이 누구에게 있는지 모르잖습니까? 우리 부부가 각자 상대를 찾아 한번 시험해 보는 것도 괜찮을 것 같습니다. 당신 생각은 어떠신지요?"

'과학적인 실증' 정신에도 부합하는 이 한 마디 타박은 아들이 없다는 이유로 첩실을 들이려던 남편에게 주는 망신일 뿐만 아니라 아들이 없다고 남편에게 늘 푸대접을 받거나 버림까지 받던 여성이 내놓은 원망과 분노이다.

왕국헌의 아내가 내지른 함성은 『경화연鏡花緣』 속에 나오는 「양면국兩面國」의 압채부인押寨夫人, 곧 산적 두목의 부인을 떠올리게 한다. 산적 두목이 당규신唐閨臣 등을 첩실로 들일 생각을 할 때, 압채부인은 크게 화를 내며 남편에게 마흔 대의 곤장을 내리고 마구 질책한다.

"내가 만약 남자 첩실을 들이며 날마다 당신을 쌀쌀하게 대하면, 그래, 당신은 즐겁겠소? 당신들 남자라는 것들은 가난하고 천할 때는 인륜의 도리를 내세우는가 싶다가도 부귀해지면 태도가 금방 바뀌어 거들먹거리며 본래의 모습을 버린단 말이오. 조강지처를 아예 무시하고……첩실이나 들일 생각만 하니, 진심으로 남을 너그럽게 대하라는 가르침을 생각이나 하는지 모르겠소. 다름 아니라 '자기만 알고 다른 사람을 생각지 않는' 그 오만함에 곤장을 내린 것이오. 마음속에 진심으로 남을 너그럽게 할 생각이 솟았다면 나는 안심하겠소."

이것은 비록 작품 속의 말이지만 매우 생동감 있게 불만이 가득한 여성의 마음을 드러내고 있다.

「남편을 본받은 아내」에 등장하는 아낙은 더욱 단호하다. 사방을 돌아다니면서 주색잡기에 여념이 없는 남편을 아무리 타일러도 소용이 없자, 그녀는 거리낌 없이 집안의 남자종과 사통한다. 자기 남편에게 발견된 뒤에도 분노에 찬 목소리로 이렇게 말한다.

"당신이 사통한 여종은 셀 수 없을 만큼 많지만, 나는 겨우 남자종 하나와 관계를 맺었을 뿐입니다. 나는 당신을 따라 한번 그랬을 뿐인데, 당신이 반성은커녕 오히려 나를 질책할 수 있습니까?"

아내의 말에 말문이 막힌 남편은 더 이상 따지지 못하고 흐지부지하고 만다.

이 여인의 행동이나 함성은 남북조 시대의 산음공주山陰公主를 떠올리게 한다. 『송서宋書』「전폐제기前廢帝紀」에는 이런 기록이 있다.

"지나치게 음탕했던 황제의 누이 산음공주는 황제에게 이렇게 말했다.

'저는 폐하와 남녀로 다르지만 둘 다 선제의 몸에서 태어났는데, 폐하께서는 후비가 거처하는 궁실이 수없이 많지만 저는 오직 부마 한 사람뿐이니, 불공평이 어찌 이에 이르렀습니까?'

이리하여 황제는 그녀에게 남총 서른 명을 두게 하였다."

비록 산음공주山陰公主는 이 때문에 음욕이 넘치는 여인이라는 천고의 악명을 짊어졌지만 '관계의 불공평이 어이 이 지경에 이르렀는고?' 같은 양성 불평등에 대한 질문에 약간이라도 반성할 줄 아는 남성이라면 창피한 마음에 대답을 하지 못할 것이다.

압박에 반항하는 외침, 그 해체의 언어

심리학자 위트킨(H. A. Witkin)은 일찍이 재미있는 하나의 실험을 했다. 피실험자는 특별하게 제작된 방에서 특수한 의자에 앉는다. 방과 의자는 모두 실험자의 조종으로 좌우로 기울일 수 있다. 실험자는 방과 의자 중 하나만 기울이거나 동시에 기울일 수 있다. 방과 의자를 각각 또는 동시에 몇 번 기울인 다음 실험자는 피실험자에게 이렇게 물었다.

"당신은 앉은 의자가 기울었다고 느꼈습니까? 아니면 방이 기울었다고 느꼈습니까?"

그 결과, 어떤 실험자는 방은 기울었지만 자기가 앉은 의자는 그대로 있었다고 대답했고 다른 실험자는 방은 그대로 있었는데 자기가 앉은 의자가 기울었다고 대답했다.

본능과 문화가 세상의 남녀에게 깔아놓은 침상은 사실 상당히 기울었지만 온갖 인위적 '부추김' 아래 어떤 이는 이 침상이 그야말로 반듯하고 바르다고 생각한다. 게다가 '바르지 않은' 사람들은 몇몇 불만을 품은 이들이라고 여긴다. 혹자는 '양심에 부끄러울 바가 없으며', '기울어진 것'은 바로 침상이라고 믿는다. 따라서 앞에 나온 이야기 속의 함성과 신음은 분명 이런 문제를 겨냥한 것이다. 전체적으로 이것들은 중국인의 침상은 '자기'와 '타인' 그리고 '남성'과 '여성' 사이에 매우 심각할 정도의 기울기가 있음을 분명하게 보여준다. 하지만 이런 기울기는 문화의 허위

성과 폭력성으로 계속 가려지고 있다.

어떤 면에서 「도마 위의 나부裸婦」에 나오는 어린 아낙은 쾌락이나 목숨을 하찮은 것으로 보며 '절대 도덕'을 요구했으니, 이는 「청량노인淸凉老人」 속의 청량노인이 도덕이나 예법을 하찮은 것으로 여기며 '순수한 쾌락'을 요구하면서 내지른 함성과 다를 바가 없다. 한쪽은 저쪽으로 심하게 기울었고 다른 한쪽은 이쪽으로 심하게 기울었으나 그들 모두 '기울어진 것을 바른 것'으로 여겼다. 이른바 '폭력적인 언어'란 단지 그들이 각자 문화와 본능의 폭력 통치를 받았음을 확연히 드러낼 뿐이다. 다시 말해, 여러 이야기 속에서 들을 수 있었던 함성과 신음은 남성이든 여성이든 그들이 내는 소리는 모두 일종의 '억압에 반항하는 고함'인 '해체의 언어'이다. 그들은 침상을 '부술' 생각은 결코 하지 않고 그저 기울기에 대하여 정도가 같지 않은 '전복'을 진행하며 다시 조정하거나 '자기'와 '타인', 그리고 '남성'과 여성'의 침상에서의 위치를 다시 안배하려고 한다.

전반적으로 볼 때, 이런 '약한 자를 이끌어 기울기를 바로 잡으려는' 목소리는 결코 많지도 않고, 기울어진 침상을 조정하려는 폭도 크지 않지만 이것을 잃어버리면 중국인의 사랑과 성에 관한 도감은 필연 크게 빛을 바랠 것이다.

제 9 장

적응하는 인간 ─ 모순과 충돌 속에 이루어지는 타협

"어떻게 처녀로 위장하는가? 이것은 오래된 지식 혹은 속임수이다. 첫날밤에 신부가 흘릴 꽃을 검사하는 의식이 존재하는 사회에서는 이런 지식이나 속임수도 있었다. 동서고금을 통하여 지극히 총명한 여성은 이런 면에서 자못 교묘한 생각을 가지고 있었다."

*

"대를 이어야 한다는 스트레스로 어떤 이는 다른 남자에게 자기 아내의 몸에 씨를 뿌려줄 것을 요구하며 기꺼이 오쟁이 진 남자가 되기를 원했다. 수많은 남자들이 이 생각만 하면 정말 미칠 지경이지만 대를 잇기 위하여 마음속으로 감정을 조절할 수밖에 없었다. 이 때문에 일어나는 부정적인 정서는 도외시했다."

*

"이른바 타협이란 언제나 마음속에 만들어지는 모순과 충돌의 다양한 원색을 다시 조정하고 정돈해서 마음속에 원래부터 있었던 순위를 정돈하는 것이다. 그러나 이런 조정과 정돈은 당연하게 보이는 성 질서를 모호하고 상대적으로 만든다."

이야기

형제가 아내를 공유하다

온주溫州의 낙청현樂淸縣 해변에 삼산황도三山黃渡라는 마을이 있었다. 어떤 형제가 아내 한 명을 함께 데리고 살았다. 이 마을에서는 집안에 형제가 없는 남자에게는 여자 쪽에서 자기 딸을 시집보내려고 하지 않았다. 남자 혼자 처자식을 부양할 수 없을 것이라고 걱정했기 때문이다.

한 여자를 아내로 맞아들인 다음 형제는 각자의 손수건을 표지로 삼았다. 해가 뉘엿뉘엿 어두워져 형이 먼저 손수건을 아내의 방문 입구에 내걸면 동생은 방안으로 들어갈 수 없었다. 이와 반대로 동생이 먼저 손수건을 내걸면 형은 방안으로 들어갈 수 없었다. 그래서 사람들은 이 마을을 '손수건 마을'이라고 불렀다.

성화成化 연간에 태주부台州府는 태평현太平縣을 신설하면서 이 마을을 태평현으로 편입시켰다. 이런 풍속이 있다는 말을 들었을 때 나는 정말 믿을 수가 없었다. 그러나 뒷날 순안巡按이 되어 태평현으로 갔을 때, 직접 탐문하고 조사해서 사실임을 알았다. 이는 대체로 섬에 사는 토착민들이 벌써 앞 세대부터 받아 내려온 습속이었다. 홍치弘治 4년, 나는 조정에 글을 올려 이런 낡아빠진 습속을 금지시켜 달라고 요청했다. 아울러 명령을 준수하지 않으면 이들을 저 먼 변방으로 이주시켜야 한다고 주장했다. 먼저 그곳 현령에게 형제가 한 아내를 공유하는 것을 금하는 공고문을 내걸도록 한 뒤, 다시 어기는 자에게는 형제의 아내를 범한 죄로 다스리도록 하였다. 황상께서도 승낙하셨기에 이를 실행할 수 있었다.

(명明, 육용陸容「숙원잡기菽園雜記」)

아내 빌려주기

내 고향에는 아내를 빌려주는 습속이 있다. 빌리는 사람은 약간의 돈을 지불하면 약정된 기간 안에는 남편의 권리를 행사할 수 있다. 기한이 다 되면 아내는 다시 원래 남편에게 돌아갔다. 또한 이 기간 동안 출생한 자녀는 아내를 빌린 사내에게 귀속되었다. 그러나 빌린 기간이 오래되어 기한이 다 되었는데도 돌아가기를 원하지 않는 사람은 물품을 전당 잡혔을 때 팔아넘기는 것처럼 되었다. 이것이 바로 민간에서 말하는 '십전구뢰十典九牢'이다.

오늘날의 쑤저우蘇州 일대에는 이런 풍조가 이미 사라지고 없지만 용동甬東(오늘날 저장浙江 딩하이定海) 일대에는 아직도 성행하고 있다. 특별히 주산군도舟山群島에 이런 풍조가 성행한다. 대체로 집안이 가난하여 아내를 먹여 살릴 수 없으면 다른 사람에게 빌려주었다. 이렇게 함으로써 남편은 몇 푼의 돈을 손에 쥐어 생계를 꾸려 나갈 수 있었고 아내는 추위와 배고픔에서 벗어날 수 있었다. 가난한 사람은 지절도 없었고 수치를 말할 대상도 아니었다.

송나라 때의 진료옹陳了翁과 반량귀潘良貴는 아내를 빌려줌으로써 태어난 부친이 다른 형제였다. 두 사람의 부친은 친분도 두터워서, 진료옹의 부친은 아내가 진료옹을 낳은 뒤 다시 반량귀의 부친에게 빌려주었다. 반씨 집으로 간 여인은 반량귀를 낳았다. 훗날, 두 사람의 어머니는 진씨와 반씨 두 집을 오갔다. 오늘날 이런 이야기를 들으면 너무 지나치게 경박하고 통속적이라며 어느 누구도 원치 않을 것이다. 그러나 송나라 때의 현인들은 오히려 기꺼이 이렇게 했다.

(민국초기民國初期, 시악柴萼「범천려총록梵天廬叢錄」)

첫날밤의 인주

이미 약혼은 했지만 아직 출가를 하지 않은 처녀가 있었다. 모친의 지나친 사랑은 오히려 그녀를 바른 길로 가도록 교화하지 못했다. 처녀는 벌써부터 다른 사람과 사통하고 있었던 것이다. 그러나 모친만 속일 수 있었을 뿐, 그녀의 올케언니는 이 사실을 속속들이 잘 알고 있었다.

어느 날, 시댁에서 그녀를 맞으려 한다는 기별이 왔다. 그러자 그녀는 당황하고 두려운 나머지 급히 올케언니에게 달려가 의논했다. 올케언니는 이렇게 일러주었다.

"아기씨, 걱정 마세요. 나도 처음에 그랬는데, 내 비법을 알려줄 터이니 마음을 놓으셔요."

시집가는 날, 올케언니는 인주 한 통을 아무도 몰래 그녀에게 넣어주며 신방에 화촉을 밝힐 때 통 안에 든 인주를 질 안에 바르면 된다고 말했다. 그녀는 올케언니의 당부대로 인주 한 통을 받아 챙기며 때가 되면 요긴하게 쓰려고 했다.

그녀의 모친은 사위의 장대한 몸집에 비하여 자기 딸은 몸집도 작고 마른 체격으로 당해낼 수 없다고 걱정하며 딸을 데리고 사돈댁까지 직접 왔다. 밤에 되어 잠자리에 들기 전에 그녀는 아무도 몰래 인주를 질 안에 발랐다. 하지만 생각지도 못하게 너무 많이 발라 일이 끝난 뒤에도 신랑은 아랫도리가 불편할 만큼 끈적거렸다. 그래도 이유를 알지 못했다. 날이 밝자 신랑은 뒤뜰로 빠져나가서 바지를 내리고 자기 거시기를 보곤 그만 깜짝 놀라서 황급히 주머니칼을 꺼내더니 긁어내기 시작했다.

한편, 친정어머니는 신방의 문이 열려 있는 것을 보고 급히 방안으로 들어가 살펴보니 딸의 아랫도리 쪽 이부자리가 온통 시뻘건지라 깜짝 놀라 소리쳤다.

"이 일을 어째, 이놈이 내 딸을 이렇게 만들었구나!"

그녀는 방을 뛰쳐나와 사위를 찾아 뒤뜰에 이르렀다. 사위는 돌아선 채 뭔가 하고 있었다. 그녀는 앞으로 다가가 사위가 하는 꼴을 보더니 벌컥 화를 냈다.

"이런 양심도 없는 놈! 내 딸을 저 모양으로 만들어 놓고, 그래, 아직 한풀이를 다 못했다고 거시기를 이렇게 벼리고 있다니!"

(명明, 풍몽룡馮夢龍 「일견합합소—見哈哈笑」)

씨를 구합니다

과거에 장원을 한 주선周旋의 아버지는 아들을 여럿 두었지만 한때 집안이 가난하여 어느 부잣집에서 훈장 노릇을 하였다. 부잣집 주인은 뒤를 이을 아들이 없었기에 아내에게 훈장의 씨를 받게 할 생각을 했다. 이리하여 그는 훈장을 청해 함께 술을 마시다가 짐짓 술에 취한 체하며 자리를 피하고 아내에게 그를 시중들도록 하였다.

부잣집 주인의 아내는 훈장에게 이렇게 말했다.

"선생께서 아들을 여럿 두었다기에 저는 부끄러움을 무릅쓰고 선생의 씨를 받으려고 합니다."

이 말에 훈장은 깜짝 놀라 얼른 몸을 일으키며 자리를 뜨려고 했다. 하지만 벌써 방문이 잠겼기에 훈장은 몸을 피할 수 없었다. 그러자 훈장은 손가락으로 허공에 대고 이렇게 글씨를 써보았다.

"사람의 씨앗을 빌리려 하다니, 하늘의 벌을 받을까 두렵습니다."

그 해 가을, 주선이 향시에 참가하여 거인擧人으로 합격했다. 태수는 그가 장원이 되어 고향으로 돌아가는데 깃발에 '사람의 씨앗을 빌리려 하다니, 하늘의 벌을 받을까 두렵습니다.'라고 쓰인 글귀를 꿈에 보았다. 이듬해 주선이 정말로 장원으로 과거에 급제하자 태수는 이 집에 찾아와 축하 인사를 건네며 주선의 아버지에게 자기가 꾸었던 기이한 꿈 이야기를 하였지만, 주선의 아버지는 입을 다문 채 아무 말도 하지 않았다.

(명明, 정선鄭瑄 「작비암일찬 昨非庵日纂」)

시어머니의 솔직한 충고

형산衡山에 담譚 아무개가 살고 있었다. 그는 현관을 지내기도 했다. 그는 자리를 그만 두고 고향으로 돌아온 뒤, 어느 날 땅세를 받으러 집을 나섰다가 아주 아름다운 농촌 아낙을 보자 그만 다가가서 집적거렸다. 하지만 아낙은 그를 무시하며 상대하지 않았다. 그가 강제로 괴롭히려고 하자 그녀는 즉시 자리를 피하고 말았다.

아낙은 집으로 돌아온 뒤, 이 사실을 시어머니에게 고해바쳤다. 며느리의 말을 다 들은 시어머니는 이렇게 말했다.

"그 양반처럼 부귀한 집안에 우리가 좀 가까이 다가가서 뭔가 좀 은택을 입으려고 해도 아무 방법이 없단다. 그런데 지금 그 양반이 제 발로 너를 찾는데 네가 손해 볼 일이 무어 있겠느냐? 어찌하여 네가 도리어 고개를 저었느냐?"

아낙이 입을 열었다.

"남편이 알고 저를 책망할까 두려웠습니다."

시어머니가 말했다.

"내가 미리 잘 말해 둘 터이니 걱정 말아라."

이튿날, 담 아무개가 또 다가오더니 거듭 말을 걸며 집적거렸다. 아낙은 당장 흔연히 고개를 끄덕였다. 담 아무개는 기쁨에 넘쳤다. 두 사람은 그날 밤 남몰래 만나기로 약속했다. 잠자리에 들자 담 아무개는 그녀에게 이렇게 물었다.

"어제는 그렇게 달콤한 말을 몇 차례나 건넸는데도 차갑게 거절하더니 오늘은 무슨 까닭으로 홀연 고개를 끄덕였소?"

아낙은 시어머니가 자기에게 건넨 말을 그대로 했다. 담 아무개는 이 말을 듣자 그만 정신이 번쩍 들었다. 이리하여 그는 오줌을 눈다는 핑계를 대며 방문을 열고 밖으로 나와 걸음아 날 살려라 밤새도록 내뺐다.

뒷날 담 아무개는 아들 몇을 잇달아 낳았다. 이들은 모두 입신출세하였다.

(청淸, 양공진梁恭辰 「지상초당필기池上草堂筆記」)

못된 스님

가흥嘉興 정엄사精嚴寺에 있는 새로 지은 불당에 한 좌의 불상을 빚어 앉혔다. 이 불상의 복부와 연화좌 사이로 비밀 통로를 만들어 스님의 선방으로 연결시켰다. 절간의 스님은 아들을 못 본 아낙이 불전에서 밤을 지내며 부처님께 예배를 드리면 부처님께서 그 모습을 드러내며 단번에 아들을 얻을 수 있다고 소문을 냈다. 아낙이 와서 밤을 새우며 아들을 달라고 빌 때, 스님은 아낙을 따라온 노복이 묵고 있는 곳을 봉쇄하고 자기 집안 식구들에게 불전을 사방에서 지키도록 했다. 그리고 한밤이 되면 스님은 이 비밀 통로를 통해 불당으로 잠입한 뒤 자기가 바로 부처님이라고 사칭하며 아낙을 겁탈했다. 이렇게 당한 아낙은 부끄러움으로 다른 사람에게 감히 입도 열지 못했으며, 적지 않은 아낙들이 이 일로 몸에 스님의 씨를 키우는 일이 발생했다.

어느 대감댁 아낙이 절간으로 와서 불전에서 밤을 새우며 아들을 달라고 빌었다. 한밤이 되자 스님이 남몰래 잠입하여 짐승 같은 야욕을 채우려고 했다. 그러나 대감댁 아낙은 반항하며 따르지 않았다. 그러자 스님은 강제를 그녀를 끌어안았다. 그녀는 세차게 버티며 스님의 코를 깨물었다. 아픔을 못 이긴 스님은 얼른 자리를 뜨며 몸을 피했다. 이튿날 날이 밝자 그녀는 노복들에게 절간 곳곳을 수색하라고 명령했다. 결국 병으로 자리에 누워 있던 스님을 찾아냈다. 얼굴을 가린 솜이불을 들치고 살펴보니 과연 물린 콧등이 드러났다. 이리하여 스님을 묶어 관아에 넘기며 조사하여 처벌하도록 하였다. 관아에서는 정엄사를 허물고 절간에 머물던 스님들을 남김없이 유배형에 처했다.

지금 서울에서는 뒤를 이을 아들이 없는 집안의 아낙은 누구든 가릴 것 없이 모두 아들을 달라고 절간으로 갔다가 결국 스님과 사사로이 정을 통하고 의남매까지 맺으며 공공연히 오가며 적지 않은 추문을 남기고 있다. 옛 사람이 남긴 말은 비록 저속하지만 그래도 깊은 뜻이 담겨 있다.

"집안에 용모가 출중한 하인을 두지 말 것이며, 문간에 진귀한 꽃을 심지 말 것이며, 스님과 오가지 말아야 한다. 그래야 비로소 예의 지키기를 아는 집안이다."

(명明, 진괴陳槐 「문견만록聞見漫錄」)

절충 방법

곽석주郭石洲가 들려준 이야기이다.

하남河南 지방에 어떤 부자가 살고 있었다. 그는 여러 해 동안 벼슬살이를 한 뒤 노령으로 자리에서 물러나 고향으로 돌아왔다. 이때, 그의 나이 예순이 훨씬 넘었지만 신체는 마치 젊은이처럼 건강하였다. 그는 집안에 서너 명의 어린 첩실을 두었지만 이들이 옹근 스무 살이 되면 혼수를 장만하여 다른 곳으로 출가시켰다. 하지만 이들은 하나같이 완전무결하여 흠 하나 없는 몸이었다. 이들을 아내로 맞아들인 사내들은 모두 이 부자 어른의 덕을 칭송하여 마지않았다. 곤궁한 시골사람도 자기 딸을 기꺼이 이 집 첩실로 팔려고 했다.

하지만 어린 첩실이 부잣집에 있을 때 잠자리에서 이루어지는 남녀 사이의 육체적인 사랑 행위가 사실은 보통 사람과 다름이 없었다. 부잣집 어른이 젊은 첩실의 달거리를 뽑아서 약을 만든다고 말하는 이가 있는가 하면, 이 어른이 진짜 사랑 행위는 하지 못하고 오로지 눈요기만 하며 즐길 뿐이라고 말하는 이도 있었다. 돌아다니는 말은 많아도 진상을 아는 이는 아무도 없었다.

뒷날, 부잣집의 나이든 하녀가 남몰래 진상을 털어놓았다. 사실은 이 어른이 젊은 첩실의 항문에 사랑 행위를 했다는 것이다. 부잣집 어른의 친구가 몰래 사정을 물어 보았다. 이 어른도 이제는 숨기지 않고 솔직하게 대답했다.

"내가 그래도 아직 정력이 왕성하여 성욕을 누를 수야 없지. 그런데 여인과 교합하면 아이가 생기지 않는가. 그러나 아비는 늙었는데 아이는 아직 어리다면 내 죽은 뒤에 걱정거리를 남기게 되지. 잘 생긴 사내를 데리고 그 짓을 해도 되지만, 그러면 이런 떳떳하지 못한 일 때문에 자손들의 명예가 더러워질까 고민하다가 절충 방법을 생각했네."

(청淸, 기효람 紀曉嵐 「열미초당필기閱微草堂筆記」)

화선풍花旋瘋

내 친구 풍중신馮仲新이 외지를 떠돌며 어느 여인숙에 머물 때 있었던 일을 들려준 이야기이다.

예순이 다 된 여인숙 주인아주머니가 벌건 대낮에 알몸으로 방안에서 뛰어나와 몹시 상기된 표정으로 길가의 남자라도 붙들려는 모습이었다. 이때, 여인숙에서 일하는 젊고 건장한 심부름꾼 셋이 그녀를 둘러싸더니 안방으로 데리고 들어갔다.

풍중신은 너무도 이상하여 살그머니 안방을 엿보았다. 그는 세 명의 심부름꾼이 교대로 여인숙 주인아주머니와 교합하는 것을 보았다. 한참이나 지나서야 매우 높고 거센 파도가 가라앉았다. 주인아주머니는 옷매무시를 단정하게 매만지더니 밖으로 나왔다. 아무 일도 일어나지 않은 듯 조용하고 편안하기가 평소와 다름이 없었다.

풍중신은 도무지 이해할 수 없었다. 뒷날, 어떤 이가 그에게 일러주었다. 원래 여인숙 주인아주머니는 화선풍花旋瘋, 그러니까 성욕 항진증이라는 괴이한 병에 걸려 일단 발작하면 여러 명의 사내와 교합을 해야만 조금이라도 치유될 수 있다는 것이다. 세 명이나 되는 젊고 건장한 심부름꾼은 바로 여인숙 주인이 자기 마누라의 이런 증세에 대응하기 위하여 미리 대비한 사내였다. 만약 이런 건장한 사내가 만반의 준비를 갖추고 있다가 전투에 나서는 병사처럼 즉시 일을 치르지 않는다면, 그녀는 미친 듯이 길가로 뛰쳐나가 무슨 짓을 벌일지 몰랐다. 이런 증세에 대한 처방은 아마 세상에서 참으로 듣기 힘든 희한한 이야기일 것이다.

(청淸, 채형자采蘅子「충명만록蟲鳴漫錄」)

일곱 살 할아버지

증씨曾氏 집안은 영도寧都의 명문대가이다. 이 집안의 군관 증숙렴曾叔廉은 나와 잘 알고 지내는 사이이다. 그가 일찍이 자기 집안의 선조 가운데 '일곱 살 할아버지'가 있다고 내게 말해 주었다. 나는 너무도 이상하여 그에게 무슨 말인지 꼬치꼬치 캐물었다. 그제야 그는 자초지종을 털어놓았다.

왕조 초기, 지방에는 기근이 매우 심하여 증씨 집안은 남풍南豊에서 영도로 이주했다. 당시 증씨 집안은 그래도 꽤 부유했지만 안타깝게도 겨우 일곱 살밖에 되지 않은 아들만 하나뿐이었다. 집안에서는 여종에게 아들과 함께 놀고 자면서 돌보도록 책임을 맡겼다. 여종의 나이는 벌써 십팔구 세라 성욕이 지극히 왕성했지만 아무리 고심해도 짝을 찾을

중국 문화 속의 사랑과 성

수 없었다. 그리하여 그녀는 날마다 이 공자의 성기를 만지작거리며 즐겼다. 게다가 갖가지 음란하고 저속한 말을 가르치며 이제는 남녀 교합의 놀이를 즐기도록 유도했다. 공자는 이런 면에서는 천천히 눈을 뜨는 것 같았다. 어느 날, 여종은 공자를 품에 안고 그의 성기를 만지작거리며 즐겼다. 그런데 자꾸 만지작거리자 이것이 빳빳하게 일어섰다. 여종은 얼른 그에게 자기와 교합하도록 이끌었다. 하지만 공자는 아직 나이가 어렸기에 정맥精脈이 통하지 않아서 사정을 하지 못했다. 어느 날 밤, 두 사람은 또 이런 장난을 했다. 그런데 여종은 공자의 거시기에서 뜨거운 기운이 한 줄기 자기 아랫배로 그대로 돌입하는 느낌을 받았다. 여종이 살짝 쾌감을 느끼는 순간, 공자는 뜻밖에도 힘이 푹 빠지더니 그만 그녀의 몸에 엎드린 채로 숨을 거두었다. 깜짝 놀란 여종이 큰소리로 부르짖자 주인과 집안 살림을 주관하는 부인이 달려왔다. 여종은 공자가 무슨 까닭으로 갑자기 급사했는지 모르겠다며 울면서 말했다. (그녀는 벌써 온갖 증거를 다 없앤 뒤였다.) 주인과 부인은 애통하기 그지없었지만 한번 죽으면 다시 살 수 없으니 어찌 해 볼 도리가 없었다.

몇 달 뒤, 여종의 배가 점점 커다랗게 부풀어 오르기 시작했다. 지금까지 집안의 법도가 매우 엄하여 삼척동자라도 문밖으로는 한 발자국도 제멋대로 드나들 수 없었는데 여종이 어떻게 다른 사내와 남몰래 정을 통할 수 있었을까 부인은 자못 의아스러웠다. 하지만 그녀는 의심할 것도 없이 다짜고짜 여종에게 따져 물었다. 그제야 여종은 흐느껴 울며 사건의 자초지종을 털어놓았다. 주인어른과 부인은 반신반의했다. 하지만 열달이 다 되었을 때, 여종은 이미 세상을 버린 공자를 그대로 닮은 사내아이를 낳았다. 이제 주인어른과 부인은 믿지 않을 수 없었다. 여종이 증씨 집안의 대를 이을 아이를 낳은 것이다. 여종은 증씨 집안에 남아 평생 시집을 가지 않고 이 아이를 성인이 되도록 정성들여 길렀다. 이 집

주인어른은 그 뒤에도 아들을 다시는 두지 못했기 때문에 바로 이 손자가 조상의 제사를 받들게 되었다. 그 뒤 지금까지 자손이 번성하여 영도 지방의 명문거족이 되었다.

(청淸, 채형자采蘅子 「충명만록 蟲鳴漫錄」)

붉은 모자 초록 수건

시랑侍郞 아무개에게는 눈부시게 아리따운 애첩이 있었다. 그녀는 두 명이나 되는 황실의 피붙이와 남몰래 정을 나누고 있었다. 시랑은 이 사실을 알면서도 아무 일도 없는 듯 모르는 체하고 지냈다. 자기의 애첩과 정을 나누는 두 명의 사내가 모두 큰 권력을 손에 쥐고 오로지하는 인물이었기 때문이다.

어느 날 밤, 시랑은 두 명의 사내를 자기 집에서 마련한 잔치에 초청하여 애첩에게 술시중을 들도록 하였다. 그녀는 두 나리 사이에 앉아서 이쪽저쪽 추파를 던지며 술을 권했다. 그러다 보니 이쪽보다는 저쪽을, 아니 저쪽보다는 이쪽을 더 사랑하는 눈치가 조금이나마 보였던지, 두 나리는 질투에 빠져 서로 헐뜯으며 비웃기 시작하더니 마침내 주먹이 오가기 시작했다. 그 가운데 하나는 얼굴에 입은 상처로 피를 마구 흘렸다. 시랑은 이런 모습을 보자 어쩔 줄 모르고 당황했다. 그저 몸을 오들오들 떨며 애첩을 밀치고 두 사내 앞에서 고개를 연신 조아리며 잘못을 빌 뿐이었다. 두 사내는 시랑의 이런 모습을 보자 비로소 싸움을 멈추고 씩씩거리며 제각기 자리를 떴다.

시랑은 화를 내며 애첩을 책망했다.

"지금 짐승 같은 두 놈을 저렇게 만들었으니, 정말 나를 이렇게 지치게 만들 수 있소? 당신의 재주가 어찌 이렇게 질이 낮아졌단 말이오?"

그의 애첩이 정색을 하며 말했다.

"참! 당신 무슨 말씀을 하셔요? 당신 지금 서른 살인데 머리에 새빨간 관모官帽를 썼잖아요? 그래, 이 서울 바닥에서 당신처럼 그럴듯한 인물이 몇이나 되는지, 어디 한번 살펴보셔요. 당신의 오늘도 다 누구 공일까요? 당신 혼자라면 어떻게 해볼 생각이라도 했겠어요? 지금 당신이 내 재주가 모자란다고 말씀하시니 당신 가슴에 손을 얹고 한번 스스로에게 물어보셔요. 그래, 당신 가문에 어느 할머니가 당신네 할아버지를 위하여 새빨간 관모를 가져왔단 말입니까?"

시랑은 불쾌한 듯 내뱉었다.

"모자야 빨갛지만 머릿수건은 초록이니 참으로 사람을 난처하게 만드는군."

이 말에 애첩은 미친 듯이 소리를 질렀다.

"뭐라고요?"

시랑은 그만 안절부절 못하며 그녀의 화를 누그러뜨리기 위하여 어쩔 수 없이 애첩 앞에서 굽실굽실하며 말했다.

"부인께서 내 말을 횡들었는가 보오, 난 방금 가마가 초록이라 말했소."

이 말에 애첩은 쌀쌀한 웃음을 보내더니 다시는 따지지 않았다. 시랑은 방을 나와 길게 탄식하며 중얼거렸다.

"어허 참, 그녀의 춘소일각春宵—刻이 내 몇 년 동안의 공부보다 나으니, 지금부터 내 눈은 색깔도 구분할 수 없겠네!"

(민국초기民國初期, 시악柴萼 「범천려총록梵天廬叢錄」)

영포營捕와 구두장이

조정신趙廷臣이 양월兩越 지방에서 벼슬할 때, 영포營捕란 사내가 빚을 지고 독촉에 시달리자 아내에게 나아가 빚을 갚도록 했다. 부부는 길가에서 울면서 이별할 때, 어느 구두장이가 그 까닭을 알고 차마 그냥 지나칠 수 없어서 영포를 자기 집으로 불렀다. 그리고 자기가 평생 모은 이십 냥이나 되는 은화를 그에게 건네며 빚을 갚으라고 했다. 이리하여 이들 부부는 흩어지지 않고 다시 단란하게 살게 되었다.

영포는 구두장이의 은덕을 못내 잊을 수 없었다. 그는 당장 술과 안주를 장만한 뒤 아내에게 은혜를 입은 그분을 잘 대접하라고 당부하고 자기는 다른 곳으로 몸을 피하였다. 구두장이는 이 집이 가난하다는 것을 잘 알고 있었기에 약속된 장소로 가지 않았다. 그런데 영포가 한밤이 지나서야 집으로 돌아오니 아내가 침대 위에 그대로 목이 졸린 채 숨져 있는 게 아닌가. 그는 구두장이의 짓이라고 의심하며 관아에 신고했다.

조정신은 이 사건이 자못 이상하여 몇 번이나 반복하여 영포에게 꼬치꼬치 따져 물었다. 그리고 사건이 일어나기 며칠 전에 행각승 하나가 그 집 문 앞에 앉아 탁발한 뒤 사건 당일 저녁녘에 행방을 감추었다는 사실을 알아냈다. 조정신은 이 행각승의 혐의가 짙다고 믿었다. 당시 이곳에는 견덕선사見德禪師의 덕망이 자못 높았기에 신도들이 구름떼처럼 몰려들었다. 조정신은 짐짓 스님에게 시주를 하며 복을 빈다는 명목을 내세우며 널리 승려들을 불러들였다. 그리고 영포에게는 아무도 몰래 정탐하도록 하였다. 과연 바로 그 행각승이 다가왔다. 조정신은 즉시 그를 체포하여 심문했다. 행각승은 그날 밤 구두장이라고 사칭하며 영포네 집으로 들어간 뒤 얼른 촛불을 끄고 영포의 아내와 함께 침대에 올라 교합을 벌였다. 이제 막 기분이 좋아지는 때에 영포의 아내는 상대의 머리를 더듬었다. 아니었다. 그녀는 사람 살려라 목청을 높였다. 행각승은 어쩔 수 없이 얼른 허리띠를 풀어 그녀의 목을 졸라 죽였다. 행각승의 자백은 이러하였다.

조정신은 행각승을 견덕선사에게 보내며 처치하기를 바랐다. 선사는 정원에 장작을 쌓고 행각승을 불에 태워 죽이라고 명령했다. 멀고 가까운 곳에서 온 시골 사람들이 한결 같이 쾌재를 불렀다.

(청淸, 동랑석董閬石 「순향췌필純鄕贅筆」)

과부와 의원

어느 마을에 나이 많은 시어머니와 함께 사는 과부가 있었다. 그녀는 아버지를 여읜 일고여덟 살 된 아들을 정성들여 기르고 있었다. 그녀는 용모가 자못 아름다웠기에 걸핏하면 중매쟁이가 찾아와서 그럴 듯한 남자를 소개하곤 했다. 하지만 그녀는 수절할 뜻을 굳게 지키며 재가할 생각을 하지 않았다.

어느 날, 그녀의 아들이 천연두에 걸렸다. 병세가 매우 위중하여 의원을 불러 진료하려고 했다. 의원은 이웃에 사는 어떤 아낙에게 이렇게 넌지시 말했다.

"그 집 아들 병은 내가 고칠 수 있소이다. 하지만 병에 걸린 아이의 어머니가 나와 한번 즐기지 않는다면 진료하러 가지 않겠소이다."

이웃에 사는 그 아낙은 의원이 한 말을 시어머니와 며느리에게 그대로 전했다. 시어머니와 며느리는 이 말을 듣고 분개하여 크게 화를 내며 의원을 마구 욕했다. 그러나 아들의 병세가 더욱 악화되어 이제 곧 숨이 넘어갈 것 같았다. 시어머니와 며느리는 밤새도록 소곤소곤 의논했다. 결

국 눈물을 흘리며 의원의 요구에 응하기로 했다. 하지만 치료할 시기를 놓쳤기에 아들은 끝내 숨을 거두고 말았다.

회한의 눈물을 흘리던 과부는 목을 매어 스스로 죽음을 선택했다. 사람들은 이 과부가 아들 잃은 슬픔으로 목을 매었다고 여기며 다른 의심은 가지지 않았다. 또 시어머니도 사건의 내막을 숨기며 감히 입 밖에 내려고 하지 않았다.

(청淸, 기효람紀曉嵐 「열미초당필기閱微草堂筆記」)

어머니의 정부情夫

스무 살이 채 못 되어 과부가 된 여자가 있었다. 그녀는 자기 곁에 서너 살 된 아들만 하나 있을 뿐 친족도 없는데다 너무 가난했기에 남에게 중신을 서 달라고 부탁하고 다시 결혼할 준비를 했다.

이 젊은 과부는 용모가 자못 아름답고 고왔다. 그녀에게는 외사촌이 하나 있었다. 그는 어느 나이든 아낙에게 아무도 몰래 이렇게 자기 생각을 그녀에게 전달해 달라고 부탁했다. 자기가 예법 때문에 그녀를 아내로 맞아들일 수는 없었다. 하지만 침식을 잊을 정도로 그녀를 사랑하고 그리워할 지경에 이르렀다. 만약 그녀가 이미 세상을 떠난 남편을 위하여 수절하겠다면 다른 방법이 있으니, 자기와 남몰래 오가면 매달 그녀에게 모자가 생활하기에 충분한 돈을 대주고, 비록 두 집이 다른 골목에 있지만 집 뒤로는 담 하나뿐이니 밤에 사다리 하나 걸치고 오가면 눈치를 챌 사람은 없다는 내용이었다.

젊은 과부는 그가 한 말에 혹하여 둘은 남몰래 서로 정을 통하였다. 그녀는 이제 그의 정부가 된 것이다. 이웃에서는 그녀가 먹고 사는 데 걱정이 없는 모습을 보자 의심의 눈길을 보내긴 했지만 그녀가 이런 짓을 하는 낌새는 눈치 채지 못했기 때문에 그저 그 동안 모아둔 돈이 좀 있나 보다 생각했다. 세월이 꽤 지나 사내 집안의 종이 소문을 조심스럽게 퍼뜨리기 시작했다. 젊은 과부는 어린 아들을 서당에 보내며 그곳에서 기거하도록 하였다. 어린 아들도 십칠팔 세가 되었을 때 뜬소문을 들었다. 그는 어머니에게 눈물을 흘리며 틈날 때마다 정중하게 충언을 올렸다. 하지만 그의 어머니는 귀를 기울이지도 않았고 일부러 바짝 그 사내 가까이 앉아 아들이 보도록 하였다. 아들의 입을 틀어막을 작정이었던 것이다.

아들은 정말로 분노하고 원망하며 대낮에 사내의 집에 뛰어들어 사내의 명치에 칼을 꽂았다. 사내는 그 자리에서 죽었다. 아들은 관아로 가서 자수하며 돈을 빌리려고 갔다가 사내에게 당한 심한 모욕을 참지 못하고 격분한 나머지 엉겁결에 죽이게 되었다고 말했다. 현관縣官은 무슨 말 못할 사정이 있음을 눈치 채고 이리저리 구슬렸지만 그는 끝내 사실을 털어놓지 않았다. 결국 현관은 고의에 의한 살인죄로 그에게 사형 언도를 내렸다. 사정을 잘 아는 마을 사람들은 모두 애도의 뜻을 표했다.

(청淸, 기효람紀曉嵐 「열미초당필기閱微草堂筆記」)

강태수江太守

경자년에 일어난 의화단 사건義和團事件으로 서양 군대가 정정正定을 함락할 지경에 이르렀을 때, 정정의 태수는 우리 절강浙江 사람 강江 아무개였다. 그는 정신을 차리지 못할 정도로 매우 성격이 급했으며 민심마저 당황하고 있는데다 관아에 통역마저 없었기에 양인과 소통할 방법

중국 문화 속의 사랑과 성

도 없었다. 서양 병사들이 보정保定에서 온갖 소란을 다 피우며 부녀자의 몸을 더럽힌 사건도 적지 않다는 정보를 접한 강태수는 마을 유지들과 상의해 먼저 일백 명 남짓한 사창私娼을 물색하고 미천한 집안에서도 자원하여 헌신할 부녀자도 뽑아서 이들이 서양 병사들과 한번 잠자리를 같이하면 일천 냥의 공금을 '수고비'로 주겠다고 언명했다. 이 일에 나서길 원하는 이는 먼저 자기 집 앞에 표시를 하였다.

서양 병사가 성안에 들어온 뒤, 그들은 과연 부녀자들을 제멋대로 뺏으려고 했다. 이리하여 부량浮梁의 자제들을 미리 보내 그들을 이끌어들이며 사창 및 자원 부녀자들에게 그들의 짐승 같은 욕망을 풀도록 하였다. 정정의 양갓집 부녀자들은 이 때문에 그들의 정절을 지킬 수 있었다. 이는 도마뱀이 제 몸을 지키기 위하여 꼬리를 스스로 잘라내는 것과 같으니, 강태수은 정말로 총명한 인물이 아닌가!

(민국초기民國初期, 시악柴萼 「범천려총록梵天廬叢錄」)

이야기 뒤의 이야기

집단적 성 적응과 개별적 성 적응

본능과 문화가 만나 서로 결합해 만들어내는 성 시스템 속에서, 어떤 이는 폭력적 통치를 달가워하지 않으며 함성과 신음을 쏟아내기도 한다. 그러나 대부분의 사람들은 침묵 속에서 정세를 예의 주시하며 그 틈에서도 적응해 타협의 길을 찾는다.

생물학이나 인류학에서 적응이란 집단이나 개인이 특수한 생물 및 문화 환경 속에서 자신의 생존이나 이익을 보호하고 유지하기 위하여 자기 행동이나 관념을 조정하는 과정을 가리킨다. 이런 관점에서 앞에서 제기한 중국인의 성에 대한 여러 가지 표현은 사실상 모두 '집단 성 적응'의 산물이다. 예컨대, 남성은 하나의 집단으로서 원시시대에 투박한 힘으로 성 경쟁에 임하는 환경에 적응하기 위하여 여성보다 비교적 강건한 신체와 정신을 발전시켰다. 바로 투박한 힘이 권력을 만들어 냈다. 이것은 남성이 아무런 장애 없이 성적 쾌락을 추구하게 만들었고, 여성을 억

중국 문화 속의 사랑과 성

압하고 견제하는 성도덕의 이중적 기준과 정력제, 방중술 등을 탄생시켰다. 이로써 그들에게 불리한 생물학적 조건을 극복했다. 생물학적 조건이란 아내가 낳은 아이가 정말로 자기 피붙이인지 확실히 알 방법이 없고 남성이 성 잠재능력에서 여성보다 나을 것이 없다는 문제 등을 말한다. 이런 모습은 오히려 여성에게 불리한 문명이나 문화 환경을 만들었다. 사회학적으로 볼 때 약자가 된 여성이 자신의 생존과 이익을 보호하고 지키기 위하여 욕정을 억압하고 나아가서 스스로 원하건 강요 때문이건 자기 몸뚱어리를 에로틱하게 해서 남성의 도덕적 요구와 성적인 욕망의 필요에 부응했다.

이런 집단적 적응 외에도 더욱 흥미로운 것은 개별적 적응이다. 특수한 동류 집단이나 개인이 특수한 환경에 처해, 특별히 생식, 쾌락, 이익, 도덕, 성별, 권력 때문에 나타나는 모순과 충돌 속에서 어떻게 사태를 살피고 자기를 조절하며 몸과 마음을 안정시키느냐의 문제는 참으로 현실적이다. 그래서 이 문제는 이번 장에서 깊이 생각할 중요한 부분이 된다. 또 앞에서 나온 이야기들은 생각해 볼만한 중요한 재료를 제공한다.

궁하면 변하고 변하면 통한다는 특수한 혼인 형태

혼인은 인류의 보편적인 성 적응 책략이다. 그리고 그 형태도 수없이 많다. 과거 중국 사회에서는 비록 일부다처제가 성행했었지만 한 남자가 얼마나 많은 처첩을 거느릴 수 있는지는 일반적으로 그의 경제적 능력으로 결정된다고 보았다. 경제적 능력이 있는 자는 물론 처첩이 무리를 이루었지만 경제적 능력이 없는 자는 한 명의 마누라도 없었다. 그런데 '궁하면 변하고 변하면 통한다.'고 했으니, 일부 남성들은 불리한 경제적 환경 속에서 변하면 통한다는 임기응변 방법을 생각했다. 「형제가 아내를 공유하다」와 「아내 빌려주기」는 바로 그러한 예이다.

　이 이야기들을 통해 알 수 있듯이 아내 공유하기와 아내 빌려주기는 장쑤성과 저장성 일대의 가난한 집안에서 대를 이을 자식과 성의 즐거움을 위하여 발전된 특수한 혼인 형태이다. 같은 핏줄을 가진 형제의 경우, 이들은 아내 하나를 함께 얻음으로써 결혼 자금도 절약할 수 있을 뿐만 아니라 두 사람의 성욕까지 해결하면서 태어난 자식은 모두 같은 조상의 혈육이라고 할 수 있기에 참으로 '일거다득—擧多得'이 아닐 수 없다. 또 혈연관계가 없는 이는 '빌리는 시기'를 명확히 구분해 '아내'가 낳은 자녀가 자기 혈육이라는 사실을 명확하게 할 수 있었으며, 상당한 '임대료'를 지불해도 결혼 자금이 장기 임대라고 해도 화류계 여자들과 몇 번 어울리는 것보다 훨씬 수지가 맞았을 터이니, 이것 또한 '일거다득'이라고 할 수 있다.

　전통적인 성 규범에서 보면, 이런 혼인 양식은 이맛살을 찡그리게 만드는 '낡아빠진 풍습'이지만, 그 지방 사람의 입장에서 이는 최소 투자로 최대 효과를 얻을 수 있는 적응 책략이다. 이들은 이를 거역하지도 않았을 뿐만 아니라 심지어는 환영하기까지 했다. 「형제가 아내를 공유하다」에서 '이 마을에서는 집안에 형제가 없는 남자에게는 여자 쪽에서 자기 딸을 그 집으로 시집보내려고 하지 않았다. 그 남자 혼자 처자식을 부양할 수 없을 것이라고 걱정했기 때문이다.'라고 말한 대로였다.

　청나라 때 조익趙翼의 「첨폭잡기檐曝雜記」에는 이런 기록이 있다.

　"감숙甘肅 지방에는 남자는 많고 여자는 적었기에 남녀 관계에 속박이 자못 적었다. 형이 먼저 죽으면 동생이 형의 아내를 자기 아내로 맞아들였고, 동생이 먼저 죽으면 형이 동생의 아내를 자기 아내로 맞아들이는 일이 수두룩하였다. 같은 성이라도 오직 같은 할아버지 이하에서만 혼인을 할 수 없고, 이를 어겨도 말하지 않았다. 형제 몇 사람이 한 여자를 아내로 맞으면, 밤이면 돌아가면서 잠자리를 했고, 대낮에도 일을 치렀다. 또 방문 앞에 치마를 내걸면 알아서 자리를 피했다. 아들을 낳으면 먼저 형이 취하고 다음으로 동생이 차례대로 취했다. 아내를 맞을 수 없었지만 아들을 얻기를 원하는 자는 다른 사람의 아내를 취하되 증서로 기한을 정하였다. 기한을 두 해나 세 해로 정하기도 하고 아들을 얻을 때까지라는 조건을 달기도 했다. 기한이 되면 원래 남편에게로 되돌려 보내야 한다. 하루라도 더 지체해서는 안 된다. 이곳을 길손으로 거치는 자도 증서로 기한을 정해 여행 중의 기분을 풀 수 있었다. 이때에도 머무는 곳은 그 남편의 집이었으니……."

이처럼 '형제가 아내를 공유하기'와 '아내 빌려주기'는 장쑤와 저장 두 지방뿐만 아니라 '사회적 조건'이 동일한 다른 중국 지역에서도 존재했음을 알 수 있다.

일처다부제—妻多夫制와 사회 환경

아내 공유와 아내 빌려주기는 일처다부제의 중국식 변형이라고 말할 수 있다. 인류 사회에서 일처다부제를 허용하는 나라는 비록 많지는 않아도 모두 나름대로 특수한 사회 환경적 요인을 갖고 있다. 예컨대, 인도 남쪽 지방의 나야르Nayar 족이 그러하다. 인도에서 군인 계급에 속하는 이 부족의 남성은 일 년 중 대부분의 시간을 외지에서 전쟁을 하거나 훈련을 받아 집에서 보낼 수 있는 시간은 매우 한정적이고 일정하지 않기에, 결과적으로 이들은 특수한 일처다부제 양식을 발전시켰다. 이들 부족에서는 한 여성은 동시에 여러 명의 남편을 가질 수 있지만, 그녀와 남편들 사이에서 태어난 자녀는 모두 친정 쪽에 귀속되어 부양한다. 이런 방식에서 여인들은 언제나 한 '남편'을 갖지만, 남성도 집에 돌아왔을 때에는 역시 한 '아내'를 갖는다. 그리고 동시에 아이들도 맞갖은 보살핌을 받을 수 있다. 이 때문에 나야르족은 이런 특수한 사회 환경에 적응하는 이상적인 혼인 양식을 갖게 되었다.

동물 중에도 이와 비슷한 적응 방식을 볼 수 있다. 예컨대, 조류는 다음 세대에 대한 부화 및 양육 작업이 지극히 고생스럽기에 이들은 어린새끼들이 비교적 많이 살아날 기회를 주기 위하여 대부분 일부일처제를 취함으로써 '부부'가 후손을 양육할 책임을 함께 짊어지지만, 북미 대륙의 미네소타 호반에 사는 깜짝도요는 오히려 특수한 일처다부제를 취하고 있다. 짝짓기 때가 되면 암컷이 먼저 호반으로 날아와 서로 영역을 차지하기 위하여 대판 싸움을 벌이고 이어서 수컷은 바삐 자기 둥지를 짓는다. 싸움에서 이긴 암컷은 수컷이 잘 지어 놓은 둥지에서 교배를 하고 한 무더기의 알을 낳는다. 그리고 수컷에게 알의 부화와 양육을 맡긴 뒤 암컷은 다른 둥지로 날아가서 다른 수컷과 교배를 한다.

동물학자들은 깜짝도요의 이런 생식 양식은 그들에게 불리한, 다시 말하면 자기들이 낳은 알이 걸핏하면 약탈되거나 털리는 불리한 환경 속에서 후손의 생존 기회를 증가시키기 위하여 암컷은 분명 더 많은 교배를 해야 하고 더 많은 알을 낳아야 했기에, 자연적으로 발생하여 변화 발전했다고 지적한다. 장쑤와 저장, 간쑤 지방 형제들 사이의 아내 공유와 아내 빌려주기, 그리고 세계 다른 지역에서 이루어지는 비슷한 결혼 양식도 인간이 불리한 환경에서 생식과 쾌락을 위하여 자연적으로 발생하여 변화 발전할 수밖에 없는 이유가 있었다. 이른바 '적자생존'은 모두 '유쾌'하게 살 수만 있다면 비교적 '멋진' 양식이라는 것이다. 당연히 '비교적 멋진'이라는 말은 '비교적 맞는'이라는 뜻은 결코 아니다. 하지만 또

'비교적 틀린'이라는 의미도 아니다. '상대적으로 틀린'이라는 인위적 가치 판단은 당사자로 말하자면 매우 큰 생존상의 의미가 없다.

처녀 위장술과 위장 적응

경제적 조건이 허락된다면, 남자는 다른 사람과 아내 공유를 원하지 않을 뿐만 아니라 자기가 맞아들인 아내를 반드시 처녀로 요구하게 마련이다. 처녀를 판단하는 가장 보편적인 방법은 첫날밤 신부가 떨어뜨린 붉은 꽃잎 여부이다. 이는 거의 모든 부계사회에서 이루어지는 중요한 의식이지만 여성이 반드시 통과해야 할 문화적 관문이다.

대부분의 여성들은 이 때문에 결혼 전에 반드시 자기 몸을 옥처럼 지키지만, 금단의 열매를 훔쳐 먹으려는 여성도 있기에, 정조를 잃은 여성은 '처녀 검사'라는 불리한 환경에 처했을 때, 당연히 속수무책으로 가만히 있지 않고 자신의 복지를 위하여 특수한 적응 책략을- 처녀로 위장 - 내세운다. 「첫날밤의 인주」는 바로 이런 이야기이다.

어떻게 처녀로 위장하는가? 이것은 오래된 지식이거나 속임수이다. 첫날밤에 신부가 흘릴 꽃을 검사하는 의식이 존재하는 사회에서는 이런 지식이나 속임수도 있었다. 이야기 속의 신부가 올케언니에게 전수한 인주로 자기의 질을 칠하는 방법은 비교적 '졸렬한' 방법이라고 할 수 있다. 동서고금을 통하여 지극히 총명한 여성은 자못 교묘한 생각을 했으니, 이런 자료들로 한 편의 '처녀위장사處女僞裝史'도 쓸 수 있을 것이다. 그 방법은 피로 가득 채운 부레를 봉합하여 질 속에 집어넣고 거머리를 다시 질 안에 넣어 피를 빨도록 해 신랑이 이것을 터뜨려 '붉은 꽃'을 만들게 한다. 또한 몰약 등 수음제收飮劑로 질을 수축하고 이 틈을 타서 비둘기의 피를(사람의 피와 가장 가까운) 가만히 요 위에 뿌리는 방법도 있다. 게다가 최근에는 '처녀막 정형수술'도 하고 있다.

이런 처녀 위장술은 사실 일종의 '위장 적응'이다. 동물의 세계에도 이와 비슷한 위장 적응이 드물지 않다. 일반적으로 말해서 암컷 원숭이가 배란으로 수태 가능할 때에는 바로 발정기에 진입하는데, 이는 바로 조물주의 안배라고 할 수 있다. 그러나 몇몇 긴꼬리원숭이 암컷은 벌써 새끼를 가졌는데도 '가성발정기假性發情期'에 진입하여 다른 수컷을 유혹하고, 성적 욕망을 자극하는 피부를 드러낼 수 있다. 생물학자들은 이는 긴꼬리원숭이 암컷이 그들에게 불리한 성적 환경에 적응하기 위해 발전시킨 '생리적 속임수'라고 주장한다. 왜냐하면 수많은 암컷을 거느린 긴꼬리원숭이 왕은 걸핏하면 밖에서 온 떠돌이 원숭이의 도전을 받아야 하기 때문이다. 떠돌이 원숭이는 원숭이 왕을 죽인 뒤, 그의 수많은 처첩을 차지할 뿐만 아니라 많은 어린 원숭이까지 죽인다. 그리고 다시 암컷 원숭이의 몸에 씨를 뿌리며 자기 DNA가 들어간 후대를 생산한다. 이런 상황에서 이미 새끼를 가진 원숭이 암컷은 앞으로 태어날 새끼들이 악랄한 놈에게 입을 참화를 피하기 위하여, '가성발정기'에 진입해 다른 수컷을 유혹하는 피부를 가짐으로써 자기 영역에 침입한 수컷 원숭이와 교배하고, 이 수컷에게 장차 태어날 새끼가 바로 그의 종자라고 오해하게 만든다.

정조를 잃은 여성의 위장 적응과 긴꼬리원숭이 암컷의 위장 적응은 똑같은 상황에서 나왔지만 긴꼬리원숭이 암컷의 생리적 속임수는 무의식적일 뿐이다. 곧 생존에 대한 압력으로 자연스럽게 변화하고 발전했다. 하지만 정조 잃은 처녀의 위장술은 완전히 의식적이다. 의식적이기에 적지 않은 속임수를 '개발'한 것이다.

혈통을 잇는 갖가지 수법

처녀 검사는 말할 것도 없지만 여성에게 한 남편만을 요구하고 결혼 후에도 정조를 계속 지키라고 요구하는 가장 주요한 목적은 아내가 다른 남자의 '씨'를 갖지 못하게 하는 데 있다. 아이는 자기가 기를 후손이어야 했기 때문이다. 앞에서 이미 나왔듯이 이런 면에 대한 남자들의 의심과 여기서 발생한 질투는 거의 생물학적인 본능이다. 그러나 남성이 아이를 낳을 능력도 없고 다른 사람의 아들을 맡아 기를 생각도 없다면, 후손을 이어야 한다는 압력 속에서 사내는 오쟁이를 기꺼이 지는 쪽을 택하며 다른 남자에게 자기 아내 몸에 '씨'를 뿌려 달라고 부탁할 수밖에 없다. 「씨를 구합니다」는 바로 이런 이야기이다.

거액의 재산을 가졌지만 슬하에 자식이 없는 부잣집 양반은 자기 아내에게 많은 아들을 둔 주 아무개를 유혹하라고 요구한다. 아무개가 자기 아내를 타고 씨를 뿌리도록 한다. 수많은 남성들에게 이는 생각만 해도 어디에다 분풀이도 할 수 없는 참으로 분통이 터지는 일이지만, 제사를 모실 후손이 있어야겠기에 '스스로 마음을 추스르며' 부정적인 감정을 무시해 버린다. 이런 방법은 말할 것도 없이 '하책 중의 하책'이지만 무대책보다는 그래도 낫다.

사실 혈통을 잇는다는 점에서 아내가 당하는 압력은 남편보다 훨씬 크다. 왜냐하면 남편에게 아들을 안길 수 없다면 남편에게 총애를 잃는 것은 말할 것도 없고 심하면 버림까지 받을 수 있기 때문이다. 필기소설筆記小說에서 꽤 많은 아내들이 남편을 속이며 다른 사내의 '씨를 빌리는' 이야기를 본다. 예컨대, 명나라 때 서응추徐應秋가 엮은 『옥지당담회玉芝堂談薈』가운데 「총애를 잃지 않으려고 씨앗을 빌리다固寵借種」에는 당송 시대 부귀한 집안의 부녀자가 힘깨나 쓰는 젊은 사내를 깊은 규방으로 유인해 한 차례 합환해서 아들 하나를 낳아 자기 지위를 굳히는 이야기가 몇 편 실려 있다.

「시어머니의 솔직한 충고」에서 며느리가 이제는 벼슬에서 물러난 어느 사내의 내통 요구를 거절했을 때, 시어머니는 놀랍게도 며느리에게 순풍이 불 때 돛을 올릴 것을 요구한다. '씨를 빌려' 집안의 이름을 빛낼 수 있는 '손자'를 기대한 것이다. '씨를 빌리는 것'도 이 정도에 이르면 참으로 그 노숙하기가 가히 수준급이다.

'씨 빌리기' 이외에도 아이를 갖지 못하는 부녀자들 가운데 많은 이들은 절간으로 달려가서 아들을 낳게 해 달라고 빌었다. 그러나 그 중 일부는 또 다른 형식의 '씨 빌리기'로 변화 발전했다. 「못된 스님」에서 정엄사 스님은 불당에서 밤을 새며 기도하면 부처님의 도움으로 아들 없는 부녀자가 단번에 회임할 수 있다고 소문낸다. 그러나 사실은 비밀스레 만든 통로로 불당에 잠입한 스님이 아들을 원하는 부녀자를 겁탈함으로써 임신에 이르게 만든다. 적지 않은 아낙이 이렇게 다른 씨를 몸에 가져도 벙어리 냉가슴 앓듯 혼자 삭여야 했지만 그래도 남편이나 조상들에게는 '임무 완수'를 한 셈이다.

참으로 터무니없는 일은 공자 사당을 찾아 아들을 낳게 해 달라고 비는 것이다. 당나라 때 봉연封演의 『봉씨문견기封氏聞見記』에는 이런 기록이 있다.

"공자 사당에서 아들을 낳게 해 달라고 비는 세상 여자들이 많은데, 이들은 정말 저속하게도 알몸으로 공자님의 침상에 오른다."

알몸으로 공자님의 '특별한 총애'를 받으며 아들을 얻기 위하여 이런 짓을 했으니, 참으로 문화의 타락도 이만저만 아니다.

이런 희귀한 짓이 중국에만 있었던 것은 아니었다. 서방에도 이와 비슷한 일화가 있다. 예컨대, 중세 사르트르 대성당에는 예수가 할례를 받

중국 문화 속의 사랑과 성

은 뒤 남긴 성포피聖包皮(Holy prepuce)를 갖고 있다고 밝혔다. (당시 유럽에서는 최소 열두 곳에서 예수가 남긴 포피를 보유하고 있다고 밝혔다.) 그리고 예수의 포피는 영험하여 아이를 못 낳는 부녀자를 '수태'시킬 수 있는 힘이 있다고 생각했다. 이 때문에 적지 않은 부녀자들이 아들을 갖기 위하여 사르트르 성당으로 달려와 '깊은 정이 담긴 성실한 모습'으로 예수의 포피를 뚫어져라 바라보았다. 세상 사람들의 아들에 대한 갈망을 만족시키기 위하여, 동서양 윤리의 상징적 인물인 공자와 예수는 이렇게 망신을 당했으니 참으로 환난이다.

모순과 충돌의 새로운 조정

어떤 이는 자식을 만들기 위해 갖가지 술수를 다 쓰지만, 또 다른 이는 자식을 만들지 않기 위해 전혀 새로운 방법을 생각한다. 「절충 방법」에서 부자는 어린 첩실들과 항문 성교를 했으니 이야말로 남다른 방법이다. 부자는 그 이유를 이렇게 설명한다.

"내가 그래도 아직 정력이 왕성해 성욕을 누를 수야 없지. 그런데 여인과 교합하면 아이가 생기지 않는가? 그러나 아비는 늙었는데 아이는 아직 어리다면 내 죽은 뒤에 걱정거리를 남기게 되지. 잘 생긴 사내를 데리고 그 짓을 해도 되지만, 그러면 이런 떳떳하지 못한 일 때문에 자손들의 명예가 더러워질까 고민하다가 절충 방법을 생각해냈네."

모순과 충돌 속에서 자기 이익에 가장 부합하는 방법에 대한 선택이 바로 부자의 대책이었다. 그러나 이것도 사실은 앞에서 말한 여러 적응 방법과 같다. 인지 능력을 두루 갖춘 인류로 말하면, 일반적으로 적응은 의식적이며 '타협'의 색채를 진하게 드러낸다. 「화선풍花旋瘋」, 「일곱 살 할아버지」, 「붉은 모자 초록 수건」, 「영포와 구두장이」 등 몇 편의 이야기에서 이런 타협적인 특성을 참으로 분명하게 꿰뚫어 보았다.

「화선풍花旋瘋」에서 여인숙 주인아주머니는 발작하면 몇 명의 사내와 교합해야만 낫는 괴상한 병에 걸렸다. 하지만 여인숙 주인은 그녀를 버릴 생각을 하지 않으며 그녀가 길가로 뛰쳐나가 추한 몰골을 보이는 것도 바라지 않는 어쩔 수 없는 상황에서 몇 명의 건강한 사내를 고용해 평일에는 장사를 돕게 하다가 아내가 발작하면 '치료'하도록 조치한다.

「일곱 살 할아버지」에서 여종은 배가 불러오자 사건의 진상을 털어놓는다. 증씨 집안의 주인어른은 이런 충돌에 직면한다.

"이 부끄러움을 모르는 저 천한 여종을 산 채로 그냥 때려죽이느냐, 아니면 법에 따라 관아로 보내 엄벌을 받게 하느냐, 아니면 대를 이을 자식이 필요하니 이 여종을 '며느리'로 인정하여, 뱃속에 든 우리 증씨 집안의 혈육을 낳아 기르게 하느냐?"

결국 주인어른은 후자를 선택한다. 그리고 여종에게 '아들을 죽인' 음행에 대해 더 이상 따지지 않는다.

「붉은 모자 초록 수건」에서 시랑은 자기의 애첩이 두 명의 황실 피붙이와 관계를 갖고 있기에 마음이 썩 유쾌하지 않지만 벼슬길을 위한 일이기에 그냥 모른 체할 수밖에 없다. 두 명의 황실 피붙이가 시새움으로 티격태격 주먹질을 하자 시랑은 애첩의 '질 낮은 재주'를 질책한다. 하지만 시랑은 애첩의 면전 타박에 머리에 쓴 '붉은 모자'를 위하여 자기가 쓴 것이 '초록 수건'이 아니라고 말할 수밖에 없다.

「영포와 구두장이」에서 구두장이가 영포의 아내에게 자유를 얻게 하자 그들 부부는 다시 만난 뒤 가난하지만 구두장이의 큰 은덕에 보답하려고 한다. 영포는 놀랍게도 아내에게 자기 집에서 구두장이를 멋지게 '대접'하라고 이른다. 그리고 자신은 몸을 피한다.

이른바 타협이란 언제나 자기 마음속에 만들어지는 모순과 충돌의 갖가지 원색을 다시 조정하고 배열하면서 마음속에 원래 있었던 순위를 정돈하는 것이다. 그러나 이런 조정과 정돈은 당연하게 보이는 성에 관한 질서를 모호하고 상대적으로 만든다.

이러지도 저러지도 못하는 도덕과 개인적 적응

성적인 애정의 도감에서 도덕은 다른 원색과 가장 많은 충돌을 일으키는 항목이다. 앞에서 이야기한 갖가지 적응과 타협 책략은 모두 도덕적으로 이해가 안 되는 의미를 내포하고 있다. 왜냐하면 자기 이익을 고려하면 도덕이 희생될 수밖에 없기 때문이다. 그러나 도덕 자체도 이러지도 저러지도 못하는 부분이 있으니, 「과부와 의원」, 「어머니의 정부情夫」, 「강태수江太守」에는 이러지도 저러지도 못하는 도덕과 이에 대한 당사자의 적응과 선택을 잘 보여내고 있다.

「과부와 의원」에서 과부는 이러지도 저러지도 못하는 상황에 맞닥뜨린다. 의원의 요구에 응하면 정조를 잃게 된다. 이는 곧 '부도덕'한 일이다. 그러나 만약 의원의 요구에 응하지 않으면 아들 목숨을 살릴 기회를 놓치게 된다. 이도 '부도덕'한 일이다. 그녀는 시어머니와 함께 밤새 흐느낀 뒤 '정조를 잃는 쪽'을 선택한다. 왜냐하면 아들의 목숨이 정조보다 더 중요했기 때문이다. 사실 명·청 시대 필기소설에 이와 비슷한 이야기가 결코 적지 않다. 게다가 이런 이야기들은 모두 사람들의 동정을 받았다.

「어머니의 정부情夫」에서 과부는 아비 없는 아들을 기르기 위하여 외사촌 아무개와 사통하며 경제적 도움을 받는다. 하지만 그녀는 이제

다 큰 아들이 또 다른 어려움에 처하도록 만든 꼴이 된다.

어머니와 다른 사내의 부도덕한 행위를 눈으로 본 아들은 분노에 치를 떤다. 하지만 어머니의 부도덕한 행위를 까발리는 것도 부도덕하기는 마찬가지이다. 결국 아들은 사내를 죽이는 길을 선택한다. 그러나 그는 사내에게 돈을 빌리러 갔다가 당한 수모로 살인을 했다고 주장하며 어머니의 명예를 지킨다.

「강태수江太守」에서는 지방 태수로 임지에 온 이가 오히려 '음탕한 일을 주선하는 인물'이 되어 창녀를 불러들이고 서양 병사를 기꺼이 잠자리에서 맞이할 여자를 '배후에서 조종'한다. 더욱이 관아에서는 '수고비'까지 지불했으니, 이야말로 진짜 부도덕하고 참으로 황당한 일이다. 하지만 이렇게 하지 않았다면, 성안에 있는 수많은 부녀자들이 외국 병사들에게 짓밟혔을 것이다. 이러지도 저러지도 못하는 어려움 속에서 강태수는 전자를 선택했다. 황당하기 짝이 없는 일이지만 많은 이들은 참으로 현명한 판단을 내렸다고 생각했다.

훨씬 진실했던 성적인 애정 도감

제1장 첫머리에서 인류에게 성이 존재하는 궁극적인 본질은 모순, 충돌, 그리고 타협이라고 말했다. 삶의 현실적인 면에서 타협은 모순과 충돌보다 훨씬 더 값지다. 앞에서 나온 이야기를 통해 알 수 있듯이 대다수의 타협이나 적응은 모두 일종의 '자기 조절'이다. 어떤 일의 경중과 순서를 조절하고 이것을 자기 마음속의 '질서'로 다시 안배한 뒤 '현명한' 행동으로 옮긴다. 인간은 걸핏하면 특수한 처지에 맞닥뜨리기 때문에 자기 조절을 해야 한다. 예컨대, 결혼 전 순결 상실, 불임, 아내를 맞을 수

없을 정도의 가난 등이 바로 그것이다.

특수한 처지는 인류의 행위를 '제한하고', '결정하는' 중대한 요소이다. 『맹자孟子』「이루편離婁篇」에는 순우곤淳于髡이 '남자와 여자는 물건을 직접 주고받지 않아야 한다.'라고 주장하는 맹자에게 난처한 질문을 던진다.

"그럼 형수가 물에 빠지면 손으로 구조해도 됩니까?"

맹자는 이렇게 대답한다.

"남자와 여자는 물건을 직접 주고받지 않아야 하오. 바로 이것이 예이기 때문이오. 하지만 형수가 물에 빠졌을 때에는 손으로 구조해도 되오. 바로 이것이 권도權道이기 때문이오."

맹자는 '형수가 물에 빠졌을 때'에는 당연히 '손으로 구조해야 한다.'라고 생각했다. 그러나 이것은 '권도', 다시 말해 특수한 처지에서 취할 수 있는 '임시변통'일 뿐이었다.

하버드 대학의 심리학자 콜버그(L. Kohlberg)는 '이러지도 저러지도 못하는 도덕적 문제'에 피실험자가 내릴 수 있는 선택에 대한 실험을 했다. 예컨대, 이런 질문이었다.

"지금 정말 사랑하는 아내가 병에 걸려 매우 위급한 상태이다. 아내의 병을 고칠 수 있는 약이 하나 있지만 값이 너무 비싸서 가난한 남편은 살 수 없다. 당신은 남편이 이 약을 훔쳐서라도 죽어 가는 아내를 구해야 한다고 생각하는가?"

'약을 훔쳐서 아내를 구하기'라는 문제는 「과부와 의원」, 「강태수江太守」 이야기와 너무나 비슷하다. '절도竊盜'는 부도덕한 일이다. 그러나 '죽어 가는 것을 보고도 구하지 않은 것'도 (더구나 사랑하는 아내라면) 부도덕한 일이다. 이처럼 이러지도 저러지도 못하는 어려운 처지에 놓인다면 어떤 선택을 할 것인가? 콜버그는 '사람의 목숨을 살리는 것'이 '절도를 하지 않는 것'보다 훨씬 '고귀한 도덕적 표현'이라고 여겼다. 이는 「과부와 의원」 속의 과부, 그리고 「강태수江太守」 속의 강태수의 인식과 일치한다. 그러나 이렇게 되면, '절도', '결혼 전 순결 상실', 그리고 '창녀 불러들이기' 등의 도덕적 문제는 모두 자기 앞에 닥친 특수한 처지를 보면서 결정해야 할 문제로 변한다.

도덕마저 특수한 처지의 문제인 이상 임기응변이나 변통, 그 밖의 것들은 말할 필요가 없다. 이번 장에 나온 이야기들은 비록 몇몇 인물들이 일부 특수한 처지에서 취할 수밖에 없었던 적응 책략으로 택한 임기응변이자 타협 방법이긴 했지만 앞에서 나온 성적인 애정의 모습을 거의 헝클었다. 응당 질투해야 할 남편이 질투는 하지도 않고, 스스로를 억제하며 정결을 한결같이 지켜야 할 숙녀가 다른 사내의 품에 안기고……. 그러나 쾌락을 위해, 혹은 힘들지만 '살아가기' 위해 새롭게 조정, 배치된 색을 더하면 사실 중국인의 성적인 애정 도감은 훨씬 더 진실해진다.

"과거 중국인들은 동성애에 대해 비교적 너그러웠다. 또한 비교적 정상적이라고 생각했다. 이는 서방 세계와 비교했을 때 더욱 그러했다. 과거 대부분의 시대에 서방 세계는 동성애에 대해 쓸쓸하고 으스스한 기운으로 충만했다."

*

"중국에서 미소년의 사랑은 고대 그리스 소년의 사랑을 떠올리게 한다. 그러나 주인 대 노복이든 스승 대 제자이든 이들의 성관계는 권력 작동의 색채를 벗어나기 힘들다. 하지만 그리스인들은 일찍이 이런 관계에 보다 고귀한 의의와 지성적인 요소를 부여하려고 했다. 하지만 중국에는 이런 점이 부족했다."

*

"남성끼리의 동성애에서는 젊고 고운 성적 대상을 좋아하고 잡교雜交, 성 착취, 성 매매 따위의 색채가 자못 농후하지만, 여성끼리의 동성애에서는 이런 현상들이 적게 나타난다. 이런 뚜렷한 차이는 권력 작용 외에 생물학적 요인이 더 크게 작용했을 가능성이 높다."

이야기

춘강공자春江公子

　여자처럼 아름다운 용모의 춘강공자는 아내와 사이가 좋지 않았다. 그는 빼어나게 예쁜 사내와 함께 어울리며 한 이부자리에서 뒹굴었으니, 누가 사내이고 누가 계집인지 알 수 없을 지경이었다. 그는 일찍이 이런 시를 읊기도 했다.

　　사람은 저마다 타고난 성격이 제각기 다르고,
　　나무는 저마다 가지와 잎사귀가 제각기 다르네.
　　추녀 무염無鹽의 남편이 되는 것보다는,
　　차라리 미남자 자도子都의 첩실이 되리라.

　　人各有性情,
　　樹各有枝葉.

與爲無鹽夫,

寧作子都妾.

　그의 아버지 중승공中丞公은 이 시를 보더니 매우 화를 냈다. 그러자 그는 다시 시 한 편을 지었다.

　　주공께서 만드신 예법은,

　　세우신 뜻 얼마나 깊고 묘한가!

　　그러나 열녀를 위한 사당은 있지만,

　　동정을 위한 사당은 없네.

　　周公所制禮,

　　立意何深妙!

　　但有烈女祠,

　　而無童貞廟.

　중승공은 헛웃음이 나오지 않을 수 없었다.

　"이런 불효자 같으니. 결국 이렇게 터무니없는 말로 억지를 부리는 구나!"

　을축년에 춘강공자는 한림원에 들어갔다. 어느 날 그는 천록원에서 연극 구경을 했다. 그런데 어떤 참령參領이 그를 배우로 잘못 알고 농지거리를 했다. 그러자 다른 사람이 참령에게 불만을 표했다. 그러나 공자는 오히려 이렇게 말했다.

　"그분이 저에게 농지거리를 한 것은 저를 사랑하기 때문입니다. 그래, 『안자춘추晏子春秋』에서 말 사육사를 주살한 이야기를 읽어보지 않았습

니까? 하지만 안타깝게도 그는 이상으로 하는 상대가 아니기에 그에게
부아를 냈으니 결국 자기의 저속함만 드러내고 말았습니다."

(청淸, 원매袁枚 「수원시화隨園詩話」)

토자신兎子神

청나라 초기에 어떤 어사御史가 젊은 나이에 과거에 급제해 득의양
양했다. 그가 복건福建 지방을 시찰할 때였다. 호천보胡天保란 이가 그의
빼어난 자태를 애모해 가마를 탈 때나 관아에 나갈 때나 언제나 곁에서
기다리며 넋을 잃고 그를 바라보곤 했다. 그는 미심쩍기는 했지만 이 양
반의 속셈이 무엇인지 알지 못했고, 아전들도 감히 입을 떼며 말하려고
하지 않았다.

뒷날, 그는 다른 지방을 시찰하게 되었다. 그런데 이 양반도 얼른 따
라오더니 이제는 화장실에 숨어서 그의 엉덩이를 훔쳐보는 게 아닌가!
그는 더욱 의심이 커져서 이 양반을 불러 이유를 캐물었다. 처음에는 입
도 떼지 않던 이 양반에게 형구를 써서 고문을 하자 마침내 이렇게 털어
놓았다.

"어르신의 아름다운 모습을 보자 잊을 수 없었습니다. 평범한 새가
천상의 나무를 자기 살 곳으로 삼을 수 없음을 잘 알고 있지만, 저도 저
자신을 어쩌지 못하고 그만 어르신에게 홀딱 빠지며 이렇게 무례한 짓을
하고 말았습니다."

이 말을 들은 그는 크게 화를 내며 이 양반을 산 채로 때려서 죽이
라고 명령했다. 한 달 뒤, 이 양반이 평범한 시골 사람의 꿈에 나타나서
이렇게 말했다.

"나는 무례한 행동으로 귀한 분을 거슬렀으니 죽어도 할 말이 없소. 하지만 그건 어디까지나 사랑하는 마음에서 나온 일시적인 망상이었으니, 사람을 해치는 짓과는 같지 않소. 저승의 관리도 비록 나를 놀리며 조롱은 해도 분노하지는 않았소. 현재 저승에서는 나를 토자신兔子神으로 봉하여 인간 세상의 남자와 남자 사이의 사랑을 전적으로 관장하도록 하였으니, 그대들은 나를 위해 사당을 세우고 제사를 올려도 좋을 것이오."

복건 지방에는 원래 신분이 비천한 남자가 '맺어진 형제'가 되어 행동하는 풍습이 있다. 이와 뜻을 함께하는 이들은 평범한 시골 사람의 꿈이야기를 듣자 앞을 다투며 추렴하여 사당을 세웠다. 사당이 세워진 뒤, 과연 영험했던지 남자끼리 남몰래 관계를 맺으려고 했지만 뜻대로 안 되었던 이들이 이곳으로 달려와 기도를 드렸다.

(청淸, 원매袁枚 「속자불어續子不語」)

주인어른은 정말 성인聖人이오

젊은 시절부터 글을 잘 써서 세상에 이름을 널리 알렸던 주여려周汝礪 선생은 강남江南 곤산昆山 출신이다. 그는 강남 지방에서 실시하는 향시鄉試에 수석으로 합격한 뒤 여러 해가 지났지만 진사를 뽑는 과거에는 줄곧 급제를 하지 못했다. 훗날, 그는 호주湖州의 동종백董宗伯 집에서 글방을 열고 학생을 가르쳤다.

주여려는 천성이 순박하여 평생 아내 이외에는 다른 여자를 돌아보지도 않았다. 그는 글방에서 한동안 머문 뒤에는 집으로 돌아가서 아내를 만나야 한다고 말하곤 했다. 주인은 그가 외로움을 이기지 못한다는 것을 잘 알고 있었지만 또 그냥 잡아둘 수도 없었기에 용양龍陽이나 자도 子都 같은 남색男色을 은근슬쩍 이야기하며 그의 속마음을 떠보았다. 하지만 주여려는 얼굴빛이 확 달라지도록 화를 내며 이렇게 말했다.

"몹쓸 놈들이나 하는 그런 짓을!"

주인은 주여려의 사람됨이 우직함을 알았기에 비역으로 상대를 즐겁게 하는 데 능숙한 소년을 불렀다. 소년은 주여려가 술에 취한 뒤에 그의 거시기를 자기 항문에 넣었다. 주여려는 희미한 의식 가운데 자기도 모르게 쾌적함에 놀라서 정신이 들었다. 그러자 소년은 더욱 세차게 엉덩이를 흔들고 넓적다리에 힘을 주며 항문 조이기를 멈추지 않았다. 주여려는 이제 기분이 한껏 부풀자 연신 즐거운 비명을 내질렀다. 주여려는 소년에게 가만히 물었다. 그리고 이것이 주인의 배려라는 것을 알자 목소리를 높여 말했다.

"주인어른은 정말 성인이오!"

이렇게 몇 번이나 부르짖더니 그제야 멈추었다.

나중에 이 사건은 소문으로 널리 퍼져나가며 멀고 가까운 이웃에 모르는 이가 없었다. 그 후, 주여려는 남색에 푹 빠지며 늙은이, 젊은이, 추남, 미남 등을 가리지 않고 반드시 온몸으로 끝장을 보려고 했다.

결국, 주여려는 진사로 급제했지만 지나치게 성욕에 탐닉하다가 수척해진 몸을 가누지 못하고 일찍 세상을 떠났다.

(명明, 심덕부沈德符「폐추헌잉어敝帚軒剩語」)

장원부인壯元夫人

필추범畢秋帆과 이계관李桂官의 사랑을 세상 사람들은 부러워하며 칭찬을 아끼지 않았다. 원매袁枚와 조관찰趙觀察은 모두 이계관을 노래한 「이랑곡李郎曲」이라는 작품을 남겼는데, 원매의 작품이 조관찰의 작품보다 훨씬 낫다. 내가 정말 좋아하는 부분을 보자.

과연 황제께서 부르는 소리 하늘에 울리는데,
이 사람이 첫 번째 장원으로 올랐네.
그에게 축하하는 이는 두 손 모아 절을 하고,
붉은 종이엔 이계관李桂冠이 적혀 있네.
현숙하게 내조한 공으로 말한다면,
이계관을 부인으로 봉함이 마땅하오리.

果然臚唱半天中,
人在金鰲第一峰.
賀客盡携郎手揖,
泥箋翻向李家紅.
若從內助論勛伐,
合使夫人讓誥封.

참으로 그 모습이 눈에 선하다. 율양溧陽에 사는 사이직史貽直은 이계관이야말로 '장원부인壯元夫人'이라고 일컬었으니, 참으로 아름다운 사랑 이야기이다.

(청淸, 양진죽梁晉竹 「양반추우암수필兩般秋雨庵隨筆」)

거시기를 베어내려던 선비

어느 선비가 벼슬도 꽤 높이 올랐지만 도무지 여색을 가까이하지 않고 오로지 예쁘게 생긴 사내아이만 총애했다. 이렇게 총애하던 사내아이가 병이 났을 때, 그는 손수 탕약을 만들어 모시느라 옷을 벗을 새도 없을 정도로 정성을 다했다. 그러나 사내아이가 이제는 살아날 방도가 없을 정도가 되자, 그는 앞으로 다시는 남자든 여자든 가까이 하지 않겠다고 맹세했다. 사내아이는 믿지 않았다. 그러자 그는 주머니칼을 풀더니 자기의 거시기를 베어내려고 했다. 하지만 집안사람들이 말려서 성공할 수 없었다.

(청淸, 기효람 紀曉嵐 「열미초당필기閱微草堂筆記」)

내 엉덩이는 황상의 정기를 받았네

서울에서 무역업을 하는 아무개는 궁중의 어느 환관과 가까운 친구로 지냈다. 두 사람은 걸핏하면 서로 농지거리를 주고받곤 했다. 어느 날, 무역업을 하는 아무개가 이 환관에게 말했다.

"내 오늘 자네 엉덩이에 그 짓을 해야겠네."

그러자 환관은 웃으며 이렇게 입을 열었다.

"내 엉덩이는 벌써 황상의 정기를 한 차례 받아들였네. 그러니 자네는 당돌하게 대들 생각일랑 말게."

사람들은 이 일을 우스개로 던지며 널리 퍼뜨렸다.

(청淸, 채형자采蘅子 「충명만록蟲鳴漫錄」)

방준관方俊官

  광대 방준관方俊官은 젊은 시절 미모와 재주로 무대를 압도하며 사대
부들의 사랑과 칭찬을 독차지했다. 하지만 늘그막에는 골동품을 판매하
며 걸핏하면 서울에 들렀다. 어느 날, 그는 거울 앞에서 이렇게 탄식했다.
  "방준관이 지금 이런 꼬락서니가 되었으니 왕년에 무대를 휘어잡으
며 관중들을 매료시켰다면 누가 믿기나 하겠는가?"
  예여강倪余彊이 옛 친구를 그리워하며 쓴 시를 보자.

  강호에 멋대로 노닐다 이제 나룻도 희어지니,
  단목으로 장단 맞추며 노래하던 모습 생각나네.
  장주莊周의 나비는 어느 곳으로 갔는가?
  시든 꽃만 한 가지 쓸쓸하게 남았네.

  落拓江湖鬢有絲,
  紅牙按曲記當時.
  庄生蝴蝶歸何處?
  惆悵殘花剩一枝.

  바로 방준관을 생각하며 쓴 글이다.
  방준관은 선비 집안의 후대로 열서너 살 때 고향 서당에서 공부를
했다고 스스로 밝혔다. 그런데 어느 날 노래 속에 화촉의 인도를 받으며
여자들이 거처하는 규방으로 끌려가는 꿈을 꾸었다. 그는 자신이 꽃으
로 수놓인 비단치마에 예쁜 숄을 걸치고 머리에는 진주가 박힌 핀을 꽂
고 있음을 알았다. 게다가 고개를 숙이고 내려다보니 두 발은 벌써 초승

달처럼 자그마한 전족이었다. 그 모두가 새색시의 모습이었다. 참으로 놀랍고 의아했지만 자기가 어떻게 이런 모양이 되었는지 알 수 없었다. 하지만 많은 이들에게 둘러싸여 있었기에 마음대로 할 수 없었다. 곧이어 잠자리로 인도되어 어떤 남자와 나란히 앉았다. 놀랍고 부끄러운 중에 온몸에 식은땀이 흘렀다. 그러면서 꿈에서 깼다. 그 뒤로 그는 무뢰한의 유혹에 빠져 무대에 올라 미모로 다른 사람을 즐겁게 만드는 광대가 되었으니, 이제 깨닫고 보니 모든 것이 운명으로 정해졌던 것이다.

(청淸, 기효람 紀曉嵐 「열미초당필기閱微草堂筆記」)

계형제契兄弟

복건福建 지방 사람들은 남색男色을 매우 좋아한다. 남자들 사이에서는 상대방의 귀천이나 미추를 가리지 않고 서로 관계를 맺으며 나이가 더 많은 이를 계형契兄, 나이가 더 적은 이를 계제契弟라고 불렀다. 계형이 계제의 집에 가면, 계제의 부모는 사위를 대하듯이 그를 대접했다. 그리고 계제가 나중에 아내를 맞는 데 드는 비용과 생활비까지 계형이 지불했다. 계형제는 서로 금슬이 좋아서 어떤 이는 서른이 넘어서도 부부처럼 같은 잠자리에 들기도 했다. 만약 두 사람의 사랑이 몹시 깊지만 그들의 뜻대로 서로 의지하며 보살필 수 없는 형편에 이르면 둘은 서로 꼭 껴안고 강물에 뛰어들어 목숨을 버리는 이도 더러 있었다.

그러나 이런 경우는 두 사람의 나이나 생김새가 비슷한 경우지만 요즘에는 또 이른바 계부契父와 계자契子도 있다. 장년의 사내가 육욕에 탐닉하여 용모가 빼어난 소년을 금품으로 사들인 뒤 잠자리에서 그 짓을 벌이면서 자신은 계부로 행세하고 소년은 집안에 두고 아들처럼 대했다.

이런 모습은 정말로 이치에 어긋나는 비정상적인 짓이다. 이런 풍습은 해적들이 처음 만들어냈다고 한다. 해적들은 망망대해에서 여자들이 배에 오르는 것을 금기로 여겼다. 만약 이 금기를 깨뜨리면 배는 전복한다고 생각했다. 그러했기에 이들은 바다 한 가운데에서 남총으로 여색을 대신했으며, 이때 남총은 해적 두목을 계부로 불렀다고 한다. 그러나 일찍이 진晉 나라 때 손은孫恩이 사내종의 아내들을 이끌고 바다로 작전을 떠났던 것을 보면 당시에는 이런 금기가 없었던 듯하다. 설마 바다를 관장하는 신의 좋아함과 싫어함도 시대에 따라 변하겠는가?

그런데 계부 이야기는 또 다른 색의 이야기도 있다. 가정嘉靖 연간에 광서廣西 지방 속주涑州의 지주知州였던 조원은趙元恩의 경우, 어린 시절 부친이 세상을 떠났을 때 모친은 아직 혈기 왕성한 한창 나이로 태평太平에 사는 육감생陸監生과 남몰래 정을 통하며 오갔다. 이렇게 세월이 흐르면서 육감생은 조씨네 집에 머물렀고, 조원은은 그를 계부라고 부르며 그를 아버지 모시듯 하였다. 그러나 이 경우의 '계부'와 복건 지방 해적들의 '계부'는 매우 차이가 있다.

남송南宋 때, 왕승달王僧達에게는 같은 집안의 손아랫사람으로 용모가 준수한 왕확王確이란 젊은이가 있었다. 왕승달은 그와 한 차례 깊은 정을 들인 뒤, 그를 자기 곁에 두려고 했다. 하지만 왕확은 왕승달을 고약한 사람으로 여기며 멀리 피하려고 했다. 왕승달은 자기 집 뒤뜰에 큰 구덩이를 파고 왕확을 유인한 뒤 그를 거기에 묻어서 죽이려고까지 했다. 이렇게 남색에 빠지며 인륜을 돌보지도 않고 친족까지도 해치려는 잔인한 모습을 보였으니, 그야말로 복건 사람들의 남색 풍조를 일으킨 창시자가 아니겠는가?

(명明, 심덕부沈德符 「폐추헌잉어敝帚軒剩語」)

자기 몸을 판 소년

왕란주王蘭洲는 일찍이 배를 타고 여행을 하다가 어느 숙박지에서 용모가 수려한 소년을 한 명 샀다. 소년은 이제 겨우 열서너 살이었지만 글자 뜻은 제법 알고 있었다. 소년은 아버지가 세상을 떠나자 가세가 중도에 몰락하여 어머니를 따라 형과 함께 북쪽에 사는 친척에게 의탁하려고 마음먹고 찾아 나섰다. 하지만 친척을 만나지 못하고 어쩔 수 없이 다시 남쪽으로 돌아가기 위하여 배를 기다리고 있었다. 소년이 소지했던 몇 점의 귀중품은 여행 중에 다 팔아버리고 빈털터리가 되었기에 자기 몸을 팔아서라도 고향으로 돌아갈 노자를 마련하고 싶었다.

왕란주는 소년과 몇 마디 말을 나누었다. 소년은 꼭 새색시처럼 수줍어하며 머뭇거렸다. 왕란주는 이상하게 생각했다. 밤이 되어 잠자리에 들 때, 소년은 결국 옷을 다 벗은 알몸으로 침대에 누웠다. 왕란주가 소년을 사들인 것은 그저 심부름꾼으로만 쓸 생각이었을 뿐 다른 뜻은 없었다. 그러나 소년이 이렇게 은근하게 접근하는 모습을 보자 자신도 어쩔 수 없이 귀신에 홀린 것 같았다.

일이 끝나자 소년은 침상에 엎드려 흐느꼈다. 왕란주가 소년에게 물었다.

"자네는 이렇게 하기를 원하지 않았는가?"

소년이 대답했다.

"원하지 않았습니다."

왕란주가 다시 물었다.

"원하지 않았다면 왜 먼저 나를 유혹했는가?"

소년은 이렇게 답했다.

"선친께서 살아계실 때, 어린 사내아이 몇을 사들인 뒤 잠자리에 들

때마다 이들에게 번갈아가며 시중을 들도록 했습니다. 금방 와서 잠자리를 함께하지 않으려는 녀석이 있으면 부친께서는 매를 때리면서 말씀하셨습니다.

'그렇게 할 생각이 없다면 내가 널 사들여 뭣에 쓰겠느냐? 너는 어째 이렇게도 세상 물정을 모른단 말이냐?'

이는 천한 종이 주인을 섬기는 의무이며, 그 의무를 소홀히 하면 매를 맞아야 하는 줄 알았습니다. 그러기에 어르신께 헌신하지 않을 수 없었습니다."

왕란주는 이 말을 듣자 얼른 침상에서 일어나며 말했다.

"정말로 간담이 서늘해지는구나!"

그는 급히 사공에게 돛을 올리고 노를 저어 소년의 어머니와 형이 타고 있는 배를 좇아 밤을 새워도 따라가라고 일렀다. 그는 소년을 그의 어머니와 형에게 돌려주며 은자 오십 냥도 함께 건넸다. 그러나 왕란주는 마음이 여전히 불안하여 민충사憫忠寺로 달려가서 참회의 불공을 드렸다.

(청淸, 기효람紀曉嵐 「열미초당필기閱微草堂筆記」)

남풍이 이것밖에 안 되니……

청나라 초기, 어느 감찰관이 광대를 사랑하여 대여섯 밤을 함께 지낸 뒤 다섯 냥의 은자를 그에게 하사했다. 그러나 광대는 받은 돈이 너무 적다며 불만스러워했다. 이를 알고 누군가가 이렇게 말했다.

"이 일은 왕안석王安石이 그의 시에서 벌써 말한 대로지요."

"어떤 시요?"

"남풍男風이 너무 가벼우니 말하기도 싫소."[48]

(청清, 전영錢泳 「이원총화履園叢話」)

함께 세상을 버린 두 여자

해염海鹽 사람 축祝 아무개는 상해서원上海書院 관리 명령을 받았을 때 애첩을 데리고 부임했다. 그들이 지낼 집 근처에 아직 시집을 가지 않은 소녀가 살고 있었다. 그녀는 사람의 마음을 설레게 할 만큼 빼어나게 고운 자태에다 시도 읊을 줄 알았고 바느질 솜씨도 뛰어났다. 이런 그녀가 축 아무개의 애첩과 단짝친구가 되었다.

훗날 이 소녀는 시집을 갔지만 남편과 감정 대립을 일으키자 독수공방을 원하며 재계하고 불경만 외었다. 그리고 짬만 나면 축 아무개 집으로 달려와서 축 아무개의 애첩과 등불을 밝히고 밤이 깊도록 속삭이며 헤어질 줄 몰랐다. 9월 어느 깊은 밤, 두 사람은 이 큰 집에서 잠자리를 함께한 뒤 손을 잡고 강변으로 나아갔다. 하인들이 밤을 새우며 여기저기 찾아 헤맸지만 두 사람을 찾을 수 없었다. 이튿날 이른 아침, 물 위로 두 사람의 주검이 떠올랐다. 이들은 서로 꼭 부둥켜안고 있었다.

(청清, 제련諸聯 「명재소지明齋小識」)

---

48 惡說南風五兩輕. 실은 왕유王維의 「송양소부폄침주送楊少府貶郴州」에 나오는 시구이다.

시누이와 올케의 사랑

성화成化 초년, 상원현上元縣에 장묘청張妙淸이라는 소녀가 있었다. 이 소녀는 오라비 장이張二와 올케언니 진씨陳氏가 사는 집에 동거했다. 이 들의 침실은 겨우 칸막이 하나를 사이에 두고 있었다. 어느 날 이른 아침, 장이가 진씨와 행위를 끝낸 뒤 문을 나섰다. 이 장면을 몰래 훔쳐보 던 소녀는 충동을 억제하지 못하고 올케언니를 제 방으로 불러 함께 침상에 누워서 성행위의 맛을 캐물었다. 이리하여 두 사람은 옷을 벗고 한 사람은 남자 노릇을 하며 한 차례 남녀 사이의 잠자리를 흉내 내었다. 그 결과 이 소녀는 생각지도 못하게 아이를 몸에 가지게 되었다. 결혼도 하지 않은 소녀가 아이를 가졌다는 좋지 못한 소문이 들끓자 관아에서 는 시누이와 올케언니에게 해서는 안 될 일을 했다는 죄를 물어 장형에 처했다. 뒷날 이 소녀는 사내아이를 낳았다. 하지만 아이를 가졌을 때에 는 아직 온전한 처녀의 몸이었다. 관아에서는 이 아이를 장이가 맡아서 기르도록 했다.

(명明, 축윤명祝允明 「야기野記」)

금란회金蘭會

광주廣州 여자들은 평소에도 '금란회金蘭會'라는 이름으로 의자매를 맺는 일이 많았다. 여자가 시집을 간 뒤 친정에 오면 종종 시댁으로 돌아가지 않았고 심지어는 남편과 잠자리도 함께하지 않았으며, 의자매를 맺은 한 쪽이 시집을 간 뒤에야 각자 남편의 집으로 돌아갔다. 만약 시댁에서 재촉이라도 하면 의자매들은 목숨을 함께 버리기로 약속했다. 이런

중국
풍속화
10

케케묵은 악습을 다른 지방에서는 찾아볼 수 없다.

최근 10여 년 동안 이런 풍속은 변함이 없어서 금슬이 정말 좋은 부부가 된 자매도 있었다. 이들은 함께 살면서 한 쪽이 남편처럼 행세했다. 이런 풍속은 순덕順德 지방에서부터 번우番禺, 사교沙茭 지방으로 점점 확대되었다. 게다가 상황이 더욱 심각해져 성 정부의 소재지까지도 이런 풍속이 번졌다. 어떤 이는 이를 '배상지拜相知'⁴⁹라고 했다. 여자들은 이런 관계를 맺은 뒤에는 다정하고 끈끈하기가 보통 부부보다 훨씬 친밀하여 평생 시집을 가지 않기도 했으니, 풍속도 부패하고 타락하기가 말로 이를 수 없을 지경에 이르렀다.

(민국초기民國初期, 장심태張心泰 ·「월유소지粵游小志」)

---

49 서로 잘 아는 이와 관계를 맺는다는 의미이다.

동물도 동성애를 한다

성적 애정의 도감 주변에는 관심을 끌만한 가치가 있는 특수한 장면이 있으니, 동성애가 바로 그 중 하나이다.

동물생태학자 로렌츠(K. Lorenz)는 동물 생태에 관한 걸출한 연구로 1973년 노벨 의학상을 받았다. 어떤 이가 그에게 동물도 동성애를 하느냐고 묻자 그는 이렇게 대답했다.

"수많은 조류와 어류도 '정상적'으로 동성애를 합니다. 만약 당신이 두 마리의 비둘기를 한 곳에 둔다면, 이들은 반드시 짝을 이룹니다. 그리고 그들은 둥지를 틀고 교배까지 합니다. 단지 이들이 알을 낳지 않았을 때, 당신은 이들이 모두 수컷이라는 걸 알게 됩니다. 거위에게도 이해할 수 없는 현상이 있습니다. 수컷 거위 두 마리는 우정을 키우며 두 마리가 짝을 이루지만 교배는 못합니다. 거위에게 교배는 중요하지 않습니다. 이들의 짝짓기 의식은 두 마리의 수컷 거위가 함께하고 서로 돌보며

십 년이 넘는 긴 세월 속에서 서로에 대한 충성을 약속하는 것이니, 이 것도 동성애입니다. 길거리의 개도 다른 수컷 개를 '올라탈 수 있는' 대체 대상으로 임시 충당할 수 있습니다. 그러니까 동물도 동성애를 하느냐는 당신의 물음에 대한 나의 대답은 '그렇다.'입니다. 게다가 그 방식도 매우 다양합니다."

인류는 암수 구별이 있는 다른 동물처럼 비록 '자연의 뜻'은 그들에 게 후손을 퍼뜨릴 수 있는 이성연애를 하라고 요구해도, 로렌츠는 특수 한 개인이나 환경에서는 동성애도 여전히 '자연적인' 행위이며 그 종류도 다양하다고 설명하고 있다. 일찍이 인간의 성적 행동을 조사한 킨제이(A. Kinsey)는 '완전한 동성애'를 '한 개인의 감정과 성욕이 온전히 동성을 향 할 뿐, 평생 이성에 대해서는 성적 매력을 전혀 느끼지 못하는 자'라고 정의했다. 그리고 '완전한 이성애'부터 '완전한 동성애'까지 일곱 등급으 로 나누며 그 사이에 '양적', '질적'으로 변화가 있다고 했다.

문명의 세례와 제약 속에서, 인류의 동성애는 등급 분화뿐만 아니라 동물과 비교해 더 복잡하고 많은 변화를 가져왔다. 이번 장에서는 중국 에서 동성애의 특수한 모습을 심도 있게 연구하며 다른 민족과 비교하 겠다.

역사 속에 드러난 남성 동성애의 성쇠와 기복

「춘강공자春江公子」부터 「남풍이 이것밖에 안 되니……」 까지의 이야 기는 명·청 왕조에 있었던 남성 동성애의 몇 가지 예를 들고 있다.

중국 사서에는 이른 시기에 나라님이 남성을 사랑한 기록이 보인다. 예컨대, 위衛 나라 영공靈公의 총애를 받으며 그와 함께 서로 이빨자국을 내면서 복숭아를 나누어 먹었다는 미자하彌子瑕 이야기는 『사기史記』에 기록으로 남아 있으며, 위왕魏王을 위해 침석枕席을 털면서도 총애를 잃을까 두려워 눈물을 흘린 용양군龍陽君 이야기는 『전국책戰國策』에 실렸으며, 한나라 애제哀帝가 함께 낮잠을 자던 남총 동현董賢이 놀라 잠을 깰세라 자기 소매를 잘라내며 '단수斷袖'라는 낱말까지 만들어낸 이야기는 『한서漢書』에 기록으로 남아 있다. (용양龍陽, 분도分桃, 단수斷袖 등은 중국에서 남성 동성애의 대명사가 되었다.) 앞에서 예로 든 '군신 사이의 동성애' 이외에 민간에서도 당연히 동성애가 존재했다. 그러나 역사의 긴 흐름으로 볼 때, 이것도 일정한 성쇠와 기복이 있었다. 위진남북조 시대와 북송, 남송, 명·청 시대에는 남성의 동성애가 비교적 '많았고', 이들을 대하는 사회의 태도도 비교적 '개방적'이었으며, 동성애 행위도 '공개적'이었다고 일반적으로 이야기한다. 그런데 과거 중국 사회에서 이런 행위의 진정한 '유행의 정도'는 아는 사람이 없다.

　서양에서도 상황은 유사하다. 그리스 시대, 르네상스 시대, 19세기에 서양 남성들의 동성애가 비교적 '많았고', 이 방면에 대한 보도도 비교적 '많았던' 시기였다는 것이 일반적인 인식이다. 이 상황을 '연구하고 판단한' '지표'로 본다면, 중국과 서방은 서로 일정 부분 유사한 점이 있다. 예컨대, 그리스 시대 남성 동성애의 유행을 나타내는 하나의 지표로 성년이 된 지식인의 '연동戀童'을 뜻하는 '미소년에 대한 사랑'이 있었으며, 명·청 시대의 사대부들도 '미소년'이나 '어린 종'을 총애한 기록이 상당히 많다. 르네상스 시대에는 남성의 육체에 대한 찬미를 '동성애'에 대한 상징으로 여길 정도였고, 위진남북조 시대 남성의 화장도 '동성애'의 성행과 뗄 수 없는 관계로 생각할 수 있다. 위선적이고 가식적인 도덕관이 지배했던 19세기 서방에서 '남창男娼'은 기업妓業의 한 갈래였다. 마찬가지로 중국의 유교 예법이 사람을 억눌렀던 북송과 남송, 명·청 시대에는

'남창男娼', '상공相公'[50] 등 상업적인 색채가 뚜렷한 남성의 동성애도 범람했다.

물론 이 말은 남성의 동성애가 서로 다른 역사적 국면에서는 분명히 다른 특색을 지녔음이 아니라 서로 상이한 형상으로 문화 역사 속에서 성쇠와 기복을 거친다는 것을 말한다. 앞에서 나온 이야기들은 비록 명나라와 청나라 두 왕조에서 일어난 역사의 작은 조각에 불과하지만 '완전한 이성애'부터 '완전한 동성애'까지의 거의 모든 등급 및 중국에서의 모습을 포괄하고 있다. 사실, 중요한 것은 동성애가 어떤 '등급'이고, 동성애자들이 '무엇을 어떻게 하느냐'가 아니라, 세상 사람들이 동성애에 대해 어떤 '생각'을 가지느냐가 더욱 영향력이 있고, 깊이 연구하고, 토론할 가치가 있는 문제이다.

남성 동성애에 대한 중국인의 생각

전반적으로 볼 때, 지난 날 중국인들은 남성 동성애에 대해 비교적 '관대'했으며, 동성애가 '정상적'이라고 생각했다.

「춘강공자春江公子」에서 춘강공자는 동성애를 조금도 마음에 두지 않았으며 심지어는 시로써 자기의 뜻을 명확히 드러냈다. 아버지가 '불효자'라며 나무라도 마음에 두지 않았다. 또 「토자신兎子神」에서 동성애에 빠진 호천보의 희롱을 받은 어사가 호천보를 산 채로 때려죽이게 한 것은

---

50 남편에 대한 아내의 호칭을 가리키지만, 여기에서는 남자 기생(男妓)을 말한다.

사실은 화장실까지 따라와 자기를 훔쳐보았기 때문이었다. 호천보는 저승으로 간 뒤 시골 마을 사람의 꿈에 허둥대는 귀신 모습으로 나타났지만, 그가 말한 저승의 관리는 호천보를 '놀리며' '조롱'은 했을망정 '분노'하지는 않았다. 이런 관점이 동성애에 대한 대중의 생각을 대변할 수도 있다. 호천보는 자기가 '토자신'으로 봉해졌다고 말했으며, 동성애에. 대해 뜻을 같이하는 동네 사람들은 그를 위해 사당을 세운다. 「계형제契兄弟」를 통해 나타난 남성 동성애의 '성행'을 보면 복건 지방에도 이와 유사한 사당이 있었을 가능성이 높다.

춘강공자가 말한 말 사육사 이야기는 『안자춘추晏子春秋』에 있다.

제齊나라 경공景公은 그를 사모하는 어인圉人이 자기를 남몰래 엿본다는 사실을 알자 그를 죽이려고 한다. 이때 안영晏嬰이 이렇게 간언한다.

"다른 이의 욕망을 거역하는 것은 도가 아니며 다른 사람의 사모함을 증오하는 것도 상서로운 일이 아니라고 하였습니다. 비록 그가 임금을 색의 대상으로 여겼지만 법에 따라 죽일 수 있는 일이 아닙니다."

동성애를 동정하는 이들은 늘 이 이야기를 인용한다. 사실 필자는 중국 역대 어느 법에도 동성애 처벌 조문이 없는 걸로 알고 있다.

「장원부인壯元夫人」에서 벼슬이 상서에 이른 필추범畢秋帆이 이랑李郎과 벌인 동성애가 아름다운 이야기로 묘사된 것도 당시 적지 않은 지식인들이 동성애에 대해 상당히 '진보적'인 태도를 가졌음을 보여준다. 또한 「주인어른은 정말 성인聖人이오」에서 동종백董宗伯은 글방 훈장 주여려周汝礪의 적막함을 걱정하며 앞장서서 소년과 훈장이 동성애를 하도록 배려하고 있으니, 이야말로 사소한 일에 얽매이지 않는 활달한 모습이라고 하겠다.

남성의 동성애에 대한 서방 세계의 역사적 관점

옛날 중국인들은 동성애에 대해 비교적 '관대'했다고 말했다. 그런데 이는 주로 서방 세계와 비교했을 때의 모습이다. 과거에 대부분의 서방 세계는 동성애에 대해 '쓸쓸하고 으스스한 기운'으로 충만했다.

고대 히브리 경전에는 이렇게 나온다.

"만약 남자끼리 함께 누워 있다면 남자와 여자가 함께 누워 있는 것과 마찬가지로 두 사람은 가증스러운 죄를 범했기에 반드시 사형에 처해야 한다."

기독교에서도 동성애를 '하느님을 모독한 범죄 행위'로 보았다. 성경에 나오는 죄악의 성 소돔(Sodom) 주민이 범한 가장 무거운 죄는 바로 남성 동성애이다. (Sodom에서 파생된 sodomy는 '항문 성교'를 뜻한다.) 6세기 동로마제국 황제 유스티니아누스는 로마법과 기독교 도덕관을 혼합해서, '이런 죄가 있기에 기근, 지진에 돌림병까지 만난다.'라고 생각했다. 국가와 선량한 백성들에게 닥칠 재해를 피하기 위하여 그는 동성애자들을 하나도 빠짐없이 잡아서 거세에 처하고 조리돌림시키라고 명령했다.

중세 초기에 동성애에 대한 처벌이 조금 '관대'해졌지만 그 대응은 여전히 단호하고 준엄하였다. 당시 참회실 목사 수첩에는 이런 규정이 있었다.

"스무 살 이상 남자의 '상호수음相互手淫'은 20일 또는 40일의 혹형에 처한다. 다시 똑같은 죄를 범하는 자는 격리하고 1년의 혹형에 처한다. '넓적다리에 성교'를 한 자는 초범이면 1백 일의 혹형, 재범이면 1년의 혹형에 처한다. '오럴섹스'를 하는 자는 초범이면 4년의 혹형에 처하고 상습범이면 7년의 혹형에 처한다. '항문 성교'를 하는 자는 7년의 혹형에 처한다."

르네상스에 이르러 서방 세계는 남성의 동성애에 대한 견해가 비록 어느 정도 바뀌긴 했지만 어떤 시기와 일부 지역에서는 자못 매섭게 처벌했다. 예컨대, 프랑스는 '마녀사냥'의 폭행을 방치하고, 오랫동안 '동성애자 사냥'으로 화살을 돌렸다. 또한 영국 법률은 줄곧 동성애자의 죄를 크게 물어 사형에 처했다. 1861년 전에는 사형을 강제로 집행하도록 명문화했다. 심지어 어떤 이는 '의상도착증衣裳倒錯症'인데도 동성애로 체포되어 사형을 당하기도 했다. 1861년 이후, 동성애자는 비록 '죽음은 면했지만' 10년 무기 징역을 받고 감옥에 갇히는 화를 벗어나지 못했다.

이런 상황에서, 중국의 동성애자는 옛날에 그래도 '행복했다'고 해야 할 것 같다.

남성 동성애 행위의 네 가지 형성 원인

앞에서 나온 이야기들을 통해, 지난 날 중국인이 생각한 남성 동성애 행위의 네 가지 주요 형성 원인을 알 수 있다.

첫째는 개인의 천성이다. '사람은 저마다 타고난 성격이 다르고, 나무는 가지와 잎사귀가 제각기 다르네.'라는 춘강공자春江公子의 말은 그가 남자를 좋아하고 여자는 좋아하지 않는 것은 '타고난 천성 때문'임을 드러낸다. 또 「방준관方俊官」에서 방준관은 열서너 살 때 벌써 '여자로 변하여 어느 남자에게 시집가는' 꿈을 꾸었고, 늘그막에 이르러서는 '모든 것이 운명으로 정해졌음'을 깨달았다고 말한다. 이런 꿈에서 어쩌면 방준관에게 이미 '성 정체성 장애'나 '성적 지향 장애'가 있었을 가능성을 뚜렷하게 보여준다. '사전에 운명으로 정해졌다.'는 말은 사실 '선천적인 요인'에 대한 옛 사람들의 다른 표현일 뿐이다. 현대 의학은 적지 않은 동성애자들이 선천적인 요인으로 발생했음을 알려주고 있다.

둘째는 특수한 환경이다. 「계형제契兄弟」에서는 복건 지방의 동성애가 해적에게서 비롯되었다고 한다. 부녀자들이 배에 오를 수 없는 습속 때문에 배 안에 여자가 있을 수 없었고, 해적들은 어쩔 수 없이 남총으로 여색을 대신했다. 또한 「내 엉덩이는 황상의 정기를 받았네」에서 보면 어렸을 때부터 환관과 난잡한 생활을 하며 성장한 황제의 특수한 환경이 동성애를 유발하는 온상 가운데 하나였다. 중국 역사에서 적지 않은 황제가 남색을 즐겼는데, 모두 이런 특수한 환경과 관계가 깊다. 명나라 때 심덕부沈德符의 『폐추헌잉어敝帚軒剩語』에는 「남색지미男色之靡」라는 이야기가 있다. 이 이야기를 보면 한림원의 한림, 집을 떠난 도사나 승려, 외지에서 아이들을 가르치는 훈장, 감옥에 갇힌 죄수, 그리고 변방을 지키는 병사 등이 동성애에 빠지기 쉽다고 특별히 이르고 있다. 심덕부는 이는 '피할 수 없는 이理와 세勢'라고 말했다. 여기서 말하는 '이理'는 '본능本能'을 가리키고 '세勢'는 '환경環境'을 가리킨다. 이는 현대적인 관점에서 보아도 상당히 부합한다. 즉, 오랫동안 동성만 있고 이성이 없는 환경에 처하면, 누군가는 '상황적 동성애자'로 변할 수 있다. 그러기에 이 상황이 끝난 뒤, 다시 이성연애자로 되돌아갈 수도 있지만 동성애 행위를 버리지 않을 수도 있다.

셋째는 더 큰 성적 자극을 위해서이다. 이런 부류는 양성애자가 대다수를 차지한다. 『금병매金瓶梅』에 나오는 서문경西門慶이 바로 전형적인 인물이라 할 수 있다. 그는 처첩이 여섯이나 되지만 마음에 드는 여자가 있으면 어찌해서든 호릴 생각을 품었으며 집안의 시동이나 남자종과도 항문 성교를 벌였다. 그에게 동성애는 성에 대해 아무런 거리낌 없는 모습 가운데 하나일 뿐이었다. 이번 장에 나온 이야기들 가운데 여러 명의 처첩을 거느린 양성애자들도 이런 의심을 받을 만하다. 당연히 '불효는 세 가지가 있는데, 그 가운데 가장 큰 불효는 후사가 없는 것이다.'라는 문화적 배경 아래, 적지 않은 동성애자들은 아내를 두고 아이를 낳는 것이 세속적인 환경에서 어쩔 수 없는 일이라고 강조한다.

마지막으로 성 착취와 성매매의 산물이다. 어떤 사람들의 동성애 행위는 결코 천성이거나 본인이 원했기 때문이 아니라 강한 자의 거칠고 사나운 위세에 굴복했기 때문일 수 있다. 「자기 몸을 판 소년」에서 어린 사내종은 집안 어른을 잠자리에서 모셔야 했다. 만약 순종하지 않으면 즉시 채찍질을 당해야 했다. 또 「남풍이 이것밖에 안 되니……」처럼 동성애로 금전적인 이익을 취하기도 했다. 광대는 감찰어사의 잠자리를 보아주는 대가로 은자 다섯 냥을 '수고비'로 받지만, 너무 적다며 불만스러워한다. 바로 있는 그대로의 성매매이다.

그런데 이 네 가지 요인이 단독인 경우는 드물다. 특히 발생 관계의 '원고와 피고'를 고려할 때, 이들은 언제나 안과 밖으로 양쪽이 서로 얽혀있다는 사실을 발견할 수 있다.

중국과 그리스의 미동美童

「주인어른은 정말 성인이오」, 「거시기를 베어내려던 선비」, 「계형제契兄弟」, 그리고 「자기 몸을 판 소년」 등의 이야기에서 성인 남성에게 색욕의 노리개가 된 이는 모두 이제 겨우 열서너 살밖에 되지 않은 미소년이다. 이는 명나라와 청나라 때 필기소설에서 가장 자주 나타나는 남성 동성애의 형태이다. 이런 '미소년과의 동성애'는 고대 그리스의 동성애 형태를 떠올리게 한다. 기원전 6세기에서 기원전 4세기까지 그리스의 성인 남성도 열두 살에서 열여섯 살 사이의 소년을 좋아했다. 이들 그리스 소년은 성인 남성의 '시동'이나 '남자종'이 아니라 '제자'란 점이 다를 뿐이다.

하지만 중국의 '미소년'이든 그리스의 '미소년'이든 주인과 종, 스승과 제자의 성관계는 하나같이 권력 작용의 범위를 벗어나기 힘들다. 그리스인은 일찍이 이런 관계에 더 고귀한 의미를 부여하려고 했다. '스승'의 역할을 맡은 성인 남성은 '제자들'을 정신적으로 안내하고 인자함과 이해, 그리고 '순수한 사랑'으로 그들의 지혜와 도덕을 발전시키고, 성인 세계로 들어오도록 안내했다. 이런 노력은 분명 일정한 성과를 거두었다. 또한 찬란한 그리스 문명과도 어느 정도 관계가 있다. 그러나 이렇게 지속된 시간은 겨우 2백 년에 불과했다. 르네상스시대에 이탈리아 사람들이 그리스 고전시대의 경험을 회복하고 '소년과의 사랑'을 다시 불붙이려고 했을 때, 옛 그리스의 고귀한 격조는 사라지고 육욕을 만족시키는 계간鷄姦 행위로 변질되고 말았다.

중국의 '미소년'은 지성의 요소가 결핍된 상태로 계속된 듯하다. 「계형제契兄弟」에서 비록 '계형契兄'이니 '계부契父'니 행세를 하며 소년을 동생이나 아들처럼 대하며 주로 그들에게 일상생활에 필요한 것들을 제공했을 뿐, 지성의 교화까지는 없었다고 할 수 있다. 또한 「거시기를 베어내려던 선비」에 나오는, 꽤 높은 벼슬에 올랐던 선비는 총애하는 사내아이를 위해 손수 탕약을 마련했으며, 나중에 자기의 거시기를 베어내려고도 했지만, 이런 행동은 바로 사내아이에 대한 변함없는 애정이 전적으로 '그 짓' 때문이었음을 드러내고 있다. 「자기 몸을 판 소년」을 보면, 소년의 부친이 집안에 사 들인 어린 사내아이를 대하는 행동을 보면 그야말로 아이를 성적인 욕망을 해결하는 도구 혹은 성노예로 취급한다.

이런 관계는 실상 당시 이성애 관계의 판박이일 뿐이다. 동성애에서 피고가 된 미소년은 이성애 속의 여인처럼 원고가 된 남성 권력이 착취하고 행패를 부리는 대상일 뿐이다.

저급 남창과 고급 남창

또한 성매매도 성 착취와 떨어질 수 없는 관계에 있다. 동성애 형태의 성매매는 중국에서도 이미 유구한 역사를 가지고 있다. 중국의 남창도 기녀와 마찬가지로 대개 두 부류로 나눌 수 있다. 그 하나는 전적으로 성적 욕망 배설에 제공되는 저급 남창이다. 북송의 도곡이 「청이록」에서 남자가 '자기의 몸을 매매했다.'라고 한 말이 바로 이것이다. 또 하나는 '색色' 외에도 '예藝'까지 갖추어 '가무와 여색의 즐거움'을 제공할 수 있는 고급 남창이다. 이는 명나라 때 '소창小娼' 및 청나라 때 이원梨園에서 여성 역할을 맡아 연기한 남자 배우가 대표적이다. 앞에서 나온 방준관方俊官, 「장원부인壯元夫人」의 이랑李郞(이계관李桂官)은 모두 배우 출신의 고급 남창이다. 명나라 때 사조제謝肇淛는 「오잡조五雜俎」에서 이렇게 말했다.

"오늘날 서울에서는 소창小娼이 있어서 벼슬아치들의 술자리에 나온다. 무릇 관리와 기녀를 부를 수 없기에 어쩔 수 없이 이들을 쓸 수밖에 없다. 처음에는 절강浙江 지방의 영파寧波 사람이 대부분이었지만 나중에는 산동山東 지방 임청臨淸 사람이 거의 절반을 차지했다. 이리하여 남북 소창의 구분이 있게 되었다."

당시에는 관리가 기생과 함께하는 것을 법으로 금했기에(물론 남몰래 이런 짓을 한 이도 많았다.) 고급 지식인들은 '색色과 예藝'를 두루 갖춘 고급 남창으로 일정 부분 방향을 돌렸던 것이다. 이것이 소창이나 남자 배우가 명·청 시대에 흥했던 중요한 원인 가운데 하나이다.

그러나 고급이든 저급이든 남창은 몸을 파는 기녀와 비슷하다. 여자역을 맡아 연기하는 남자 배우는 그 자신이 매우 '여성스러웠음'은 말할 나위가 없다. 가령 문에 기대어 웃음을 던지며 제 몸을 파는 저급한 남창도 매우 여성화되었다고 할 수 있다. 남송 때 주밀周密의 「계신잡지癸辛雜識」에는 이런 말이 나온다.

"오吳 지방에 이런 남창 습속이 더욱 심하여 신문新門 밖이 바로 이들의 소굴이었다. 이들은 모두 얼굴에 지분을 바르고 잘 차려입은 채 수놓는 일까지 능숙하게 했으며, 마치 여인과 같은 소리로 사람을 부르며 하나같이 함께 잠자리를 같이할 남자를 찾았다."

서방 세계는 르네상스시기와 19세기 후반에 바로 남창이 성행했다. 19세기에 영국 남창은 '길거리를 배회하는 창녀'처럼 거의가 여관이나 상점 밖에서 진열장 안의 장식을 감상하는 체하며 손님들을 기다렸다.

프랑스에는 비교적 고급 남창이 있었다. 1860년대에는 앙드레라는 이름을 가진 남창의 하룻밤 화대가 무려 1천8백 프랑에 달했다. (당시 기능 노동자 한 사람의 하루 품삯은 겨우 2-4프랑이었다.) 또한 일부 프랑스 남창의 여성화 정도는 중국보다 훨씬 심해 지분을 바르고 여성 복장을 하는 데 그치지 않고 산양의 허파를 가공하여 만든 '가짜 유방'을 착용하기도 했다.

어쨌든 옛날 중국의 남창 사업은 서방보다 더 공공연했으며 발달했다. 하지만 중국이나 서방이나 남창은 모두 '여성'과 유사한 용모와 지위로 착취되는 성 상품이었다.

여성 동성애의 특수한 모습

　남성에게 동성애가 있었다면 당연히 여성에게도 동성애가 있었다. 그러나 지난 날 중국에는 여성의 동성애에 대한 기록이 대단히 적다. 이는 어쩌면 여성의 동성애가 남성의 동성애에 비해 적었기 때문일 수도 있다. 그러나 여성 동성애의 경우 남성 동성애보다 더 많은 비밀을 요구했을 가능성이 높고, 이 때문에 사람들에게 알려지지 않았을 수도 있다. 「함께 세상을 버린 두 여자」, 「시누이와 올케의 사랑」, 「금란회金蘭會」 등 세 이야기는 모두 여성의 동성애를 언급했지만 하나같이 상세하지 않다.

　「함께 세상을 버린 두 여자」에 나오는 두 여자는 강물로 뛰어들어 스스로 목숨을 버리면서 '서로 꼭 부둥켜안고 있었으며', 「금란회」에 나오는 함께 사는 두 여자는 '다정하고 끈끈하기가 보통 부부보다 훨씬 친밀하여' 이들 사이가 여성 사이의 예사로운 친분 관계를 뛰어넘어 넘치는 사랑으로 성관계까지 이르렀을 가능성이 매우 높다. 「시누이와 올케의 사랑」에서 시누이와 올케는 전형적인 여성 동성애자라고 하기에는 미흡하지만 여성 동성애자로서의 성행위는 분명히 있었다. 이 이야기를 통해, 이들은 서로 음문을 마찰하며 즐거움에 빠지면서 올케의 그곳에 남아 있던 남편의 정액이 시누이의 그곳으로 흘러들어가 임신하게 만들었을 수도 있다. (현대 의학의 관점에서도 이런 '유정도복遺精度腹'은 가능한 일이다.)

　「금란회金蘭會」에서 광동 지방 여자들이 서로 의자매를 맺고 함께 동거까지 하면서 그 사랑이 부부를 뛰어 넘는 것은, 어떤 면에서 이곳 남성들이 어려서부터 고향을 떠나 바다로 나가 생계를 도모하고, 설령 아내를 맞이하고 자식을 둔 다음에도 걸핏하면 몇 년씩이나 고향으로 돌아오지 않는 생활 방식과 일정한 관계가 있다. 다시 말해 이는 남성이 부족한 환경에서 발전된 '상황에 따른 동성애'의 형태이다. 하지만 다른 시각으로 보면, 이는 여성들의 자주 의식의 색채를 두루 갖추고 있으니, 남성의 도움 없이 자력갱생할 수 있는 여성이 만들어낸 일종의 사랑이며 생활 방식이다. 이것과 오늘날 일부 페미니스트들이 찬미하는 '사상적 여성 동성애'와의 가장 큰 차이는 '학식과 교양이 있는' 지식인의 행동이 결코 아니라 가난한 향촌에서 제 힘으로 살 길을 도모해야 했던 여성들의 동맹관계라는 점이다.

옛날 서방 세계에도 여성의 동성애와 관련된 기록은 많지 않다. 그런데 고대 그리스에서는 여성의 동성애가 비교적 많았던 듯하다. 또한 당시에는 여성의 동성애가 비교적 공개적이었던 시기였다. 시대적 배경으로 볼 때, 이는 당시 그리스 남성들이 남색에 탐닉한데다 곁에 있던 여성들을 푸대접한 것과도 일정한 관계가 있었다고 할 수 있다. 그러나 그리스 여성들의 동성애는 남성들의 동성애와 마찬가지로 지적인 색채가 농후했다. 예컨대, 당시 이름난 여류시인 사포(Sappho)는 나중에 로마의 시인 오비드(Ovid)가 여성 동성애의 '지도 과정'이라 했던 많은 시를 쓰는 외에도 레스보스(Lesbos) 섬에 여성을 위한 학당을 건립하여 '진실로 사랑하는 자매들'에게 심성의 발전을 이끄는 일에 종사했다. 이점은 분명 지난날 중국의 여성 동성애에서는 부족했다.

남녀 동성애의 본질적인 차이

1973년, 미국정신의학회의 위원회는 동성애를 '성도착증性倒錯症' 목록에서 삭제했다. 다시 말하면, 동성애를 반드시 '치료'를 요하는 '정신 질환'으로 더 이상 인정하지 않는다고 했을 때, 학회 회장인 슈피겔(Spiegel)

중국
풍속화
11

은 이렇게 말했다.

"이것은 시류時流의 문제이다. 하지만 시류는 바뀔 수 있다."

오늘날 세상의 많은 곳, 특별히 서방 세계에서는 동성애에 대한 생각에 상당한 정도의 변화가 왔다. 그러나 동성애는 역시 동성애이다. 그 본질은 결코 변하지 않았다. 주로 변한 것은 도덕이요 법률이다. 그리고 세상 사람들과 전문가들의 동성애에 대한 생각만 변했을 뿐이다.

일반적으로 옛날 중국인의 동성애에 대한 시각은 비교적 '관대'했지만 상당히 '세속적'이었다. 한민족漢民族은 서방 사람들과는 달리 동성애를 반드시 처벌해야 할 '죄악'으로 보지 않았다. (북송 말엽과 명나라 때는 남창을 처벌하는 법령이 있었지만, 이는 성매매를 겨냥한 것이었지 서로 사랑하고 좋아하는 동성애는 간섭하지 않았다.) 하지만 그리스인들처럼 동성애에 대해 비교적 고귀하고 지성적인 의미를 부여하지는 않았다. 기본적으로 지난 날 중국인은 동성애는 성을 만족시키는 방법으로 여겼을 뿐 난폭하거나 흉악하지만 않다면 별것 아니라고 생각하며 크게 놀라지도 않았다.

그러나 중국이나 서방이나 남성의 동성애와 여성의 동성애에는 여전히 공통적인 기본 차이가 있다. 남성끼리의 동성애에서는 젊고 고운 성적 대상을 좋아했다는 점, 잡교雜交, 성 착취, 성 매매 등이 자못 농후했지만 여성끼리의 동성애에서는 이런 것들이 적게 나타난다. 이는 고대에도 현대에도 마찬가지이다. 이런 현저한 차이는 권력 작동 외에도 생물학적인 요인이 크게 작용했을 가능성이 높다. 사회생물학자 시먼스(D. Symons)가 말한 것처럼 양성이 타협할 필요가 없는 동성애에서 남녀 사이에 벌어지는 성행위의 본질적인 차이를 더욱 분명하게 느낄 수 있다. 남성 동성애자들이 남성 성행위의 본질을 분명히 보여주었다면, 여성 동성애자들은 여성 성행위의 본질을 보여주었다. 지금까지 성적 애정 도감의 가장자리에서 '중심이 되는 것들'을 보았다.

제11장

승려들의 죄업 ― 헛된 생각에서 벗어나기 힘들게 만드는 미모

"음탕하여 색을 밝히는 승려들의 자취가 있긴 해도 극히 적은 수에 불과하다. 그러나 이런 이야기를 거듭 공개 석상에 올리는 것은 객관적 진실이 아니라 모종의 정신적 진실을 알리는 데 목적이 있다. 모종의 정신적 진실이란 어떤 이의 마음 깊숙한 곳에 불교의 금욕과 이 계율을 수행하는 승려에 대한 생각이다."

*

"몇몇 이야기를 통하여 알 수 있듯이, 적지 않은 이들은 승려의 욕정 차단에 대한 생각에 대해 감히 무작정 맞장구를 치지 않으며 의문에 가득 차 야유까지 한다. 게다가 승려가 한번 거침없이 나아가면, 그 행동은 일반인보다 훨씬 기갈이 들린 듯 제멋대로였으니, 마치 홍수로 산사태가 난 것처럼 터졌다 하면 수습할 길이 없었다."

*

"서방 사람들은 이미 이른 시기에 교회에 종사하는 이들이 오랫동안의 성적 억제 아래 포장된 내면의 욕망이 표출될 수 있다고 보았다. 중국에서는 출가한 이를 단지 두 가지 종류로 분류하는 듯하다. 그 하나는 '인품이 고상하여 티끌만큼도 세상의 물욕에 물들지 않은' 고승과 정결한 비구니요, 다른 하나는 '강렬한 욕망에 사로잡힌' 음탕한 중과 색정적인 비구니이다. 이처럼 흑백이 분명하지만 영혼과 욕망의 충돌과 버팀이 있는 회색지대는 결여되었다."

이야기

호랑이 생각만 하는 사미승

오대산五臺山에 사는 어떤 고승이 제자 하나를 곁에 두었다. 고승의 제자로 들어온 어린 사미는 세 살 때 오대산으로 들어와서 스승과 함께 산 위에서 수행하며 산 아랫마을로 한 번도 내려간 적이 없었다. 십 년도 더 지나서 고승은 제자를 데리고 세상 구경을 하러 산을 내려왔다.

사미는 소, 말, 닭, 개 등 가축을 보아도 무엇인지 알지 못했다. 고승은 일일이 손가락으로 가리키며 말했다.

"이건 소라고 한다. 밭을 갈 수 있지. 이건 말이라고 한다. 탈 수 있지. 그리고 저건 닭과 개라고 한다. 닭은 새벽을 알리고, 개는 집을 지킨단다."

그럴 때마다 사미는 고개를 자꾸 끄덕였다. 얼마 뒤, 예쁘게 생긴 소녀가 이들 곁을 지나갔다. 사미는 깜짝 놀라며 스승인 고승에게 물었다.

"이건 또 무엇입니까?"

스승은 제자가 속된 생각을 할까 염려하며 자못 엄숙한 표정으로 대

제11장 승려들의 죄업- 헛된 생각에서 벗어나기 힘들게 만드는 미모

답했다.

"호랑이라고 한다. 가까이 가면 물려 죽을 수도 있다. 뼈 하나 남기지 않고."

이 말을 들은 사미는 다시 고개를 연달아 끄덕였다.

저녁때가 되어 산으로 돌아온 뒤 스승인 고승은 사미에게 이렇게 물었다.

"오늘 산 아래로 내려갔다가 참 많은 걸 알게 되었다. 그래, 네 마음에 지워지지 않고 생각나는 것은 무엇이냐?"

이 물음에 사미는 이렇게 대답했다.

"다른 건 생각나지 않는데 사람 잡아먹는다는 그 호랑이만 머리에서 떠나지 않습니다!"

(청淸, 원매袁枚「속자불어續子不語」)

북을 가슴에 안은 스님

서호西湖에 있는 어떤 절은 예불을 위해 찾는 이들이 참으로 많았다. 매달 초하루와 보름이면 부처님에게 향불을 올리고 유람까지 하려는 미녀들이 구름처럼 몰려들었다. 절간의 적지 않은 스님들은 마음을 제대로 다스리지 못해 아름다운 여자만 보면 가슴부터 뛰었기에 노스님은 이들에게 이렇게 타일렀다.

"세속을 떠나 불문에 들어온 이가 지켜야 할 오계삼규五戒三規 가운데 색계色戒가 가장 준엄하다. 너희들이 여자만 보면 가슴이 뛰는 것을 보니 아직도 마음을 덜 다스렸음이 분명하니, 이는 속세를 떠난 이가 가져야 할 도리가 아니다. 이제부터 매달 초하루와 보름에 불당에서 좌정할 때, 너희들은 모두 가슴에 작은북을 안고 있어라. 만약 아름다운 여자를 보고 가슴에 품은 작은북이 통통 소리를 울리면 바로 너희들의 가슴이 뛴다는 표시이니 이 회초리를 마흔 대씩 안길 것이다. 나도 너희들처럼 가슴에 작은북을 안고 있을 것이다."

스님들 모두 이 말을 듣고 고개를 끄덕이며 찬성했다.

다음 달 초하룻날, 스님들은 불당에 들어가 작은북을 가슴에 품고 정좌했다. 노스님이 가운데 정좌하고 다른 스님들은 양쪽으로 조용히 자리했다. 얼마 뒤, 예쁘게 화장을 하고 멋지게 치장을 한 여자들이 절로 들어왔다. 이들이 스님들 앞에 왔을 때, 스님들 가슴에 품은 작은북에서 잇달아 통통 북소리가 끊이지 않고 들려왔다. 하지만 오직 노스님의 작은북만 쥐 죽은 듯이 조용하며 어떤 소리도 내지 않았다. 여러 스님들은 찬탄을 금할 수 없었다.

"오직 노스님께서 마음을 깨끗이 하시고 참선도 제대로 하셨구나. 그렇지 않았다면 어떻게 저런 모습을 보일 수 있으실까?"

그런데 여러 스님들이 잇달아 앞으로 나아가 노스님의 가슴을 열고 품에 안은 작은북을 보니 생각지도 못하게 그의 '거시기'는 벌써 힘차게 가죽을 뚫고 들어가서 빠지지 않고 있었다. 여러 스님들은 이 모습을 보자 와그르르 웃으며 각자 갈 길을 찾아 뿔뿔이 흩어졌다.

(명明, 풍몽룡馮夢龍 「일견합합소一見哈哈笑」)

미녀와 스님

소주蘇州의 혜정慧貞 스님이 들려준 이야기이다.

절강浙江 지방에 오직 한마음으로 부처님을 섬기며 용맹 정진하는

제11장 승려들의 죄업 - 헛된 생각에서 벗어나기 힘들게 만드는 미모

스님 한 분이 있었다. 이 스님은 온갖 어려움도 기꺼이 견디겠다고 부처님께 맹세하며 뜻이 이루어지기를 소원했다. 그러던 어느 날 밤, 눈부시게 아름다운 여자가 문밖에서 엿보자 스님은 마음속으로 마귀가 왔다고 생각하며 아예 마음에 담지도 않고 못 본 체했다. 미녀는 온갖 교태와 고혹적인 몸짓을 보였지만 끝내 스님의 잠자리에 갈 수 없었다. 그 뒤에도 미녀는 밤마다 찾아와서 스님을 꼬드겼지만 스님의 마음에 삿된 생각을 솟구치게 할 수 없었다.

미녀는 이제 보잘것없는 재주마저 바닥이 나자 문밖에서 스님에게 이렇게 말했다.

"대사님의 신념이 이처럼 굳건하니 정말로 제 헛된 생각을 접어야겠습니다. 하지만 이렇게 되면 대사님께서는 도리천忉利天까지만 이를 뿐입니다. 저를 가까이하면 수도의 길이 망가질 줄 알고 저를 호랑이 대하듯 합니다. 하지만 설령 대사님께서 비상비비상천非想非非想天에 다가가려고 노력하는 중에, 제가 가까이 가며 부드러운 살갗을 합치더라도 얼음덩어리를 안은 것 같고 아름다운 자태가 눈에 보여도 티끌을 보는 것 같을 뿐입니다. 하지만 역시 여자의 미모에서 벗어날 수 없습니다. 만약 대사님께서 사선천四禪天의 경지까지 이르셨다면, 꽃이 스스로 거울에 비치어도 거울은 꽃을 알지 못하고 달이 스스로 물에 비치어도 물은 달을 알지 못하니, 이래야 비로소 여자의 미모에서 벗어난 것입니다. 달도 달이 아니고 물도 물이 아니니 무색무상無色無相이요 무리불리無離不離입니다. 이렇게 되어야 비로소 편안하고 신통하여 사람으로서는 헤아릴 수 없는 경지에 도달한 것입니다. 대사님께서 이제 저를 가까이하시어 진공불염眞空不染할 수 있다면, 저는 마등가摩登伽처럼 귀의하여 다시는 아난阿難 같은 대사님을 괴롭히지 않을 것입니다!"

스님은 자신이 도를 닦아서 얻은 힘으로 능히 이 마귀를 이길 수 있다고 생각하여 흔쾌하게 승낙했다. 그러자 미녀는 앞으로 다가와서 스님에게 바싹 붙어서 어루만지고 쓰다듬었다. 결국 스님은 욕망을 억제하지 못하고 마침내 계체戒體를 허물고 말았다. 일이 끝난 뒤, 스님은 자기 마음을 지키지 못한 점을 괴로워하며 뒤척이다가 세상을 마쳤다.

(청淸, 기효람紀曉嵐 「열미초당필기閱微草堂筆記」)

못된 짓

술양沈陽 지방에 어떤 사내가 있었다. 그는 대갓집 자손이었다. 그러나 젊은 시절 막돼먹은 짓을 하자 아버지는 그를 매섭게 다잡았다. 그래도 그는 틈만 나면 몰래 밖으로 나가서 나쁜 아이들과 못된 짓을 하며 시간을 보냈다. 그는 아버지가 세상을 떠난 뒤에도 몇 년 동안이나 조금도 거리낌 없이 방랑하며 재산을 탕진했다. 이제 똥구멍이 찢어질 정도로 가난해지자 어쩔 수 없이 절집에 불목하니로 들어왔다. 절집 스님은 젊은 나이에 돈은 많았지만 마음이 간사했다. 스님은 그에게 쉽고 자질구레한 일을 시켰지만 봉급은 괜찮게 주었다. 그랬기에 그는 스님에게 크게 감동했다.

어느 날, 스님은 절 안의 밀실에 술상을 마련하고 그와 함께 즐겁게 마셨다. 둘 다 거나하게 취했을 때, 스님은 그에게 이렇게 물었다.

"자네 부친이 생시에 자네를 그 집 딸과 약혼시켰다던데 왜 아내로 받아들이지 않았는가?"

그는 이렇게 대답했다.

"너무 가난해 장가들 수 없었지요."

스님은 다시 물었다.

"돈이 얼마나 필요한데?"

사내의 대답은 이러했다.

"은자銀子 1백 냥은 있어야 합니다. 하지만 부잣집 귀한 따님이라, 데려온다 해도, 제가 보살필 수가 없어요."

그러자 스님이 방법을 내놓았다.

"내게 방법이 하나 있네. 자네가 아내를 나와 공유할 수 있다면, 자넬 위해 은자 1백 냥을 내놓겠네. 게다가 앞으로의 생활비도 내가 다 감당하겠네."

사내는 매우 기뻐하며 동의했다.

첫날밤, 손님들이 다 떠난 뒤, 그는 얼른 신방을 빠져나와 스님을 신방으로 들여보냈다. 내막을 전혀 모르고 있었던 새색시는 남편인 줄 알고 스님에게 몸을 맡겼다. 그 뒷날, 그가 잠자리에 들려고 했다. 하지만 새색시는 아무래도 이상해 거듭 꼬치꼬치 캐물었다. 그는 어쩔 수 없이 내막을 털어놓았다. 또한 새색시에게 이 사실을 다른 사람에게 말하지 말라고 못 박았다. 새색시는 이 말을 듣고 한 마디 말도 없이 입을 꼭 다물었다. 뒷날, 그가 외출했다가 돌아와 보니 새색시는 벌써 스스로 목을 매어 죽은 뒤였다. 새색시 친정 식구들은 도무지 자살한 까닭을 알 수 없었다. 이유를 몰랐기에 그에게 엄하게 따지며 대들었다.

그는 아내를 장사지낼 돈도 한 푼 없었기에 관을 절간에 잠시 맡겨두어야 했다. 스님은 새색시의 아름다운 모습을 아직도 잊지 못하고 있었기에 밤이 되자 관을 열고 그녀의 시체에 못된 짓을 했다. 공교롭게도 바로 이때, 도둑이 이 장면을 똑똑히 보고 있다가 여러 사람들에게 이 사실을 까발렸다. 사건은 그대로 드러났다. 결국 스님은 사형에 처해졌다. 그리고 그는 훗날 가난 속에 깊은 병이 들어 세상을 떠났다.

(청淸, 양주용羊朱翁 「이우耳郵」)

사악한 중

의술까지 조금 익힌 행각승이 숭택촌崧宅村의 오래된 사찰에 살고 있었다. 절 밖 강가에는 적지 않은 고깃배가 닻을 내리고 머물렀다. 중은 날마다 어느 어부의 아내와 그 짓을 벌였다. 그가 배에서 밤을 보낼 때면 어부는 절간의 자기 침대에서 잠을 잤다. 그 뒤, 중은 세상을 떠돌며 고깃배와 함께 사방으로 돌아다녔다. 3월에 누현婁縣 소곤산小昆山 일대로 와서 어부는 갑자기 세상을 떠났다. 중은 발인에서 매장에 이르는 갖가지 제물을 빈틈없이 준비하며 장례를 치렀다.

이는 옛 사람이 책 속에 글로 남긴 묘염泖鹽이라는 스님을 떠올리게 한다. 그는 욕망을 절제하지 못하고 제멋대로였으며 산해진미로 배 채우기에 급급했을 뿐만 아니라 가난한 집안의 부녀자와 번갈아가며 잠자리를 함께하다가 결국은 마제진馬提鎭에게 죽임을 당했다. 이 밖에도 초과사超果寺의 중들은 강도질이나 간음 등 온갖 악행을 저질렀다. 훗날, 백성들이 절간을 허물다가 가짜 붙박이장을 발견하자 부수고 보니 안쪽엔 별천지가 펼쳐지는데 반짝반짝 빛나는 금은보화가 산더미처럼 쌓여 있었다. 뭇사람들은 이 보물을 한 점도 없이 다 약탈했다. 이로써 절집에서 부처님의 선행을 따르는 이가 도대체 얼마나 되는지 짐작할 만하다.

(청淸, 제련諸聯「명재소지明齋小識」)

강물에 뛰어든 중

장쑤성과 저장성 일대에는 약탈혼 풍습이 있었다. 남녀 모두 혼인 약속이 되었지만, 여자 쪽에서 갑자기 마음을 바꾸려 하거나 일부러 미적거리며 혼사를 미루면, 남자 쪽에서 깊은 밤을 이용하여 사람을 보내 새색시를 강탈하는데, 이를 일러 약탈혼이라고 한다.

포동浦東의 어느 가난한 집안에 사는 아가씨는 벌써 아무개에게 시집가기로 약속이 되어 있었다. 그런데 여전히 오라비와 함께 살았다. 올케는 시누이의 약혼자가 돈을 요구한다는 핑계를 대며 혼삿날에 대해서는 입을 다물었다. 아가씨는 그런 올케가 참으로 밉살스러웠다. 이리하여 남몰래 약혼자와 일을 꾸몄다. 언제 어느 때 사람을 보내 자기를 약탈해 달라고 요청했던 것이다. 하지만 약혼자의 집안에 갑자기 무슨 일이 생겨서 약속한 시간에 일을 이룰 수 없었다. 뒤이어, 아가씨의 오라비도 일을 보러 먼 곳으로 떠났다. 그러던 어느 날 밤이었다. 올케는 갑자기 아가씨에게 자리를 바꾸어 잠을 잘 것을 요구했다. 아가씨는 차마 거역할 수 없어서 그렇게 하기로 했다. 원래 아가씨 침실은 비교적 바깥에 가까웠다. 올케는 어떤 중과 벌써부터 남몰래 정을 주고받았던 터라, 남편이 바깥나들이를 떠난 틈에 중과 만나기로 약속했던 것이다. 그러니 바깥에 가까운 아가씨 침실이 훨씬 더 좋았던 것이다.

중은 들어오자 바로 옷을 벗어던지고 침상으로 올라갔다. 하지만 올케는 먼저 욕실로 들어가 몸을 씻으며, 밤을 새우며 정욕을 불태울 준비를 하고 있었다. 그런데 뜻밖에도 바로 이때, 아가씨를 약탈할 시댁 사람들이 문을 부수고 들이닥치더니 미리 약속된 아가씨 침실로 뛰어들었다. 침상에 누워 오로지 그 생각만 하고 있던 중은 그만 어쩔 줄 모르고 솜이불로 자기 몸을 꽁꽁 돌려 감았다.

약탈자들은 이불에 싸인 사람이 바로 아가씨라고 여기며 이불채로 둘러메고 얼른 밖으로 나왔다. 이때, 아가씨의 약혼자는 이미 강변에 배를 댄 채 이들을 기다리고 있었다. 여러 사람이 솜이불을 배 위로 올려놓자 아가씨의 약혼자는 미리 마련한 맛있는 술을 꺼내어 놀란 약혼녀의 마음을 진정시키려고 했다. 하지만 놀랍게도 이불을 들치자 모습을 드러낸 것은 발가벗은 까까머리 중이었다. 모두 까닭모를 사태에 깜짝 놀라 어쩔 줄 모르는데, 중은 펄떡 일어나더니 강물로 뛰어들었다. 그대로 물에 빠져 목숨을 버린 것이다.

(청淸, 동랑석董閬石「순향췌필純鄕贅筆」)

쾌락을 좇은 중

한두 해 전, 본부本埠(상해上海)에는 동양 찻집이 서너너덧 집뿐이었다. 비록 기생들은 적지 않았지만 용모는 별로 좋지 못했다. 그러나 가격이 쌌기 때문에 별별 사람들이 다 찾아와서 한가하게 마음을 달래려고 이곳저곳 기웃거리기도 했다. 지금은 이런 찻집이 즐비하여 일백여 곳이나 된다.

얼마 전, 어떤 행각승이 보선가寶善街에 있는 일승일日升日 기생집에 들러 떡 세 조각을 내놓으며 일본 기생과 인연을 맺으려고 했다. 이 기생도 제 몸을 사리지 않고 기꺼이 동의하며 침대에 올라 기다렸다. 일본 기생을 고용하고 있던 주인은 이런 일은 법을 어기는 행위라며 한사코 말렸다. 하지만 중은 벌써 실오라기 하나 남기지 않고 벗은 몸에 불처럼 달아오른 욕정을 발산하지 못하자 불같은 분노가 활활 타오르며 좀처럼 포기하지 않았다. 이런 수작을 벌이는 모습이 차마 눈뜨고 못 볼 지경이었다. 결국 포졸이 거듭 타이르고 권해도 말을 듣지 않자 어쩔 수 없이 그를 양 옆에서 껴서 잡아갈 수밖에 없었다.

(청淸,「점석재화보點石齋畵報」)

음탕한 비구니

오강吳江의 여리진黎里鎭에는 비구니들이 머무는 암자가 적지 않았다. 호색한들은 마치 청루靑樓를 기웃거리듯이 이곳 암자로 놀러오곤 했다. 어떤 농부 아낙네가 청련암淸蓮庵에 사는 비구니를 알고 있었다. 그녀는 비구니들의 생활을 부러워하며 걸핏하면 암자로 와서 기거하곤 했다. 그러면 비구니는 젊은이에게 그녀와 사통하도록 유혹했다. 그런데 농부 아낙네의 남편이 갑자기 배를 타고 와서는 아내를 데리고 돌아가곤 했다. 이 때문에 은근히 넌더리가 난 비구니는 농부 아낙네와 함께 그를 죽이려고 음모를 꾸몄다. 농부 아낙네는 처음에는 동의했지만 얼마 지나지 않아서 후회하게 되었다.

어느 날 저물녘에 농부가 아내를 데려가려고 배를 타고 왔다. 비구니와 그녀의 남자는 어디 간다고 속이며 농부에게 그들과 함께 갈 수 있게 해 달라고 요청했다. 그리고 농부 아낙네도 함께 배에 올랐다. 배가 한참을 가자 날은 벌써 어두워지고 안개마저 자욱하여 아무리 둘러보아도 인적이라곤 없었다. 이때, 비구니와 그녀의 남자가 온 힘을 다하여 농부를 물 가운데로 밀어 넣었다. 농부 아낙네는 이 모습을 보자 깜짝 놀라며 남편을 향해 손을 뻗쳐 잡아당기려고 했지만 비구니가 제지했다. 농부 아낙네는 엉엉 소리를 내어 울었다. 그러자 비구니는 이렇게 말했다.

"다른 사람이 알면 자넨 사형일세. 하지만 나는 아무 관계가 없어. 국법에 승려는 죽이지 못하거든."

농부 아낙네는 그녀의 말을 믿을 수밖에 없었다. 그저 울음을 꾹 참고 비구니를 따라 암자로 돌아와야 했다.

며칠이 지나자 농부의 동생이 형을 찾아 암자로 왔다. 비구니와 농부의 아낙네는 농부가 이곳에 온 적이 없다고 잘라 말했다. 동생은 형을 찾아 사방을 헤맸지만 형의 행방을 아는 이를 만날 수 없었다. 세밑에 농부 아낙네가 집으로 돌아와 세상을 떠난 남편을 위해 제사상을 차리고 이렇게 혼자 기도를 올렸다.

"당신은 눈을 감았어도 다 아실 테니, 저를 원망하지 마셔요."

그런데 농부의 동생이 남몰래 엿보고 있다가 문을 박차고 들어와서 어떻게 된 영문인지 꼬치꼬치 캐물었다. 농부 아낙네는 자기 죄를 결코 인정하지 않았다. 그러자 농부의 동생은 형수와 비구니를 관아에 넘겼다. 관아의 엄격한 심문에 농부 아낙네는 마침내 사실을 털어놓았다.

(청淸, 유월兪樾 「우대선관필기右臺仙館筆記」)

실종된 점원

백하한白下阜의 서문대가西門大街에는 찻집이 한 곳 있었다. 이 찻집에서 500미터 남짓 떨어진 곳에 비구니가 사는 암자가 있었다. 이 암자에 사는 스무 살 안팎의 비구니 하나가 날마다 이 찻집으로 찾아와서 떡을 사며 점원 아무개와 눈짓으로 사랑의 마음을 주고받았지만 점원은 어찌해볼 기회를 만들 수 없었다.

어느 날, 점원은 주인에게 부모님께 인사를 드리러 가야 한다며 휴가를 냈다. 하지만 떠난 지 보름이 지나도 돌아오지 않았다. 그런데 점원의 고향집에서도 하마 오래 되었는데도 아들이 한 번도 오지 않자 찻집으로 찾아와서 행방을 물었다. 찻집 주인과 점원의 가족은 서로 상대방을 향해 사람을 내놓으라며 힐난했지만 계속 말이 맞지 않자 그만 치고받으며 대판 싸움을 벌이다가 하마터면 관아로 달려가 고소라도 할 태세였다.

이때, 찻집에서 일하는 다른 점원 하나가 그가 집으로 돌아간 뒤 바로 스무 살 안팎의 비구니도 떡을 사러 오지 않았다는 사실이 갑자기 머리에 떠올랐다. 이런 우연의 일치가 그의 마음에 의문을 일으켰다. 이리하여 그는 동료 몇 사람과 함께 비구니가 살고 있는 암자로 갔지만 점원의 행적을 찾을 수 없었다. 하루를 거르고 다시 암자로 가서 찾았지만 엊그제와 같았다. 그들은 사방으로 찾아다니며 수소문했지만 어떤 단서도 잡지 못했다.

점원이 자취를 감춘 지도 벌써 두 달이 지났다. 다른 점원은 아무리 생각해도 비구니가 정말로 의심할 만하다고 생각했다. 이리하여 그는 암자로 가서 물샐틈없는 수색을 벌였다. 하지만 역시 아무것도 찾지 못했다. 그런데 여러 사람들이 암자를 떠나려고 할 때, 홀연 불상 받침 속에서 신음소리가 들리지 않는가! 문득 수상쩍은 생각이 든 사람들은 불상 받침을 열었다. 거기에는 바짝 야위어 사람 모습이 아닌 점원이 누워 있었다.

사람들은 그를 부축하여 찻집으로 데려와서 자초지종을 하나하나 캐물었다. 점원은 그제야 그 동안의 일을 털어놓았다. 그날 고향집으로 돌아갈 때, 그는 비구니가 살고 있는 암자를 지나게 되었다. 바로 그때, 스무 살 안팎의 비구니가 차 한 잔을 대접하겠다며 그를 불러들였다. 두 사람은 진즉부터 서로 사랑하는 마음이 있었던 터라, 아무리 살펴보아도 사람 하나 없는 이런 좋은 기회를 놓칠세라 비구니와 암자 안에서 이리저리 뒹굴며 욕정을 불태웠다. 하지만 전혀 상상하지도 못할 일이 벌어졌다. 암자에 있던 일고여덟 명의 비구니들이 소문을 듣고 달려와 모두 한 번씩 맛을 보겠다며 달려들었던 것이다. 이리하여 그는 늙은이, 젊은이 가릴 것 없이 이들과 그 짓을 하며 날을 지새웠다. 이렇게 한 바퀴 돌고나면 또 다시 시작하며 오랜 시간이 지나자, 그의 거시기는 더 이상 감당하지 못하고 맥이 빠지면서 일으켜 세울 수도 없게 되었다. 이 모습을 본 비구니는 끓는 물에 담갔던 수건으로 거시기를 쌌다가 잠시 뒤 발기되면 또 다시 그 짓을 벌였다. 이렇게 한 달 남짓 지나며 밤낮으로 쉴 새 없이 그 짓을 하자 몸도 마음도 망가져 큰 병이라도 걸린 것처럼 되었다는 내용이었다.

점원은 집으로 돌아온 뒤, 반년이나 몸을 요양했다. 그 결과 몸은 예전처럼 회복되었다. 하지만 점원은 이때부터 평생 여색을 가까이하지 않았다. 이제 그 암자의 비구니들이 벌인 더러운 일이 소문으로 동네에 퍼지자 마을 사람들은 이들을 절 밖으로 쫓아냈다. 그리고 청정한 비구니에게 암자를 맡겼다. 마침내 암자는 평화를 되찾았다.

(청清, 채형자采蘅子 「충명만록 蟲鳴漫錄」)

해홍사海弘寺와 익수암盒壽庵

동치同治 계유癸酉 연간에 소주蘇州 해홍사海弘寺의 중과 익수암盒壽庵의 비구니가 간통을 했다고 사람들이 고발했다. 관아에서는 고벽미高碧湄를 보내 조사하게 했다. 조사 결과, 고발한 내용이 사실임이 밝혀지자 중에게는 곤장 백 대를 안기고 원적지로 압송했으며, 비구니에게는 환속하라고 명령했다. 그리고 해홍사와 익수암은 압류해 국가 재산으로 처리했다. 또 해홍사는 관량통판서管糧通判署, 익수암은 청량공국淸糧公局으로 만들었다. 수백 년의 역사를 가진 사찰이 이렇게 음탕하고 더러운 중과 비구니의 손에 훼손되었으니 참으로 개탄할 일이다. 이런 더러운 일에 관련된 이가 적지 않다지만 고벽미는 더 이상 따지기를 원치 않았다고 한다. 아! 나라에서는 벌써부터 법으로 부녀자들이 절로 들어가서 분향하

제11장 승려들의 죄업 - 헛된 생각에서 벗어나기 힘들게 만드는 미모

는 일을 금지했지만 어찌하여 세상 사람들은 아직도 이 법령을 어기며
음탕한 행위와 더러운 일들을 퍼뜨리는지, 참으로 그 속셈을 알 수 없다.

(청淸, 진기원陳其元「용한재필기庸閑齋筆記」)

중국 문화 속의 사랑과 성

이야기 뒤의 이야기

영혼의 진실을 반영하기 위하여

중국인의 성적 애정 도감에서 '스님'이라는 항목을 넣는 일은 어느 정도 '불륜不倫'과 관계가 있다. 잘 알다시피, 출가한 스님과 비구니는 사대개공四大皆空이라 하여 성행위를 할 수 없을 뿐만 아니라 성적 애정조차 가지면 안 된다. 하지만 명·청 시대 필기소설 속에는 음탕한 중과 색을 밝히는 비구니 이야기가 적지 않다. 따라서 어쩔 수 없이 더 관심을 가지고 이 점을 연구하고 토론할 수밖에 없다.

필기소설 외에도 당시 유행하던 공안소설公案小說, 장회소설章回小說, 그리고 소화笑話에도 색을 밝히는 중과 아리따운 비구니의 이야기가 적지 않다. 예컨대 「수상용도공안繡像龍圖公案」에는 색욕 때문에 일어난 살인 사건 마흔여섯 건이 나오는데, 그 중 아홉 건이 중과 비구니가 범한 사건이다. 상당히 높은 비율이라고 할 수 있다. 또 「박안경기拍案驚奇」의 26번째 이야기나 34번째 이야기에 나오는 집을 떠난 중이나 비구니가 된

자들은 모두 성적 욕망이 넘친다. 가장 눈에 거슬리는 것은 중이나 비구니가 에로 소설의 주인공이 되었다는 점이다. 「등초화상燈草和尚」 같은 소설 이외에 명나라 때 당인唐寅이 특별히 편찬한 「승니얼해僧尼孽海」에는 26편이나 되는 중과 비구니의 색정 이야기가 수록되어 있다. 이 책의 서문을 보면 이런 말이 있다.

중이 행복하다 말하지 마소,
중은 정말 횡포한 인간이오.
검은 옷에 삭발하고 막된 짓,
모양은 그럴 듯하게 치장했네.
머리는 맨송맨송 아랫도리는 홀라당,
아랫도리가 머리쪽을 이겼네.
번들번들 맨송맨송,
바로 중 머리 두 개.
두 눈은 반들반들 쥐새끼,
두 주먹은 피 빠는 거머리.
머리 내밀고 틈새 엿보며 예쁜 아가씨 찾으니,
부처님 본 모습 드러나는구나.
정토淨土가 애욕의 땅이 되니,
가사袈裟가 무지갯빛 치마와 함께하네.
허튼소리 괴로운 모습 견디기 힘든데,
염라대왕 심판도 두려워하지 않는구나.

漫說僧家快樂,
僧家眞个强梁.

披緇削髮下光光,

粧出恁般模樣.

上禿牽連下禿,

下光賽過上光.

禿光光禿禿光光,

才是兩頭和尙.

兩眼偸油老鼠,

雙拳叮血螞蟥.

鑽頭覓縫喚嬌孃,

露出佛牙本相.

淨土變成欲海,

袈裟伴着霓裳,

狂言地獄難當,

不怕閻王算賬.

　　육근六根이 청정함은 물론 진리를 깨달아 모든 탐욕과 집착을 끊고
깨끗한 삶을 살기에 사람들에게 존경을 받는 중과 비구니를 말할 수 없
을 만큼 음란하고 상스러운 인물로 묘사하고 있다.

　　이야말로 정말 곰곰이 새겨볼 만한 현상이다. 대다수의 중과 비구니
는 설령 성적인 욕망을 완전히 단절할 수 없었지만 계율을 지키며 경솔
하게 색계色戒를 범하지 않으려 했다는 것을 믿을 만한 이유가 있다. 음
탕한 중과 색을 밝히는 비구니가 있다고 해도 극히 소수일 뿐이다. 그러
나 이런 일들이 거듭 공개적으로 밝혀지며 작품으로 완성된 글들이 반
영하려는 것은 거의 '객관적 진실'이 아니라 모종의 '영혼의 진실'이다.
'영혼의 진실'이란 어떤 사람의 마음속 깊은 곳에서 불가의 금욕과 이

계율을 받들어 지키려는 승려에 대한 생각을 말한다. 그리고 이것이 이 책에서 논의할 핵심이다. 그리고 앞에서 나온 이야기들은 바로 그 논의를 위한 소재이다.

금욕에 대한 감히 동의할 수 없는 의혹, 그리고 야유

이 이야기를 통하여 알 수 있듯이, 많은 이들은 중과 비구니의 성적 욕망을 단절하려는 생각에 감히 동의하지 못하고 의혹이 넘쳐 야유까지 보내고 있다.

「쾌락을 좇은 중」 뒤에는 「점석재화보點石齋畵報」의 작가가 붙인 비평의 말이 있다.

"가만히 생각해 보면 스님도 사람이니 욕망이 없을 수 없다. 또 태어날 때부터 타고난 자연적인 기의 활동은 사람이 마땅히 가져야 할 바탕이며 하늘의 뜻이기도 하다. 불경을 외는 자는 부처님께서는 생명을 지극히 사랑하시어 벌레 한 마리, 개미 한 마리라도 맞갖은 곳에 살게 하고 서로 해치지 말라고 이른다. 남녀 사이의 성행위는 존재하는 생명이 생동감 있게 번성하는 데 있을 따름이다. 그러니 이를 금하고 저지하며 막아서 말라 죽은 나뭇가지처럼 되게 하니 어찌 된 일인가? 참으로 그 뜻이 통하지 않는구나! 하나의 음과 양이 만나 도道가 되거늘, 부처님께서도 음양 중에 어찌 오지 않겠는가? 하물며 스님이라면 더욱 그렇지 않은가?"

중국인이 성생활에서 신경을 쓰며 소중히 여기는 것은 '음양의 조화'이다. 따라서 스님과 비구니의 금욕에 대한 생각은 중국인이 자연을 스승으로 삼는 생명철학에 어긋나기에 많은 이들은 무작정 동의하기 어렵다.

「호랑이 생각만 하는 사미승」에서 노스님은 어린 사미가 세상에 태어나서 처음으로 본 여자의 아름다움 때문에 속세에 대한 미련이 동할세라 걱정이다. 그래서 '사람을 잡아먹을 수 있는 호랑이'라고 이른다. 하지만 어린 사미는 절간으로 돌아온 뒤에도 마음속으로 오로지 그 '사람을 잡아먹을 수 있는 호랑이'만 생각한다. 우화와 비슷한 이 이야기는 사람이 이성을 보고 마음이 흔들리는 것은 본능의 자연적인 반응이기에, 이런 본능을 억제하는 것은 자연에 어긋날 뿐만 아니라 헛된 힘만 쏟는 일이며, 게다가 이런 본능을 억제하기 위하여 여자를 '모독'하여 '사람을 잡아먹을 수 있는 호랑이'라고 하는 것도 도덕과 어긋난다는 점을 주장하고 있다.

「북을 가슴에 안은 스님」에서 노스님은 여자만 보면 가슴이 뛰는 제자들을 보자 도를 닦는 이로 체통이 서지 않는다며 '확고한 의지'를 시험하기로 한다. 그 결과 노스님의 제자들은 하나같이 가슴에 품은 작은북에서 통통 소리가 울렸다. 하지만 노스님의 가슴에 품은 작은북에서는 '감히 누구도 어쩔 수 없는 도력道力'이 작은북의 가죽까지도 구멍을 내고 말았다. 이런 소화笑話와 비슷한 이야기는 스님의 '확고한 의지'가 부족함을 경멸하면서 마음이 내키지 않는데 억지로 성적 욕망을 억제하면 결국 여러 사람들 앞에서 추태를 보일 가능성이 있음을 드러내고 있다.

「미녀와 스님」에서는 많은 승려들의 '색공色空'은 사실 눈 가리고 아웅하기의 '도피逃避' 책략일 뿐이지 진정한 '진공불염眞空不染'의 상태가 아님을 한 걸음 더 나아가 암시한다. 자신의 도력道力이 마귀를 충분히 이길 수 있다고 믿었던 스님은 미녀의 '도전'을 받아들였지만, 결과는 잠깐 동안의 어루만짐에도 버티지 못하고 계체戒體를 허물고 만다. 보통사람보다 충격에 약해 실질적인 시련을 넘지 못했던 것이다.

승려의 음행에 대한 태도와 견해

결국 '흔들리는 마음' 때문에 '참을 수 없는' 상황에서 몇몇 승려는 계율을 어기며 갖가지 부적절한 일을 저지른다. 여기에는 절집에 부녀자나 소년을 숨겨놓고 그들과 벌이는 음탕한 짓거리도 포함된다. 「사악한 중」이나 「실종된 점원」이 그러하다. 또 자기 본분을 뛰어넘어 절 밖의 양갓집 부녀자와 간통을 하는 것도 그렇다. 「강물에 뛰어든 중」의 경우가 이에 속한다. 게다가 가난한 집 부녀자를 돈으로 사들인 뒤 서로 돌아가며 시중을 들게 하는 것도 그렇다. 「사악한 중」이 그렇다. 「쾌락을 좇은 중」은 청루를 드나들며 계집질을 한다. 「음탕한 비구니」는 암자를 이런 못된 짓을 벌이는 곳으로 삼아 방탕한 여자를 막돼먹은 사내와 간통하도록 만들기도 한다. 「해홍사와 익수암」은 중과 비구니가 함께 놀아나는 모습을 보인다. 아홉 번째 꼭지에서 보인 〈못된 스님〉처럼 비밀 통로를 이용하여 불당으로 잠입한 뒤 짐짓 엄숙한 모습을 지으며 아들을 바라는 부녀자의 몸에 씨를 뿌리기도 한다.

이런 '부처님을 욕보이는 음행'에 대해 일반인들은 두 가지 견해를 보이고 있다. 그 하나는 「점석재화보點石齋畵報」에서 말한 것처럼 '스님도 사람이니 욕망이 없을 수 없다. ······ 하물며 스님이라면 더욱 그렇지 않은가?' 따라서 불교 계율의 엄격함만 나무랄 수 있다는 것이다. 더구나 불교는 지금까지 자비를 마음에 품고 방편을 문으로 삼아 의식을 해결하지 못하는 이들을 받아들였고, 이들이 불교에 몸을 의탁한 것도 바로 생활을 위한 것이었기에 불교의 심오한 교리 따위는 근본적으로 이해할 수조차 없었다. 이 때문에 음행을 범한 승려에게 특별히 절절한 미움이 아니라 벌을 주어도 '속인俗人'에 준하여 처리했으며, 그 외에 '세속으로 돌려보내는 항목'이 하나 더 추가되었을 뿐이다. 「해홍사와 익수암」의 경우가 바로 이러한 태도이다.

또 하나는 사대개공四大皆空을 자부하는 승려가 남몰래 그 짓을 자행하고도 부끄러움을 모른다면 엄하게 처벌해야 한다는 주장이다. 「사악한 중」에서 마제진이 부녀자에게 번갈아 잠자리를 함께 할 것을 요구한 중을 죽인 것은 바로 이런 태도이다. 명나라 때 심덕부沈德符는 「만력야획편萬歷野獲編」에서 명의 태조가 음행을 저지른 중이나 비구니를 '모두 물에 집어던질 것이니라. 미리 심문하여 선고를 할 필요도 없으며, 또 칼로 사형을 집행할 필요도 없느니라.'라고 한 것이나 주공교周孔敎가 강남 지방의 가짜 비구니가 음행을 벌이자 '비구니를 몽땅 다 잡아들이되 곤장도 치지 말고 멀리 쫓아내지도 말아라. 하지만 저울로 그 몸을 달아 돼지고기 값으로 홀아비에게 넘겨라.'라고 한 것은 '그야말로 통쾌하고 멋진 해결책'이라고 말했으니, 바로 이러한 태도의 반영이다. 둘 중 어떤 태도가 더 좋은 것이라고 말하기는 정말 힘들다.

그러나 사람들의 견해 일치가 있기는 하다. 바로 필사적으로 대드는 승려들의 행동이 보통사람보다 훨씬 '기갈 들린 듯' '난폭'하다는 것이다. 「실종된 점원」에서 암자로 유인된 점원에 대한 비구니들의 행동은 '노소를 불문하고 빠짐없이 그와 그 짓을 벌였을 뿐만 아니라 그가 더 이상 견디지 못하고 맥이 빠진 거시기를 세울 수조차 없을 지경인데도 비구니들은 비방을 써서 다시 발기시킨 뒤 밤낮을 가리지 않고 계속 그 짓을 벌인 것이 바로 그렇다. 또 「박안경기拍案驚奇」의 26번째 이야기에는 태평선사太平禪寺의 노스님 대각大覺이 제자 지각知覺을 밤마다 끌어안고 함께 잠자리를 같이하며 지내다가, 어느 날 내리는 비를 피해 시골 아낙 두씨杜氏가 찾아들자 스승과 제자가 기름에 불붙듯 연이어 두씨와 그 짓을 벌이는 모습은 멈출 줄 모르고 뼈다귀를 핥는 개와 다름이 없다. 이들은 작가가 쓴 문학 작품이지만, 오랫동안 금욕 생활을 하던 중이나 비구니

가 일단 욕망의 불꽃에 점화되면 산사태가 일어난 듯 수습할 길이 없다
는 보통 사람들의 생각을 반영했다고 볼 수 있다.

『데카메론』의 난봉꾼 신부와 아리따운 수녀

서방 교회의 성직자, 곧 천주교의 신부와 수녀, 그리고 옛날 기독교
의 목사도 금욕 생활을 해야 했다. 그러나 서방의 민간에서도 이들의 욕
정 차단에 대한 생각에 대해 감히 무작정 맞장구를 치지는 않았으며 의
문을 제기해 야유까지 한 기록이 적지 않다. 그 가운데 보카치오(G. Boc-
caccio)의 『데카메론』이 대표적이다. 돌림병이라는 큰 재앙을 피해 달아
난 일곱 여자와 세 남자가 열흘 동안 이야기한 백 가지 이야기 가운데
교회 사람들의 음행과 추악한 행적이 적지 않다. 그 예를 들어 보자.
 - 하느님을 섬기려는 순진하고 예쁜 소녀가 사막에서 수행하는 수사
를 찾아가서 세상의 번뇌에서 벗어날 수 있는 길을 가르쳐 달라고 부탁
한다. 수사는 밤이 되자 욕정의 유혹을 이기지 못하고 소녀에게 자기도
'마귀'가 붙어서 제멋대로 소란을 피우고 있으며, 소녀의 몸에도 '지옥'이
있다고 솔직하게 인정한다. 그는 소녀에게 마귀는 바로 하느님의 적이기
에 '마귀'를 '지옥'으로 보내야 영혼이 비로소 구제될 수 있다고 꼬드긴
다. 이리하여 수사는 침상에서 '마귀를 지옥으로 보내기를 잇달아 여섯
차례나 하고서야 마귀의 교만한 모습은 겨우 안정을 되찾는다.'
 - 한 신부가 어린 신자의 어머니를 사랑했다. 신부는 어린 신자를 방
문한다는 명목으로 걸핏하면 집으로 찾아가서 그녀에게 사모의 마음을
드러내며 이렇게 말하고는 했다.
 "수단을 벗으면 보통사람과 다를 바 없지요."

이리하여 두 사람은 일을 치르게 되었다. 어느 날, 두 사람이 침대에서 엎치락뒤치락 신나게 그 짓을 하고 있는데, 여자의 남편이 갑자기 돌아왔다. 여자는 거짓말을 지어낼 수밖에 없었다.

"신부님과 저는 방안에서 우리 배에 생긴 수많은 회충 새끼에게 기도를 올리고 있었지요."

– 한 남자가 벙어리로 가장하고 수녀원에 들어가서 정원사 노릇을 했다. 수녀들은 그가 나이가 젊은데다 몸도 건강하고 비밀도 샐 리 없다는 생각에 한 사람씩 그와 잠자리를 같이 하기 위해 서로 다투었다. 마지막에는 수녀원장이 그의 거시기를 훔쳐보곤 '끓어오르는 욕망의 불길'을 어쩌지 못하고 '그를 자기 방으로 데리고 들어가서 며칠 동안 내놓지 않았다.' 결국 남자는 더 이상 견디지 못하고 이렇게 사정할 수밖에 없었다.

"저 혼자 아홉 여자를 만족시켜야 한다니, 도저히 버틸 수 없어요."

– 수녀가 어떤 남자와 남몰래 정을 통했다. 그러자 다른 수녀가 수녀원장에게 달려가 몰래 보고하며 간통 현장을 덮치라고 했다. 이때, 수녀원장은 어느 신부와 침상에서 이리저리 뒹굴며 한창 절정을 향하던 차라 총망중에 그만 신부의 팬티를 자기의 미사포로 잘못 알고 머리에 썼다. 남몰래 정을 통한 수녀를 체포해 끌고 오자 수녀원장은 그녀를 매섭게 질책하기 시작했다. 그런데 수녀원장이 놀랍게도 머리에 신부의 팬티를 쓰고 있는 게 아닌가. 여러 사람 앞에서 그만 망신을 당한 수녀원장은 얼른 상냥한 말투로 바꾸더니 이렇게 말했다.

"욕정의 공격에 맞설 수 있는 이는 아무도 없다. 그러니 즐기려면 비밀을 꼭 지키도록 해라."

이런 음행과 추악한 행적, 이들에 대한 작가의 풍자는 중국이라고 다를 바 없다.

제11장 승려들의 죄업 – 헛된 생각에서 벗어나기 힘들게 만드는 미모

장기적인 억제로 전화轉化된 성본능

서양인들은 성직자나 수녀들의 허위를 폭로하고 야유하는 외에도 몇몇 성직자나 수녀들의 오랜 기간에 걸쳐 생긴 억제로 풀 수 없는 본능이 또 다른 발설 통로를 찾을 수밖에 없다는 데 주의를 기울인다. 몇 가지 예를 보면 바로 그렇다.

초기 기독교 신자 성 제롬(St. Jerome)이나 성 아우구스티누스(St. Augustine) 등은 원래 완전한 성생활을 하고 있었지만 기독교를 깊이 믿으며 귀의한 뒤에야 비로소 금욕 생활을 하며 이런 '죄악'과의 결별을 맹세한다. 정신이 맑게 깨어 있을 때에는 그들도 '고인 물처럼 고요한 마음'을 가질 수 있었다. 그러나 성 제롬은 걸핏하면 열병처럼 밀려드는 섬망譫妄에 빠지며 눈앞에 춤추며 나타나는 섹시한 소녀의 환영에 시달리곤 했으며, 성 아우구스티누스도 걸핏하면 에로틱한 꿈을 꾸고는 했다. ('결백'을 증명하기 위하여 그는 '우리는 자기의 꿈에 대해 책임질 필요가 없다.'는 결론에 도달했다.)

정신분석의 관점에서 보면, 이런 환영이나 꿈은 사실 그들의 '잠재의식에 깔린 욕망'의 현현顯現이다. 성인도 진정한 '단념'에 이르지 못하고 억제하거나 억압할 뿐이다. 긴장이 풀렸을 때, 잠재된 의식 속의 욕망이 즉시 출렁이며 분출할 수 있다는 것이다. 가장 유명한 것은 성녀 테레사(St. Theresa)의 꿈이다.

"그 천사는 손에 금빛으로 번쩍이는 긴 창을 들고 있었습니다. 그 날카로운 창끝은 불빛으로 타오르는 것 같았습니다. 천사는 긴 창으로 내 가슴을 향해 몇 차례 찌르다가 마침내 내 심장을 꿰뚫었습니다. 천사가 창을 빼냈을 때, 나는 창자까지 모두 드러낸다고 생각했습니다. 천사는 나를 하느님의 사랑 안에 완전히 불태웠습니다. 참으로 고통스러웠습니다. 몇 차례나 신음할 정도였으니까요. 하지만 그 고통은 말할 수 없이 달콤했습니다. 그 순간을 정말로 놓치기 싫었으니까요."

성녀 테레사는 그녀의 꿈이 신성하고 순결하다고 이야기하며 이것이야말로 하느님의 은총이라고 생각했지만, 정신분석의 입장에서 이 꿈은 전형적으로 포장된 에로틱한 꿈으로 '금빛으로 번쩍이는 긴 창'은 바로 남근의 상징이며, '내 심장을 향해 몇 차례 찌른 것'은 바로 성교의 상징이다. 본능은 사라지지 않고 다만 포장될 뿐이다.

16세기에 쾰른 지방의 한 여자 수도원에서 스캔들이 발생했다.

수도원 부근에 사는 몇몇 젊은이가 한밤에 수도원에 잠입하여 이미 알고 있던 수녀와 남몰래 정을 통했다. 사건의 내막을 알게 된 수도원 측에서는 수녀를 엄격하게 감독하며 관리했다. 얼마 뒤, 수도원 안에 있던 한 소녀가 '애인이 밤마다 그녀를 찾는 환각'에 시달리기 시작했다. 그리고 근육이 실룩거리는 증상이 나타났다. 게다가 그녀를 '보호'하는 수녀들도 '유행병'을 앓는 듯 같은 증상을 보였다. 이런 괴상한 질환을 조사하던 독일 의사 바이어(Weier)는 수녀들이 발작할 때 두 눈을 꼭 감고 침대에 똑바로 누워서 아랫배를 들어 올리며 끊임없이 실룩거리다가 발작이 끝난 뒤에는 두 눈을 뜨는데, 얼굴에는 부끄러움에 고통스러운 표정이 나타난다는 것을 발견했다. 바이어는 이 병이 '성적 억제' 때문이라고 정확하게 지적했다.

오늘날 정신의학의 관점에서 보면, 이런 '유행병'은 '히스테리 신경증의 집단 변환(Collective transformation of hysterical neurosis)'이다. 마음에 쌓인 성적 충동을 쏟아낼 수 없기에 성행위 동작과 유사한 실룩거림 증상으로 바뀌어 나타났다는 것이다. 이런 현상 및 이들에 대한 예민한 관찰은 뒤에 나타난 역동심리학파나 특히 정신분석의 발전과 깊은 관계가 있다. 게다가 이들은 인류의 심층 심리 이해에 큰 도움을 주고 있다.

하지만 유감스러운 것은 명·청 시대 필기소설이나 관련 자료에서는 유사한 기록을 보지 못했다는 것이다. 중국에서는 출가한 이를 두 종류만으로 분류하는 듯하다. 그 하나는 '인품이 고상하여 티끌만큼도 세상의 물욕에 물들지 아니한' 고승과 정결한 비구니요, 또 하나는 '강렬한 욕망에 사로잡힌' 음탕한 중과 색정적인 비구니이다. 이처럼 흑백이 분명하지만, 영혼과 욕망의 충돌과 버팀이 있는 회색지대는 결여되어 있다.

금욕의 근원과 반성

욕정을 완전히 단절하기란 실로 인성을 어기는 일이지만 수많은 종교에서는 오히려 이런 시도를 수없이 했다. 종교에서의 성에 대한 금욕의 근원이 도덕의 고양에 있는 것이 아닐 가능성이 높다. 왜냐하면 '욕정 없음'과 '드높은 도덕성' 사이에는 어떤 필연적 관계도 찾을 수 없기 때문이다. 이보다 오히려 먼 옛날의 제천 의식에서 근원을 찾을 수 있다. 옛날에 종교가 생기기 이전에도 인류에게는 벌써 갖가지 제천 의식이 있었다. 그리고 이들 여러 민족이 제천 의식 때 가장 널리 했던 두 가지 일은 바로 금식(혹은 절식節食, 재식齋食)과 금욕이었다. 그 목적은 물론 자신을 '정화淨化'함으로써 '정성스러움'을 하늘에 보이는 데 있었다. 이런 의식은 인류가 벌써 초기부터 식욕이나 성욕 등으로 사람을 '오탁汚濁'시키기에 특별한 경우에는 이들을 철저히 금해야 한다고 생각했음을 드러내고 있다. 종교에서의 재식齋食과 금욕은 이 의식의 연장과 강화라고 할 수 있다.

참으로 티 없이 깨끗하고 한없이 정성스럽다는 것을 보여주기 위해 더 오랜 절식과 금욕이 필요했고, 더 나아가 이것이 평생에 걸친 소식素

食과 완전한 금욕으로 발전했을 것이다. 그러나 이것도 벌써 최초의 소망과 달라지고 말았으니, 제천 의식이 끝난 뒤에는 그대로 진탕 먹고 마시며 마음껏 즐겼기에 정화淨化는 단지 일회성일 뿐이었다. 오랫동안 소식을 하며 비린내 나는 음식을 멀리하는 것은 어쩌면 비교적 쉬운 일일지 모른다. (이것도 부분적인 금식이라고 할 수 있다.) 그러나 욕정을 완전히 단절하는 일을(이런 꿈까지도 꾸지 않는) 할 수 있는 이는 소수에 불과하다. 많은 승려들도 사실은 상당히 가혹한 시련에 직면했다. 어떤 이는 이런 시련을 견디지 못하고 결국은 제천 의식을 '마무리하고', 제멋대로 마음껏 즐겼으니, 이는 그리 놀랄 만한 일도 아니었다.

그러나 중국인은 불교 승려의 음행에 대해 특별히 눈길을 주고 있는 듯하다. 사실상 중국 본토 종교인 도교의 도사에게도 특별히 금욕을 요구한다. 하지만 필기소설에서 도사의 섹스에 대한 폭로나 풍자는 불교 승려에 비해 훨씬 적다. 여기에는 참으로 미묘한 문화적 요인이 있는 듯하다. 역사를 통해 불교를 배척하고 절을 태워버리며 승려를 환속시킨 몇 차례 사건을 통해 알 수 있듯이 불교에 대한 반감은 항상 존재해 왔다. 특별히 유교 신자로 말하면, 불교는 항상 그들의 사상이나 문화에서 주도적 지위를 위협했다. 또 유교에서는 성에 대해 언제나 중용의 도를 주장했기에 불교 승려들의 금욕에 대한 주장은 사람의 마음을 얻을 수 없었을 뿐만 아니라 그들의 행동은 꼬투리를 쉽게 잡힐 수밖에 없었기에 글의 소재가 되기에 적합했다.

제 12 장
변색된 성 - 변태 성욕의 풍경

"개인의 성충동의 강도나 기술면에서, 남성이 여성보다 훨씬 쉽게 수간獸姦을 진행한다. 그러나 중국과 서방에서 여성이 수간을 한 이야기는 남성보다 훨씬 많으니, 이런 과장된 묘사와 흥미진진함은 어쩌면 동서양 남성들의 공통된 모순 심리를 반영하는지도 모른다."

*

"수간으로 나타난 탄생신화를 보면, 남성은 암컷 짐승과 교배하여 인간을 생산하지만, 여성은 수컷 짐승과 교배하여 짐승을 생산한다. 이는 남성 정액의 우월함을 강조하는 것이다. 수캐와 수컷 원숭이도 이에 따라 영광을 얻었다."

*

"중국의 필기소설과 에로소설에서는 사디즘이나 마조히즘 관련 묘사를 보기 힘들다. 하지만 18세기부터 20세기 초까지 서방에서는 이와 관련된 기록이나 소설은 굉장히 많다. 이런 차이는 특수한 문화와 역사적 요인 때문이다."

이야기

짐승을 짝으로 삼은 서생

서생 노勞 아무개는 동물과의 그 짓을 좋아했다. 그는 동물 중에도 닭이 가장 멋지다고 말했다. 그리고 개가 가장 거칠다고 덧붙였다. 예전에 그는 암캐와 그 짓을 한 적이 있었다. 하지만 암캐의 그곳이 자초灸草처럼 몹시 뜨거웠기에 자기의 거시기를 데어 몇 달 동안이나 앓아누워야 했다. 인삼을 넣은 보약을 몇 재나 먹고서야 비로소 건강을 회복할 정도였다. 그러고 나서 암캐를 집안에서 쫓아내고 암탉을 총애하기 시작했다. 그리고 다른 짐승도 암컷이라면 가리지 않고 집안에서 기르며 애인으로 삼아 잠자리를 함께했다. 어느 날, 암코끼리를 보고 그는 그만 한 번 하고 싶은 생각이 강하게 일어났다. 그러나 암코끼리가 너무 거대해 한참이나 망설이며 주저하다가 어쩔 수 없이 물러나고 말았다. 이 때문에 암코끼리는 정절을 지킬 수 있었다.

(청淸, 악균樂鈞 「이식록耳食錄」)

돼지 사랑

우루무치에는 기루가 많다. 깊은 골목에도 자그마한 건물이지만 쾌락을 좇는 곳이 많다. 이곳은 해질 무렵부터 날이 밝아올 무렵까지 등불이 환하다. 쾌락을 좇는 이들은 하고 싶은 대로 다 하였지만, 관아에서는 결코 막는 일이 없었으며, 또 막을 수도 없었다.

영하寧夏에 사는 포목상 하何 아무개는 젊은 나이에 준수한 용모를 갖추었고 매우 부유했지만 결코 인색하지 않았다. 하지만 그는 쾌락을 좇는 곳에 결코 발을 디디려고 하지 않았다. 그는 자기 집에 살이 제법 찐 십여 마리의 암퇘지를 기르며 깨끗하게 목욕을 시키고 날마다 대문을 잠근 채 돼지들과 그 짓을 벌였다. 암퇘지도 마치 수퇘지와 하는 것처럼 이 양반을 어루만지며 바싹 달라붙어 안겼다.

하 아무개라는 하인은 자기 상전이 암퇘지와 그 짓을 하는 꼴을 날마다 가만히 엿보곤 했지만 정작 이 양반은 하인이 자기를 엿보는 줄 몰랐다. 어느 날, 하 아무개의 친구가 자못 술기운이 오르자 농담을 던지듯이 하 아무개를 힐책했다. 하 아무개는 너무나 부끄러운 나머지 우물에 뛰어들어 스스로 제 목숨을 버렸다.

적화청迪化廳의 동지同知 목금태木金泰는 이렇게 말했다.

"내가 이 사건을 직접 심문하지 않았더라면 설령 사마광司馬光이 내게 알렸다 해도 믿지 않았을 것이오."

우루무치烏魯木齊에서 지은 잡시 한 편을 보자.

세상이 놀랄 일이 있었는지 없었는지,
이제는 색을 밝히기 등도자登徒子를 능가했네.
하 아무개 사랑에 기꺼이 죽었으니,

이제야 유 아무개 돼지사랑 믿을 수 있네.

石破天驚事有無.
從來好色勝登徒.
何郞甘爲風情死,
才信劉郞愛媚猪.

바로 이 사건을 읊은 것이다.

(청淸, 기효람紀曉嵐 「열미초당필기閱微草堂筆記」)

여인의 갖가지 수간

「문해피사文海披沙」에 이런 기록이 있다.

반호盤瓠의 아내는 개와 섹스를 했다. 한나라 때 광천왕廣川王은 궁녀에게 알몸으로 양羊과 교합하도록 명령했다. 한영제漢靈帝는 수캐와 여인이 서원西園에서 그 짓을 하도록 부추겼다. 진녕眞寧의 어느 부인은 양과 교합했다. 패현沛縣의 어느 부인은 방아를 찧다가 맷돌질하던 당나귀와 섹스를 했다. 두수杜修의 아내 설씨薛氏는 개와 성교를 했다. 송나라 문제文帝 때 오흥吳興의 맹혜도孟慧度 집안 여종도 개와 그 짓을 벌였다. 이주利州의 어느 부인은 호랑이와 교합했다. 의황宜黃 지방의 원袁씨 성을 가진 어떤 여자는 뱀과 그 짓을 했다. 임해현臨海縣의 어떤 과부는 물고기와 교합했다. 장안사리章安史悝의 딸은 거위와 성교를 했다.

한편 돌궐족의 조상은 이리와 교합했다. 위라국衛羅國의 공주 배영裵瑛은 봉황과 성교를 했다. 섬서陝西 지방에 사는 어느 여자 도붓장수는 말과 그 짓을 했다. 송나라 때 어느 왕씨王氏의 아내는 원숭이와 그 짓을 했다.

「이담耳談」에는 이런 기록도 있다.

임안臨安에 사는 어느 아낙은 개와 통간을 했다. 서울에 사는 어느 아낙도 개와 그 짓을 했다. 형초荊楚에 사는 어느 아낙은 여우와 교합을 했다.

이런 기록들을 보면 이 넓고 넓은 세상에는 별의별 일이 다 있음을 알 수 있다.

(청淸, 저인획褚人獲 「견호속집堅瓠續集」)

올케와 당나귀

임치臨淄 사람 이약허李若虛는 장가든 지 벌써 여러 해가 지났지만 아직도 외지로 돌아다니며 장사를 했다. 이 양반의 하나뿐인 여동생은 이제 바야흐로 열여덟 살, 바느질과 집안일로 바쁜 중에도 틈만 나면 올케언니와 다정하게 이야기를 나누곤 하였다. 젊고 아름다운 올케언니는 그때마다 잠자리에서 있었던 일을 이야깃거리로 삼아 입으로 말을 하면서도 손짓까지 더해가며 그 모습을 그려냈다.

시누이는 웃으며 이렇게 말했다.

"언니는 걸핏하면 일 년 내내 독수공방, 설마 그 외로움을 견디기 힘든 건 아니겠지요?"

올케언니는 이렇게 대답했다.

"수많은 물건이 모두 남편노릇을 할 수 있지. 아기씨는 하나만 알고 있을 뿐이지만!"

시누이는 올케언니가 좋아하는 남자가 따로 있는 줄 의심하며 꼬지 꼬지 캐물었다. 그러자 올케언니는 정원에 있는 당나귀를 손으로 가리키며 말했다.

"바로 저 놈이지."

이 말을 듣자 시누이는 얼굴이 발갛게 되며 얼른 고개를 숙이고 말했다.

"짐승이 어떻게 남편노릇을 한단 말이어요?"

올케언니는 웃으며 말했다.

"아기씨는 그 참맛을 아직 모를 거야! 하지만 나는 저 놈이 아기씨 오라비보다 훨씬 낫다는 걸 알지."

시누이는 부끄럽고 창피하여 피식 웃으며 자기 방으로 가버렸다.

이튿날 아침, 아침밥을 다 차려놓고 시누이를 부르러 방으로 갔지만 사람은 없고 침대 위에 펼쳐진 이불만 보일 뿐이었다. 올케언니는 이곳저곳 두루 찾았지만 시누이의 행방을 알 수 없었다. 마지막으로 외양간을 들여다보니 올케언니는 벌거벗은 채로 바닥에 누워 있는 시누이를 발견했다. 파열된 아랫도리가 온통 피로 범벅이 된 시누이는 벌써 숨이 넘어간 뒤였다. 깜짝 놀란 올케언니가 소리 높여 울자 집안사람들이 달려왔다. 그들은 이 모습을 보자 놀라지 않을 수 없었다.

그들은 관아에 이 사건을 신고했다. 관아의 관리는 시신을 하나하나 다 검사한 뒤 올케언니를 관아로 구인했다. 그리고 잘못을 꾸짖으며 따졌다.

"시신을 검사한 결과 아랫도리가 째진 것은 매우 거칠고 사나운 놈을 감당할 수 없어서 그리 된 것이오. 만약 그대 시누이에게 사랑하는 사내가 있었다면 어떻게 따스하게 어루만지지 않고 이 지경까지 사람을 망가뜨릴 수 있었겠소? 그대 남편이 외지로 나간 지 오래 되었으니, 그대는 외로움을 이기지 못하고 다른 사내를 끌어들였고, 이 사내는 말 타면

경마 잡히고 싶다고, 그대 시누이까지 덮친 게 분명하오."

올케언니는 그런 일은 결코 없었다면서 온 힘을 다하여 항변했다. 관아의 관리는 형구로 형벌을 가했다. 견디지 못한 올케언니는 그제야 어제 안방에서 시누이와 웃으며 나눈 이야기를 털어놓았다. 관아의 관리는 다 듣고 나서 말했다.

"그대가 당나귀와 그 짓을 한 지 벌써 오래 되었다면, 어찌하여 이제껏 아무런 문제가 없었소?"

올케언니는 한참을 머뭇거리더니 입을 열었다.

"저는 당나귀와 교합할 때, 면으로 그 놈의 거시기 뿌리를 두껍게 쌌기에 상처를 입을 리 없었습니다. 시누이는 아마 이런 방법을 알지 못했던 것 같습니다. 그러니까 당나귀의 거시기가 뿌리까지 다 들어갔으니 이렇게 변을 당한 듯합니다."

관아의 관리는 웃으며 말했다.

"그 놈의 당나귀가 바로 간부姦夫다!"

이리하여 관아의 관리는 이렇게 명령했다.

"이 여자를 뒷짐결박한 뒤 목을 잘랐다는 표시를 하여 당나귀에 태워라. 그리고 온 장안에 조리돌림을 하여라. 그런 뒤 장터에서 당나귀의 목을 베어라."

(청淸, 주상청朱翔淸「매우집埋憂集」)

곰 부인

강희康熙 연간, 자금성紫禁城 내성의 삼등시위三等侍衛 오伍 아무개는 어느 날 황제를 따라 사냥을 나갔다. 그런데 사냥개를 뒤쫓다가 부주의로 그만 깊은 계곡으로 떨어지고 말았다. 이제는 틀림없이 죽었구나 생각하며 깊은 계곡에 누워 사흘을 굶으며 지낸 바로 그날, 곰 한 마리가 깊은 계곡을 지나다가 그를 보고 앞발로 안아 올렸다. 그는 곰이 자기를 먹을거리로 삼았다고 생각하며 두려움에 휩싸였다.

곰은 그를 산 속 동굴로 안아 옮긴 뒤 바깥쪽으로 나가더니 과일을 따다 그에게 주며 먹게 했다. 때로는 죽은 양이나 죽은 돼지까지 짊어지고 왔지만 그는 날것을 먹을 수 없었기에 그저 이맛살만 찡그렸다. 그러자 곰은 다시 바깥쪽으로 나가서 나뭇잎을 따다가 불을 지펴서 익혀 주었다. 그제야 그는 이것들을 먹을 수 있었다.

시간이 지나자 이제 그는 더 이상 곰이 무섭지 않았다. 그가 소변을 볼 때면, 곰은 두 눈에 웃음을 띠고 그의 거시기를 바라보곤 했다. 그는 이제야 이 곰이 암컷이라는 것도 알게 되었다. 그리고 이 곰과 교합도 했다. 마치 부부처럼. 곰 부인은 훗날 아들 셋을 낳았다. 이들은 하나같이 용맹스러웠으며 힘도 대단했다.

그는 이제 산을 벗어나 집으로 돌아가고 싶었지만 암곰은 동의하지 않았다. 그 뒤, 세 아들이 인간 세상으로 나가고 싶다고 간청하자 암곰은 고개를 끄덕였다. 그들이 낳은 맏아들의 이름은 낙포諾布였다. 그는 남령시위藍翎侍衛라는 벼슬을 받은 뒤에 수레를 끌고 부모를 영접하려고 집으로 돌아갔다.

집안사람들은 이 암곰을 '곰 부인'이라고 불렀다. 누군가 뵙기를 청하자 곰 부인은 말은 할 수 없었지만 앞발을 맞잡고 답례를 했다. 오씨네 집에서는 곰 부인을 십여 년 동안 받들어 모셨다. 그러다가 오 아무개보다 먼저 세상을 떠났다. 춘태春台 선생께서 일찍이 직접 곰 부인을 보고 나에게 이런 이야기를 일러주었던 것이다.

(청淸, 원매袁枚「자불어子不語」)

강아지를 낳은 부인

　관동關東에 한 부인이 있었다. 그녀는 천성이 음탕했다. 그녀의 남편은 변새를 지키는 병졸로 몇 년이 지나도 집으로 돌아오지 않았다. 부인은 집안에 개를 한 마리 키웠다. 이 개는 영리하여 사람의 마음을 잘 알았다. 그녀는 개를 품에 안고 쓰다듬고 어루만지다가 마침내는 교합을 했다. 개의 거시기는 사람의 거시기와 별반 차이가 없었다. 아니 사람보다 더욱 힘차고 거침이 없었다. 밤낮을 가리지 않고 즐길 수 있었기에 부인은 개를 무척 아끼고 사랑했다.

　얼마 뒤, 부인은 임신을 했다. 그리고 한 달 뒤 강아지 세 마리를 낳았다. 동네 사람들은 이야말로 이상하기 짝이 없는 일이라고 생각하여 관아에 알렸다. 관아에서는 이 부인을 소환하여 자세히 캐물었고, 결국 이런 사실을 알 수 있었다.

(청淸, 동랑석董閬石「순향췌필純鄕贅筆」)

엿본 죄

　감생監生 윤옥潤玉은 이제 막 스무 살이 되었는데, 매력적이고 수려한 자태에 인물마저 훌륭했다. 더욱이 문학적인 재능도 뛰어났기에 동창들은 모두 언젠가는 그가 한림翰林이 될 것이라고 기대했다. 또 윤옥 자신도 자기는 남과 달리 비범하기에 과거 급제는 식은 죽 먹기라고 생각하고 있었다.

　윤옥이 거처하는 곳 바로 옆집은 상서尙書 아무개 어른의 저택이었다. 이 어른에게는 딸이 하나 있었는데, 고관대작의 아들과 약혼은 벌써

했지만 아직은 시집을 가지 않은 상태였다. 잘 생긴데다 총명하기까지 한 이 딸은 그 명성이 한때 세상에 자자했다. 윤옥은 우연히 마차를 타고 가는 그녀를 길가에서 한 번 본 적이 있었다. 푸른 비단옷을 걸친 그녀의 애교 가득한 보조개는 봄 안개인 듯, 가을의 해당화인 듯 그의 마음을 흔들었다. 집으로 돌아온 뒤에도 윤옥의 머릿속은 온통 그녀의 아름다운 모습으로 가득하여 사모의 정을 떨칠 수 없었다.

어느 날, 윤옥은 뒤뜰에서 산보를 하고 있었다. 이때, 갑자기 여자의 기침소리가 담을 사이에 두고 들려왔다. 그는 얼른 버드나무 그늘에 사다리를 버텨놓고 담 위에 올라 가만히 훔쳐보았다. 이제 보니, 담 바로 아래쪽은 공교롭게도 상서 어르신네 화장실이었다. 그리고 바로 지금 상서 어르신의 따님이 화장실에서 일을 보는 중이었다. 새하얗게 드러난 엉덩이만 보이는데, 윤옥은 그만 정신이 아찔하여 어쩔 줄 모를 지경이었다. 그러나 그는 더 보고 싶은 마음뿐이었다. 그리하여 그는 사람들이 모두 깊은 잠에 빠졌을 한밤에 어둠 속에서 담 밑 으슥한 곳을 골라 기왓장을 반쯤만 묻었다. 이제 화장실 안의 동정을 하나도 빠짐없이 볼 수 있게 만든 것이다. 그 뒤, 그는 온종일 꽃그늘 으슥한 이곳에서 가만히 훔쳐보기 시작했다. 이제 상서 어르신의 따님의 온갖 은밀한 곳을 하나도 남김없이 훔쳐보았다.

이렇게 반년이 지난 어느 날, 상서 어르신의 따님은 시집을 갔다. 윤옥은 그녀의 모습을 다시는 훔쳐볼 수 없었다. 그의 머릿속에는 그녀의 은밀한 곳에 자리한 빨간 점 하나만이 오락가락했다. 이리하여 그는 그녀를 그리워하는 시를 한 수 지어 읊었다. 바로 이 시를 그의 친구가 발견했다. 친구는 이 시를 불 속에 태워버렸다. 그리고 정색을 하며 윤옥을 나무랐다. 이런 부덕한 행동을 한 번만 더 하면 다른 사람에게 알리겠다며 으름장까지 놓았다. 윤옥은 친구가 고지식하기 짝이 없다며 웃어넘

459
제12장 변태된 성 - 변태 성욕의 풍경

졌다.

　뒷날, 윤옥이 과장에 들어갔을 때, 누군가 자기 눈알을 도려내는 꿈을 꾸었다. 아픔에 깜짝 놀라 깬 그는 역겨운 생각이 들었다. 하지만 눈의 통증은 그치지 않았다. 동공은 바늘로 찌르는 것 같았고 눈꺼풀은 오그라든 채 펴지지 않았다. 백지 답안지를 제출하고 퇴장할 수밖에 없었다. 집으로 돌아온 지 사흘이 되었지만 눈의 통증은 멈추지 않았고, 마침내 눈이 멀고 말았다. 합격자 발표 날, 음탕한 시라며 자기의 시를 불에 사른 친구가 장원을 차지했다.

(청淸, 제원주인霽園主人「야담수록夜譚隨錄」)

감춰둔 여인의 신발

　귀안현歸安縣에 사는 생원 척자고戚自誥는 생전에 자기 곁에 나무로 만든 궤짝을 두고 있었다. 자물쇠로 꼭 잠가 둔 채 얼마나 경계를 지독하게 하던지 마누라도 남몰래 열어볼 수 없었다.

　그가 세상을 떠난 뒤, 상례를 치를 돈이 부족하자 친척들은 그가 머물던 방에서 이 궤짝을 발견하고 분명 이 속에 그 동안 모아둔 돈이 있으리라고 넘겨짚었다. 이리하여 모두 앞을 다투어 열어보았다. 하지만 궤짝 속에는 여인의 신발만 가득할 뿐이었다. 어떤 것은 손바닥보다 훨씬 작았고, 다른 것은 도둑놈의 신발처럼 큼지막했으며, 하양, 빨강, 검정, 초록 등 온갖 색의 신발이 들어 있었다. 그러나 하나같이 외짝이었다. 단 한 켤레 빨간 꽃신만 짝이 맞았다. 궤짝 안에 다른 것은 아무것도 없었다. 친척들은 크게 실망하며 건성으로 그를 남문 밖에 매장했다.

(청淸, 주상청朱翔淸「매우집埋憂集」)

바지 내리고 볼기 맞기

현령 아무개는 나이도 어리고 경솔하기까지 해서 남녀 사이의 사사로운 일을 이야기하기 좋아했다. 사건을 심사하여 처리할 때, 부녀자가 연루된 점이 발견되면 빠짐없이 고문을 하며 캐물었다. 그리하여 이리저리 돌리며 물어서 그녀를 간통죄로 몰아넣었다. 법에 따라 간통한 자에게는 장형을 내려야 했다. 그는 부녀자에게 장형을 가할 때면 반드시 아랫도리에 걸친 겉옷을 내리고 엉덩이를 내놓은 채 형을 받도록 하였다. 그러면서 이렇게 말하곤 했다.

"형률에는 아낙이 죄를 범하면 장형을 받아야 한다고 기록되어 있다. 간통죄는 옷을 벗어야 하고 다른 죄는 홑옷을 남길 수 있다. 장형은 바로 볼기를 치는 것이니 어떻게 볼기에 옷을 걸칠 수 있겠는가? 홑옷이란 사실은 홑바지를 가리키는 것이고, 옷을 벗어야 한다는 말은 바로 아랫도리에 걸친 옷을 벗어버린다는 뜻이다. 훗날, 사람들이 잘 살피지 못하고 간통죄를 범한 자에게 바지를 남긴다는 말을 넣었던 것이다. 이로 보면, 바지를 벗기든 홑옷을 남기든 무슨 구별이 있겠는가?"

이 말을 들은 자는 반박할 수 없었다.

(청淸, 양주옹羊朱翁 「이우耳郵」)

부녀자를 학대한 전직 벼슬아치

소주蘇州에 사는 전직 벼슬아치 아무개는 아랫사람을 대단히 잔인하게 대했다. 게다가 타고난 성품마저 자못 음탕하여 집안에 있는 여종들을 하나도 남김없이 욕보였다.

중국 문화 속의 사랑과 성

만약 조금이라도 자기 뜻에 따르지 않으면 그녀의 치마바지를 벗기고 양쪽 허벅지를 다 드러낸 채 몇 십 대의 채찍질을 가하곤 했다. 채찍질을 당하며 소리라도 지르면 소리를 지른 만큼 채찍질을 더 했다. 벌겋게 달군 인두로 가슴을 지질 때도 있었으며, 자수바늘로 등을 찌를 때도 있었다. 또 가위로 여자들의 혀를 잘라내기도 했으며, 나무칼로 목을 꼼짝 못하게 잠그기도 했으니, 그 종류도 다양했다. 특별히 억세게 버티는 여자에게는 발에 쇠사슬을 얽어 커다란 청석에 묶은 뒤, 이 큰 돌을 끌며 뜰을 쓸도록 하였다. 이런 온갖 학대의 모습을 여기에 다 기록할 수조차 없다.

(청淸, 전영錢泳 「이원총화履園叢話」)

볼기 맞기를 자청하다

요장姚庄에 사는 고문호顧文虎는 부유한 가정에서 호사스러운 생활을 했다. 어느 날, 그는 갑자기 집안사람에게 죽비를 가지고 오라고 명령했다. 그리고 자기 바지를 벗더니 스무 대를 모질게 때려 달라고 요구했다. 그 뒤에도 이제는 버릇이 된 듯 걸핏하면 이런 요구를 했기에 집안사람은 이 일을 역겨워하며 그냥 가볍게 때렸다. 그러면 고 아무개는 마구 질책을 하며 오히려 죽비를 뺏어들고 자기를 마구 힘차게 내려쳤다. 이렇게 매섭게 맞고 나서야 그는 시원해 했다. 이렇게 몇 년이 지나자 이제는 몇 대만 맞아도 그만 아픔을 느끼게 되었다. 그제야 그는 이런 괴상한 버릇을 그만두었다.

(청淸, 주상청 朱翔淸 「매우집埋憂集」)

요사스러운 인간 상충桑翀

성화成化 연간에 태원부太原府 석주石州에 상충桑翀이란 사람이 살았다. 그는 비록 남자지만 어려서부터 전족을 하고 바느질과 수예를 익혔으며 어른이 되어서도 과부로 치장을 하고 평양平陽, 진정眞定, 순덕順德, 제남濟南 등 45곳 마을에 출몰했다. 그는 아름다운 여자를 보면 바느질이나 수예를 가르친다는 명목으로 규방으로 유인해 상대방을 희롱하며 간음을 했다. 만약 반항하며 자기 뜻에 따르지 않으면 혼을 잃게 하는 약을 뿌리거나 주문을 외며 상대방이 꼼짝 못하도록 한 뒤 다시 그녀를 농간했다. 가는 곳마다 며칠만 머물렀기에 그의 행적은 들통이 날 수 없었다. 십여 년 동안, 그에게 당한 처녀만 수백 명에 달했다.

훗날, 상충은 진주晉州에 왔다. 그 곳에 사는 조문거趙文擧라는 자는 과부를 남달리 좋아했다. 그는 상충이 맛이 괜찮다는 말을 듣고 자기 아내에게 그를 언니로 삼으라고 꼬드겼다. 그리고 그날 밤 상충을 자기 집으로 불러들여 아내와 함께 묵도록 하였다. 한밤중에 조문거는 가만히 방문을 열고 침대로 살금살금 올라가서 상충을 끌어안으며 섹스를 요구했다. 상충은 소리를 지르며 반항했지만 조문거는 그의 목을 누르며 아랫도리를 벗기다가 그가 남자라는 것을 알았다. 조문거는 상충을 묶어 관아로 넘기며 조사해 처리할 것을 요구했다.

상충은 사실대로 자백했다. 게다가 산서山西 산음山陰 사람으로 자신의 스승인 곡재谷才는 지난 날 이런 방법으로 규방에서 허튼짓을 수도 없이 저질렀으며, 이제는 그의 스승 곡재가 이미 세상을 떠났지만 한 패거리였던 임무任茂, 장단張端, 왕대희王大喜, 임방任昉 등 십여 명이 아직도 살아있다는 말까지 했다. 재판 결과, 상충은 여러 사람들이 보는 앞에서 참수 당했다.

(명明, 사조제謝肇淛 「오잡조五雜俎」)

환관의 여자

선덕宣德 연간에 황상께서 환관 진무陳蕪에게 부인 둘을 하사했다. 천순天順 첫해에는 황상께서 환관 오성吳誠에게 아내를 하사했다. 나는 전기를 읽으며 이런 기록을 보고 마음속으로 이상하게 생각했다.

"환관이 뭣 때문에 여자를 필요로 할까?"

어떤 이는 이렇게 말했다.

"환관은 비록 거세되었지만 성욕은 대단하지. 여인을 가까이해야 잠을 자도 편안히 잘 수 있다지."

가친께서 서울에 계실 때, 환관 후옥侯玉과 매우 가깝게 지냈다. 후옥도 여러 명의 처첩을 두었는데, 이들 모두 하나같이 뛰어나게 아름다웠다. 뒷날, 가친께서 광동廣東 지방의 독학督學으로 발령이 나시어 서울을 떠날 때, 후옥은 송별하는 자리에서 여자 둘을 가친에게 특별히 선물했다. 이는 친분이 남달리 두터워야 할 수 있는 행동이었다.

그 가운데 백수白秀라는 여자는 참으로 인물이 뛰어났다. 그녀가 전하는 말에 의하면, 후옥의 총애를 받는 여자는 평소 한가할 때에는 자기가 모시며 시중을 들던 자질구레한 일들을 다른 사람들이 알고 있는 소문처럼 말했다고 한다. 환관과 여인이 서로 사랑하며 음탕한 농지거리를 주고받는 모습은 보통 부부는 따라오지 못할 만큼 지나쳤다고 한다. 그리고 후옥은 잠자리를 할 때면 여인의 온몸을 잡아당기고 물어뜯으며 땀이 등을 적실 정도로 흥이 다해야 그쳤다. 이렇게 하룻밤을 모신 처첩은 자리에 앓아누워 몇 날을 지내야 비로소 회복된다는 말까지 덧붙였다. 이는 아마 욕망의 불꽃은 활활 타오르지만 통쾌함에 이르지 못했기 때문 아니겠는가!

(명明, 전예형田藝蘅 「유청일찰留靑日札」)

이
야
기
뒤
의
이
야
기

문명이라는 울타리에 갇히면 변태에 빠지기 쉽다

변태 성욕은 성적 애정 도감의 변방에서 또 다른 주의를 요구하는 형태이다.

야생 상태에서 동물의 성행위는 자연스럽고, 단순하며 직접적이지만, 동물원 우리에 갇힌 동물의 성행위는 이변을 일으킬 가능성이 높다. 동물학자 모리스(D. Morris)도 이와 관련해서 적지 않은 보고를 했다. 예컨대, 한 쌍의 암수 오랑우탄이 어려서부터 우리에 갇혀 성장하였다면, 이들은 야생 상태에서 생활한 오랑우탄과 성행위의 모습이 같지 않았다. 암컷은 자그마한 나뭇가지를 자기의 질 속으로 삽입했으며, 수컷은 구석에서 손으로 자기의 생식기를 만지작거렸다. 또 홀로 우리에 갇힌 수컷 너구리는 온갖 수고를 다하여 볏짚을 긁어모아서 아랫도리에 단단히 끼운 뒤, 아랫도리를 밀어 넣는 동작을 했다. 이는 볏짚더미를 마치 자기 마음을 끄는 암컷 너구리로 삼는 모습이었다. 같은 우리에 갇힌 여우원숭이와 깡충토끼가 있다. 깡충토끼의 몸집은 여우원숭이보다 거의 열 배가 된다. 하지만 여우원숭이는 깡충토끼가 잠을 잘 때면 이 동물의 등에 대담하게 뛰어올라 그 짓을 하려고 했다. 신기한 예도 있다. 모리스는 모스크바 동물원에 사는 암컷 판다를 중국의 유일한 수컷 판다 한 마리와 교배시키려고 했다. 그는 손을 우리 안으로 집어넣으며 암컷 판다의 등을 살짝 건드렸다. 한번 짝짓기를 해보라는 신호를 보낸 것이다. 하지만 암컷 판다는 불과 몇 발자국 밖에 있는 수컷 판다를 거들떠보지도 않고, 오히려 몸을 모리스 쪽으로 돌리더니 뜻밖에 그의 손을 잡고 그 짓을 하려고 했다.

어떤 면에서, 이런 짓들은 바로 동물의 '변태' 행위라고 말할 수 있다. 이른바 '변태'란 넓은 의미로 볼 때 성적 대상이나 성을 만족하는 방식이 '부자연스럽거나', '다수의 사람들이 공유한 방식이 아닌' 여러 가지 성적 표현을 가리킨다. '문명이라는 울타리에 갇혀 생활하는' 인류는 동물보다 훨씬 더 괴상한 변태 행위를 해왔다. 성 전문 연구가 머니(J. Money)는 구체적인 사례를 언급하고 있다.

어떤 남자가 있다. 그는 자기와 성행위를 할 짝에게 자기에게 기저귀를 채우고 우유병을 입에 물리도록 한다. 그리고 기저귀에 그녀가 소변을 보게 한 뒤에는 자기 볼기를 때리며 '이 녀석이 정말 이렇게 더러운 놈이군!'이라고 말하도록 시킨다. 남자는 그제야 비로소 발기하며 사정할 수 있다. 이는 분명 앞에서 말한 동물보다 훨씬 더 '변태'이다.

인류의 변태 행위는 그 종류도 매우 다양하다. 수간獸姦을 비롯하여 페티시즘, 규시증窺視症, 폭로증暴露症, 사디즘, 마조히즘, 소아기호증小兒嗜好症, 시신·유골 애착증, 의상도착증衣裳倒錯症, 성전환증性轉換症 등이 있다. 이런 행위는 인류가 문명을 가진 후 줄곧 존재했지만 서로 다른 문화 속에서는 서로 다른 관심을 받으며 흥망과 성쇠를 해왔다고 믿을 만한 이유가 있다. 이제 앞에 나온 이야기들을 다시 검토하면서 변태 문제를 한번 다뤄 보기로 하자.

수간에 관한 한 중국인은 온건파이다

명·청 시대 필기소설에 나오는 가장 흔한 형태의 변태는 '수간獸姦'이다. 이번 장에 나오는 여섯 가지 이야기는 모두 이와 관련 있다.

이 이야기들을 통해 알 수 있듯이 사람들이 동물을 성적 대상으로 삼은 원인은 다양한 것 같다. 「올케와 당나귀」에서 올케언니는 '한 해 내내 독수공방, 그 외로움을 견디기 힘들어서', 그리고 시누이는 '호기심' 때문에 그 짓을 한다. 「짐승을 짝으로 삼은 서생」은 성적 자극을 추구하기 위해 짐승이라면 가리지 않고 집안에서 기르며, '암컷이라면' 일단 즐거움을 나누려고 시도한다. 또 「돼지 사랑」에서 하 아무개는 쾌락을 좇는 곳에 흥미를 잃고 오로지 암돼지에 빠졌으니, 이는 특별한 심리적 요인 때문일 가능성이 높다. 하지만 그 원인이 무엇이든, 수간은 어쨌든 '부끄러운 일'이다. 서생 노 아무개처럼 공공연하게 그 짓을 하는 이는 사실 적었던 것이다.

수간을 하다가 다른 이에게 발각된 이들은 대부분 부끄러움으로 몸 둘 바를 몰랐다. 「돼지 사랑」의 하 아무개가 부끄러움을 견디지 못하고 우물에 뛰어들어 스스로 목숨을 끊은 것이 하나의 예이다. 또 첫 번째 장의 「개와 그 짓을 벌인 젊은 부인」에서 젊은 부인은 많은 사람 앞에서 개가 자기에게 사랑을 구하는 몸짓을 보이자 그만 부끄러움으로 그 자리에서 혼절한다.

이런 부끄러움은 말할 것도 없이 문명의 교화敎化에서 왔다. 문명의 교화는 양성 사이에 겹겹이 검문소와 장애물을 설치하여 일부 사람들에게는 성적 욕구를 다른 동물에게서 풀 수 있도록 만들고 말았다. 그러나 뒤집어 보면, 문명의 교화는 이런 행위에 대하여 질책을 가해 이들은 수치와 죄악을 느낀다. 총체적으로, 중국인들은 수간에 대하여 '온건파'에 속한다. 비록 수간에 대해 비웃고 업신여기며 꾸짖지만 결코 매서운 징벌을 내리지는 않았다. 「개와 그 짓을 벌인 젊은 부인」에서 젊은 부인은 사람의 목숨을 농단했기에 결국 '남편을 모살한 죄'로 처단된다. 그러나 「올케와 당나귀」에서 올케언니는 사람의 목숨이 끊어지는 일이 발생했지만 온 장안에 조리돌림만 당했을 뿐이다. (물론 살인마 당나귀는 처단되었다.) 필자가 아는 바로는 중국 역대 법률에서 수간을 처벌하는 조문은 어디에도 없다.

이 세상 모든 민족의 수간에 대한 태도는 다양하다. 어떤 민족은 수간에 대해 매우 너그럽다. 예컨대, 아프리카의 마사이족은 사내아이에게 동물과 성관계를 갖도록 종용한다. 또 북아메리카의 어떤 민족은 남성과 동물의 성관계를 반대하지 않는다. 하지만 다른 민족은 수간에 대해 매우 준엄하다. 예컨대, 히브리인은 남성이나 여성이 짐승과 '잠을 자면' 그 사람은 짐승과 함께 '사형'에 처하였다. 기독교 세계에서는 수간을 동성애와 같은 죄로 취급해 제10장에서 말한 처벌을 그대로 받아야만 했다. 아메리카 대륙에 청교도들이 자리 잡기 시작할 때, 한 남자 노예가 말 한 마리, 면양 다섯 마리, 송아지 두 마리, 그리고 칠면조 한 마리와 '사통'했다며 고발되었다. 그는 그대로 교수형을 받아야 했다.

여기서도 지난 날 중국의 성규범이 서양의 성규범보다 너그러웠음을 다시 확인할 수 있다.

남성의 미녀와 짐승에 대한 환상

비록 수간에 동의하지 않아도 남몰래 수간을 진행하는 사람은 여전히 많다. 이들은 대부분 남성이다. 모리스는 조사보고서에서 미국 농촌에서 17%의 사내아이가 최소한 수간을 통해 한 차례 오르가슴에 도달한 경험이 있다고 언급했다. 하지만 여성의 경우는 극히 적었으니, 또 다른 조사에서는 거의 6천 명에 이르는 미국의 부녀자 가운데 겨우 25명만 '동물과의 접촉'을 통하여 오르가슴에 도달했다고 말했다. 개인적인 성충동의 강도와 수간을 진행하는 '기술' 문제로 보면, 남성이 여성보다 훨씬 더 수간에 쉽게 접근할 수 있다.

그러나 필기소설을 보면 여성의 수간 기록이 남성보다 훨씬 많다. 「여인의 갖가지 수간」에서는 각 시대의 여인들이 온갖 동물과 관계를 한 모습을 나열한다. 이런 일들이 사실이든 아니든 이 이야기를 읽는 이들을 동요시키며 상상의 날개를 펴게 만든다. 흥미롭게도 서방에서도 이와 비슷한 모습이 있었다. 로마시대부터 전해 내려오는 아테네의 등잔에는 여인이 망아지, 당나귀, 노새, 개, 그리고 백조 등과 벌이는 색정적인 수간의 모습이 부조로 새겨진 것을 적잖이 볼 수 있다. 동양이나 서양이나 이렇게 한결같이 '미녀와 야수'의 관계를 과장한 현상은 새겨볼만한 가치가 있다. 어떤 면에서, 이런 현상은 '정말 놀랄만한 일'이다. 여인의 수간은 비교적 보기 힘들기 때문에 사람들에게 과장된 묘사로 보이고 기이한 일로 흥미를 끌게 마련이다. 그러나 다른 면에서 볼 때, 이런 과장된 묘사와 흥미진진함은 어쩌면 동서양 남성들의 공통된 모순 심리를 반영하는지도 모른다.

우선 여성의 정절에 대한 의심이다. 여성들이 표면상 정결하고 얌전하다고 보지 말라, 사실 이들은 '야수와 같은 정욕'을 가지고 있다, 그리고 다른 사람들이 알 수 없는 시간과 장소에서는 '절대로 비밀이 불거질 리 없는' 야수와 미친 듯 사랑을 나눈다고 의심한다.

둘째로 짐승의 성적 능력에 대한 막연한 선망이다. 이 이야기들에서 여성이 즐거움을 함께한 동물들은 하나같이 일반적인 남성들보다 몹시 큰 물건과 더 오래 지속되는 능력을 갖고 있다. 「올케와 당나귀」에서 당 나귀는 올케언니에게 자기가 올케의 남편보다 훨씬 낫다고 생각하게 만 든다. 「개와 그 짓을 벌인 젊은 부인」에서 개도 젊은 부인에게 '시원하고 멋진 기분이 남자보다 몇 백 배 낫다'고 느끼게 했다. 이와 같은 이야기 로 2세기 로마에 널리 퍼졌던 「황금 당나귀」가 있다. 어떤 남자가 당나 귀로 변한 뒤 한 귀부인과 '뜨겁게 사랑하며 마음껏 즐긴다.' 그리고 그 녀에게 '비할 데 없는 만족'을 준다는 이야기이다. 또 제정 러시아 시대에 도 널리 퍼진 이야기가 있는데, 뜨거운 욕망에 사로잡혔던 예카테리나 여 제는 말과 마음껏 즐기다가 쾌락에 너무 깊이 빠지며 허탈 현상으로 사 망했다.

끝으로 여성에 대한 비웃음과 모욕이다. 위에서 언급한 두 가지 심리 는 모순되기에, 결과적으로 여성의 수간이 사람들에게 자극적이고 흥미 진진함을 느끼게 했지만, 한편으로 더욱 비웃고 깔보게 만들었다.

수간 때문에 만들어진 탄생 신화

「곰 부인」과 「강아지를 낳은 부인」을 통해서는 수간에 대한 중국인 의 독특한 환상을 엿볼 수 있다. 과학적인 관점에서, 사람이 동물과 성 관계를 가져도 후세를 '배태'할 가능성은 전혀 없다. 그러나 이 이야기들 에서는 암컷 곰과 관계를 가진 오 아무개는 더할 데 없이 용감하고 힘이 센 아들을 셋이나 얻었으며, 수캐와 관계를 가진 부인은 강아지를 세 마리나 낳았다. 만약 더 많은 이야기를 찾아보면, 이런 '탄생에 대한 환상'은 사실 하나의 '체계'가 있음을 알 것이다.

남성이 암컷 짐승과 관계를 가지면 암컷 짐승은 언제나 '사람'을 탄생시켰다. 「곰 부인」 외에도 명나라 때 진계유陳繼儒의 「호회虎薈」에는 무인도에까지 영락하게 된 어떤 목수가 암컷 호랑이와 부부 인연을 맺으며 힘이 넘치는 아들을 낳은 이야기가 실려 있다.

이와 달리 여성이 수컷 짐승과 관계를 가지면 언제나 '짐승'을 낳았다. 예컨대 『순향췌필純鄉贅筆』에는 또 다른 이야기인 「후간猴奸」이 있다. 어느 부녀자가 원숭이와 장난을 하다가 그만 수컷 원숭이와 관계를 가진 뒤 손과 발은 사람을 닮았지만 다른 부분은 원숭이와 같은 괴물을 낳았다는 이야기이다. 그리고 청나라 때 이경진李慶辰의 「취다지괴醉茶志怪」에는 수컷 자라가 멋진 사내로 변하여 어느 여인을 유인하여 관계를 가진 뒤 결국 네 마리의 자라를 얻었다는 이야기가 실려 있다.

이런 탄생 신화는 한 마디로 '남성 정액의 우월성'을 강조하고 있다. 이는 남성의 '씨'를 받아들인 암컷 짐승은 사람을 낳았을 뿐만 아니라 수캐, 수원숭이, 수자라 등의 수컷 동물의 정액조차도 따라서 영광을 얻으며 여성에게 강아지, 새끼원숭이, 새끼자라를 낳을 수 있게 만든다.

그러나 중국의 상고사를 보면 전혀 다른 탄생 신화를 발견할 수 있다. 예컨대, 상商의 시조 계契는 간적簡狄이 제비의 알을 삼키고 낳았으며, 주周의 시조 후직后稷은 강원姜原이 거인의 발자국을 밟고 임신하여 낳았다. 이런 탄생 신화는 모두 한 여자가 '사람이 아닌 것'과 접촉했음을 보여준다. 남성의 정액을 필요로 하지 않고도 그녀와 같은 모습을 지닌 영웅을 낳을 수 있었던 것이다. 만약 이런 높은 평가를 받고 있는 여성의 생식 능력과 관계된 탄생 신화가 모계사회의 탄생에 대한 환상의 흔적이라면, 명·청 시대 필기소설에서 높은 평가를 받고 있는 남성의 생식 능력과 관계된 탄생 신화는 부계사회의 탄생에 대한 환상의 외현外現이라고 할 수 있다.

규시증窺視症과 페티시즘의 문화적 풍모

「엿본 죄」와 「감춰둔 여인의 신발」은 각각 '규시증窺視症'과 '페티시즘(Fetishism)'과 관련된 이야기이다.

'규시'는 인류가 성을 '감추기'로 한 뒤에 비로소 생긴 행위이다. 대다수의 사람들은 모두 다른 사람의 성에 대하여 모종의 '육체에 대한 규시'나 '정신에 대한 규시'를 피하기 힘들다. 하지만 「엿본 죄」의 윤옥처럼 담모퉁이에 구멍을 파고 하루 종일 옆집 상서 어른의 딸이 화장실에서 볼일을 보며 노출한 아랫도리를 그늘에 숨어서 훔쳐보듯이, 지나치게 탐닉한다면 바로 변태 행위이다.

성을 감추는 거의 모든 문명사회에서 다른 사람의 사생활을 엿보는 것은 부도덕한 행위이다. 설령 법률로는 그저 '자그마한 죄'에 불과할 뿐이지만 유가에서 말하는 '예가 아니면 보지 말라.'는 도덕규범의 영향을 받았음인지 필기소설 속에서 '다른 사람의 사생활 엿보기'는 언제나 '불법적인 성행위'보다 더 엄격한 '업보'를 치러야 했다. 예컨대, 윤옥은 이 때문에 눈이 멀었다. 또 「이우耳郵」에는 어느 서생이 기루에서 기녀를 불렀을 뿐, 기녀와 함께 성행위도 하지 않았지만, 그녀가 옷을 벗은 뒤 그 모습을 보고 즐길 수 있게 해달라고 요구했다는 이유로 눈이 먼 이야기가 실려 있다. 이들은 모두 중국인이 다른 사람의 사생활을 엿보는 것에 대한 질책이 수간보다 더 엄격했음을 말하는 듯하다.

「감춰둔 여인의 신발」에 나오는 척 아무개는 여인의 온갖 신발을 모아서 궤짝에 감춰둔다. 그리고 언제나 이 궤짝을 자기 곁에 둔다. 이야기는 그가 여인의 신발을 모아서 숨기는 이유가 무엇인지 말하지 않는다. 하지만 십중팔구 '페티시즘'이다. 페티시즘에 빠진 절대다수는 남성이다. 그들을 '페티시즘'에 빠지게 하는 '사물'은 여성 속옷을 비롯해 팬티, 신발, 양말, 장갑 등(이들은 이미 사용한 것으로 냄새가 밴 것을 최고로 친다.)이며, 여기에 빠지는 방법도 이것들을 쓰다듬거나, 냄새를 맡거나, 입을 맞추거나, 맛보기를 하거나, 방법이 매우 다양하다. 더러는 이들을 자위 도구로 삼기도 한다. 페티시즘에 빠진 자는 자기가 수집한 물품에 대해 잘 숨겨놓고 다른 사람이 알기를 바라지 않는다. 척 아무개도 이런 모습을 보였다.

역사적인 시각으로 보면, 페티시즘에 빠진 자가 대상으로 하는 물건은 여성 의복 및 당시 유행하는 화장과 밀접한 관계가 있다. 옛날 중국에서 가장 널리 볼 수 있었던 페티시즘은 '신발에 빠지는 증세'였다. 이번 장에 나온 「감춰둔 여인의 신발」과 제7장에서 본 「기녀의 신발에 술을 따르다」가 그렇다. 왜냐하면 전족은 지난날 중국 여성미의 상징이었기에 신발이 페티시즘의 주류가 될 수밖에 없었던 것이다. 이와 달리 옛날 서방 세계에서는 몸과 허리를 꼭 조이는 코르셋이 여성미의 상징으로 유행일 때, 당시 남성들에게 가장 빈번했던 것은 바로 '몸을 꼭 조이는 의상에 대한 페티시즘'이었다. 하지만 오늘날에는 동양이든 서양이든, 페티시즘은 여성의 팬티나 브래지어가 중심이 되었다.

사디즘과 마조히즘의 동서양 차이

「바지 내리고 볼기 맞기」와 「부녀자를 학대한 전직 벼슬아치」에서는 '사디즘'을 의심할 만하다. 하지만 「볼기 맞기를 자청하다」는 '마조히즘'이 아닐까 생각해 볼 수 있다. 그러나 엄격히 말해, 이들은 모두 전형적인 모습은 결코 아니다. 왜냐하면 고통을 주는 쪽이나 고통을 받는 쪽이나 고통 때문에 성적인 흥분을 얻었다는 확실한 묘사가 보이지 않기 때문이다.

기록되지 않은 것이 없다는 중국의 필기소설에서, 어떤 제재 없이 기발한 상상으로 만들어진 에로소설에서도, 사디즘이나 마조히즘 관련 묘사를 만나기 어려울 정도이다. 그러나 18세기에서 20세기 초까지 서방에서는 이와 관련된 기록이나 소설이 정말 흔하다. '사디즘'이라는 말의 기원은 18세기 프랑스의 소설가 '사드'(Marquis de Sade)의 작품이다. 그는 개인적인 경험에다 문학적인 과장과 묘사를 더해 여성의 육체에 고통을 줌으로써 성적 쾌감을 얻는 소설을 적지 않게 썼다. 또한 '마조히즘'의 기원은 19세기 오스트리아의 소설가 '마조흐'(Leopold V. Sacher-Masoch)의 작품이다. 그도 개인적인 경험에다 문학적 과장과 묘사를 더하여 여성에게 채찍을 요구함으로써 성적 쾌감을 얻는 소설을 많이 발표했다. 이런 소설은 당시 유럽에서 큰 환영을 받았다.

소설 외에도 19세기 유럽에서는 '사디즘'과 '마조히즘'을 위한 기루가 적잖이 출현했다. 그 가운데 가장 유명한 곳은 버클(Berkle) 부인이 운영하던 런던의 유곽이었다. 그녀는 '버클의 말'이라는 도구까지 발명했다. 남자 고객이 받침대와 밧줄이 마련된 사다리에 묶이면 윤락녀가 그의 뒤에서 채찍으로 실오라기 하나 걸치지 않은 그의 등과 엉덩이를 때리고, 또 다른 윤락녀가 앞에서 그의 거시기를 어루만지며 쓰다듬는다. 이런 특수한 서비스를 받기 위하여 수없이 많은 사내들이 떼를 지어 모여들었다. 그리고 버클 부인은 8년 만에 1만 파운드의 돈을 긁어모았다. 그런데 당시 「여교사의 사랑」이라는 채찍질을 위한 지침서에는 이런 변태 성향의 남성을 세 가지로 분류했다. 첫째, 여자에게 채찍질받기를 좋아하는 부류, 둘째, 여자에게 채찍질하기를 좋아하는 부류, 마지막으로 채찍질하는 모습을 엿보기를 좋아하는 부류 등이었다. 유곽에서는 다양한 요구를 충족시키기 위해 서로 다른 서비스를 제공했다.

옛날 중국에서도 매춘업이 상당히 발달했지만, 왕슈누王書奴의 「중국창기사中國娼妓史」를 아무리 훑어보아도 이와 비슷한 기록을 찾을 수 없다. 지난 날 중국에는 사디즘이나 마조히즘이 그렇게 성하지 않았다고 믿을 만한 이유가 있다. (물론 없었다고 말할 수는 없다.) 그런데 왜 서방 사람들은 이런 스타일을 좋아했을까? 그 원인은 그들의 근대 교육과 관계가 있다. 많은 이들이 지적하듯이, 18~19세기 유럽에서는 교편敎鞭으로 학생들을 체벌하는 계몽 교육이 성행했는데, 교편을 든 이는 젊고 아름다운 여교사였으며, 이 교편으로 엉덩이를 맞는 이는 이제 막 성에 눈을 뜨기 시작한 청소년이었으며, 이때, 교편은 성적 흥분을 쉽게 일으켰다. 그리고 이런 모습은 후에 채찍받기를 갈망하는 변태의 온상이 되었다. 그러나 이런 설명은 여러 원인 중 하나일 뿐이다.

의상도착증衣裳倒錯症과 환관의 성생활

「요사스러운 인간 상충桑翀」이라는 이야기는 수많은 필기소설 속에 나타난다. 당시 이 이야기는 사회를 뒤흔든 뉴스임이 분명하다. 상 아무개가 전족을 하고 여성으로 분장한데다 여성을 성적 대상으로 삼았기에

중국 문화 속의 사랑과 성

변태의 하나인 '의상도착증'을 생각하게 만든다. 하지만 이는 그렇게 전형적인 모습은 아니다. 왜냐하면 전형적인 의상도착증에 걸린 자는 이성으로 분장했을 때 성적 흥분을 느끼기 때문이다. 상 아무개가 실제로 이런 특징을 가지고 있었는지는 자료 부족으로 알 수 없다.

지난 날, 누군가 다른 성으로 분장한 이유는 수없이 많았다. 예컨대, 화목란花木蘭은 아버지 대신 종군하기 위하여, 그리고 축영대祝英臺는 남장을 하고 학문의 길로 나아가기 위하여 다른 성으로 분장했다. 이런 식의 남장男裝은 어쩔 수 없이 현실에 적응할 수밖에 없었던 임기응변의 계책이라고 할 수 있다. 그리고 메이란팡梅蘭芳이 경극에서 여자 배역을 맡은 것은 경극에서 볼 수 있는 전통이다. 그러나 이런 '성 도착'은 그래도 모종의 색다른 성적 매력을 만들어 낸다. 특별히 여자 배역을 맡은 남자 배우는 제10장에서 나온 바와 같이 청나라 때 남성 동성애의 주요한 대상 가운데 하나였다. 하지만 이번 장에서 예로 든 상 아무개와 그와 같은 짓을 하던 이들은 여성으로 분장한 뒤 아낙들이 거주하는 안방으로 들어가서 함께 지내다가 마침내 이리저리 뒹굴며 그 짓을 벌이기까지 했으니, 남녀 사이에 거리가 매우 삼엄하였던 시대에 진정 독특한 섹스 사기로 변했다고 할 수 있다.

「환관의 여자」에서는 환관의 성생활을 이야기하고 있지만, 사실은 후옥이 시첩과 관계를 하면서 '온몸을 잡아당기며 물어뜯는 일'이 일종의 변태라는 것을 말하기보다는, 자연스러워야 할 성욕에 대해 변태 사회에서 조성된 '왜곡'을 말한다고 봐야 할 것이다. 역사적으로 아시리아, 페르시아, 비잔틴 등의 제국, 중국과 아라비아의 역대 왕조는 모두 거세한 남성을 제왕의 종으로 부린 케케묵은 풍속이 있었다. 그러나 서방의 그리스 로마 시대 권문세가에서는 거세한 사람을 노예로 삼으며 노동에 충당한 경우가 적지 않았지만, 그 목적은 당연히 그들이 주인의 여자들을 넘보는 일을 방지하기 위해서였다. 거세는 여러 가지 방식이 있다. 고환만 제거하기도 하고 남근까지도 같이 제거하기도 한다. 그러나 그리스 시대나 훨씬 이전에 사람들은 거세가 결코 성욕을 없앨 수 없다는 사실을 알고 있었다. 어느 환관에게 거시기가 여전히 달려 있다면 어떤 상황에서는 발기뿐만 아니라 사정까지 할 수 있었다(정액만 있을 뿐 정자는 없다). 로마 시대의 풍자시인 유베나리스(Juvenalis)도 일찍이 로마 귀부인들이 거세된 사내를 곁에 두고 정부로 삼은 내막을 풍자하는 시를 쓴 바 있다.

중국 역대 왕조에서는 환관의 남근까지도 완전히 제거했다. 그러나 '욕망의 뿌리'를 잃었을지라도 욕망은 죽지 않았으니, 후옥이 그 예라고 할 수 있다. 그러했기에 그는 여인의 '온몸을 잡아당기며 물어뜯으며 땀이 등을 적실 정도로 홍이 다해야 비로소 그쳤으니', 그의 성욕은 '욕망의 불꽃은 활활 타오르지만 통쾌함에 이르지 못했음'을 그대로 드러내고 있다. 청나라 때 사신행査愼行의 『인해기人海記』에는 또 다른 이야기가 나온다. 즉 명나라 때 숭정황제崇禎皇帝가 후궁의 젊은 환관의 집을 수색하도록 한 결과 적잖은 모조남근을 찾아냈는데, 이것들이 바로 환관들이 궁녀들과 그 짓을 할 때 쓰인 도구였다. 이들은 '욕망의 뿌리'가 없지만 그래도 가짜로 자기의 '성적 의지'를 실행했고, 또한 '욕망은 죽지 않고 단지 왜곡되었을 뿐임'을 증명했다.

본능과 문명의 상호 작용으로 만들어진 특산물

문명은 인류에게 동물보다 훨씬 많은 변태 행위를 주었다. 어떤 의미에서, 이런 변태 행위로 볼 때, 어쩌면 인류의 성이 문명화되면서 다양화하는 중인지도 모른다. 그러나 다른 의미에서, 문명이 본능의 자연적 발산을 '방해'하고 있기에 성욕이 '방향을 바꾸도록' 압박을 당한 결과일 가능성도 높다. 그러나 변태는 온전히 문명의 방해나 억압의 산물만은 결코 아니다. 왜냐하면 문명이 방해하고 억압한 것은 주로 여성의 성욕이기 때문이다. 사실상 절대 다수의 변태 '환자'는 모두 남성이다. 가장 분명한 것은 성충동의 강도와 관련된 문제이다.

또한 문명은 인간에게 잘못된 학습 기회와 도구를 제공했다. 페티시즘과 같은 변태가 특히 그렇다. 현대 정신의학의 연구에서는, 페티시즘에 빠진 절대다수가 어떤 '물품'에 혹하는 것은 왕년의 성적인 흥분과 이런 물품이 '잘못된 만남'을 이루었기 때문이라고 한다. 신발이든 몸을 옥죄는 코르셋이든 삼각팬티든 이들 모두는 하나같이 성적인 매력을 돋보이기 위해 출현한 문명의 산물이다.

변태가 본능과 문명의 상호 작용으로 만들어진 특수한 산물이라고 말하지만 전반적으로 볼 때 지난 날 중국에서는 이런 성적 변태가 서방 세계보다는 적었던 것 같다. 그 원인은 두 가지인 듯하다.

우선 옛날에 중국인은 이런 행위를 별로 의식하지 않았기에 전해 내려오는 기록도 비교적 적다는 것이다. 또한 지난 날 중국인은 서방 사람처럼 성의 자연적인 배설을 그렇게 방해하지 않았기에 갖가지 변태 행위가 서방 세계처럼 그렇게 많지 않았다는 설명이다. 사실상 '변태'라는 낱말이 경멸적인 의미를 가진 것은 서방 세계에서 건너오면서였다. 거시적인 관점에서 보면, 중국인은 거의 모든 시대를 통틀어 '정상적'이든 '비정상적'이든 성행위에 대해 서방 세계 사람들보다 훨씬 관용적인 태도를 갖고 있었다.

제13장

아무리 반복해도 질리지 않는 레퍼토리

"인류의 성은 끝없이 해방될 수 없다는 점을 역사는 알려준다. 물론 이는 인류의 성이 중국 유가나 서방 교회의 억압과 보수 구조로 되돌릴 수 있다는 말이 아니라, 인류가 조만간 지금의 °이런 개방된 변화 속에서 새로운 성규범을 찾아 성에 대한 새로운 보수주의를 탄생시켜야 한다는 말이다."

*

"오늘날 대만 사회에서 적지 않은 중년 남자들은 '성에 대한 자기표현'을 할 때 어물어물 발뺌을 하며 얼버무리지만, 그들은 기꺼운 마음으로 기공을 하러 달려갈 뿐만 아니라 보약을 먹으면서까지 성생활의 즐거움을 더욱 고양시키려고 한다. 이들에게서 중국의 억압과 방종이란 두 가지 성 문화가 만나서 만들어낸 역사의 그림자를 볼 수 있다."

*

"삼촌금련三寸金蓮은 비록 사라졌어도 이를 대신해서 삼촌 하이힐이 나타났다. 그리고 여성의 성적 매력의 상징이 다리나 발에서 가슴으로 이동된 뒤, 확대기, 약품 복용, 주사, 수술 등의 방법으로 유방의 모습을 바꾸기 위하여 적지 않은 여성들이 경쟁하고 있다. 여성은 자의든 타의든 여전히 자기 몸을 섹시하게 만들고 있다."

이
야
기
뒤
의
끝
이
야
기

이 세상에 새로운 일은 없다

앞에서 나온 여러 이야기와 이야기 뒤의 이야기를 다 읽은 뒤, 이 이
야기들이 재미는 넘치지만 이미 모두 역사가 남긴 옛 자취에 불과할 뿐
이라고 말하는 사람도 있을 것이다. 오늘날, 온 세상에 만연한 성 혁명의
세례 속에서 인류의 성은 역사상 유례를 찾을 수 없는 새로운 개방 국면
을 맞았다. 그런데 먼 옛날을 이야기하며 본받아야 한다는 말은 시대의
흐름을 잘 모르는 것이 아닐까 하는 의문이 생긴다.

그러나 무엇을 '새롭다'고 하는가? 인류 성의 저울추가 방종으로 마
구 흔들리는 오늘날, 분명 적잖은 자유와 개방적인 성 표현을 만나고 있
다. 예컨대, 혼전 성행위와 혼외 성행위가 날로 보편화되는데다 스와핑
과 집단 성행위까지 그 종류도 매우 다양하다. 그러나 이 세상에 새로운
일은 없으니, 이런 방종 행위도 전혀 '새로운' 것이 아니다. 지금까지 나
온 이야기를 통하여 알 수 있듯이, 이들 모두 '옛날에도 있었던 일'이다.

설령 온갖 지혜를 다 짜낸 것처럼 보이는 기이하고도 음란한 테크닉이라 해도 벌써 선인들도 생각했고 실제 행동으로 표현했던 것들이다.

예컨대, 대만의 어느 방송에서 서양 미녀들이 알몸으로 레슬링을 하는 프로그램이 나왔다. 사람들이 물밀듯이 몰려왔음은 물론이다. 그러나 역사를 조금이라도 살펴보면 알 수 있듯이, 중국에서는 이미 당송 연간에 이런 공연 프로그램이 있었다. 『중국사회사료총초갑집中國社會史料叢鈔甲集』에는 명나라 때 장훤張萱의 말을 인용한 기록이 있다.

"송나라 가우嘉佑 연간 정월 대보름날, 황제께서 선덕문에 임하시어 갖가지 예인들을 불러 기예를 보이도록 하고 이들에게 비단을 상으로 내렸다. 또 알몸의 여인들이 서로 몸을 부딪치기도 했는데, 이들에게도 상을 내렸다."

이런 '알몸 여인들의 몸 부딪치기'를 밀실에서 한 것이 아니라 많은 사람들 앞에서 군신과 후비, 일반 백성들까지 함께 감상할 수 있도록 했다. 사마광司馬光은 이런 공연이 올바르지 못하다고 생각해 황제께 글을 올려 '알몸 여인들의 몸 부딪치기' 놀이 '금지'를 요청했다.

또 다른 예를 들면, 대만의 어느 지방에서는 '사람과 개의 섹스 공연'이 열렸는데, 사람들은 매우 외설적이고 저질이라는 생각을 했다. 그런데 이런 공연이 벌써 2세기 서방의 로마 제국에서 유행했다는 사실은 알려지지 않았다. 제12장에는 「황금 당나귀」라는 이야기가 나온다. 바로 루키우스가 당나귀로 변한 뒤 귀부인과 수간을 하는 외에도 그의 주인에게는 화수분 노릇을 하며 여자 살인범과 함께 그 짓을 공연으로 보여주며 사람들에게 감상하도록 했다는 것이다. 당시에 공연 프로그램이 없었다면 이런 소설 내용이 나올 수 없었을 것이다.

어떤 면에서, 성혁명性革命의 '복고復古' 풍은 '혁신革新'보다 더 일반적이다. 정확하게 말해, 이것은 지난날 인류의 성에 대한 방종 문화를

'확대 발전'시키고 있다.

문화는 사라지지 않고 단지 떠돌아다닐 뿐이다

인류의 성은 끝없이 해방될 수도 자유로워질 수도 없다는 것을 역사는 말한다. 『삼국연의三國演義』시작 부분을 인용하면, '이 세상 성의 큰 흐름은 오른쪽으로 오래가면 반드시 왼쪽으로 기울게 마련이고, 왼쪽으로 오래가면 오른쪽으로 기울게 마련이다.' 따라서 성 개방도 도가 지나치면 자연스레 보수 세력이 고개를 들게 마련이다. 물론 이는 인류의 성이 중국 유가나 서방 교회의 억압과 보수의 구조로 돌아간다는 말이 아니라, 조만간 인류는 현재의 '왼쪽으로 기울어진' 변화 속에서 '오른쪽으로 향하는' 새로운 성규범을 찾아내서 성에 대한 새로운 보수주의를 탄생시켜야 한다는 말이다. 사실상 중국이든 서방이든 성문화性文化는 모두 방종과 억압이 드나드는 과정에서 수없이 많은 '정正, 반反, 합合'의 변증 과정을 거치며 이루어졌다. 역사를 돌아보고 과거를 살피면 오늘날 성문화의 무늬 및 나아가야 할 방향에 대해 비교적 분명하고도 전반적인 이해는 물론 속내를 파악하는 데 도움을 받을 수 있다.

예컨대, 오늘날 대만 사회에서 적지 않은 중년 남자들은 '성에 대한 자기표현'을 할 때 어물어물 발뺌을 하며 얼버무리지만, 그들은 기꺼운 마음으로 기공을 하러 달려갈 뿐만 아니라 보약을 먹으면서까지 성생활의 즐거움을 더욱 높이려고 하는데, 이는 서방 사회의 중년 남자들이 긴 의자에 누워서 심리치료사에게 성생활의 프라이버시를 토로하며 성생활이 개선되기를 바라는 것과 일치하지 않는다. 마치 제3장과 제6장에서 말한 것처럼 과거로 고개를 돌려야만 이런 두 가지 다른 모습이 각각 중국과 서방의 억압과 방종이라는 두 가지 성 문화가 만나서 만들어낸 역사의 그림자임을 알 수 있다. 성이라는 영역에서 우리는 과거로 돌아가는 데 익숙하지 않으며 역사 속에서 영감을 찾는 데도 서툴다. 사실상 우리 자신은 언제나 역사의 그림자이다.

그러나 역사는 언제나 사람들에게 소홀히 취급된다. 오늘날 대만에는 적잖은 사람들이 성교육이란 사람을 난감하게 만들 뿐만 아니라 사람들을 어리둥절하게 만드는 일이라고 여기며 서방 세계에서 들어온 성교육 방식이 중국인에게 별로 적합하지 않다고 생각한다. 하지만 역사상 최초로 성교육을 학교 교육과정에 넣어야 한다고 주장한 이가 바로 중국인이라는 것을 아는 이는 거의 없다. 제3장에서 보았듯이, 일부 동한東漢 유학자들은 당시 귀족학교인 '벽옹辟雍'에서 '음양부부변화지사陰陽夫婦變化之事'를 가르쳐야 한다고 건의했다. 게다가 이들은 이런 교육과정은 '아버지가 아들에게 가르치기'에는 적합하지 않고 마땅히 전문가가 학교에서 가르쳐야 한다고 생각했다. 얼마나 개방적이고 실속 있는 생각인가!

또 다른 예를 들면, 대만의 동성애자들은 최근 서방 세계 동성애자들의 남다른 행동을 본받으며 몇몇 사회 인사들의 편향적인 생각에 항의하며 자기 권익을 위해 싸우고 있다. 그러나 제10장에서 이미 말했듯이 옛날 중국인은 동성애에도 너그러운 일면이 있었다. 심지어 동성애자를 위한 사당까지 지을 수 있었다. '문화는 사라지지 않고 단지 떠돌아다닐 뿐이다.' 성교육이든 동성애든, 자신의 문화 속에서 오늘날의 성 의식에 일치하는 유산을 찾을 수 있고, 그리하여 어떤 형식의 '문화 부흥'을 진행한다면, 아마 적지 않은 저항을 감소시킬 수 있고, 동시에 설득력까지 있을 것이다.

최신식 완구, 매우 오랜 욕망

물론 우리는 많은 변화를 보고 있다. 그러나 일부는 겉모습만 그럴 뿐 실질적으로는 아무런 변화가 없다. 예컨대, 삼촌금련三寸金蓮은 비록 사라졌지만 이를 대신해 삼촌 하이힐이 나타났으니, 여성 신체를 색정의 대상을 만든 실질적인 모습은 조금도 변하지 않았다. 삼촌 하이힐이 삼촌금련처럼 여성의 신체에 심한 손상을 끼치지는 않는다고 하지만 일부 여성들은 자기의 걷는 모습에 사람들이 넋을 잃게 하고, 자기 모습을 우아하고 매혹적으로 만들기 위하여 '억지로 끼워 맞추기'를 서슴지 않는다. 즉 자기의 새끼발가락을 절단하면서까지 더 높고 뾰족한 하이힐에 발을 집어넣을 수 있게 한다. 그리고 여성의 성적 매력의 상징이 다리나 발에서 가슴으로 이동하면서 확대기, 약품 복용, 주사, 수술 등의 방법으로 유방의 모습을 바꾸기 위하여 적지 않은 여성들이 경쟁하고 있다. 말이 좋아서 '미용을 위한 성형'이지 사실은 브레인이 말한 것처럼 '신체를 망가뜨리는 행위'이다.

과학 기술은 인류의 성 문명 진화에 적지 않은 기여를 했다. '흔적 없는 조탁'으로 사람의 성감대를 자극하는 커다란 유방을 만들 수 있을 뿐만 아니라 '꽃잎'을 보증할 수 있는 처녀막도 재건할 수 있다. 게다가 도무지 일어날 줄 모르는 자를 위하여 파파베린이나 비아그라 따위의 '고개 들고 가슴 펼 수 있는' 정력제까지 찾아냈다. 이와 동시에 임포텐스 환자에게는 음경동맥수술이나 인공음경의 이식 등으로 '잠자리에서의 회복'을 이룰 수 있게 만들었다. 과학 기술은 남녀 모두가 성에 대해 가졌던 적잖은 걱정을 깨끗이 해결했다.

'쾌락'만을 생각할 뿐 '생식'은 생각하지 않는 사람을 위해 현대의 과학 기술은 여러 가지 안전하고 효과적인 피임 방법도 제공했다. 따라서

제9장 「절충 방법」의 부잣집 어른과 같은 첩실과의 사랑은 필요가 없다. 또 '생식'을 희망하는 사람을 위해 인공수정이나 시험관아기 등의 방법이 있으니, 「씨를 구합니다」에서처럼 남편이 다른 남자에게 아내 몸에 씨를 달라고 사정할 필요도 없다. 과학 기술은 사람들에게 성적인 면에서 훨씬 많고 알맞는 선택을 할 수 있게 했다.

따라서 사람들이 정말로 예찬하는 것은 과학 기술이 제공하는, 눈과 마음을 즐겁게 만들고 사람의 관심을 집중시키며 성적 욕정을 일으키는 매체일 것이다. 그러나 전반적으로 보면, 현대 과학 기술이 제공하는 온갖 '새로운 모습', 즉 유방 성형, 처녀막성형, 비아그라, 음경동맥수술, 피임약, 인공수정, 시험관아기, 에로 잡지, 그리고 에로 영화 등은 하나같이 사람들의 '매우 오랜 욕망'을 만족시키기 위한 것들이다.

새로운 성의 모습

성 개방의 물결 속에서 비교적 구체적인 변화는 아마 여성의 지위 제고일 것이다. 이제 더 이상 남성들만 권력을 독점하지 않으며, 권력의 저울추가 차츰 여성을 향해 기울고 있다. 그러나 이런 '구조 변화'의 진정한 원인은 여전히 성의 '색채 구조'에서 찾아야 한다. 그것은 바로 여성의 '생식' 역할의 변화이다. 영유아 사망률 저하와 효과적인 피임법의 출현은 여성을 '출산 기계'로 빠지지 않고 여유롭게 능력을 신장할 수 있게 했다. 그리하여 여성들은 남성들이 독차지했던 권력을 나눌 수 있게 되었다. 그 결과 극히 작은 부분이 전체에 큰 영향을 미치듯이, 경쟁, 이익, 도덕, 법률 같은 성에 관한 원색도 그들의 색을 잇달아 조정할 수밖에 없었다.

이런 변화 속에서, 지난 날 여성에 대한 갖가지 억압, 예컨대, 성 도덕에 관한 이중 잣대, 처녀 검사, 정절을 기리는 패방 등의 점진적인 해체는 물론 몇몇 '여성의 성에 대한 새로운 모습'도 볼 수 있다. 예컨대, 대만에서는 일부 여성들이 '나에게 필요한 건 오르가슴이지 성희롱이 아니다.'라고 넓은 길에서 고함을 치는가 하면, 또 다른 여성들은 '금요식당'을 찾아가서 쾌락을 좇으며 '한밤을 같이할 카우보이'를 찾는다. 또 이들은 심할 경우 한 사내를 두고 두 여자가 경쟁을 벌이다가 서로 치고받는 상황에 이르기도 한다. 또 미국에서는 아내의 혼외정사 비율이 벌써 남편의 혼외정사와 맞먹는다는 보고가 적지 않게 나오고 있으며, 여성에게만 서비스하는 남자들의 스트립쇼 공연 및 성인용품 가게가 우후죽순처럼 생기고 있다. 게다가 적지 않은 여성들이 남성을 강간하는 사건도 발생하고 있다.

　　여성의 성은 분명 급속히 변화하고 있지만, 이들 '새로운' 여성의 성의 모습은 사실 거의 '원시적'인 모습이다. 이른바 몇몇 '원시민족', 그 가운데도 특별히 모계사회의 색채를 그대로 보유한 민족에게서 흔히 볼 수 있던 모습이다. 이른바 '새롭다'는 것은 사실상 여성이 남자의 굴레에서 벗어난 뒤, 부계 중심 문화 이전으로 돌아갔다는 말이다. 따라서 여성은 이제 '본능'의 모습에 더 접근했을 뿐이다. 말할 것도 없이, 이런 양상은 문명의 제약을 깊이 받은 남성이나 여성 모두에게 생소한 것이다. 사실상 정말 고통스러운 것이다. 하지만 그 흐름이 대세이기에 사람들은 결국 성의 원색을 다시 재조정하는 가운데 적응의 길을 찾으며 새로운 유희의 규칙, 도덕규범, 법조문을 이리저리 생각하며 찾아낼 수밖에 없다.

본능과 문명은 여전히 시소게임을 벌이고 있다

과학 기술 문명도 인류의 본능에 대해 한 걸음 앞선 인식을 갖게 한다.

1978년, 《뉴잉글랜드 의학지》에는 코네티컷 대학의 지역 사회 여성 성행위에 대한 조사 보고가 실렸다. 이 보고서는 일부 여성들이 월경 주기 중간(배란기)에 비교적 높은 성욕을 드러내며 능동적인 태도를 취한다고 밝혔다. 이 보고서는 자연계에서 암컷 동물이 발정기(배란기)에 드러내는 성적 표현을 설명한다. 여성에게는 발정기라고는 없지만 이런 보고서를 보면 본능이야말로 보이지 않는 손으로 여성을 지배한다고 이르는 것 같다.

얼마 전, 영국 맨체스터의 한 실험실에서는 남성이 자기 배우자가 다른 남자와 그 짓을 벌이고 있을지도 모른다고 느끼거나 의심할 때, 자기 배우자와 사랑을 하면 보통 때보다 더 많은 정자를 내놓는다는 사실을 밝혀냈다. 이런 보고서도 수컷 침팬지의 모습을 환기시킨다. 영장류 가운데서 수컷 침팬지의 고환이 제일 크다. 또 정자도 제일 많이 만들어낸다. 왜냐하면 이들은 교잡交雜을 하는데, 수컷 침팬지는 '출전할 차례'가 되었을 때, 더 많은 정자를 내놓으려고 기도하며 생식이나 번식에서 우세를 차지해야 하기 때문이다. 남성도 비록 수컷 침팬지처럼 엄청 큰 고환을 가지고 있지 않고, 반드시 후세 때문이라고 할 수는 없지만, 배우자가 다른 남자의 '집적거림'을 받는다고 의심할 때, 자기도 모르게 더 많은 정자를 내놓으며 '생식을 위한 점령'을 할 수 있으니, 이는 본능이야말로 보이지 않는 손으로 남성을 지배한다고 알려주는 것 같다.

그러나 인간이 본능의 지배를 얼마큼 받을까라고 묻는다면 대답하기 어렵다. 안전하고 효과적인 피임약이 아직 세상에 나오기 전이었던

제13장 아무리 반복해도 질리지 않는 레퍼토리

1950년 대, 과학자는 문명사회에 살고 있는 여성에 대해 연구한 결과, 당시 여성들의 성욕이 가장 높았던 지점은 월경 전과 월경 후, 다시 말하면 임신율이 가장 낮은 때였음을 보여 주었다. 이런 '본능 위반'의 모습은 당시 여성들의 '안전한 기간'에 대한 인식에서 온 것이 분명하다. 다시 말해, 이미 너무 많은 아이를 낳았으니 다시 임신할 생각은 없으니까 응당 강한 성욕을 가져야 할 배란기에는 오히려 성적 즐거움이 부족하게 나타난다고 할 수 있다.

그런데 앞에서 본 이야기에서처럼, 남성이 자기 아내가 다른 남자의 씨를 가지게 되는 것을 경계하는 일은 분명 일종의 본능이다. 그러나 성혁명 이후, 이런 경계와 질투는 상당히 느슨해진 듯하다. 하지만 이런 일이 여권 운동을 하는 이들의 호소로 남성들이 '양심 성찰'을 했기 때문이라고 생각한다면 오산이다. 사실상 이는 대체로 난관결찰卵管結紮과 같은 피임 방법, 혈액형 검사와 DNA 감별 따위의 출현으로 자기 아내가 다른 남자의 씨를 받아서 아이를 기를 기회가 크게 낮아졌기 때문이라고 보아야 한다. 그러나 영국의 한 실험실에서는 '정자'에 대해 아내가 바람을 피워 오쟁이를 쓸까 두려움에 빠지며 의심을 품은 남편은 여전히 '본능'에 따라 더 많은 정자를 사정한다는 사실을 밝혀냈다.

인류의 성이 어떻게 변화 발전하든 본질적으로는 여전히 본능과 문명 사이의 시소게임이다. 문명이나 본능 어느 한 쪽만 이야기한다면 오늘날 인류 성 문화의 무늬에 대한 전반적인 이해에는 이를 수 없다.

인류의 성은 장차 어디로 갈까?

그렇다면 인류의 성과 여기서 파생되는 남녀 관계는 장차 어디로 갈까? 이런 문제에 대해 역사는 약간의 암시를 주고 있다. 많은 학자들은 인류의 성 결합 방식은 대체로 다음 궤적을 따라갔다고 믿고 있다.

가장 먼저 출현한 것은 교잡交雜 형태이다. 남자와 여자 사이에 고정된 짝 맺음 관계가 없었으니, 당시 인류는 '어머니만 있을 뿐, 아버지는 모르는' 모계사회였다. 이어서 집단 섹스의 형태가 나타난다. 수가 같지 않은 남녀가 집단을 형성하고, 집단 안의 남자와 여자는 서로 성관계를 가진다. 따라서 이렇게 생긴 자식은 집단 구성원이 함께 돌보게 된다. 『시경詩經』「소아小雅」에 나오는 '제부諸父'나 '제모諸母' 따위의 호칭은 이와 관계된 듯하다. 아이들은 집단 안의 성년 남성을 모두 '아버지'라고 부르고, 성년 여성을 모두 '어머니'라고 부른다. 마지막으로 고정된 짝 맺음 관계를 가진 '일부다처제' 및 '일부일처제'가 출현한다. 여자는 한 남자하고만 맺을 수 있으며, 아이들도 '하나뿐인 아버지'를 갖게 된다. 이것이 바로 많은 이들이 익히 잘 알고 있는 부계 혹은 부권사회이다.

이러한 인류의 몇 가지 성 결합 방식은 동물 친척 가운데서도 보인다는 점이 흥미롭다. 침팬지는 교잡을 행한다. 어린 침팬지는 암컷 침팬지의 손에 부양된다. 따라서 이들은 '어머니만 있을 뿐, 아버지는 모르는' 상태이다. 피그미침팬지는 집단 섹스를 한다. 몇 마리의 암수 피그미침팬지가 하나의 집단을 형성하고, 이 집단에 속한 구성원은 서로 성관계를 갖는다. 이들이 낳은 새끼는 집단 구성원이 함께 공동으로 부양한다. '표면적'으로 집단 내 성년 수컷 피그미침팬지는 모두 어린 피그미침팬지의 '아버지'가 된다. 하지만 고릴라는 '일부다처제', 긴팔원숭이는 '일부일처제'를 따른다. 암컷은 수컷의 성 독점물이다. 새끼들에게는 '하나뿐인 아버지'가 수도 없이 많다. 당연히 '하나뿐인 아버지'는 이런 새끼들을 부양하고 돌볼 책임을 져야 한다.

더욱 재미있는 사실은 성관계가 날로 난잡해지고 부권 문화도 점점 해체되는 오늘날, 몇몇 '새로운 것'이나 '전위'를 보지만, 사실 이는 모두 '복고적 현상'이다. 어떤 이는 '군집 가정'으로 '핵가족'을 대신하자고 주장하지만, 이른바 '군집 가정'은 바로 여러 남녀 짝으로 만들어진 대가족으로 구성원 사이에 서로 짝 바꾸기를 하지만 가정과 아이들은 공동 분담해서 돌보는데, 이는 초창기 인류부터 행해지던 집단혼이나 피그미침팬지의 집단 섹스를 떠올리게 한다. 어떤 이는 '결혼은 하지 않고 아이만 갖기'를 신봉한다. 어떤 여성은 성을 나눌 대상이 적지 않지만 혼인이 주는 속박을 원치 않기에 그저 아이만 원할 뿐 남편은 필요하지 않다며 '아버지가 누군지 모를' 아이를 낳아 자기 손으로 부양하기를 원한다. 그러나 가장 빈번한 경우는 성년이 되지 않은 소녀의 '혼전 임신'이다. 성관계의 난잡함으로 아이의 '유일한 아버지'라고 인정하기를 원하는 남자는 없기에 여자는 어쩔 수 없이 자기가 낳은 아이를 돌볼 책임을 떠안을 수밖에 없다. 더욱 눈에 띄는 것은 갈수록 더 많은 여성이 그들이 낳은 아이와 함께 서로 굳게 의지하며 살아가고, 또한 더 많은 남성이 '성의 떠돌이'가 된다는 사실이다. 여기서 아득한 옛날의 인류의 모습과 침팬지의 교잡의 스타일이 떠오른다.

인간은 미래로 나아가는가, 과거로 돌아가는가? 인간의 성생활은 또다시 시작의 물결로 순환하는 듯하다. 이런 때에 역사를 돌아보며 자기에게 가장 적합한 '성의 방법'을 찾는다면 도움이 될 것이다.

옮기고 나서

명·청 시대는 그리 멀지 않은 옛날이다. 이 책은 이때 나온 필기소설 가운데 사랑과 성을 주제로 한 156편의 이야기를 뽑아 열두 개의 작은 주제로 다시 배열하여 묶고 각 장마다 지은이 왕이쟈王溢嘉의 '이야기 뒤의 이야기'를 덧붙인다.

낡고 케케묵은 이야기라고 자칫 폄훼되기 십상인 성에 관한 담론을 열어놓았을 때, 여기에는 지친 생활 속에서도 넉넉한 웃음이 넘치고 세상을 향해 결코 무릎 꿇지 않는 슬기로움이 번뜩인다. 또 음탕하고 거친 이야기라고 깎아내리며 헐뜯기 십상인 성에 관한 담론을 이렇게 펼쳐놓았을 때, 여기에는 거친 세월을 꿰뚫고 뛰어넘는 재치 있는 대응이 있고 너스레와 익살도 있다.

이 책은 이런 이야기를 그대로 늘어놓는 데 그치지 않았다. '색의 합성과 분해'라는 독특한 시각으로 이들 이야기를 몇 가지 주제로 분류하고 여기에 지은이의 이야기를 더했다. 명·청 시대 필기소설 속의 사랑과 성을 주제로 한 이야기들을 바라보는 지은이의 눈길이 예사롭지 않음을 독자들은 쉽게 발견할 수 있을 것이다. 동양과 서양, 그리고 예와 이제를 종횡으로 섭렵하며 쌓인 지은이의 지식과 통찰력은 정말로 대단하다. 대만대학 의학부를 졸업한 뒤 문필을 생업으로 삼았다고는 하지만 '이야기 뒤의 이야기' 곳곳에 의사로서의 분석이 돋보이는 점도 이 글을 읽는 데 재미를 더한다.

인간 세상의 여러 가지 성행위가 복잡하고 다양하다고 해도 결국은 모두 남자, 여자, 생식, 쾌락, 경쟁, 이익, 도덕, 법률, 권력, 건강, 예술 등 열한 가지의 원색이 서로 같지 않은 비율로 짝지어지며 만들어졌다고 지은이는 주장한다. 그리고 이 잣대로 명·청 시대 필기소설 속의 사랑과 성에 관한 이야기를 분석한다. 이런 분석 방법은 그대로 세상의 모든 사랑과 성에 관한 이야기를 분석할 때도 그대로 적용될 수 있을 것이다.

사실 이 책을 우리말로 옮기면서 저어하는 바 없지 않았다. 점잖은 자리일수록 성에 관한 담론을 의식적으로 기피하려는 우리 사회의 오래된 분위기를 모르지 않기 때문이다. 그러나 이 책을 우리말로 옮기면서 옮긴이의 이런 염려와 두려움은 기우일 가능성이 높다는 생각으로 바뀌었다.

이렇게 생각하게 된 까닭을 굳이 묻는다면, 이 책 9장에 나오는 「형제가 아내를 공유하다」와 「아내 빌려주기」를 예로 들고 싶다. 특수한 환경 속에서 만들어진 이런 혼인 형태야말로 오히려 인간답다는 데 생각이 미쳤기 때문이다. 특수한 환경을 거부하거나 배척하기보다는 이런 환경을 자기가 살 수 있는 삶의 형태로 다시 만들어 세운 지혜야말로 새삼 음미할 가치가 있다고 생각한다. 그런 면에서 이 책은 한국의 독자들에게 또 다른 면에서 생각할 거리를 제공하리라고 믿는다.

2015년 새해 아침 이기홍

중국 문화 속의 사랑과 성

발행일 1쇄 2015년 2월 10일
지은이 왕이쟈
옮긴이 이기흥
펴낸이 여국동

펴낸곳 도서출판 인간사랑
출판등록 1983. 1. 26. 제일 - 3호
주소 경기도 고양시 일산동구 백석로 108번길 60-5 2층
물류센타 경기도 고양시 일산동구 문원길 13-34(문봉동)
전화 031)901 - 8144(대표) | 031)907 - 2003(영업부)
팩스 031)905 - 5815
전자우편 igsr@naver.com
페이스북 http://www.facebook.com/igsrpub
블로그 http://blog.naver.com/igsr
인쇄 인성인쇄 **출력** 현대미디어 **종이** 세원지업사

ISBN 978 - 89 - 7418 - 746 - 0 93910

이 도서의 국립중앙도서관 출판시도서목록(CIP)은 서지정보유통지원시스템 홈페이지(http://seoji.nl.go.kr)와
국가자료공동목록시스템(http://www.nl.go.kr/kolisnet)에서 이용하실 수 있습니다.(CIP제어번호: CIP2015001537)

1 학오學吾 신동준申東埈 중국학 도서

『유몽영, 장조 지음』 신동준 옮김 〈근간〉
『관자, 관중 지음』 신동준 옮김, 75,000원
『고전으로 분석한 춘추전국의 제자백가』 신동준 지음, 75,000원
『묵자, 묵자 지음』 신동준 옮김, 49,000원
『왜 지금 한비자인가』 신동준 지음, 25,000원
『욱리자, 유기 지음』 신동준 옮김, 29,000원
『조선왕 성적표』 신동준 지음, 18,000원
『명심보감』 범립본 지음, 신동준 옮김, 20,000원
『채근담』 홍자성 지음, 신동준 옮김, 39,000원
『상군서』 신동준 지음, 25,000원
『귀곡자』 귀곡자 지음, 신동준 옮김, 23,000원
『조조의 병법 경영』 신동준 지음, 19,000원
『한비자』 신동준 지음, 59,000원
『장자』 신동준 지음, 49,000원
『인물로 읽는 중국현대사』 신동준 지음, 25,000원
『후흑학』 이종오 지음, 신동준 옮김, 25,000원
『열자론』 신동준 지음, 30,000원
『대학.중용론』 신동준 지음, 35,000원
『주역론』 신동준 지음, 45,000원
『노자론』 신동준 지음, 30,000원
『순자론』 신동준 지음, 45,000원
『맹자론』 신동준 지음, 35,000원
『공자의 군자학』 신동준 지음, 45,000원
『논어론』 신동준 지음, 35,000원
『중국문명의 기원』 신동준 지음, 15,000원
『조조통치론』 신동준 지음, 35,000원
『전국책』 유향 지음, 신동준 옮김, 45,000원
『조엽의 오월춘추』 조엽 지음, 신동준 옮김, 15,000원
『삼국지통치학』 신동준 지음, 45,000원

2 중국사 총서

『아편전쟁에서 5.4운동까지』 호승 지음, 박종일 옮김, 39,000원
『근세 백년 중국문물유실사』 장자성 엮음, 박종일 옮김, 23,000원
『중국 고대 선비들의 생활사』 쑨리췬 지음, 이기흥 옮김, 25,000원
『중국 문화 속의 사랑과 성』 왕이자 지음, 이기흥 옮김, 23,000원
『중국 옛 상인의 지혜』 리샤오 지음, 이기흥 옮김 〈근간〉

3 기타 중국학 도서

『중국통사(上)』 범문란 지음, 박종일 옮김, 30,000원
『중국통사(下)』 범문란 지음, 박종일 옮김, 30,000원
『사회과학도를 위한 중국학강의』 김영진 외, 17,000원
『2012 차이나 리포트』 백창재 외, 15,000원